佈點人類學——觸角與廣識

謝世忠 著

自序

筆者有一習慣，每每接觸到特定課題，可能嚴肅者，或許輕鬆者，也說不定自己非專長者，卻常常一下子就興起為它寫寫字之念頭。還真的，高比率說到做到，於是文章大大小小過去半世紀間，不停出爐。小篇散文彙集成冊二次（《餵雞屋人類學》[2011華藝出版]與《幽靜人類學》[2020秀威出版]），大篇論文同樣彙集成書二回（《族群人類學的宏觀探索——臺灣原住民論集》與《國族論述——中國與北東南亞的場域》，均為2004年國立臺灣大學出版）。集結成書之後，慣習如常，不管效益如何，就繼續寫，將來亟可能新彙本又現，這是筆者不變標誌。

此次的本書文集各篇，有的屬前述各書之後的續作，有的則為更早發表卻被漏列或被跳收（因屬性不合）進過去諸冊彙輯者。現在盡量網羅，就是希望能較清楚表達書名「佈點」、「觸角」、以及「廣識」等各概念的意涵。三個概念基本上指的同一件事，就是謝世忠事事都要寫寫看，以至於各篇可能跑去跑來主題跳躍。喜者笑料，不認同者皺臉。不過，藉由它來認識作者，顯然是一個可以嘗試的視角。

檢視自己的多年寫作，好似有一個以臺灣為中心的同心圓圈發展歷程，也又好像是反向自遠處慢慢回歸近處的步途。不論在主題方面，抑或區域範疇，幾乎都看到了此一雙重矛盾之出發與到站的正逆現象。這些都源自於筆者當學生修課，任教授課，以及投入田野或文獻經驗等等的紀錄。換句話說，閱讀本書文章，可以初步得知筆者幾十年間從學生到教授，都在關懷哪些人類社會文化問題。或許有一神祕指揮系統存於筆者體內深處，讓各篇一下這一下那，主題遼闊，卻也可以包裝上路，變成一本類似專書的文集。說它像書，也沒大錯，畢竟所有文字全出自於一人之手。人身是一個整體，寫出之文字大會合，當也是一個完整之物。

感謝秀威的精湛數位出版技藝，讓本書得以好樣見人。筆者的眾書，分成學術類與散文類，非此即彼。不過，前者說是一類，都是學術，惟似也可再分成「專心學術類」與「分心學術類」二種。與本書同時出版的《臺灣放眼亞洲北東南——族群文化論集》屬於前面那種，很「專心」在東北亞與東南亞民族誌人類學。至於本書，應就是頗為「分心」的另一類了。各篇都是論文，卻與「專心學術類」的該本主題無關，也是同一作者，卻也統合了好許多另類探討，「分心」很遠，最終竟還能與「專心」該冊並駕齊驅，箇中感受確實趣味多多。有機會的話，謝謝您的青睞！

寫於暗坑仔綠野香坡綠中海綠書房

謝世忠 Hsieh Shih-chung

2022年7月13日

目次

第四部分　史論與論史

導論

本論文集收錄筆者早至接近四十年前（第三篇〈通神通鬼者〉）以及晚到去年（2021）（第十一篇〈另類史前國際〉）的十七篇著作。它們當然不是筆者這幾十年間的全部寫作。筆者2004年於臺大出版社出版的《族群人類學的宏觀探索——臺灣原住民論集》與《國族論述——中國與北東南亞的場域》二冊，當為首次文集作為，而十八年後的今日本書，則係2004過後至2022年間新作再加上早期二書未收錄者總匯之一半。總匯之半的意思是，另有一書與本書同時出版，那是《臺灣放眼亞洲北東南——族群文化論集》，它集結了筆者專論北海道愛努族和泰傣寮南傳佛教國度研究的十數篇，可謂總匯的另一半。分開二書的技術考量是，頁數太厚，不適合編成一書，而主要的內質顧慮則為應抽離出東北亞和東南亞區域民族誌者成就一本，其他則另成一書。

本書就是另成一書的產物。這本書是東南亞與東北亞之外的其他研究成果。它們包含了至少數個範疇：臺灣原住民、漢人宗教、客家課題、考古學旨趣、以及穿插著的散篇。這些文章被納入四大類討論「論」的部分：學、原、評、史。很顯然地，依照筆者對自身的整理，發覺多年的寫作，焦點總不離學科精神的「學」、原住民族文化處境的「原」、學術評論為要的「評」、以及歷史貫時性找道理的「史」等。也就是說，無論對象是原住民族、客家、漢人還是學科本體，一下筆，就是學論、原論、評論、史論的擇一或混多處置。或許自己出身歷史學系，復轉攻人類學，也念念不忘考古學，才會一起湊合出此等研究上的廣袤寫作。

在筆者開始增添自我學術成績的90年代，主題中國或臺灣是當然的選擇，國際議題尚不在資源補助機關的腦海裡，因此，從美國受訓為東南亞專家的背景，一時派不上用場，而本土則必須有一題目作為代表，於是原住民族成為首選。它是東南亞與東北亞之外的第三民族誌研究區塊。它們三者合起來註冊了筆者的特定人類學者身分。也難怪以教授成員接受評鑑之時，曾有獲致研究主題飄移的負面評聲，白話地說，就是這名學者這做那做到處做，不專心於一，研究深度可能堪慮。筆者接受批評，卻也對自己的特色甘之如飴。主要是，臺灣人類學太小規模，地點圈圍，研究題目也非常限縮，筆者因而有亟於在多方奠下基礎，以讓後續更多元發展的原始企圖。

本書與原住民相關的文章有十二篇之多，涉及的單一族群有阿美、泰雅、太魯閣、雅美、以及賽夏，其餘則多屬綜論或如文學或學術史等專題。十七篇裡有七成屬於原民課題，清楚顯示筆者的研究重點對象。但，不讓自己變成某一特定族群專家，是一自始的堅持，主要是，那對己而言，並不切實際。畢竟，在自我認知中，被稱為某一族的權威，多半已經超越作為一名研究者的底限，因為，在臺灣，往往一個簡單族語的測試，就可立即推翻掉權威的位置。筆者期望的是，多角度的關注原民社會文化以及其他，才會是與原民族人成為金蘭摯友的基本條件，然後，大家一起論題議學。

那麼，客家又何來？大約二十年前，一位客家學者好友說，「你不要始終原住民嘛，偶爾也請關心一下客家！」於是，基於尊重友誼，自己從零開始，跟著學習，加上學生有專研客家課題撰寫碩論博論者，就順勢提請計畫，師生共同努力，學生畢業了，老師也多少認識了些許。本書的客家有二，一族群關係，一博物館，分析之外，多少帶有批判或提醒，那也是當代人類學文章的慣習。還有另一與眾不同的範疇，那就是漢人民間信仰。在一般認知上，那似乎與東北或東南亞洲以及原民拉不著關係，事實上的確如此。它們的出現，主要是筆者美國求學時，指導教授的本業是中國宗教人類學，上了幾門課，略有心得的後製產物出版於臺灣期刊。比較有趣的是，後來教授隨著學生，反而轉到少數族群領域，並持續興趣一直到退休仍不止歇。

學術發展，或稱學史，始終是筆者關注課題，陸續也有一些出版。本書的應用人類學反思以及原民文學史和原民人類學研究史等幾文，可謂係其中較近期的作品。事實上，一篇研究倫理檢討和文化村設置的論述，也與此有關。考古學二篇亦屬同類，帶著檢視省思和從文化人類學者立場看兄弟學科，或已顯出筆者某種自己難以取得之學術角色扮演的眷念。

筆者等於是四處佈點，然後觸角盤伸，廣域立足，終成本書的基本材料。「佈點人類學」是一個標示訊號，它代表筆者學術生涯的一個重要環節，不期望人人欣賞，卻也忠實地道出跨世紀學子的不得不然。剛到美國，教授們均表示，在60至70年代，他們人類學四分科（考古、體質、語言、文化）通通都教，筆者在臺灣碩士階段，也體會過老師們類此的氣質，原來那是北美人類學主導的一記特色。到了90年代，範圍日漸縮小，不必要四分科全才，但，還是須有辦法與人對話。然而，過了新世紀，又好似變成了一名學者就只能專注一小塊，其餘都只能表示不懂。於是，人類學系代表性課程「臺灣民族誌」被拆成南島與漢人，因為各邊教師均宣稱另一邊必有專人，自己謙讓。幾十年間的變化何其大，只是偏偏有不甘心如筆者之人，還是憧憬過往各科通才的時光，於是就出現了本書考古、語言、文化成績通通一起的景象。它或許也代表一個學史時代的交替或說結束吧！

第一部分

學論與論學

交織著堅持與落寞
——當代應用人類學的微燭和巨光*

一、前言

人類學專業工作者，沒有人不知有應用人類學的存在，但是，與其有過實際接觸經驗，也就是曾進行過研究，發表過論著，或實踐應用者，卻寥寥可數。主要理由為何，對那些缺乏應用人類學緣分的學人而言，大概也不甚明瞭，說不出所以然。唯有身體力行過的人類學專業人士，才像是知道問題出在哪裡。Price（1998:379）探討Gregory Batson於二戰期間與由羅斯福總統所創之美國中央情報局前身名為「策略服務辦公室」（Office of Strategic Services）的合作關係時，曾表示，40年代這些首批應用人類學家所面臨的挫折，與當代學者的遭遇幾乎完全一樣。遇上什麼麻煩呢？那就是研究者與委託贊助者間的關係，總是不易處理，Macgregor（1955:428）在描述美國人類學界與政府關係之後，提到了學者與行政部門間的相互緊張情形，就是一個例子。講得更白一點，應用人類學家的研究建言，往往不是出錢老闆喜歡聽的，若屈從之，學者改為迎合說法，那就成了John Embree（1945）所指控的「科學娼妓」（scientific prostitution）。多少學者因守不住關頭而終身屈辱，更有人憤而撤出，從此與應用絕緣。

不過，縱使如此，還是不斷有人投入研究或持續鼓舞士氣。講述過去的應用作法，然後予以批評分析，以為今天執行新例的參考。Lewis（2008:609-632）研究指出，自50年代前半葉開始有多位人類學者參與墨西哥「國家原住民專家機構」（National Indigenist Institute），協助馬雅原住民地區溝通地方政治經濟勢力，他們尤其重視既得利益釀酒公司與弱勢原住民之間的關係。該機構使原住民瞭解激烈抗爭並不值得，從而初步達成了地方社會和平目標，該模式並被政府沿用近半世紀。但，論者仍指出，如此一來卻也使得原住民自主性，在墨國很難抬頭。二次大戰和6、70年代的越戰過後，都有人陸續反省參與戰爭事務人類學者的角色。當然，如眾所知，強力批判甚而全然否定者居多。而它也成了後來不少學人卻步應用參與的主要背景。不過，仍具發展信心者，尚大有人在。

Chambers（1987:309-337）就直接表示，一般應用人類學家極易陷入專業與學科間的矛盾，前者告訴自己專業必可應用於世，嘉惠社會，後者則認定學科應該永遠多聞闕疑，從無定論。但，這對Chambers來說，都是多餘的顧慮。因為，凡是詮釋性的學科，必見千百種學術說法並置，自然就會衍生道德上不易把握方向的問題。應用人類學如此，純學理的詮釋研究亦然，所以，吾人對建置一健康有勁的應用人類學理想，不應輕言廢除。

自有應用人類學的出現，即伴隨著上述種種議題的提問或辯證。那麼，當今的應用人類學者到底都在做哪些努力？他們面臨的問題仍然難解？應用人類學必有其宿命抑或終究得以明朗發展？本文的目地，就在說明相關領域內一些永不放棄之舊新研究者的所作所為，及其突顯出之人類學史上的意義。

二、回顧復回顧

只要稍稍留意，就很容易發現，應用人類學相關論文，總不斷會有類似「回顧與前瞻」的作品。回顧是過去，前瞻指出未來。但，在應用人類學的領域中，回顧和前瞻常常分不清，前瞻與回顧根本是一回事。換句話說，前瞻的內容其實多是以前所嚐試過者，只是後來重啟期待罷了。

英國是殖民大國，百年來多數該國人類學者，均以英屬殖民地的人群社會文化為研究對象，因此，人類學者與殖民利益之難解關係，不言而喻。戰後殖民老大退位，殖民主義快速成為「罪惡」，自此，與政府合作的學者，被認為二等人類學家，更受到無數的嘲諷。例如，有人批評，人類學研究者只要有機構給錢，就說自己懂得應用，結果最終往往寫出大堆術語，頻讓委託人搖頭，之後當然就失了業。這是因為應用人類學其實還是人類學，所以，只能挪用學理人類學的論題概念，但，偏偏閱讀應用報告者，多為學界圈外人，看得困惑迷糊，根本難以真正應用。某些支持繼續維繫應用取向者認為，任何人類學研究，均不可能脫離應用，所以，實在不應再區分學理人類學與應用人類學。也就是說，「應用」一稱可以去掉，以免落人口實，老是被批為不具獨立性，沒自己的理論（Sillitoe 2006b:1-19）。此外，Pink（2006）與Sillitoe（2006a）都同樣認為，人類學倘使退縮到全然迴避應用之地步，顯然相當不智，因為人類世界業已邁入全球發展風潮多時，人類學若果還不碰它，到頭來可能會變成根本不知如何擺放自我位置，然後很快跌至極端邊緣化境地。

由Aaron Podolefsky與Peter J. Brown合編於1989年首刊，後來換了出版公司，主編群加入Scott M. Lach的*Applying Cultural Anthropology: An Introductory Reader*《將人類學起而應用：入門導讀》一書（2009），是最為出名的應用人類學教科讀本之一。截至2009年止，已經刊刷了10次。該書的受到歡迎，依筆者之見，並非收錄文章有多質優，而是它「叫人放心」。如何解釋？與前述包括Sillitoe在內之部分學者主張名稱上，不應再區分應用與非應用人類學的策略不同者，Podolefsky與Brown則維持應用人類學之名，但，出版專書論文集內容之類分範疇，則完全採一般基礎人類學教科書自生物人類學、考古學、文化人類學等依序列章節的分類原則，較新版甚至改成僅以社會文化人類學如宗教、兩性、族群、親屬、律法、政治等等的傳統分科為篇章。換句話說，無論如何，學者學子閱讀本書，從熟悉的各文標題內容上，直接認知到自己接觸的是人類學，而絕非可能被質疑的四不像。為了呼籲同仁接受應用人類學正是人類學之說，投入者可謂費了心思，也的確讓不少人「放了心」。

前舉與政府合作的英國人類學者，始終飽受次等研究者之譏。在美國則有段時間甚至成為禁忌，也有人把首都華盛頓特區從出現未有一流人類學系之因，歸於學者們與政府太過靠近（參謝世忠2004[1996]:273-289）。但是，縱使如此，今天尚有不少學界人士認定應用人類學理應就是政策人類學或必須作政策分析。Ervin（2005）是頗具名氣的典例。他在*Applied*

Anthropology: Tools and Perspectives for Contemporary Practice《應用人類學：當代實踐的操作與視角》一書中，就極力鼓吹應用人類學者即是政策科學家（policy scientist）。他先是直言不諱地指出，人類學報告多只充滿不知其解的術語，且幾乎不見建言。學者們既然已刻意不去碰觸報導人社會的生活難題，更遑論思考衝突的解決策略。人類學家孤芳自賞，絕少與圈外人士溝通。研究原住民相關課題者之中，只有相當有限的人，會主動關注族人們所面對的危機。Ervin認為，人類學者根本就是膽小，永遠會找大堆理由來告訴自己和他人：「此時不便提出建言」。其中最常見的理由就是，田野考察可能不完全，一定有什麼地方被忽略，所以，不能貿然建言意見。

對於Ervin而言，這些藉口通通不成理。因為，任何人類工作事務均有「期限」（deadline），萬不可能奢求無限期等待。期限一到，人類學家即應挺身而出，表達出應用性的相關建議。而且，人類學者既是政策科學家，就應大方提出多元性的建言，供政府、委託單位、或社會大眾選擇，如此，大家才會對未來的成功機會抱以希望。最重要的一點，此時的人類學報告，必須簡短有力，直接而有效地提出實施方針。和Ervin一樣主要以加拿大原住民（即該國通稱之「第一國族」[First Nation]或「第一民族」[First People]）為參與研究對象的Hedican（2000），其看法則略有保守。Hedican多次強調，原住民面對的問題，常與累積長久的複雜歷史有關，單是央求當下的人類學田野工作者給辦法，基本上是強人所難。不過，人類學者還是能在政策形成或制定過程中，扮演各項於堅持意見者間之對吵場合的轉譯溝通角色。他呼籲不要只一直忙著描述親屬稱謂或交表婚等等的題目，研究者多少應使知識可以用於原住民身上。轉譯間，可以幫助找到最合宜的結論。此一以「對話」貢獻專業的主張，和前文Ervin以多元建議策略提供選擇的觀點，各有重點。前者方式的各種意見，出自包括報導人社群在內的所有人，人類學者只負責協助擇定，後者則係人類學者主動提出多個建議，然後由當事對方取其一、二。

不過，這些良善美意，還是擋不住學者們繼續回顧前瞻找出路的作為。Trotter（1988）代表美國人類學會編了*Anthropology for Tomorrow: Creating Practitioner-Oriented Applied Anthropology Programs*《為明日打拼的人類學：創建實踐者取向的應用人類學理解》一書，一方面非常具體地指導大學應如何設計應用人類學課程，另一方面也提供學校與工業界合作的策略模式。我們很難估量該書的建議，在之後的幾年，到底產生了多少效能，不過，二十年後的新世紀今日，仍不斷看到有人先是檢討過去，然後立即轉而強調當下應用人類學的「復振」（resurgence）（Sillitoe 2007）或「再生」（repositioning）（Rylko- Bauer, Singer, and Willigen 2006）。或許有人想問，是不是應用人類學曾經沒落過，所以才需復振或再生？筆者並不作如此思考。反而建議吾人應該體認隨時有類似復振再生的說法論述，才是參與該學科學人心境的常態。被譽為應用人類學大師的Bennett（2005:2），就直接承認，解決特定人類問題的策略，不可能總是有利於人們，它也可能反向衝擊大家。不過，他的信心總是滿滿。提到原本名為*Applied Anthropology*的期刊，後因擴大至跨學科範圍而更名*Human Organization*一事，Bennett更為興奮得意。他表示自己單純就是一名人類學者，而非應用人類學家。這門學科本來就在關懷真實的世界（real world）。所以，應用人類學（applied anthropology）對他而言，即是優質人類學（good anthropology）的另稱。但是，雖然如此，如同前舉Trotter（1988）所編類似應用人類學「應用秘笈」的論著，還是時被重新揭櫫，時被舊裝新穿。四年前Satish Kedia（2008:14-28）曾整理最近應用人類學實踐方式的改變趨勢，只是，其內容名為「最近」，事實上則和80年代末期的說法也差不了多少。簡言之，半世紀之前與之後的應用人類學，均是主張要當規劃者，倡言某些事情，扮演橋梁角色，以及組織地方共商政策等等。但是，差不多的事，還是會被不斷重提。這就是應用人類學回顧復回顧的特點，也反應出了學科難脫之「總是叫人不太放心」的焦慮心境。

三、發展、公共與行動人類學的搭線

應用人類學概念的使用超過一甲子之久，其間有不少人試圖以另稱取代，一方面期望更合於研究與實踐的目的，另外則多少有不願被過往「不良」紀錄牽累。然而，「應用」老命長青，再遇挫折，還是最能持久，多數人沿用至今。包括前文提及之Sillitoe與Bennett等應用人類學名家在內，經常呼籲不必然要提到「應用」二字，畢竟人類學實質上就是應用人類學。但是，為人類學冠上名號，以成一新分科領域，似乎才是該學科的傳統（按，單單社會文化人類學範疇內之分科，已知者即有數十種之多，現在還繼續增加中）。所以，不僅「應用人類學」去不掉，其他相近研究取向，更接連建置形成。發展人類學是其中的大宗。

發展人類學與應用人類學均重視人類學知識在人類生活上的實踐。不過，前者目標為第三世界或開發中國家，而後者則無明確地區範疇的限定。有些前殖民大國，總會思及協助過去殖民地而今為新興國家的發展，英國就是最具代表性的例子。該國於1965年通過Overseas Development Act（海外發展條例），其頒布實行背景，即為延續過去殖民政府的作為（Eyben 2000）。到了90年代，更有學者建議應以幫助前共產國家的再獲新生，作為發展人類學的主力。Heatherington（2010:66-80）即曾述及美國中西部包括他自己在內幾位發展社會科學家協助羅馬尼亞環境永續發展的經歷。不過，後殖民的反省，早就深植人類學界，因此，像過往太強調「專家性」權威的情況已不復見。今天有許多人相信第三世界無法避免走上發展之途，而人類學者參與實務，其秉持之立場與工作哲學，業已大不同於以專家指導走向的傳統應用人類學模式。

提到發展人類學，就須論及雖與世界銀行合作協助發展中國家，卻始終堅持高度人類學道德感知的Michael M. Cernea。Cernea之成為發展人類學大家，始自他醞釀於70年代末期，而終於1984正式出版的*Putting People First*《把人置於首位》一書（Cernea and Freidenberg 2007:342-344）。Cernea強調，在推動發展計畫時，必須以人為優先。單靠世界銀行的金錢，根本行不通，地方的支持，才是重點。而所謂的地方支持，也非僅是被動的配合，在地人們需要於調節原有社會組織的過程中，創造出新的包容力，接納發展的技術科藝。外來的技術來到此地，必須整合入特定的社會脈絡，所以，務要設法自我轉型成一嶄新的技藝。此一新款機構與新社會組織模式的變遷，與一般所言之技術的買賣或移轉，其本質完全不同。世界銀行的產品並非只有金錢貸款，財物僅是手段，發展計畫本身才最重要。人類學者視發展計畫為一社會過程，其間包含數個階段，甚至頭尾形成一循環圈。學者們必須眼光敏銳，找到計畫循環圈的最佳切入點。此時的人類學不再只是講課，它應主動接受挑戰，所有提出使用的知識，均能被充分瞭解、接納、消化、與執行。一個有趣現象就是，投入應用人類學領域的學者，很少自稱為應用人類學家，反之，參與發展計畫研究或實踐的專家，則常直接認定自己為發展人類學家（development anthropologist）或發展的實踐者（development practitioner）。Eyben（2000:7-14）就是一個例子，而且對所扮演的反省角色十分自信。他表示，今天，一般多以全球化概念取代了發展。但，每一參與全球化過程的專家，雖掛著「全球」之名，卻只是接觸到極其有限的一小部分全球化，而相對於此的各式各樣在地特性，也藉此紛紛湧現。現在的發展人類學，必須廣聽多元多聲的在地文化意見，前者與後者形同夥伴，彼此互信互賴。在此一不再揭舉「發展」之「後發展時期」的發展人類學，慶幸著自此不再有單一正統的權威，未來前景光明。

然而，也不是人人都樂觀其成。早在90年代初期，Escobar（1991:658-682）就相當質疑發展人類學的成就意義。世界銀行進入第三世界，基本上是為了消貧，他們也認為發展人類學家是最瞭解該等地區住民的專家，於是英美國家陸續成立相關組織，但是，經濟與科技再加上人類學科學知識，真的就可以去貧？美國人類學會甚至還製作了《發展人類學訓練手冊》（*Training Manual in Development*）。該手冊和前舉應用人類學大師而今也被Escobar稱為發展人類學家的John Bennett，均指出發展有一可被規劃清楚的過程，而它正是建置與工業國家不同的消費態度，以及降低貧窮等目標的基本前提。Escobar承認發展人類學產出了不少有用的知識，但，他反對這份知識一定就與發展理性有關，況且文化本身有自我解決問題的機制，沒有理由一定需要發展的介入。於是，他認為，與其天天想著應使用哪種發展模式較為適合，而事實上卻被我族中心主義和西方霸權範式所約制而不自知，人類學者不如多多強調發展之外，我們所具有的可能性。前述Eyben的後發展期概念，其實和Escobar的意見可為對照。簡言之，發展到後來變成了不必然要發展，其結果就如同應用到後來才發覺根本不需應用。發展人類學與應用人類學果然同門。

不過，雖然如此，仍有多人繼續堅持己見。Lamphere（2004:431-443）認為，21世紀正是應用、實用、與公共人類學大整合的時代。此時的人類學應重新界定自我與被研究社群的關係，將對方與己置於平等位上，協助他們建立相關技術能力，彼此成為夥伴，然後設法藉此影響政策的決定。人類學者也應多利用教育管道、博物館展示內容、通俗出版等等方式，達到人類學知識普及，同時表明其最終意圖的目的。應用、實用、與公共人類學之能夠整合，即是大家均在尋求公眾利益。不少學者試著轉至自屬社會的研究，投入協助諸如同性戀人權或環境議題等的特定社會運動。

相較Lamphere的大包容理念，Lassiter（2008）就明顯地不吝於批判。他指出，所謂的公共人類學，幾乎都刻意忽略應用人類學的存在，而事實上，後者早於數十年前就已關注公共利益的議題。所以，基本上從應用到公共，只是換個名而已，或者縱使再找出一新名，其義必也相同。不過，無論是公共（public）或Lassiter不時也使用的「搭檔人類學」（engaged anthropology），均是在處理當下最迫切的社會問題。人類學者以民族誌方式，參與在地行動，與居民們共同起步，融成族伴，對各項事務的瞭解，也是齊一。這是一種公共利益人類學的作法。但，和前舉Lampher主張行動應設法改變政策之論不同者，Lassiter並不把能否真正影響到政策的制定推動一事，納入考慮。他認為，只要一心為公利著想即可。當然，進入在地社群，並與之同呼吸共行動，談何容易。所以，Lassiter一再建議學者們執行此類研究加上「參與」任務時，必須循序漸進，察言觀色，同時更要評估周全。他認為，今日人類學必會遇上社會問題，也一定要與在地建立合作事業，因此，過去所謂純人類學與應用人類學之辨的話題，應該就自動消失了，畢竟，兩者已然合一。

但是，McGranahan（2006:255-267）另有看法。她認為公共人類學是一全新的範疇，未曾與任一分科或理論有所關聯。公共人類學係當代後殖民思維全球秩序理解下人類學應用於世的產物。它直接涉入人類公共領域的真正生活面。參與其中的人類學者，依是進行民族誌研究，但，其目的均為解決人類的苦難。換句話說，這些人類不幸，必須由人類學民族誌來發現之，然後設法超越學術而直接付出貢獻。McGranahan和其他如Lassiter、Lamphere等人一樣，也極力呼籲人類學者務必與在地社區、同行同事、公共領域、以及所屬學系等，一起合作。研究者除了具人類學家身分，亦應視己與所有共事者一樣都是「人」。人與人，當然就是平等對話，將心比心。McGranahan強調，公共人類學必須依地方、國家、以及全球等各不同範疇關鍵切入，但，同時亦應逐一批判非議之。今天的人類學不止為傳統學者，她（他）還是中間人、轉譯官、發聲者、仲裁員、以及改變過程的主導要角。無論如何，誠如Lassiter、Lamphere、McGranahan等人一再確認者，公共人類學就是要與在地齊聲同行，道德意識相對顯性，凡不依之行事者，就不屬此一特定人類學範疇。

行動人類學（action anthropology）或行動主義者人類學（activist anthropology）是另一與應用人類學難分難解的學科稱名。參與或主張此一人類學實踐目的者，多把對象設定於社區（community）範疇。所謂社區，大體上就是傳統人類學民族誌的範圍，不過，行動人類學對社區的理解與期待，卻和過往盡是中性冷靜記錄以及天馬行空詮釋方式大不相同。追求社會正義（social justice），從而消除不平等，是行動主義者的目標。其作法最重要策略，就是與社區成為夥伴，彼此共事合作。為使效果彰顯，2010年美國應用人類學會之馬凌諾夫斯基獎（Malinowski Award）得主Jean J. Schensul就積極主張採第三部門科學（third sector science）原則行事，方能事半功倍（Schensul 2010:307-320）。

第三部門科學標榜不受傳統束縛，吾人應勇於採取各種可能手段，進行知識生產活動，並強調自己必須站在關注南北半球之公共與邊陲聲音的立場。由此多元管道建置的新知識，應充分揭示在地尤其是原住民知識，同時為確保雙方關係的平等，研究者須不斷自我檢視，再三反省。各個社會／族裔／種族以及其他特定人類實體，均能跨越藩籬，交換瞭解。新知識足以影響國家與國際間的科學對話，突顯出科學至少可以相當程度解決諸如健康、教育、環境、文化等等的問題，進而處理社會不公的難題。Schensul認為，大學在其間應扮演舉足輕重的角色，師生全部動起來。Borda（2008）曾統計過全球已有約2,500所大學開設行動研究相關課程，它或許足以作為Schensul呼籲的對照資訊。

美國紐約州雪城大學（Syracuse University）就曾師生與社區合作，進行老舊租用家屋因油漆剝落或其他緣由產生鉛毒而使兒童受害的研究。調查結果非常受到立法單位的重視，許多參與的學生得知其研究使居民生活獲得改善，均非常振奮，對幫助人們解決困難的意志更為堅強（Lane et al.

2011:289-299）。當然，行動參與並非易事，學者的考驗任務艱鉅。北卡羅萊納州Wake Forest大學Simonelli（2007:156-170）即再三叮嚀，應用民族誌（applied ethnography）的寫作出版，才是行動研究的最要基礎。這份文本不應有拗口的術語充塞，報告本身必須實在完整，不得漫無天際地詮釋個不停。應用民族誌的研究，主動邀約在地人士參與，安排對方學習研究方法，並得到社區的研究與事後出版許可。我們應發展出一些另類互動模式，期使人類學對地方細膩的瞭解及其與外在大社會環境關係，得以轉化成行動架構。民族誌學者的角色可為諮詢人員、學習夥伴、生動紀錄者以及其他種種可能性。有部分人類學者或不習慣自此對研究事務不再具「控制」的權力，因此心生落寞，但，新時代新作為，人人都須調節適應。

四、當代大議題一：公共政策

人類學的公共政策研究，奠基於對當今人類事務，幾乎均為掛著「公共政策」牌子所約制的觀察經驗之上。國族—國家（nation-state）對人民的建設服務宣示，一定是以公共政策為口號。合法與理性是該等口號與政策執行的兩大法寶。但是，公共政策真是如此聖不可疑嗎？Wedel等人（2005:30-51）就提出了根本的懷疑與批判。包括政策擬定者和政策承受群體的思維、行為、解釋以及利害關係等等，均是人類學者需要分析的範疇，因為政策是塑造社會的巨大力量，必須深刻瞭解之。政策分析過程中，可以看到國家類分人群單元，再將之納入其下，並予以分頭治理的技術。國家經常合法化某些政策，然卻因此直接使另方關係人事被邊緣化。人類學的任務，就是要找出箇中道理，揭露藏於政策過程內的關鍵要素。被邊緣化即表示已然出現了不平等。因此，Wedel等人認為，國家為求自我穩定，呈現出「好政府」的樣態，就常制定出「壞到家」的政策。這些看似中道屬性的政策，在人類學者眼裡，根本就只是為了達到政治的結果，因此，其戴上許久的面具，必須被揭穿（de-masked）。當然，研究政策過程，實非易事。尤其學者們須進行精英研究或高層探索，過去傳統庶民社會的生活方式參與方法，幾乎不太可能。因此，特約訪談加上官方文件分析、書報收集、大官公開活動、透視跨國利益集團的行動等等策略，全需派上用場。總之，人類學的政策研究，必能導正某些過度簡化的政策描述報告，從而看到影響人們生活的真正要因。

McDonald-Wilmsen（2009:283-300）研究中國三峽建壩的遷村始末，是一可以反映人類學者進行政策研究必會遭遇困難的典型例子。研究者係澳洲墨爾本大學教授，他深知身為外國人，要研究此一極具敏感性課題，必有難度。但，他除了整年可待下當地教授英文之外，更全程與非政府組織合作，同時又有湖北地區的大學教師協助，因此，得以在秭歸與巴東兩縣，訪問到幾個村落和生產隊的成員。此外，部分曾參與遷移計畫的官員和工程技術人員，也接受了訪問，最後終能達到起碼的研究報告材料份量。McDonald-Wilmsen指出，在類此複雜田野環境中，人類學者必須多方調整研究策略，才能較有效達到學術目地。若欲成功營造政策人類學的發揮空間，墨爾本大學的經驗，實有值得參考之處。

與McDonald-Wilmsen小心翼翼行事不同者，Feng（2008:207-220）對湖南省鳳凰地區的觀光發展研究，就直接道出在地所出現的負面效應（果真如McDonald-Wilmsen所言，外國人不易進入研究場域，而Feng以國人身份，才能暢所欲言？）。該縣主打重現明代修築的「南方長城」，並預期會帶動地方經濟快速繁榮。然而，原本鳳凰傳統在地經濟大宗的菸草公司，卻因疏於經營而倒閉，造成三千多名失業勞工。另外，在缺乏觀光發展知識與資本的情況下，不得不將產業賣給財團，不料，經營者與地方政府，以及資本家與地方居民之間，隨即起了衝突，處理無效之際，人民與政府間的矛盾問題也陸續產生。其他諸如環境污染、土地流失、商業考量取代了傳統人際關係、外來企業菁英主導政府政策方向、以及高收入職位盡為外人所占等等問題，也日趨嚴重。政策人類學誠如前文所舉Wedel等人提示者，它的確可揭開政策表面「合法與理性」官樣詞彙背後的人類遭遇景況。

五、當代大議題二：生態環境

多年來，我們見到應用人類學者試著敲開生態相關議題之門，設法積極參與計畫。Blount and Pitchon（2007:103-111）極力呼籲海洋保護地區之研究，應有人類學家的投入。他們表示，長久以來，相關議題多委以生物學、生態學、以及經濟學專家，但，這些領域碰不到人的實際生活層面，所以，各項執行措施均出現瑕疵。人類學加入之後，可將純粹經濟轉至社會經濟層次，如此更貼近瞭解與海洋發生密切關係之人類社群的所需。當然，人類學家大可另起爐灶，獨立進行研究，但是，在今日強調跨學科整合的時代，最好是大家一起通力合作，以使研究實踐效果更形彰顯。其中尤應強調人類學為唯一會進入社區進行長期田野的專業，與海互動最為緊密的漁民生活點滴及其在地海洋觀，必須透過人類學的管道才能獲得。此點更形難能可貴。

Casagrande et al.（2007:125-139）在美國西南鳳凰城沙漠地區城市的參與研究，是另一可以參考的例子。當地曾嚴重乾旱，若照以前的作法，一定是生物學者、管理階層、政客、生態學家、以及擁有勢力的發展投資者共同敲定應付策略。一百年來均如此炮製。不過，人類學家發現，在地人對乾旱的觀念與說法，其實大不同於上述這些決策者，因此，也不一定會充分配合改善用水習慣或接受城市景觀的調整方針。於是，人類學者邀來地區居民參與研究團隊，盡量依民眾聲音，調節計畫措施，同時，也使在地人充分得知缺水問題的始末。如此一來，獲有完整知識的參與民眾，漸漸不再堅持民間的想法版本，從而自然而然養成新用水習慣，事半功倍，終而解決了不少乾旱所引發的問題。

Jian（2009:415-430）探討中國西南農村為何不採對健康有益同時又環保之以人畜排泄物外加稻草製成之有機養氣（biogas）作為家庭用燃料，以致仍不斷砍樹燒煤，破壞生態之緣由。研究者發現，田野地村落人口外移嚴重，農地人力與獸力均大幅縮小，加上經濟力量微弱，所以，在安裝經費與維修開銷方面，都大有問題。Jian建議，負責開發的銀行，應低利貸款，獎勵住戶學習相關技術，並成功地裝置設備。

相較於Jian的發現客觀問題所在，Hunt and Stronza（2011）的作法，則接近前述Casagrande等人主動探知或邀集在地人參與表達觀點。兩位作者指出，尼加拉瓜（Nicaragua）太平洋沿岸的生態旅遊，事實上充滿著欺騙。如果你去訪問旅遊服務業者，他們多半會表示現在生態照顧很好，對大家都很有助益。但是，若轉換詢問在地人意見，卻普遍獲得另外的結論。地方居民並不清楚生態旅遊是什麼，他們只知許多外來種植物被移到此處，根本不適合，但卻可瞞過觀光客。另外，網路上所渲染的內容，有大部分在抵達之後根本瞧不見。還有，號稱本地特產蔬果，其實全由外地定期運來。資本業者欺騙客人，也阻隔地方居民的事業參與，研究者稱此行為係「以『假綠』獵殺『真綠』」（greenwashing abuses），亦即，破壞綠環境者，正洋洋得意地以維護綠環境者自居。該研究顯示，唯有透過對在地居民環境倫理觀念的調查分析，才能看到觀光內在的實景。

總而言之，在生態環境方面，應用人類學可拓展實踐的面向相當廣闊。Haenn and Casagrande（2007:99-102）極力主張在今天全球追求永續環境的浪潮下，人類學者居於環境開發與環境保護之間，絕對可擔任稱職的橋樑。因為，今日世界各處均包含著多元文化，亦即階級、人種、族裔、國族、職業等等群體繁佈於內，而唯有人類學者才知如何認識他們，以及如何調節該等人類團體與環境議題間的關係。人類學似乎正扮演著關鍵角色。

六、當代大議題三：一般公衛

公共衛生與人類學有可能建立關係嗎？依Calgary大學Campbell（2010:76-83）的說法，前者對後者無感或反感，而後者則對前者興致勃勃。主要癥結在於，人類學強調全貌觀和細膩社區民族誌，所以，研究者們相信必可對公衛政策的擬定與實施提供貢獻。但是，醫療專業人士認為，人類學總執著於小地區，而有限範圍的資訊，絕不能作為更大區域的施政依據。不過，Campbell仍致力呼籲醫護公衛政策制定者，務必認識到唯有人類學可以跳脫西方生醫理論和觀點，從而以質性分析方法，一方面透析出文化如何影響政策的形成，另一方面則發現藏於人們生活角落毫不起眼，然卻與公衛課題息息相關的要素。的確，許多研究實例都呼應Campbell主張人類學當可實踐之說法。

此處以兩個中國的例子進行說明。Jian（2008:151-163）於西南高地農村地區，探詢在沒有醫療保險的情況下，若出現了重症情況，村民會如何應對。他藉心理學常用之「因應行為」（coping）的分析取向，試著採人類學的民族誌過程予以呈現。Jian發現，村民家庭對罹患大病的家人極盡照料之責，但在沒錢看醫的窘境下，只好縮衣節食，賣掉家產，借貸典當，或者尋覓偏方。其中最嚴重者就是，為了治病，老弱婦孺全部被迫下工勞動以增收入，所有家裡生活依靠的用具，也幾乎全數變賣，日子自此陷入永遠黑暗境地。Jian極力呼籲，所有擔負建置中國農村發展任務的機構，應與地方政府充分合作，加強村落信用合作社的功能，設法讓村民可較方便地辦理鄉里貸款。同時，各項增進家戶之農業技術，以及設法開發可獲較大利益之在地新產品等二項工作，亦應立即著手進行。

農村的謀生不易，促使大量農民湧入都市，很快的就造成了問題。Chen 等人（2011:22-32）以人口健康角度，提出城鄉遷動問題的觀察報告。研究者發現，都市居民對來自農村的移民，有極度的負面評價，前者絕不願與後者共事相處，農民在城裡幾乎被主體機制隔離。在此一景況下，帶有強烈污名感的貧窮農民，承受巨大身心壓力，又缺乏健康照護，在其聚集區內極易出現傳染病，致使都市內部的不良狀況更速惡化。Chen 等人認為，既然遷到了都會區，原居城內的住民就應接納，共同打造更佳生活。彼此應信任、互惠、合作。否則按當前情形，不多時，公共衛生問題必會浮現，屆時受到傷害者，可能就是所有居民，不可不慎。

在澳洲極北部特定原住民地區，肺結核曾一度流行，人類學者進駐找尋解套辦法（Grace and Chenhall 2006:387-399）。民族誌資料發現，原來原住民們對官方制式醫療方式頗感陌生，因此，不喜與醫護人員接觸，以致常常錯過症狀初期或甚至有效預防的黃金時間。專業生醫系統的父權強制式觀念與作法，在面對非屬西方價值傳統的原住民，一時必然格格不入，尤其政策執行一方，根本從未考慮須鼓勵族人前來衛生單位進行檢查治療。後來團隊採行人類學者建議，先是邀請原住民加入預防治療委員會，參與社區的工作坊，並系統地再教育醫護人員，情況終於有了改善。不過，此舉若不盡速普及實施，整個澳洲大北方區域，恐仍難逃肺結核的擴大侵擾。

積極提醒生醫模式與經濟模式，絕非唯二值得採用的公衛策略者，當然不止前述幾位應用人類學家，例如Pelto（2008:237-243）即有不少關及照料孩子健康方面的討論。他就餵母奶對嬰兒有利之認知，及其與母親哺乳行動間之關係，進行探究。Pelto發現，許多母親在外頭不得不跑進廁所餵母乳，因為不少人在公共場合瞧見公然哺乳感到不甚舒服。非生醫的人類學模式清楚地提到會否餵母乳，與女人的角色、家中經濟狀況、以及文化價值觀念等要素息息相關。另外，在海地鄉間，許多婦女不知營養不良的意思，人類學者在全貌性的研究瞭解之後，協助在地組成各類「媽媽俱樂部」（mother's clubs），從中創出一得以充分學習「可以化作行動知識」（actionable knowledge）的環境。經過俱樂部內相互感受影響，人人不僅認識了營養不良，更知曉改善之道，親子的健康也獲進一步的保障。所以，我們必須以脈絡模式（contextual model），來修正生醫模式。而之可以獲得脈絡模式，主要仍須仰賴人類學式的參與。特別是凡涉及期盼社會行為改變的計畫，更應注意民族誌專家依據訪查所指出的參考意見。專家團隊則會不時努力促成研究對象及早認識「可以化作行動的知識」。

比較概念性的來說，知識指的是科學，信仰則為文化民俗範疇，不過，從人類學角度看，兩者並不衝突。畢竟，包括醫護人員在內，人人均在遵循自我執著的文化信仰原則，亦即，科學訓練出來的人遵守其中規範，當然就是一種科學價值文化信仰的履行。人類學充分瞭解也支持多元醫療方式並行，甚至社區居民和主要非西方生醫治療師，也共同加入照護團隊（Pelto and Pelto 1997:147-163）。承上描述，公衛醫療範疇無疑是應用人類學得以大力發揮的範圍，一切端看參與加入的機會和表現罷了！

七、當代大議題四：介入愛滋

人體免疫缺陷病毒帶原（Human Immunodeficiency Virus, HIV）與後天免疫缺乏症候群（Acquired Immune Deficiency Syndrome, AIDS愛滋病）的問題，是20世紀以來人類社會最大的恐慌源頭。人類學不落人後，肩負起學術關懷任務，其中關及研究倫理的議題，始終熱門。Bond（1997:69-83）發現非洲Zambia南部商業農場的年長男性移民勞工與家境貧窮的少女打工人員之間有性交易行為。前者付錢，後者賺外快。但是，在缺乏相關知識與保護措施之下，此種性行為極易傳染HIV／AIDS或其他性病。研究者經由場方同意，找來所有人一起開會講解疾病的危險性，同時表示自己前來研究是為了增進大家的健康。後來，老闆接受人類學者建議，不再雇用少女，以防不正當性關係的延燒。不料，失去了工作的女孩，為了掙錢，卻反而更容易四處援交。一段時間後，在勞力需求情況下，少女勞工又陸續回農場裡。此時，場方對Bond女士極不諒解，責怪她為了配合其研究，農場工作環境變得亂七八糟。最初應用人類學家係為了防範AIDS入侵，拯救生命而進入田野，到頭來卻發現自己的倫理考量與參與研究者一方並不一致，因此，不僅未達成目地，還在與對方倫理標地互異情境下，受到質疑。此一事件不禁令人感慨人類學似乎難以贏得勝利。Bond表示，從該例的經驗中，學到了完成一份好的研究，並不等於在倫理上也是優質。所以，人類學者到底應如何參與愛滋情境，實則尚有許多反省討論的空間。

de la Gorgendiere（2005）的經歷例子，更令人寒慄。英國醫療團體準備在非洲執行愛滋病垂直感染的研究。出資機構先請加拿大渥太華大學社會人類學系副教授Gorgendiere作一先導研究（pilot study），提供評估意見。原本大計畫前的先導研究並不需大費周章，簡報說明即可。然而，基於人類學倫理的良心，Gorgendiere說服了基金會同意她以民族誌方法，進行18個月的長期田野。後來研究結束，研究者鄭重建議必須考量倫理原則。原來，生醫團隊擬觀察哺餵母乳是否會將HIV傳給嬰兒，但此舉可能遭逢的高度風險，根本未告知研究參與者（即受試者），而給她們簽署的同意書上，亦未說明HIV可能引發之疾病的致命性。生醫團隊告訴研究參與者將會照料嬰兒至18個月大，設若生病，也將免費醫療。媽媽們還以為是不錯的優惠。最後，基金會接受人類學者意見，決定大幅度改變計畫，一場或將臨至的浩劫因此獲得免除。Gorgendiere主張，真正的知情同意（informed consent），絕對是人權的基本要求，尤其女性和幼兒權利更需加強落實。

當然，政府和救貧機構團體，也應有積極而正確的作為。中央研究院民族學研究所研究人員Shao-hua Liu（劉紹華）對中國四川涼山地區彝族商業市場與毒品和愛滋關係研究不遺餘力。她發現（Liu 2009:395-405），在當地HIV / AIDS高比率出現的村子裡，四處見著中英聯合防治計畫（the China-UK Project）人員張貼諸如「伸出你的手，給愛滋病病人一份關懷」等的標語，各項病情可怖訊息也接續傳進。但，在彝族傳統病痛觀念中，愛滋實如感冒一樣的普通，縱使因此死亡，也是正常的生命消失，而非屬不能進家門處理的意外凶死。有病痛受傷，多是整個家支（世系群；lineage）投入照料，人生最害怕之事，就是被親族遺棄。政府在不瞭解彝族文化觀念的情況下，張貼出世界衛生組織之反歧視愛滋口號，反而引起不必要緊張。族人們開始害怕愛滋，病患擔心會如過去的痲瘋和肺結核一樣被家支隔絕，社會和諧面臨危機。此時，愛滋被污名化，人人敬而遠之，病人的大難臨頭。

人類學者發現的愛滋困境五花八門。非洲辛巴威（Zimbabwe）農村地區遇著乾旱，人們出現食物短缺的恐慌。政府將原商業用土地再分配成農地，以期增加生產，但施政技術不足加上貪污腐敗，造成幣值大跌，種子和肥料價格飛漲。另又因愛滋流行，失去不少勞動人力，重行分配得來的土地，根本產不出大量作物，問題仍然嚴重。於是，為了換取食物，開始有人將作為家戶經濟命脈與社會地位象徵的牛隻拿去變賣。沒有了牛，最重要的玉米種植，等於斷了線。更有甚者，愛滋病患家庭常見賣牛賣的最急最快，維生照護資源快速失去，難解之社會問題隨之出現（Mazzeo 2011:405-415）。當然，人類學家一定極力呼籲救貧機制，應協助補充愛滋家庭營養並提供治療，助其度過難關。此外，學費必須全免，帶原或發病小孩的看顧，以及愛滋孤兒的專門收養，亦是立即要解決的課題。一切端賴政府和國際人道與人權力量的強力介入。

愛滋恐慌舉世皆然。東歐共黨瓦解之後，大量國際非政府組織湧入，期望協助各國建立公民社會。但，當地政府和非政府組織相處並不愉快，總覺後者目地不單純。在美國的經驗上，同性戀人權與愛滋防治政策問題，必會變成政治化議題，壓力作用終究會使政府主動表態支持並制定長照病患措施。但位處東歐的波蘭，情況卻大不相同。由於才脫離專制獨裁不久，加上對同性戀敵意深，要處理國內愛滋問題，根本不可能借重政府。於是，非政府組織採取不理政府（apolitical）或所謂「與政策作對」（anti-politics）（亦即，不與當下毫無作為之政策苟同之意）的策略，自己獨自全盤行動，情況反而較好（Owczarzak 2010:200-211）。一直到現在，東歐各國的非政府組織連線，仍是當地廣大區域防治愛滋的強力機制，每一志工均全力以赴，不見政府蹤影，效果反而良好。人類學者藉此理出了全球幾款對應HIV / AIDS的模式，相互參酌比較之後，即可很快掌握防治缺陷所在，貢獻不可謂不大。

八、其他新款議題：災難倫理

應用人類學相關研究或實踐範疇，當然不止上述幾類，其他諸如人類災難和研究倫理等課題，最近也相當熱門。除了一般民族誌學者多會注意部落族群傳統上對應災難的文化策略之外，自上個世紀以來的多次大型災變與氣候巨變，使得一方面在「純」學理人類學範圍，逐漸有環境人類學駕凌詮釋人類學的現象，而應用取向方面，探討並批判災難劫後的支持政策制定執行，也引來學人們的興趣。*Human Organization*期刊於2009年推出了「災難與殘生」（disasters and disability）專號就是一例。專號主編Lakshmi Fjord與Lenore Manderson表示（2009:64-72），大災難過後，許多傷殘者和一般婦女孩童，往往很容易被忽略，他們爭得救濟資源的能力較差，而事後重建，也常忘卻這些弱勢者的需求。例如，傷殘者天天望著起建好的樓房興嘆，因為只見根本上不去的樓梯，也全無所需的電梯裝置可能性。更有甚者，專門發災難財的「災難資本主義」（disaster capitalism）四處現身，或喜見震災後的開發重建大賺錢，或帶著觀光客收費參觀災情，極不道德。兩位學者強力建議，災難預防與處置政策必須全盤檢討，新政策尤需考量如傷殘人士等弱勢者的所有照料要素，才不致又錯踏社會不公之路。從同一專號內的一篇1995年元月17日早晨日本神戶大地震災後15年情景分析文章中，可以將上述問題看得更清楚（Nakamura 2009:82-88）。震後傷殘者組成協會，也努力學著自我獨立生活，但，許多事情仍待政府協助。無料，2004年之時，中央政府厚生勞働省突然公布即將施行「總合計畫」（Grand Design），其中要項就是擬將耗費頗大之照護災區傷殘者福利，整合進針對老年人的「長期照顧保險辦法」（Kaigo Hoken Long Term Care Insurance Program）之中。傷殘團體極力抗爭，政府因此決定緩議。但是，2005年10月，小泉純一郎（Junichiro Koizumi）首相突然解散國會重選，以護航其郵政改革政策。結果他領導的自由民主黨獲勝，在此一新民意支持下，許多法案通通強渡關山，其中包括「獨立生存養護法」（Independence Support Law）。該法將以規範性的「一般日常生活行動所需」（Activities of Daily Living）標準給付震災傷殘者，其待遇可能遠少於現下的福利。災難時，大家同情，援助不斷，但，真正的問題以及亟需長期支持者，正是事過境遷後的殘傷受難人士。政府和社會很容易將之常態化，因此，將重殘災民歸與老年人同類，其命運不想可知。人類學家看到問題，就極力呼籲各國制定災難準備與災後照護辦法，以使不幸受災者，可以獲得永久照顧，社會的公義才不致流於紙上談兵。

研究倫理是人類學重要議題，應用人類學更無法免除對它的不斷探討與反省。目前遺傳工程或生物科技當道，它的發展將深刻影響人類甚至整體生物世界的前景，因此，人類學家很早就盯住相關活動或機構了（see Rainbow 1996, 1999）。但是，進入生科財團從事田野研究談何容易，此時的人類學者絕非Scheper-Hughes（1995:409-440）所言的應同具「共同行動者、現場見證者、同心一志者」的角色，也就是傳統所界定之「腳踏實地」的「赤足人類學家」。畢竟，人類學家不僅不會是生科公司或實驗室的「共同行動者」或「同心一志者」，反而更常常以接近「去菁英主義」（de-elitist）的語言，提醒科技商業執行或決策委員會諸多他們未曾想及的倫理問題（Everett 2006:46-54）。尊重田野對象，不干涉其生活狀況，當然是人類學倫理要求，但，田野對象若是如生科財團之對人類前途極具影響的社群，人類學家就必須有另層次的倫理考慮。前者不干涉主義是小或低階倫理，後者事關地球命運則為大或高階倫理，裁量之下，當然遵循高階準繩，以學術良心「監督」擁有大勢力的科技社群。

人類學也研究今日四處可見的非政府組織（NGO）。但是，誠如上文曾提到的，NGO團體與人類學間常出現關係緊張。其中最關鍵的就是，以人類學角度寫出的報告，常常讓NGO極為吃驚，根本無法接受，繼而激烈反駁之（O'Reilly and Dhanju 2010:285-294）。畢竟，不少NGO均是意志堅決，不達目標不罷休者，他們難忍人類學者的百般質疑。在田野中，人類學家常會警惕自己相對於研究參與社群，研究者極可能就是一種人畏的「勢力」，但，在與NGO互動的例子上，卻很像人類學者被報導人一方控制，最好就只寫出他們喜歡的結論。此時，應用人類學研究者應不惱不怒，耐心地讓NGO瞭解到，他我雙方事實上都是「勢力者」，而在力量交鋒作用狀態下，必存有相互不認同某些看法的空間。不過，兩造的類此對話，卻極有助於彼此獲得新啟發，或者引起自覺的反思心境。凡此，對所欲服務的在地對象社群，均能產生積極的助益。

回到傳統研究對象身上，情況也差不多。美國生醫單位欲至印地安原住民社區調查研究傳染病，以期找出根治辦法。但是，不少原住民部族對外來研究者充滿質疑，因此，在地部落的審查委員會（Institutional Review Board）就要求審閱醫療團隊的計畫，使得生醫專家甚感困擾（Smith-Morris 2007:327-336）。此時，人類學家的角色，即是要說服醫療人員瞭解當前原住民的主流自決意識，以及其自我管理部落的需求。更何況，研究倫理範圍甚廣，倘使能同時通過歐美白人價值體系建置出來的生醫倫理和地方原住民的傳統倫理審查，更表示計畫所具備的正確性，對大家都有好處。總之，專家與人民共同合作，是當前必走的途徑，它是人類平等的康莊大道。

九、結論：亮光可否再強？

回顧本文，大致可分三大部分。其一，揭櫫應用人類學為政治效勞的首嘗經驗（英國的帝國殖民與美國的戰爭服務），即注定將來會被不斷質疑，終而造成研究實踐者必須不停地檢省學史，爾後再闡釋與前不同的應用新意；但是，不信任者意志始終牢固，學人們也只得繼續回顧反思。其二，說明發展人類學、公共人類學、以及行動人類學的出現與熱門，它們有的喜稱自己就是應用人類學，有的則排斥彼此的關連；不過，無論如何，此等人類學分科的現身，正反映著學界不時有人努力掙脫人類學必須是「純學理」的枷鎖。其三，人類學在公共政策、生態環境、一般公衛、介入愛滋、以及災難倫理等範疇內的研究參與成果非凡，值得引介。後兩部分讓人眼睛為之大亮，感覺到應用人類學的希望無窮，但，第一部分卻可能止住人們想像，又次拉回曾經飽受批判的過去。那麼，應用人類學果真宿命難解？它帶給人類學門甚至整體人類的貢獻是「閃耀」抑或「燭黯」？很多人可能都想知道答案。吾人或須先釐清與應用人類學連線或去連線的該等分科屬性。發展人類學為脫離殖民之後的第三世界邊陲角落，面對發展壓力出現的諸多問題提供協助。公共人類學講求呈現傳統人類學研究社區社群部落村寨等人類聚落之公共利益的所在，並予以支持。行動人類學與在地人同聲一氣，共同追求改善現狀。從第三節舉出的例子可知，發展、公共、及行動等三分科研究參與領域，均在強調學者自身應加入在地，啟發地方，實踐知識。換句話說，「公共性」或「公共利益」成了大家的基本公約數。再看看四、五、六、七、八等五節的政策、環境、公衛、愛滋、災難與倫理等的應用人類學實證介紹，幾乎每一研究者的目標，均全在於對社會公共範疇的貢獻。也就是說，在當今情景下，「純」人類學之外的「非純」人類學，已然統合於以公民社會價值為基礎之公共利益追求的原則之下。應用人類學過去貢獻政府，實際上，也是一種為公共單元的付出，但，那種公共包藏著政權的私利，許多弱勢人群因此喪失權利，生活被迫改變，而人類學的自我省察覺醒卻來得稍晚。不過，歷經歲月，學術倫理佔上風頭，應用人類學加入發展、公共、及行動等三個人類學分科兄弟，利他精神充分展現。

「書房派」的「純」人類學和「參與派」的應用人類學，均堅持田野民族誌的重要性，只是後者將「身」與「心」都留於社區，而前者卻僅見「心」在學理，「身」則釘牢於書房內。

許多人類學者認為人類學是很基本的學科，大家都應認識它。但，偏偏相較於同屬社會科學的政治學、經濟學、社會學等，人類學就是最難被人瞭解。有不少人類學專業工作者的親近家人友朋，也不知人類學是什麼。既然連基本人類學訊息都難與一般人結緣，那麼又如何有效應用此份陌生於世的知識？過去四分三世紀的人類學應用性反省僅出現在學界圈內，也就是說，大社會仍多無法知曉人類學的內涵。如今，公共性價值的議題既能突顯，咸信眾人可獲有更多接觸具象人類學的機會。人類學走入社會，嘉惠人群，或許不再只是空想。應用人類學者長久以來總是憂鬱，因為必須不斷回顧反省澄清，又常遭「書房派」的「純」人類學白眼。但是，研究實踐者前仆後繼，堅毅不拔，一直維持著最起碼的學科生命，難能可貴。應用人類學起碼的學科生命仿若微燭，細細纖體，卻從不曾自棄。然而，亮光可否再強呢？今天的公共利益主軸，尤其是特別關懷第三世界邊緣社區、全球災難餘生者、HIV / AID受害人、生態維護志工、深受公共政策制定「理」與「法」謊言之害的人民、承受生物醫學科學主義至上壓力的傳統生活實踐者、以及或也包括大部分的女性孩童等等，再再顯現應用人類學的耀芒巨光，終將廣體放射，貢獻世界。未來可能不再是應用人類學家苦苦告知大家「我們是人類學啦！」，反而，「書房派」的「純」人類學成員，會跑來拉著應用人類學家，然後羞澀地喊著，「我們和你們同一國啦！」。

引用書目

謝世忠

2004〈學術旨趣的困境——兩個政府委託計畫的經驗過程〉。刊於《族群人類學的宏觀探索：臺灣原住民論集》。謝世忠著，頁273-289。臺北：國立臺灣大學。

Bennett, John W.

2007 Applied Anthropology in Transition. *Human Organization* 64(1):1-3. Blount, Ben G. and Ariana Pitchon

2007 An Anthropological Research Protocol for Marine Protected Areas: Creating a Niche in a Multidisciplinary Cultural Hierarchy. *Human Organization* 66(2):103-111. Bond, Virginia

1997 'Between a rock and a Hard Place': Applied Anthropology and AIDS Research on a Commercial Farm in Zambia. *Health Transition Review* 7(Suppl 3):69-83.

Borda, Orlando Fals

2008 The Application of the Social Sciences' Contemporary Issues to Work on Participatory Action Research. *Human Organization* 67(4):359-361.

Brighton, Stephen A.

2011 Applied Archaeology and Community Collaboration: Uncovering the Past and Empowering the Present. *Human Organization* 70(4):344-354.

Burns, Allan

2010 Sustaining Fellows of the Society for Applied Anthropology. *Human Organization* 69(4):418-421.

Campbell, Dave

2010 Anthropology's Contribution to Public Health Policy Development. *McGill Journal of Medicine* 13(1):76-83.

Casagrande, David G., Diane Hope, Elizabeth Farley-Metzger, William Cook, Scott Yabiku, and Charles Redman

2008 Problem and Opportunity Integrating Anthropology, Ecology, and Policy through Adaptive Experimentation in the Urban U.S. Southwest. *Human Organization* 66(2):125-139.

Cernea, Michael M. and Judith Freidenberg

2007 "Development Anthropology is a Contact Sport" An Oral History Interview with Michael M. Cernea by Judith Freidenberg. *Human Organization* 66(4): 339-353.

Chambers, Erve

1987 Applied Anthropology in the Post-Vietnam Era: Anticipations and Ironies. *Annual Review Anthropology* 16:309-337.

Chen, Xinguang, Bonita Stanton, Linda M. Kaljee, Xiaoyi Fang, Qing Xiong, Danhua Lin, Liying Zhang, and Xiaoming Li

2011 Social Stigma, Social Capital Reconstruction, and Rural Migrants in Urban China: A Population Health Perspective. *Human Organization* 70(1):22-32.

de la Gorgendière, Louise

2005 Rights and Wrongs: HIV/AIDS Research in Africa. *Human Organization* 64(2):166-178.

Ervin, Alexander M.

2005 *Applied Anthropology: Tools and Perspectives for Contemporary Practice*. Boston: Pearson/Allyn and Bacon Press.

Escobar, Arturo
1991 Anthropology and the Development Encounter: The Making and Marketing of Development Anthropology. *American Ethnologist* 18(4):658-682.
Everett, Margaret
2006 Doing Bioethics Challenges for Anthropology. *Human Organization* 65(1):46-54.
Eyben, Rosalind
2000 Development and Anthropology: A View from Inside the Agency. *Critique of Anthropology* 20(1):7-14.
Feng, Xianghong
2008 Who Benefits?: Tourism Development in Fenghuang County China. *Human Organization* 67(2):207-220.
Fjord, Lakshmi, and Lenore Manderson
2009 Anthropological Perspectives on Disasters and Disability: An Introduction. *Human Organization* 68(1):64-72.
Grace, Jocelyn, and Richard Chenhall
2006 A Rapid Anthropological Assessment of Tuberculosis in a Remote Aboriginal Community in Northern Australia. *Human Organization* 65(4):387-399.
Haenn, Nora, and David G. Casagrande
2007 Citizens, Experts, and Anthropologists: Finding Paths in Environmental Policy. *Human Organization* 66(2):99-102.
Heatherington, Tracey
2010 Rumpelstiltskin's Deliverables: Grimm Inspiration for Humanism in Development. *Anthropology and Humanism* 35(1):66-80.
Hedican, Edward J.
2000 *Applied Anthropology in Canada: Understanding Aboriginal Issues.* Toronto: University of Toronto Press.
Hopper, Kim
2002 When (Working) in Rome Applying Anthropology in Caesar's Realm. *Human Organization* 61(3):196-209.
Hunt, Carter A. and Amanda L. Stronza
2011 Missing the Forest for the Trees?: Incongruous Local Perspectives on Ecotourism in Nicaragua Converge on Ethical Issues. *Human Organization* 70(4):376-386.
Jian, Li
2008 Economic Costs of Serious Illness in Rural Southwest China: Household Coping Strategies and Health Policy Implications. *Human Organization* 67(2):151-163.
2009 Socioeconomic Barriers to Biogas Development in Rural Southwest China: An Ethnographic Case Study. *Human Organization* 68(4):415-430.
Kedia, Satish
2008 Recent Changes and Trends in the Practice of Applied Anthropology. *NAPA Bulletin* 29(1):14-28.
Lamphere, Louise
2004 The Convergence of Applied, Practicing, and Public Anthropology in the 21st Century. *Human Organization* 63(4):431-443.
Lane, Sandra D., Robert A. Rubinstein, Lutchmie Narine, Inga Back, Caitlin Cornell, Alexander Hodgens, Monique Brantley, Rachel Kramas, Kathleen Keough, Brandon O'Conner, William Suk, Eric

Morrissette, and Mary Benson
2011 Action Anthropology and Pedagogy: University- Community Collaborations in Setting Policy. *Human Organization* 70(3):289-299.

Lassiter, Luke Eric
2008 Moving Past Public Anthropology and Doing Collaborative Research. *NAPA Bulletin* 29(1):70-86.

Lewis, Stephen E.
2008 Mexico's National Indigenist Institute and the Negotiation of Applied Anthropology in Highland Chiapas, 1951-1954. *Ethnohistory* 55(4):609-632.

Liu, Shao-hua
2009 Contested AIDS Stigmatization in Southwest China. *Human Organization* 68(4):395-405.

Macgregor, Gordon
1955 Anthropology in Government: United States. *Yearbook of Anthropology* 1:421-433.

Mars, Gerald
2004 Refocusing with Applied Anthropology. *Anthropology Today* 20(1):1-2.

Mazzeo, John
2011 Cattle, Livelihoods, and Coping with Food Insecurity in the Context of Drought and HIV/AIDS in Rural Zimbabwe. *Human Organization* 70(4):405-415.

McDonald-Wilmsen, Brooke
2009 Development-Induced Displacement and Resettlement: Negotiating Fieldwork Complexities at the Three Gorges Dam, China. *The Asia Pacific Journal of Anthropology* 10(4):283-300.

McGranahan, Carole
2009Introduction: Public Anthropology. *India Review* 5(3-4):255-267.

Nakamura, Karen
2009 Disability, Destitution, and Disaster: Surviving the 1995 Great Hanshin Earthquake in Japan. *Human Organization* 68(1):82-88.

O'Reilly, Kathleen and Richa Dhanju
2010 "Your Report is Completely Wrong!" (aapkii report ek dum galat hai!): Locating Spaces inside NGOs for Feedback and Dissemination. *Human Organization* 69(3):285-294.

Owczarzak, Jill
2010 Activism, NGOs, and HIV Prevention in Postsocialist Poland: The Role of Anti-Politics. *Human Organization* 69(2):200-211.

Pelto, Gretel H.
2008 Taking Care of Children: Applying Anthropology in Maternal and Child Nutrition and Health. *Human Organization* 67(3):237-243.

Pelto, Pertti J. and Gretel H. Pelto
1997 Studying Knowledge, Culture, and Behavior in Applied Medical Anthropology. *Medical Anthropology Quarterly* 11(2):147-163.

Pink, Sarah
2006 The Practice of Anthropology in Great Britain. *NAPA Bulletin* 25(1):123- 133.

Podolefsky, Aaron, Peter J. Brown, and Scott M. Lacy eds.
2010 *Applying Cultural Anthropology: An Introductory Reader*. Boston: McGraw-Hill Higher Education.

Price, David H.
1998 Gregory Bateson and the OSS: World War II Bateson's Assessment of Applied Anthropology.

Human Organization 57(4):379-384.
Rabinow, Paul
1996 *Making PCR: A Story of Biotechnology*. Chicago: The University Of Chicago Press.
1999 American Moderns: On Sciences and Scientists. in *Critical Anthropology Now: Unexpected Contexts, Shifting Constituencies, Changing Agendas*. George E. Marcus, ed. Pp. 305-333. Santa Fe: School of American Research Press.
Schensul, Jean J.
2010 Engaged Universities Community Based Research Organizations and Third Sector Science in a Global System. *Human Organization* 69(4):307-320.
Scheper-Hughes, Nancy
1995 The Primacy of the Ethical: Propositions for a Militant Anthropology. *Current Anthropology* 36(3):409-440.
Sillitoe, Paul
2006a Ethnobiology and Applied Anthropology: Rapprochement of the Academic with the Practical. *Journal of the Royal Anthropological Institute* 12(Suppl 1):S119-S142.
2006b The Search for Relevance: A brief History Applied Anthropology. *History and Anthropology* 17(1):1-19.
2007 Anthropologists Only Need Apply: Challenges of Applied Anthropology. *Journal of the Royal Anthropological Institute* 13:147-165.
Simonelli, Jeanne
2007 The Active Voice: Narrative in Applied and Activist Anthropology. *Anthropology and Humanism* 32(2):156-170.
Smith-Morris, Carolyn
2007 Autonomous Individuals or Self Determined Communities? The Changing Ethics of Research among Native Americans. *Human Organization* 66(3):327-336.
Trotter, Robert T., II, ed.
1988 *Anthropology for Tomorrow: Creating Practitioner-Oriented Applied Anthropology Programs*. Washington: American Anthropological Association.
Wedel, Janine R., Cris Shore, Gregory Feldman, and Stacy Lathrop
2005 Toward an Anthropology of Public Policy. *Annals of the American Academy of Political and Social Science* 600:30-51.

* 本文撰寫期間承國立臺灣大學人類學系博士班楊鈴慧同學和碩士班陳郁潔同學多所協助，至為感謝。此外，專任研究助理郭欣諭小姐處理最後潤稿，王鵬惠博士校勘數處誤筆以及審查人和編輯委員會提供修改高見，一併致謝。

（本文原刊於《華人應用人類學學刊》2012/1(1):1-26）

漢人民間信仰研究的本質、體系與過程理論
——英文論述中的幾個主要結構論模型

一、前言

美國南加州大學（University of Southern California）東亞語言與文化學系（Department of East Asian Languages and Cultures）教授Laurence G. Thompson於1985年編成了一本幾乎盡收以英、法、德文所寫在1980年以前出版之關及漢系華人（或稱漢人）宗教（Chinese religion）（不包括基督宗教、伊斯蘭教、猶太教、及其它非漢族宗教）的文獻目錄——*Chinese Religion in Western Languages: A Comprehensive and Classified Bibliography of Publications in English, French, and German Through 1980*。該書共收得2800餘位寫作者的8500多種資料。八年後（1993年），已成為榮譽教授的Thompson，在與同校人類學系副教授Gary Seaman的合作下，續編了1981至1990年以西方三個主要文字發表之有關漢人宗教的論著，計4700多種。同時，這十年間也出現了1200位未見於1980年之前的新作者。從兩本目錄的豐富性資料裡，可以看出漢文化中的宗教領域，對西方學者所產生的吸引魅力。

Thompson與Seaman在兩冊目錄中，均將論著分成「佛教以外的漢人宗教」（Chinese Religion Exclusive of Buddhism）和「漢系佛教」（Chinese Buddhism）兩大類。對兩位編者而言，佛教為外來而本土化了的宗教，而其它的宗教（包括儒家／教、道教、民間信仰、及各教派等等）則為漢人社會中的原生宗教。因此，如果我們要專論漢人社會的原生本土宗教，依Thompson與Seaman的邏輯，可能就不必列入佛教的部份。不過，「佛教以外的漢人宗教」本身也相當龐雜，它占了所有論著數量的三分之二，這一

方面顯示研究者對該範疇的投入，另一方面也提示了我們，若欲瞭解西方人對漢人原生本土宗教學術研究的成績，所可能必須付出的時間。

基於此，作為一篇回顧性或檢討性的文章，筆者只能將範圍限制在：西方人以英文撰寫之「佛教以外的漢人宗教」範疇內的「民間信仰」（popular或folk religion）。單處理民間信仰，原本就是為避開自認與被認為在社會中具總體代表性存在的制度性宗教。道教就是其中最典型的代表。但是，即使是如此，漢人民間信仰也很難完全與道教或甚至外來而本土化了的佛教予以區隔，道佛的部份要素事實上常見於民間信仰之中。另外，其它以綜攝性宗教為代表的那些國家政體不負或僅負有限共同維繫之力，並常不被視為具社會總體代表性的制度性宗教，如一貫道和軒轅教等，雖然位居擴散性（diffused）之民間信仰與佛道制度性宗教（cf. Yang 1973）之間的尷尬位置，仍建議將之納入廣意的民間信仰範疇之內。換句話說，我們係以人民生活為瞭解對象，而不是在專研某一特定宗教或教派。凡是在家庭或社區生活中出現的超自然或宗教要素，不論它們源自何處，均是民間信仰的範疇。

不過，正由於它範圍龐大，學者研究主題亦隨之廣泛，我們尤不可能面面俱到的進行討論。因此，本文的設計並不在陳述論著之數量的積累情形，也不準備以演進的取向，去鋪陳年代前後時序中，作者與論著的出現紀錄。作為一篇人類學學術論文，仍希望能以一特定問題取向為撰寫的原則，如此或能凝聚對話的焦點，也比較有深入分析的可能性。

有不少西方學者在論及漢系華人民間信仰時，一直努力在探討信仰體系的形成、存在條件、與運作，甚至設法去找尋該信仰的本質。據我初步的歸納，學者們關於民間信仰之體系、過程、與本質性的探究，至少有社會結構（social structure）性別角色（gender）、互動（interactionism）、解構（de-constructionalism）、及象徵（symbolism）等幾個解釋系統或理論模型。在本文中，筆者準備逐一說明它們的被論述過程，以俾對整體研究面貌能有所掌握。此外，我們也將對體系、過程、與本質的探討領域，提出再解構的分析，以表達進行主題反思的一項企圖。

二、社會結構的模型

對結構建制原則的探討，在不少人類學者認知上（Radcliffe-Brown 1965; Fortes 1949），即是為掌握某一特定社會基本存在的理由。對中國有興趣的西方人類學家因此也常將漢人社會結構當做研究的主要對象（e. g. Cohen 1976; Freedman 1958; Newell 1985）。各種切入的角度或有不同，而其中從超自然信仰來看社會結構，或以社會結構的實質意涵解讀信仰內容的分析取向，就是其中一個重要的方法。

Arthur P. Wolf（1974a & 1974b）試圖從其在六、七十年代之交對臺北縣三峽地區居民宗教生活的研究提煉出中國（漢人）社會結構的原型元素：國家政權、家庭、及社會力量。他認為，漢人民間信仰中的三大超自然祭祀對象——神、祖先、鬼，事實上就是生活過程中所經驗到之「皇帝的代表人、地方官員、警察、有德者」、「親人長輩」、及「流氓、盜匪、乞丐、陌生人或外人」等三類社會接觸範疇的反射。其中，人們依傳統帝國的官僚階層體系，建構了一個神界朝廷，從玉皇大帝到城隍爺和土地公，正代表皇帝到地方州縣首長和警察的相對應單元。除此之外，人們也會在制式系統之外，對逝去的賢德人士尊以神號，比較典型的有祖師公、保生大帝、和媽祖等。

鬼同樣有兩個主要的反射來源。其一是社會上對個人及所屬家庭有威脅的盜匪流氓和乞丐等。所以，中元普渡時，大家祭拜孤魂野鬼，就有如平時以錢財滿足匪徒乞丐的索求一樣，希望他們拿了東西趕快離開。另外，未能成為完全的家中成員者，如未婚而死的姑娘和猝死的嬰兒等，因無法進入祖先的位置，而被視為可能含怨的家鬼（如未嫁女兒）或陌生外人（如未入家庭社會的死嬰）。不論是何種來源，她（他）們基本上就是無家可歸無人為嗣的流浪者。不過，A. Wolf 進一步地指出，事實上，一般人總把自己逝去的長輩親人視為祖先，而他人之祖先，對已而言，即為鬼。如此，鬼的指涉範疇就遠超過如乞食無賴或早夭無偶等有限的社會邊緣成員了。

至於祖先的認定，則為家庭親子關係的延續。A. Wolf 認為祖先與子孫的關係是互惠的。子孫祭拜祖先就有如子女孝敬父母一樣，不能求償或埋怨，而祖先也不應推拒子孫長久的請求。祖先的形象和在世父母相同，有時仁慈有時則會對後輩做出懲罰性的行為。不過，年歲已高的父母或需要有人燒香的祖先，卻也必須依賴晚輩的協助，方能達到目的。因此，彼此相互依賴的特性頗為明顯。

總之，對Wolf來說，神、祖先、鬼等角色的出現及其功能性的行為模式，正是漢人社會基礎結構的展現。雖然，他也曾表示超自然世界不是當代世界的單純反射，反之，它是社區成員一代一代在變遷環境中，對傳統緩緩修訂的結果（Wolf 1974a:8-9）。不過，對結構的強調，使得他的這項說明難以發揮作用。一般讀者留下的印象，即是A. Wolf在結構功能詮釋取向上的貢獻。

分析結構的學者，當然不止A. Wolf一人。Donald R. Deglopper（1974:43-69）與Stephan Feuchtwang（1974:105-129）就是另外兩個例子。不過，不像A. Wolf企圖在一鄉民社區的生活中，發現漢人總體社會內部結構的浸透事實，Deglopper以類似地方史的分析取向，專門討論了彰化縣鹿港地區之社會結構與宗教信仰的關係。他強調社區居民的歷史經驗、生活目標、以及集體認同意識，一起構造了當下的社會。而在鹿港的例子上，宗教現象正好說明該地社會結構的基礎所在。

鹿港共有39座較大的廟宇，其中9座被居民稱為「闔港的」廟，是所有鎮民共同認可並參與活動的對象，而其它9座分佈於城市周圍，屬於「角頭的」廟，僅由各特定的地方人士奉祀。闔港的廟，如天后宮和龍山寺，被居民認為是臺灣歷史文化的中心，他們歡迎外縣市的進香團前來朝聖，表演獻技，如此，可藉以強化對鹿港輝煌過去的信念。至於角頭的廟，通常會在節慶時彼此宴請對方，以建立大家同屬鹿港成員的共識。不過，不論是闔港或角頭社區的居民，幾乎很少組隊到外縣市進香。因為，鹿港的地域意識成了住民認同的依據，而廟宇所代表的地域歷史與文化傳統，就直接導引人們選擇了社會生活的方式。Deglopper對鹿港廟宇及其以特定儀式活動說明地區社會結構建構原則的分析，也間接指出了同為臺灣或漢人社會之下，各個地方可能出現之互異的生活結構。

Feuchtwang雖與Deglopper同在A. Wolf所編的*Religion and Ritual in Chinese*

Society（1974）一書中探討宗教與社會結構的問題，但顯然他的野心比Deglopper稍大，進而如A. Wolf一樣，企圖從他所研究之地點臺北縣山街（Mountainstreet）例子，來說明整體漢人宗教世界的結構。Feuchtwang認為神是國家政體之王權體系的隱喻（metapher），而鬼則為先被主權體系所判審再加以拯救之乞丐浪人的化身。至於祖先則為自己人，他和具主權之陌生人（神）和令人討厭的外人（鬼），在我群與他人的架構上是相對的。不過，祭拜時，人們會從天公或大神、地域神祇、土地公、祖先、天兵將，以及鬼的順序來從事祭拜活動。而且，通常神、祖先、鬼的儀式地點也不相同。Feuchtwang強調這是漢人信仰世界中一種延續性範式（syntagmatic）與階層性（hierarchical）秩序，以及分立性範式（paradigmatic）與對照性（contrast）秩序並存的特質。另外，祭祖和拜神亦反映出人們對家庭父系繼嗣或祖裔群體（patrilinaeal descent group）延續存在，以及對天地宇宙整體運作力量的再強化。Feuchtwang認為神、祖先、鬼所屬之另一世界的社會結構特性，正是生命延續的轉喻（metonym），也為生命象徵的隱喻。而年節慶典和風水的作用，則是溝通人世和另世之社會世界的管道，它們是超自然世界存在之隱喻的不斷複製，也是人與空間共作之宇宙運行的轉喻。

Feuchtwang的概念性論述，顯然已對A. Wolf的結構理論，做了進一層次的發揮；不過，從民族誌材料所現之社會關係的分析，來瞭解社會結構的研究，仍以A. Wolf學生Emily M. Ahern對三峽溪南的調查報告*The Cult of the Dead in a Chinese Village*（1973）較為詳盡。

Ahern在溪南的研究，也問出了陰間與陽間世界結構相仿的情況，例如，陰間分成十個殿國，每一殿國均擁有城鎮和村寨，種植著與人間同樣的作物，商家與房舍也類同等，不過，人們在與陰間進行互動時，卻很清楚地有強力維繫陽陰分界，以及堅守人世認同的動機，凡是經觀落陰儀式進入陰間探親的人，幾乎無一是能順利面對面溫馨交談的。去世的親人不是背向來訪者，就是冷漠不語，或是站遠遠的。雙方的感情距離（emotional distance）相當遠，所以陰陽社會結構即使相同，雙方基本上是只能以如焚香，燒紙錢，供食品等想像死者來取用的間接方式進行溝通。但是，誰有焚香燒紙供物的責任或義務呢？Ahern一直強調她材料中所顯示出之財產承繼與否的關鍵原則，換句話說，一個未能將祖產留下的死者，是不配進入宗祠成為宗族祖先的。另外，兄弟之中未有繼承死去父母財產者，也沒有他們的義務。但是，雖然不是父系子嗣或甚至沒有任何親緣關係，若因特殊理由而承繼了某一死者的財產，這名承繼人即有奉祀死者牌位的責任。

Ahern的發現，告訴了讀者，人們如何在結構原則下，以自己與死者的社會關係為決定條件，去表達對祖先一定的責任或義務。所以，單是敘述結構，並無法讓我們瞭解到人的確實行為，反之，以各特定地區之人際關係的演化過程為觀察基礎，或許才是使結構能夠說話或如何說話的力量來源。

社會結構取向的研究，並未因時間的進程而減少。例如，Keith Stevens（1989:18-33）就以玉皇大帝的信仰為例，直接讓他的讀者留下由人間皇帝投射而成的玉帝，即使各地有其特定的詮釋或認知傾向，卻已為所有漢人所共同崇拜的深刻印象。換句話說，A. Wolf 和Feutchwang所建議的超自然世界社會結構建制原則，從各地均供奉有玉帝的現象來看（按，可以此推斷各地也均相信鬼和祖先的存在），似乎是獲得證實的。更何況，Stevens的資料中，亦發現有不少地區均為玉帝組成了家庭。因此，神界與人界生活方式的重疊，很可能即直接反映漢人普同的社會價值。

三、性別角色的模型

漢人社會以父系繼嗣為主軸，因此，女性在其間如何尋得人際位置，一向是人類學家感興趣的課題。一般來說，從宗教或信仰體系入手的學者，多以女性形象出現的女鬼、女神、女通鬼者（按，一般稱為薩滿〔shaman〕，但因薩滿一詞已被泛濫使用，筆者曾建議將負責通靈的儀式專家，以「通神者」和「通鬼者」兩詞稱之〔參謝世忠 1986〕），以及女人的社會生物特質等幾個方面為分析的基礎。

David Jordan在他的*Gods, Ghosts, and Ancestors: the Folk Religion of a Taiwanese Village*（1972）一書中，曾討論了在南臺灣保安村中四個所謂「家鬼」（family ghosts）的例子（pp:138-171）。第一例，為一想要完成婚事的未

婚即逝的女兒；第二例，為一曾因丈夫過世而再嫁的老婦；第三例，為一外地老婦為了一保安村民搶走其媳而前來報復降禍；第四例，為一家中過世之早夭女子被神階化，並以一同家族婦女充當其附體者。這四個例子均與社會價值體系的維繫危機有關。第一例的女子，因未婚無後無人繼嗣而不能在宇宙空間中定身，因此，以女鬼的身份回家要求冥婚。第二例的老婦因曾再嫁，破壞了寡婦守節的道德理想，使自己在身後因不知食哪一夫家的供物，而只好以女鬼的身份前來表示自己難以選擇的痛苦。第三例為年輕女子因放棄丈夫改嫁他人，而被前夫母親化鬼加害；故事提示了通姦女子因不道德的下場。第四例則為夭折之女嬰，過了會吵著要結婚的年紀，回家尋得一小神的地位，可以為人治病解難。前三例提示有夫有後、守貞守節、或不事二夫等女性道德規範藉由宗教過程不斷地被強化。至於第四例則為另一解決進不了體系之死去女子的辦法，她成神之後，專門處理家中人際問題，亦不失其維繫道德規範的功能。

Jack M. Potter在香港的一項研究（1974:207-231），相當程度上，支持了Jordan的發現。Potter記錄幾個經通鬼者（問醒婆）進入陰間問得當事者親人的例子。其中有一年幼病死的小女孩，抱怨父母未將其照顧好；另有一死去老婦報復因媳婦不孝而回家致病，使全家先後死亡。也有一例是亡妻對新妻友善的對話，希望對方照顧自己留世的子女。前兩個例子指出女子未婚而死的「不完全人」身份，以及媳婦與婆媳衝突的問題，違反了理想的人生途程，必須獲得解決。而第三例則一方面反映漢文化中男子再婚或多妻的合法性，另一方面則對女子為人妻為人母之責任的再強化。

另外，Stevan Harrell（1986::97-116）則從鬼的性別，來分析漢人社會的兩性關係，並清楚地點出了信仰體系的本質。他發現，凡是如 Jordan所指之家鬼，或被人真正見到的鬼，清一色全為女性，而看到鬼的人卻幾全為男性。家鬼出現的理由，Harrell與Jordan的看法一樣，係因進不了理想結構之內。而看見女鬼一事，則代表女性對男性的壓抑，造成自己有一種罪惡感，以致於想像必定有不少怨婦死而成鬼。在這個前提下，男性看到鬼也就得以理解了。

不過，女鬼雖多，進不了體系的女性社會異類（social anomalies）比例也不低，卻也有一些女神能夠居於崇高的地位，為什麼？P. Stevan Sangren

就試圖解決這個問題。Sangren（1983：4-25）分析了觀音、媽祖、及無生老母三位最受歡迎之女神的個人特質後發現，三位女神幾乎都是未經過在漢文化中被認為是女性不潔之月經、性交、生育等經驗的潔淨女性。她們超越了婦女必有污穢原性，以童女、處女、不婚、或不生育的身份成神。對信徒而言，三位女神有如完美純潔的母親，可以包容一切人生苦痛（不像多數男性神，嚴肅制式，無法瞭解一般生活細節），也可充當各種中介或諮詢的角色，更是平民大眾的拯救者。換句話說，女神避離了女性的不潔污名，而得以將母性做充份的發揮。女神的塑造反映了漢人社會對女性的兩難矛盾：一方面是低下的，另一方面又是最崇高的。Emily M. Ahern的The Power and Pollution of Chinese Women （1978）一文，正是敘述女性如何成為不潔化身的代表性論著。

Ahern發現，漢人相信有月事的婦女是污穢的，所以，她們被禁止參與祭神拜祖的儀式。但，月事為何不潔？除了一般認定流出體外之各種液體均是不乾淨的原因之外，Ahern指出，在男性心理底層對女人是懼怕的，認為她們是相當有力量的。因為，婚後至更年期之間的婦女，一方面可隨時創造新生命，使家庭人事被迫重組；另一方面，她的存在，也會影響原有兄弟、父子的關係。所以，媳婦進門對夫家的威脅是相當大的。Gary Seaman分析目蓮救母的故事和喪葬過程中的破血盆儀式時（1981:381-396），也有類似的討論。他認為女性嫁到夫家生子之後，家庭主軸由原來兄弟平行方向的群力，轉為夫妻與子女上下的新連心關係。「兄弟骨」被拆散成「父子骨」（see also Watson 1989:172-178）或變成Margery Wolf（1972）所稱的母子新子宮家庭（uterine family），因此，嚴重地破壞了原有家庭秩序。婦女的這種破壞力均來自於她的經血或生育時的排血，那是一種特大的污穢之源。女性死後，會被自己的污染源所困，而浸在血盆裡，仍需兒子（代表男性）去拯救之。女子的不潔因此是一種對生理運行和社會關係的文化性界定。而禁止月事或懷孕婦女出現在與神明祖先相關的祭祀場合上，亦說明人們利用宗教過程來強化性別文化觀的事實。

女性的外人屬性，從M. Wolf的The Woman Who Didn't Become a Shaman（1992）一文中，也可得到印證。Wolf敘述到一位外村婦女卻成通神乩童（按，她欲與一般只有男性乩童才能與之互動的王爺、上帝公等神交通，而不是僅滿足於代表由家鬼變成的小神），而被本村人否決的故事。她認為，性別與外邦人身份，構成了這位婦人雙重的外人位置，因此，無法被漢文化整體的父系權威傳統與地方文化本體接受。

由於女性地位如此，因此女性神能像觀音、媽祖一樣成為大神的機會相當少，大多均只能充當介於神鬼之間的小神，即使她們也具如處女身等潔淨母性的條件（Harrell 1986:112; Jordan 1972:164-171）。而擔任這些小神的靈媒或通神者等的儀式專家，多半也是女性，這些儀式專家，尤其是通鬼或通神者，在Potter（1974）的材料中，幾乎全是經過生命過程中之家庭危機的婦女。有三位通鬼者均於其多名子女陸續死亡之後，才開始扮演現有角色者，做為一個通鬼者，她可以繼續與死去的子女對話。而其間在各女性小神的協助下，也為欲入陰間探訪親人的鄉親們提供服務。總之，小女神與通靈者多因自己在家庭中扮演適合之女性角色的機會不再（如童女即逝，又已過了冥婚年齡〔參Jordan所引之例〕，或子女都過世，而無法扮演母親角色等），轉而選擇另一得以解決社會位置之尷尬困境的方向。

性別角色的理論模型，清楚地告訴了讀者，漢人社會維繫性別關係存在的機制體系。在信仰、儀式，與象徵的動力運作過程中，女鬼、大小女神、和女通靈者的存在，女兒、母親、姊妹等各身份角色的出現和確定，以及女性不潔之觀點的遍在等，共同形成一個生活網絡。而它也就是學者筆下所提示之漢人民間信仰體系的本質。

四、互動的模型

研究中國的社會科學家，對於該地區歷史上或當代之各不同社會生活領域成員間，以及社會與國家政體之間的互動關係均非常重視（see e. g. Siu 1989; Huang 1989; Chan et. al. 1992）。而在為瞭解漢人傳統信仰體系運作本質的學術目的之下，從上述兩個切入角度進行研究的學者亦不在少數，其中又以分析菁英（elites）與平民（populace）的交滲關係，和政府力量涉入民間信仰過程，以及後者的回應方式等議題最具典型。

Maurice Freedman（1974:19-41）認為在漢人社會中，菁英與鄉民的宗教信仰，事實上只是同一宗教的兩個面向而已。菁英經常會指控鄉民宗教是迷信而妄誕的，但這只是前者傳統上為顯出自己比後者高一等的策略而已。畢竟，菁英們知道自己的文化與平民文化係共享一個認知基礎。菁英常常把自己的宗教定位於實用理性的正統質性上，而認為鄉民是異端性的非理性。然而，Freedman發現，正統與異端的界線往往是模糊的，例如，被認為是屬於平民信仰範圍的風水先生，與正統制度性宗教的和尚和道士之間，常出現角色互相換用的現象。而歷史上菁英與鄉民合作的反政府起事，也證明他們的信仰與儀式相通，才能很快地瞭解彼此的理念訊息。

Christian Jochim基本上接受了Freedman的說法，並做進一步的發揮。他在"Great" and "Little", "Grid" and "Group": Defining the Poles of the Elite-Popular Continuum in Chinese Religion（1988）一文中，將幾乎清一色由男性組成的中國傳統士大夫或學官階級，與鄉民社區婦女，這兩個假設上最極端的社會角色，進行雙方互動過程的分析。他認為，菁英和平民事實上是共享一個經驗的。例如，無法操用文字的鄉民，以口語表達的超自然或宗教意涵，往往可以在構成菁英生活重要領域的文字撰述中（例如，醫書）找到。其中最典型的就是關於女性經血與月事不潔特質的認知，菁英與平民幾乎完全一致。Jochim指出，即使菁英們經常表現出非宗教的生活目的，但他們一心一意想至國家政體的中心所在，尋求浸染政治禮儀的同時，已然習得了一套宇宙觀的價值系統。由於社會的流動機會是公開的，所以平民男性往往一方面以菁英的生活為模仿對象，另外，也以另一種方式—宗教—來表達對菁英所秉持之政體中心價值的肯定。而以丈夫為依歸的鄉婦們，除了平時從口傳典故和地方戲劇的內容中，感染上層社會的氣氛之外，更完全仿來這一套價值信念。如此，社會的不同範疇成員，建立了連續的互動管道，而漢人社會之所以為「一個社會」，理由也在此。

同樣的分析架構，亦被Jochim用於討論當代新制度性宗教的發展過程上（1990:3-38）。Jochim以成立於1957年由一名擁有國立東北大學學位的國大代表與立法委員所創之以祭拜黃帝為主的軒轅教為對象，探討臺灣的一般平民，如何與這個以學政菁英為教主的宗教發生關係。原本該教成立的背景為對國民黨大陸失敗而引發之國家認同與文化危機的反應，是一典型的國族主義宗教（nationalistic religion）。他們反對各種形式的靈媒、扶乩、及其它祕密或民間宗教的儀式，而強調將自己的祖先與黃帝甚至堯、舜、禹諸聖王進行連結，以達統合共祖認同的目的。不過，到了70年代，有的信徒竟因飲用供奉黃帝的敬茶，而治癒了頑疾，所以使得聖水奇蹟一事傳開，導致不少民眾為了解決自身困境的目的而前來入教。另一方面，教主為擴大教勢，號召全臺社區廟宇加入「神廟委員會」，成為軒轅教的傘翼。如此，更多平民得以入教，但是他們並不知教義，也對該教原本用意不感興趣，唯一目的，只是如同在民間宗教範疇裡的行為模式一樣，多增一份神明支助之力而已。Jochim因此主張，我們大可不必硬分菁英或平民兩個類疇來觀察漢人社會，而應以在脈絡中（in context）的架構，來分析社會成員（social agents）之間對生活調適的多樣性詮釋（see also Gates & Weller 1987:16）。

與軒轅教在臺發展類似經驗的宗教，或可以一貫道為代表。Hubert Seiwert（1981:43-70）指出，一貫道的歷史較古老，而在臺灣，它主要的宗教目的，即為反對西方物質與不道德的文明。宗教領袖們相信，只有包括基督與伊斯蘭在內的五教合一大道，才可解脫當前受染的困境。Seiwert認為，基本上該教是欲把中國的傳統普世化，進而成為指導世界的最優越文化。所以，在現代化過程中，一貫道的教理提供了解決文化認同危機的策略。然而，Joseph Basco卻表示（1994:423-444），一貫道的一般信徒即如同軒轅教的平民信眾一樣，選擇入教並不妨礙其同時參與非制度性的民間宗教活動，而他們對該教哲理或超越個人目的的理想，其實也都不太關心。總之，菁英提供了解決生活問題的可能機會（按，創了新制度性宗教），而平民也多能在短時間內將之消化至廣體的民間信仰體系之內。

另外，與Robert Weller（1987b）和Feuchtwang（1974）所發現者相同，Jochim也看出當代菁英（包括熟讀中國古典經書的傳統菁英和受科學教育的現代菁英）始終不忘與政權聯合攻擊被認為落伍、迷信的民間宗教。然而，或許就如Freedman所言，此舉不過只是為強化自己忝居上層的位置而已，事實上，雙方的宇宙觀認知及秉持的道德原則是一樣的。

不過，雖然如此，正如Gates與Weller指出的（1987:3-16），多數學者太強調漢人中國社會菁英與平民連續體（elite-popular continuum），事實上，代表政權利益的大部份在位菁英，也常以國家政體存在為最高甚至唯一價值的名義，對民間宗教的某種表現形式採取高壓政策。而民間方面在難以承受壓力之時，就常會發起所謂的「叛亂」（rebellion）行動。

Stevan Harrell與Elizabeth J. Perry（1982:283-303）曾將中國地區儒、釋、道之外的有組織教派信仰（sectarian beliefs）歸納成獨立教派（sectarianism）、綜攝性宗教（syncretism）、祕密教派（secrecy）、救世主義（salvationism）、千年福主義（millenarianism）、顛覆性教派（subversiveness）、以及「邪教」（heterodoxy）等幾類。不過，不論哪一類，均會在不同程度上，與政權相互敵視或引起血腥衝突。Harrell與Perry認為，由於各教派在意識型態上常與政權所認定的模式不合，造成後者要進場干駁。但是，鄉民們長期以來，對菁英生活僅止羨慕而不可得，而今正能夠在新教派的體制內享有「一官半職」之際，卻被政府取締，於是儲存了大量爆發反抗的能量（see also Overmyer 1981）。後來，加上近代中國自然環境如水旱災的問題嚴重、農村經濟受萌芽期資本主義的衝擊而崩解、以及戰爭等因素的刺激，教派的反政府或反結構體制的運動，就難以避免了。以制度控國的政權，對存在於其之外的任何另類制度，均特別敏感，而各教派正都想在主體制度之外建立自己的單一制度。雙方的關係因此就演變成一種國家政體與社會之間的「硬性競爭關係」。不過，並不是所有民間信仰均會發展出教派組織，同時，也不是所有教派均一定會與政權毫無彈性選擇地硬碰硬（cf. Weller 1982 & 1987a; Shek 1982）。所以，另有一類筆者稱之為「軟性競爭關係」者，或許更是雙方關係的一種常態。媽祖的被大家「擁戴」，就是一典型的例子。

原本中國政權對民間信仰的兩難態度，在臺灣的媽祖信仰上，據Sangren所言（1988:674-497），已然因政府與地方彼此接受各自歷史合法性的藻彙系統（rhetoric），而緩和下來。媽祖原並不是由皇帝所任命或分封之在科層體制內的地方官神，反之，祂是民間所供奉之道德高尚與靈力高超的神祇。但是，後來政府一再因種種靈蹟，而對媽祖賦以榮銜，使得媽祖廟加入了官方的要素。不過，雖然如此，民間對祂的認定，並未因官方涉入而受影響。國家政體的敕封，是政權詮釋媽祖歷史事蹟，甚至是其表意關心人民福祉的依據，但地方居民卻只關切對媽祖靈力本身的信仰，以及努力維繫自屬之媽祖廟的正統位置。因此，政、民雙方各有其互不抵觸的偏重。Sangren進一步地認為，今天在臺灣，媽祖的信徒已超過專屬臺灣人的範圍，不少大陸人亦加入崇拜行列。政府對媽祖有朝全「中國人」共同信仰發展的趨勢，自然更表示歡迎。總之，民眾與政府均在言說「客觀」的歷史，而由於他們在表達自己合法論述的同時，均提供對方一個理念生存的空間，因此，競爭過程的潛在緊張，也就沒有轉為對立行動的條件了。

不同之社會範疇間的互動，以及社會與政權間關係在信仰過程中的表現方式，迄今仍是學者們感興趣的研究焦點。而菁英與平民連續體架構之中的「斷線」之處（亦即，造成了雙方的衝突），以及社會為了應對政權，所發展出來的自我生存策略，包括硬性的挑戰和軟性的共生，似乎又是其中最顯性的研究主題。

五、解構的模型

解構（de-construction）的意涵，在人類學和文化分析的理論內，可以有多樣的指涉。在這一節裡，雖繼續秉持較寬廣的彈性來界定解構的範圍，但也仍有所圈限。換句話說，我所將敘述的研究取向，是著重於：其一，對結構理論難以圓說之宗教現象的詮釋；其二，對土著觀點的剖析；其三，對儀式過程的判解；以及其四，對儀式專家的定質等四類。

若按A. Wolf 比較清楚固定的神、祖先、鬼與人間帝王官吏、長輩親人、以及流氓乞丐的對應結構原則來比對民族誌材料，事實上有不少地方是難以有效說明的。Stevan Harrell就認為鬼神界線並不是那麼絕對。因為，他發現在臺灣有不少從鬼變為神的例子（Harrell 1974:193-206）。按理說，械鬥而死者、被日本人害死者、地方的開拓先民、死去的大流氓、以及在路邊、橋樑、房子地基發現的白骨等，均屬鬼的範疇。但是，居民為了感念曾與外國人、外族、或外鄉人爭鬥而死者所表現出的「忠」、「義」、「勇」，從而將之奉為神明。另外，流氓的膽量與強勢，則使鄉民欲藉膜拜而增添助己之力。至於馬路、橋樑、和房屋，均為現實生活安全的基本依靠，因此，對於從中出土的無主骨，人們多願賦予較高位的神階，以求自己安身保障。這些例子，顯示了漢人處理宇宙事物時，超越結構限制的彈性原則。

與Harrell的研究旨趣類同的Robert Weller，則從對另一個問題的探索，檢討結構中的「怪象」。Weller發現（1990），在今天的臺灣屬於陰的、邪的、或傳統上為人所敬而遠之的鬼崇拜，有日益興盛之勢。他以北海岸三芝附近的十八王公廟為對象，進行了研究。十八王公廟以入夜香火鼎盛而聞名。它祭祀了早年從海外漂來的船上已死之乘客遺骨和他們隨行的一隻狗。由於夜晚是色情、賭博、以及各種犯罪的時機，因此，多數人相信從事這些邊緣工作的人，會選擇這個時間前來祈拜。換句話說，對Weller而言，十八王公的信仰是一種「無關道德的」（amoral）崇祀行為，因為十八王公既不是高道德的神，信徒也未具令人尊敬的道德，所求之事更與道德無關。Weller認為，臺灣的經濟快速發展，游資太多，投機風氣盛，才會造成玩錢者求助低位階之鬼或神的現象。今天，一些為私人所需的功利主義，或已取代了對家庭與社區的責任義務。以十八王公現象為典型的拜鬼活動，反映了臺灣走向當代國家和資本經濟的事實。在各中小企業相互無情地競爭的環境下，為滿足貪婪之個人主義和功利主義的需求，無關傳統道德養成或增進的鬼祀，是唯一可依靠的精神支柱。我們可以看到，原本神所具有的力量（影響人的命運），在時代變遷中，竟被鬼所佔有。人間社會結構的質變，直接導致了超自然世界組成關係的混亂。

當代的臺灣有如上述，但在歷史的中國，價值的結構似乎不是那麼容易變動。Sangren指出（1987:63-89），即使對體制造成威脅的各種異端教派多如牛毛，但漢人理想之陽在陰之上的陰陽調合觀，卻永遠奪得勝利。換句話說，人們會無意識地去配合由文化所規範之實體結構的價值。例如，朱元璋為反元而加入反體制（此指儒家傳統政治體制而非蒙古政體）的起事教派，但事成之後，立刻自動地回歸正統，並反過來壓迫教派。

Sangren解釋了為何教派特多，卻難以成功的文化底層原因。但是，受大眾之體制認同所傘護的國家政體，也並不是得以毫無戒心地操控人民一切的宗教生活。除了教派不斷發起的抗爭之外，平民對鬼的詮釋，也與政權格格不入。從帝國時代的末期起，中國政府就一直努力想把祭鬼的活動納入國家祭儀的一部份，企望以此來控制人民與鬼的關係（鬼代表地方勢力，所以必須掌握之）。然而，由菁英所領導的政府，對人民長期以居於政經結構邊區的經驗，所發展出來之同屬超自然世界邊緣角色的鬼信仰，始終毫無所知；因此，政權對鬼之遠離草根的想像性詮釋，就難獲大眾的認可了。

同樣是處理神、祖先、鬼之階序結構變動的問題，Gary Seaman（1982:81-91）從冥鈔的使用原則與過程，進行他的分析。Seaman發現，理想上，「錢」（*ci*）用來祭鬼或剛死的人，「銀」（*gin*）拜祖先和地方神，「金」（*kimma*）拜體制大神或佛祖等的三大原則，以及它們之下的更細則，在實際操作上，均有所變異。其中最明顯的就是，在某些情況下，人們往往以最高貴的「金」來祭祖。Seaman認為，當個人的社會角色面臨較大轉變時（如結婚、入厝、新乩童產生等），會以「金」來告知祖先，而此時亦是祖先與神在原屬不同階位之結構上進行交換的時候。因為當事人的關鍵時刻，必須由祖先和神同時認可，兩者也就被認為要進行互動的了。

冥鈔的議題是很吸引人的，尤其是許多學者都想找出它的存在意義。Hill Gates（1987:259-277）分析漢人燒紙錢給神明的行為，提出了她的理論。Gates指出，冥鈔與真鈔其實是屬於同一經濟體系的。原來，人們因從神明之處貸足了款才獲得投胎的機會，因此，積欠天庭不少債務，所以必須終生適時繞紙錢給神明還債。這種「原債」的解釋，代表一般小資商人講求以道義（而不是法律簽約）的方式，處理借還債事宜的企業倫理。人們自動還債表示自己的信用，同樣地，自動償還積欠天庭的錢，亦為守信價值的發揮。Gates認為，在臺灣，政府一向發達自己的國營企業，而壓制小企業的發展，以防民間力量坐大，威脅制式文化的威權。但受壓抑之小企業，卻也因此不去向政官文化認同，從而自成一人世與天庭合一的經濟體系。

Gates的研究，促使John L. McCreery進一步思索為何人們會用真的食物供奉神、祖、鬼，而卻以假的鈔票待之（1990:1-24）。McCreery認為，一般來說，真的食物是為表示對超自然祭拜對象的親近態度，但儀式完結之際，卻又必須以假的冥鈔來分隔人界與另一世界。將冥鈔燒給鬼，意為

「拿了錢，趕快走吧！」而神明獲得鈔票，則表示人們希望有力量但又受管事的祂們，不必時時監控人界。不過，對於祖先的部份，McCreery則以為大量燒錢是在反映親子的密切關係而非距離的保持。

從對冥紙的分析中，Seaman提示了漢文化成員彈性掌控結構的能力。Gates由另一切入角度，指出社會經濟的觀念及其體系的運作，與政權統治策略對人們行為的關鍵影響。至於McCreery則試圖說明人們對超自然世界的兩難態度。像冥紙這種單一的儀式用品，可用來做為分析的題材，而比較動態的慶典儀式本質性討論，也有不少學者感興趣。

Donald S. Sutton（1990:535-554）分析臺灣南部神誕慶典時的陣頭，發現了其中的儀式劇目（ritual drama）與漢人社會秩序維繫的訴求有密切關係。在三種主要類分的陣頭範疇，喜劇的故事如素蘭出嫁、牛犁歌、桃花過渡等等，均在講述對父系家庭權威造成波及的如自由戀愛、姑嫂競爭、以及妻子位高於丈夫等的故事。在劇中人物的吵鬧聲中，觀眾得以藉之反思自我社會環境秩序分裂的問題。悲劇的故事如被淹死和上吊自殺的范、謝將軍（七爺、八爺），以及因以罪犯之身返家省親，但卻遲回衙門報到，最後羞愧自殺的年輕八家將等，均是以鬼的身份，在恐怖的面相之下行善義之事者。他們的位置時陰時陽，並企圖以合力之友誼行動，突破陽陰上下階序的老人社會體制，但最後的自殺結局，則代表結構仍是勝者。至於第三類包括宋江陣、蜈蚣陣、以及舞龍陣、金獅團等的英雄事蹟陣頭（epic troupe），均以多人合於一的形式，來表達社區團體鞏固以對付外敵的意思。觀眾在欣賞上述的表演時，以嘻笑、感嘆、和稱讚的表情，來自我理清體制規範的原則。換句話說，文化的力量透過慶典活動，得以傳達至每一成員的潛意識底層。

Ahern對北臺灣三峽地區「殺豬公」（*Thai Ti Kong*）慶典的分析（1981:397-425），是另一典型的研究例子。她發現，殺豬公是唯一包括從拜天公至祭餓鬼在內，所有超自然存在，均俱到面對的儀式。在準備的過程中，家家戶戶將原本被認為最低位的動物，轉換成最高貴的豬公，甚至在認定的態度上，這些動物已超過一般鄉民的位置。在抬高位階的氣氛中，對神明祖先的供奉方式，也隨之提高了（如祭祖原用「銀」紙錢，而在殺豬公儀式中則可使用「金」）。位階的升高，反映人們對整體慶典的重視。所以，幾乎所有成員均加入參與。養成了大豬，飼主的成就、進步、與成功即能獲得大家的認可。Ahern更指出，殺豬公為臺灣人族群認同的一項儀式行為，早期國民黨政府試圖簡化祭儀或批評活動迷信浪費，但均遭到民眾的抗拒。

無論是陣頭表演或殺豬公，都是漢人民間日常生活的一部份。學者對它們本身的解剖，告訴了讀者社會結構、人際互動原則、動物與人的身份交換、以及社區或族群維繫機制的內在意義。社區和族群的完整和文化規範下之個人人格世界的完整，同樣是一個大家追求的理想。但文化的難以完美，總是有一些模糊地帶必須處理。悲喜劇陣頭表現出在各種社會體制破裂邊緣中掙扎的人物（包括表演者與觀眾），是其中一例，而漢人民間信仰中的儀式專家，往往就以自己所具有之結構外的特質，來解決結構危機的問題。David Jordan（1972:84）認為乩童自我殘傷身體，違反「身體髮膚受之父母，不可毀傷」的文化原則，是為了使自己有別於結構世界的人，從而可以靠特有的力量，來回不同世界（神、鬼、或人界）之間。總之，解構宗教中的表相人、事、物，就可發現人類身為文化成員之壓力的所在。因此，一方面為求得扮演最理想的「文化人」，同時又必須獲致更有利於自己生存的條件，兩者或有矛盾，然而，人們總有辦法解決的。

六、象徵的模型

對人們所崇拜之超自然對象具有的象徵意涵，亦是學者們感興趣的另一題目。其中，尤以對如媽祖或天后和關帝等極受歡迎之大神的分析，最具代表性。

James L. Watson（1985:292-324）探討了天后從第十世紀迄今被不同社會單元賦以意義的過程。中國政權自十二世紀起開始介入對天后信仰的操控，皇帝給與的封號包括有靈慧夫人、靈慧妃、天妃、護國庇民之天妃、天上聖母、及天后等。然而，民間即使接受這些封號，卻另有自己與天后建立關係的認知方式。在1949年之前，香港新界近廣東的海邊土地分由不同宗族所控有，其中最有力者為Man姓和Teng姓兩家。他們都將天后宮建築朝海上方向。Watson認為對沿岸屯居者而言，天后為一社會穩定與和平的象徵。祂保護陸上的居民，防控海上盜賊的入侵。不過，領導的宗族亦有藉天后崇拜來表示對政府輸誠向心的作用。天后信仰在日後幾乎征服廣東沿岸，而這也是象徵著在真實世界中的政治統治過程。另外，天后亦為這幾個宗族所居地域的守護神，祂為宗族威權的象徵。每十年一次的大醮儀式，天后必須繞行所有宗族土地，傳達祂與該宗族居地的密切關係。在這個意涵上，天后成了一專制的女神，強迫所有宗族成員必須信祂，然而，原受強勢宗族統轄之附近村落的佃戶，無法接受天后僅是地主村的保護神，因為他們也為天后信徒。不過，村民們深知自己是社會階層中的下位者，不能參與天后儀式的主要決定事物。另外，多數的婦女稱天后為天后娘娘，對她們而言，天后為其個人的神，可以助其解決私人難題。

Watson指出，雖然從國家政體到鄉民個人，均承認天后的宗教象徵地位，但政權只要求結構或表徵形式上的齊一，其它在信仰內容或內在想法上，可任由詮釋者自己發揮。總之，即使天后本身是一帶有模稜兩可多樣性的表徵，對外人來說，祂做為可敬（respectability）與文明（civilization）意涵的象徵，卻是相當一致的。

關帝的神話在歷史上被賦與不同象徵意義的現象，是另一類似天后的例子。Prasenjit Duara（1988:778-795）指出，關帝做為一全國性的文化象徵，卻有其各式各樣的界定領域。不過，各個述說系統之間，都能在開放的詮釋廣場上，彼此不去干擾對方。政府因其勇和義，而將關帝視為忠神、武神、或戰神，佛教方面也據此以之為寺院門神。明清之際社會變遷劇烈，親族社區瓦解，而新的社會組成複雜多樣，人們於是將關帝賦以公正的象徵，而成為社區各單元均服從的共同保護神。各地管理廟宇的菁英人士，在關帝廟內外放置許多代表神明的表徵，使關帝頗有成為「泛中國人」（pan-Chinese）的象徵。不過，一般平民或其它社會團體往往仍堅持己見，選擇最有利的關帝形象與力量範圍。比如，生意人將之視為財神即為一例。Duara強調，任一表徵均要有共鳴（resonance）才能發揮力量。對關帝的各種詮釋，代表每一範疇均有支持的信眾。

從天后與關帝的信仰過程來看，漢人對超自然神祇的認知，是依一種多重詮釋體系來主導的。象徵與意義，是在特定範疇之社會成員的需要條件下，才能展現它們的存在事實。

七、結論

本文敘述了對漢人民間信仰之本質、體系、或過程的英文研究文獻中的五個典型論述模型：社會結構、性別角色、互動、解構、及象徵。在社會結構模型中，我們看到了神、祖先、鬼三大超自然要素被「發現」之後的巨大魅力。因為，從此，學者似乎難以離開它們而進行另類分析。尤其，對以結構為社會人群生活運作核心依憑的研究者，更是使用社會景觀的投射（如A. Wolf）、特定地域作為一行動單元（如Deglopper）、超自然世界存在之隱喻與生命延續之轉喻的共作（如Feuchtwang）、以及社會關係決定生人與死者互動模式（如Ahern）等理論，表達他們的觀點。

在性別角色的模型方面，有的學者（如Jordan與Potter）認為，漢人女性在家庭生活中及其生物原性的不利位置，會在死後以超自然的特定角色表現出來。有的則直接認定男性對女性因此有根本賦與的罪惡感（如Harrell），或由懼怕而生成的仇視感（如Ahern與M. Wolf）。至於崇高女神（處女、不婚）與不潔女性（經血、產血）的矛盾並存現象，對Sangren而言，正是漢人男性將女性身體化約成最高和最低兩個極致位階的明證。

互動的模型比較傾向宗教社會學的分析取向。多數學者（如Freedman、Jochim、Feuchtwang、Weller、及Gates）相信，漢系中國社會的菁英和平民，是一個訊息相互流動的連續體，雖然兩者表現價值的方式並不一致（一為口述之超自然宗教，一為文字理性的意識規範）。不過，政權與菁英對民間宗教長存的敵意、以及民間傳統性反結構潛力的不斷醞釀，均造成國家政體與常民社會間在信仰理念和行為上的激烈衝突（見Harrell，Perry，及Overmyer的研究）。不過，中國歷史的發展畢竟不是單線的，有的學者（如Sangren，Weller，及Shek）也注意到了政權與人民之間，在同一信仰內之不同理解方式並存的妥協現象。

解構的模型是探討信仰變遷和本質關係的學者們一向的旨趣。例如，尊鬼為神（見Harrell）和鬼廟旺盛（見Weller）的現象，使研究者瞭解到社會需要與社會適應的策略。而冥鈔的內在意義，從使用理由的層次上，看出了人們與神界共建的經濟體系（見Gates）。但人們也會適時以冥錢來迎送不屬於己身世界的超自然物，畢竟人仍相當清楚地意識到自己真正是誰（見McCreery）。而事實上，學者（如Seaman）也發現，冥錢使用的場域，是超乎結構限制之外的。瞭解儀式過程是另一剖析信仰本質的策略。Sutton的陣頭分析和Ahern的殺豬公解說，均提示了文化設計的不夠健全（如自由被剝奪），或甚至是人性的不完美（如人不如豬公），使人們不得不在結構的基礎上，求得「必須勉強接受」的生存方式。一些儀式專家，也就在需求不斷的情境中，出面處理結構上的問題（見Jordan）。此外，反正統力量永遠會敗於已入人們無意識底層的正統文化價值（見Sangren），因此，中國的得以「長治久安」，也不是全無道理。

象徵的模型，多半是在設法找出一特定表徵物（人、物、或事）的指涉意義。天后與關帝的分析實例（見Watson與Duara）點出了漢人社會在有限超自然信仰對象的情境中，能存有多樣詮釋的特性。這個特性的產生，或許正是為滿足不同際遇之社會單元或個人的需求吧！

分成五個理論或解釋系統的模型來討論，是為了敘述的方便。然而，論者可能會指出其間的主題交叉出現、論述重疊、將某人某研究「放錯範圍」、或甚至各模型根本都在講同一件事的疑問。的確，雖然，每一學者或每一派學術團體，均可能有其偏重的焦點，但在漢人民間信仰的議題上，操用英文的西方學者，基本上最關心的仍是結構（包括社會結構、宗教結構、文化結構、生活結構等）。

正統結構論者自然會很清楚地寫出結構的支撐元素（如君王官吏、親人長輩、盜匪遊民；神、祖先、鬼；男性、女性；家人、外人；菁英、平民；政權、人民；或我群、他群等），而其它未言明結構論述目的的研究者，事實上，也多表現出相同的興趣。女鬼與小女神以渴望成為人妻、人母的「完全的人」，提醒女性必須認同現有的道德結構，而大女神以「淨女」的正相，來反映一般女性「污女」的反相，顯然具傳達男女階位結構基礎所在的功能。再者，女性與社會秩序破壞與否的論述，亦直接點出結構（即秩序的真理性存在）的被分析焦點。此外，菁英與平民為同一連續體，國家政體與人民共繫信仰表徵，和教派對體制的挑戰及其失敗的必然性等，均是研究者討論結構是什麼，以及結構如何存在或如何出現短暫危機的思考取向。

鬼的例子，敘述了居於邊緣位置的鬼，既得以被人固定於此，也可以被人變換轉位。而祖先的情況亦然，偶爾祂也會在不改祖先身份的前提下，讓自己的結構階位上下波動。循此，學者筆下又再次透露了觀察結構為人所用的旨趣。分析冥鈔，一方面凸顯了社會成員之間，或陰陽世與人神間，互通文化資訊的單一結構特徵；另一方面，也可明白人們與結構中各關鍵元素間的遠近距離。最後，關於儀式的象徵意涵，學者們也多歸結至社會穩定或結構結實的終極目標。

總之，處理結構中的縫隙者（如神鬼易位、神祖換階、反體制教派的起事、展現文化邊緣價值的慶典陣頭、豬位攀高於人、女神受敬現象等），是一種在接受了結構之後的補強行動。對於強調菁英平民連續體理論的，我們也可將之理解成雙方相互認知彼此結構位置的證據。互動的管道，不是為消弭社會身份的歧異，反之，它的功能是讓結構的關鍵元素更加地被強化。至於漢人社會雖然容許對宗教象徵進行個人心儀的詮釋，但它必須是在表徵事物（如天后及其它女性大神、關帝及其它大神如玉帝、冥鈔、陣頭演出儀式、及豬公等）不可移動的條件之下，才能存在的。換句話說，若國家政體力捧天后或關帝，但人民卻只尊崇無生老母，就是表徵的認同不一，必會產生衝突。而若政權、各社會單位、及人民，統統接受某一表徵（如天后信仰），那麼，如何為天后定位，也就不那麼的重要了，因為，大家共在一基本價值架構的統轄範圍之內。基本價值架構事實上也就是對社會文化結構認可的一個表示。

結構的分析取向固然有其價值；然而，問題是，結構以外還有什麼？西方學者重視創造，但卻常見反被傳統所束縛。結構的漢人民間信仰研究傳統，就很明顯地統制了長久以來的思考取向。一些學者或以為自己已然突破，但她（他）們卻經不起批判性的分析。人類學試圖瞭解文化、瞭解人；然而，鋪陳出結構體，或者去說明小小結構裂痕或暫時性反結構現象的緣由，也許對文化的理想模型及其執行過程能有部份掌控，但經由它們可以瞭解到「人」——或應更正確地說「人心」、「人情」——嗎？例如，人對信仰本身可能的虔敬感情，結構表達不出來；而夫妻可能的恩愛、父親對女兒常見的疼愛，及其它各種為當事人本身所珍惜的男女間互信的情感，在性別結構的刻板觀念下（因女性不潔、厲害，故男性懼之防之），顯然無法反映出來。而人民對國家可能的真誠效忠，也不是政權與人民之鬥爭性的「硬性關係」或妥協性的「軟性關係」可以說明的。

「父慈子孝」、「夫妻相敬如賓」、「夫妻白頭偕老」、「夫妻百年好合」、「夫妻為同林鳥」、「夫妻鶼鰈情深」、「女兒為掌上明珠」、「慎終追遠」、「飲水思源」等等表達兩性、親子、祖先與子孫關係；以及「殺身成仁」、「盡忠報國」、「忠孝兩全」、「報效國家」等等表露人民認同國家價值之「自動性的」土著觀點（native point of view）（即自然存於文化生活中的論說或行動過程之中，而不是「被動性地」由研究者問出來的），或許僅會被結構論者當作人們實用功利主義目的的操作工具而已。然而，感情豐富的人類，絕不可能一切情感的表達，都只是為了呼應結構「真理」的召喚。心動、感動、同情、仰慕、寬容、尊敬、不忍、愛護等尤其可能表現於宗教與社會人際生活過程中的感情世界，應也是事實存在的，問題只是在人類學的方法理論有沒有能力將之「寫」出來而已！

引用書目

謝世忠

1986〈試論中國民俗宗教中之「通神者」與「通鬼者」的性別優勢〉。《思與言》23(5): 511-518

Ahern, Emily Martin

1973 *The Cult of the Dead in a Chinese Village.* Stanford, CA: Stanford University Press.

1978 The Power and Pollution of Chinese Women. In *Studies in Chinese Society*, Arthur P. Wolf ed. Pp: 269-290. Stanford, CA: Stanford University Press.

1981 The Thai Ti Kong Festival. In *The Anthropology of Taiwanese Society.* Emily Martin Ahern & Hill Gates, eds. pp:397-425. Stanford, CA: Stanford University Press.

Basco, Joseph

1994 Yiguan Dao: 'Heterodosy' and Popular Religion in Taiwan. In *The Other Taiwan: 1945 to the Present*. Murray A. Rubinstein ed. Pp: 423-444. Armonk. N. Y.: M. E. Sharpe.

Chan, Anita, Richard Madsen, and Jonathan Unger

1992[1984] *Chen Village under Mao and Deng*. Berkeley, CA: University of California Press.

Cohen, Myron L.

1976 *House United, House Divided: the Chinese Family in Taiwan*. New York: Columbia Unviersity Press.

Deglopper, Donald R.

1974 Religion and Ritual in Lukang. In *Religion and Ritual in Chinese Society*. Arthur P. Wolf ed. Pp:43-69. Stanford, CA: Stanford University Press.

Duara, Praseryit

1988 Superscribing Symbols: the Myth of Guandi, Chinese God of War. *Journal of Asian Studies* 47(4):778-795.

Feuchtwang, Stephan D. R.

1974 Domestic and Communal Worship in Taiwan. In *Religion and Ritual in Chinese Society*. Arthur P. Wolf ed. pp:105-129. Stanford, CA: Stanford University Press.

Fortes, M. ed.

1949 *Social Structure: Studies Presented to Radcliffe-Brown.* Oxford: Oxford University Press.

Freedman, Maurice

1958 *Lineage Organization in Southeastern China*. London School of Economics. London: The Athlone Press.

1974 On the Sociological Study of Chinese Religion. In *Religion and Ritual in Chinese Society.* Arthur P. Wolf ed. pp: 19-41. Stanford, CA: Stanford University Press.

Gates, Hill

1987 Money for the Gods. *Modern China* 13(3):259-277.

Gates, Hill & Robert P. Weller

1987 Hegemony and Chinese Folk Ideologies: An Introduction. *Modern China* 13(1):3-16.

Harrell, Stevan C.

1974 When a Ghost Becomes a God. In *Religion and Ritual in Chinese Society*. Arthur P. Wolf ed. pp: 193-206. Stanford, CA: Stanford University Press.

1986 Men, Women, and Ghosts in Taiwanese Folk Religion. In *Gender and Religion: On the Complexity of Symbols.* Caroline Walker Bynum, Stevan Harrell, and Paula Richman eds. pp: 97-116. Boston: Beacon Press.

Harrell, Stevan & Elizabeth J. Perry eds.

1982 Syncretic Sects in Chinese Society: An Introduction. *Modern China* 8(3):283-303.

Huang, Shu-min

1989 *The Spiral Road: Change in a Chinese Village through the Eyes of a Communist Party Leader*. Boulder, Colorado: Westview Press.

Jochim, Christian

1988 'Great' and 'Little', 'Grid' and 'Group': Defining the Poles of the Elite-Popular Continuum in Chinese Religion. *Journal of Chinese Religion* 16: 18-42.

1990 Flowers, Fruit, and Incense Only: Elite versus Popular in Taiwan's Religion of the Yellow Emperor. *Modern China* 16(1):3-38.

Jordan, David K.

1972 *Gods, Ghosts, and Ancestors: the Folk Religion of a Taiwanese Village*. Berkeley, CA: University of California Press.

McCreery, John L.

1990 Why Don't We See Some Real Money Here? Offerings in Chinese Religion. *Journal of Chinese Religions* 18(1):1-24

Newell, William H.

1985 Structural Conflicts within the Chinese Family. In *The Chinese Family and Its Ritual Behavior*. Jih-chang Hsieh & Ying-chang Chuang eds. pp: 84-100. Taipei: Institute of Ethnology, Academia Sinica.

Overmyer, Daniel L.

1981 Alternatives: Popular Religious Sects in Chinese Society. *Modern China* 7(2):153-190.

Potter, Jack M.

1974 Cantonese Shamanism. In *Religion and Ritual in Chinese Society*. Arthur P. Wolf ed. pp: 207-230. Stanford, CA: Stanford University Press.

Radcliffe-Brown, A. R.

1965[1940] On Social Structure. In *Structure and Function in Primitive Society*. A. R. Radcliffe-Brown, pp: 188-204. New York: the Free Press.

Sangren, P. Stevan

1983 Female Gender in Chinese Religious Symbols: Kuan Yin, Ma Tsu, and the 'Eternal Mother.' *Signs* 9(1): 4-25.

1987 Orthodoxy, Heterodoxy, and the Structure of Value in Chinese Rituals. *Modern China* 13(1): 63-89.

1988 History and the Rhetoric of Legitimacy: The Ma Tsu Cult of Taiwan. *Comparative Studies in Society and History* 30(4):674-497.

Seaman, Gary

1981 The Sexual Politics of Karmic Retribution. In *The Anthropology of Taiwanese Society*. Emily Martin Ahern & Hill Gates eds. pp:381-396. Stanford, CA: Stanford University Press.

1982 Spirit Money: An Interpretation. *Journal of Chinese Religions* 10:80-91.

Seaman, Gary ed.; Laurence G. Thompson Comp.

1993 *Chinese Religions: Publications in Western Languages 1981 through 1990*. Los Angeles, CA:

University of Southern California.
Seiwert, Hubert
1981 Religious Response to Modernization in Taiwan: the Case of I-Kuan Tao. *Journal of the Hong Kong Branch, Royal Asiatic Society* 21:43-70.
Shek, Richard
1982 Millenarianism without Rebellion: the Huangtian Dao in North China. *Modern China* 8(3):305-336.
Siu, Helen F.
1989 *Agents and Victims in South China: Accomplices in Rural Revolution*. New Haven: Yale University Press.
Stevens, Keith
1989 The Jade Emperor and His Family. *Journal of the Hong Kong Branch, Royal Asiatic Society* 29:18-33.
Sutton, Donald S.
1990 Ritual Drama and Moral Order: Interpreting the Gods Festival Troupes of Southern Taiwan. *Journal of Asian Studies* 49(3):535-554.
Thompson, Lauence G. ed.
1985 *Chinese Religion in Western Languages: A Comprehensive and Classified Bibliography of Publications in English, French, and German through 1980*. Tucson, Arizona: University of Arizona Press.
Watson, James L.
1985[1982] Standardizing the Gods: the Promotion of T'ien Hou ('Empress of Heaven') Along the South China Coast, 960-1960. In *Popular Culture in Late Imperial China*. David Johnson, Andrew J. Nathan & Evelyn S. Rawski eds. pp: 292-324. Berkeley, CA: University of California Press.
1989[1982] Of Flesh and Bones: the Management of Death Pollution in Cantonese Society. In *Death and the Regeneration of Life*. Maurice Block and Jonathan Parry eds. pp:155-186. Cambridge: Cambridge University Press.
Weller, Robert P.
1982 Sectarian Religion and Political Action in China. *Modern China* 8(4):463-483.
1987a The Politics of Ritual Disguise: Repression and Response in Taiwanese Popular Religion. *Modern China* 13(1):17-39.
1987b *Unities and Diversities in Chinese Religion*. Seattle, WA: University of Washington Press.
1990 Capitalism, Community and the Rise of Amoral Cults in Taiwan. Paper presented the International Conference on Cultural Change in Postwar Taiwan, University of Washington, Seattle, April 9-14,1990.
Wolf, Arthur P.
1974a Introduction. In *Religion and Ritual in Chinese Society*. Arthur P. Wolf ed. pp:1-18. Stanford, CA:Stanford University Press.
1974b Gods, Ghosts, and Ancestors. In *Religion and Ritual in Chinese Society*. Arthur P. Wolfed. pp:131-182. Stanford, CA: Stanford University Press.
Wolf, Margery
1972 *Women and the Family in Rural Taiwan*. Stanford, CA: Stanford University Press.
1992[1990] The Woman Who Didn't Become a Shaman. In *A Thrice Told Tale: Feminism Postmodernism & Ethnographic Responsibility*. Margery Wolf, pp: 93-116. Stanford, CA: Stanford University Press.

Yang, C. K.
1973 The Role of Religion in Chinese Society. In *An Introduction to Chinese Civilization*. John Meskill ed. pp:643-674. New York: Columbia University Press.

（本文原刊於《文史哲學報》1995/43:107-134）

試論中國民俗宗教中之「通神者」與「通鬼者」的性別優勢

一、

所謂中國民俗宗教，是指有別於佛、道、伊斯蘭、基督、以及猶太等制度化宗教的民間信仰而言。雖然，中國民間信仰中已滲入不少佛教和道教的要素，但這並不關係本文所要論述的課題，故可暫不談它。在中國民俗宗教裡，居於人與超自然之間的中介者——「通神者」或「神媒」與「通鬼者」或「鬼媒」，無疑是使整個信仰體系動力運作的兩個關鍵角色。以臺灣地區的名稱來講，通神者就是乩童，而通鬼者就是尪姨。原本只要提到通神或通鬼的通靈行為，一般人類學家總會用薩滿信仰（Shamanism）和靈媒（Spirit medium）的觀念來作詮釋。但筆者之所以避免因襲這兩個傳統範疇，從而以「通神者」或「神媒」與「通鬼者」或「鬼媒」這兩個自創的術語來貫穿本文的原因是，首先，「薩滿」這一概念已經和其它某些人類學概念，如「人種」（race），「圖騰」（totem）等同樣遭到濫用、誤用、甚或嚴重曲解的命運。換句話說，薩滿和薩滿信仰一直未得到清晰的學術界定，提到薩滿的人也未必真正地瞭解它的本質。

其次，「薩滿」和「靈媒」的個別定義及其間的差異也未被釐清。常常會使人困惑的問題有，「薩滿是否一定是靈媒？」「靈媒是否包括通神的人和通鬼的人？」若是，「那簡單的以靈媒一詞來涵蓋通神與通鬼，是否得體？」因為，畢竟神、鬼的本質及它們在一社會文化中的作用到底有相當的差異，籠統的統攝往往會掩藏了一些重要的實體。換句話說，「薩滿是否兼及神媒與鬼媒，而通神信仰與通鬼信仰是否均屬於薩滿信仰的範疇？」總之，在那些傳統術語尚未被完全界定之前，暫且置於一邊，以免繼續產生混淆。依筆者的看法，先分清「通神者」與「通鬼者」這兩個概念，再以之來作為分析的基點，比較易於解決一些民俗宗教的問題。

二、

對中國地區（特別是臺灣、香港、以及東南亞的中國人）之通神與通鬼現象研究的學者並不在少數，但討論不同性別充當通神者與通鬼者的優劣勢課題卻不多見。在通神者方面，李亦園先生曾說：「臺灣的童乩（通神者）有男的也有女的，但是男童乩遠較女童乩為多（1978b：103）」。耶魯大學Bruce Holbrook在他一篇論中國心理—社會醫學的文章中，也提到李先生告訴他粗略估計在臺灣女童乩才占25%（1975:102）。而在通鬼者方面，日本學者鈴木清一郎在《臺灣舊慣習俗信仰》（1933）一書中提到，「所謂問尪姨（通鬼者），就是請女巫尋找靈魂，不過據說偶爾也有男性的尪姨（見馮作民譯1978:90）」。此外，劉枝萬先生也說道，「尪姨是女巫，其名稱可能出自古代傴僂女巫（1981:105）」。雖然，鈴木並未指出男性尪姨所佔的比例，但我們從「女巫」（鈴木與劉先生語）和「偶爾也有男性的」（鈴木語）兩句案語中，可以推測出男性通鬼者的比例必相當小，甚至一定比女童乩25%的比例還小得多。然而，他們（李、劉、與鈴木）均未對這兩種通靈人物為何有如此大的不同性別比例作任何解釋。

至於西方學者，如Margery Wolf和Arthur Wolf等，則只對通鬼者多為女性一方面作了初步解釋。M. Wolf認為，「中國婦女自小就被訓練對於態度的轉變具有敏感性，要瞭解和運用人際間的親屬和感情關係。在某種意義上，這種機敏的生活過程很明顯的與通亡魂者的主要技術密切相關（1974:166）」。換句話說，通鬼者必須具備很豐富的社會常識（sociological knowledge），中國婦女從小就學習在複雜人際關係中察言觀色，無形中對於社會關係的過程與轉變的掌握力遠較男子為強，因此，她們就較適合當維繫人鬼間社會關係的中介角色了。然而，A. Wolf 認為在當一個通亡魂者的條件上「女人比較佔優勢，因為她們的男性委託人不願意把自己的祕密讓其它男性（此係指男通鬼者）知道。……男人們負有代表一個家族名譽的擔子，因此，他們多不願在其它男人面前使家譽蒙羞（1974:10）」。很顯然地，M. Wolf所強調的是兒童經驗與通鬼者敏智能力間的因果關係，A. Wolf 則重在傳統中國男女社會角色、性別忌諱及其矛盾的關係上。

依筆者的看法，他們都只提到了部份因素。在以下的討論中，將從陰陽的觀念、通神者與通鬼者的所司、神聖、清潔、和不潔等觀念的關係，以及這兩種通靈人的來源和背景等方面來探討男女性別在神媒與鬼媒中呈現不同優劣程度的因素。同時，也將對男尪姨在尪姨中的比例比女童乩在童乩比例中少得多的現象作一些詮釋。

三、

首先，從陰陽觀念來作分析。傳統上，中國人以陰和陽為宇宙構成的兩大要素。依Laurence Thompson的*Chinese Religion*（中國宗教）（1979）一書所描述者，我們可以把這兩個範疇作如下的比較：

	宇宙中的代表	民俗宗教中的代表
陰	女性，黑暗，反面力量	鬼，邪惡
陽	男性，光明，正面力量	神，善良

此外，Emily Ahem也提到臺北三峽溪南的村民小心而謹慎的分清陰陽兩個世界；雖然它們在功能上具互補的作用，但因為陽間是人住的地方，而陰間為鬼住的地方，兩者是大不相同的（參Ahern1973:240-242）。另外，Maurice Freedman則指出，「陽與陰的二元論使成為神的祖先有別於鬼；……陰陽使鬼與祖先間形成一基本的分別；……（1967:86）」。我們可以發現Thompson、Ahern、及Freedman對陰陽分野的說法並不一致。換句話說，雖然他們三人都同意「陰」與「鬼」同屬一個範疇，但Thompson與Freedman認為「陽」「神」同屬一個範疇；而在Ahern的描述下，人住的地方為陽間，至於神所住之處則未被提及。

雖然如此，不管陽間是指人間或神界，我們都可以運用它們於解釋為何尪姨多為女人而乩童多為男人的問題上。通鬼者或尪姨專替委託人到陰間去找該人的死去親人。女人既是與陰間的鬼同屬於陰的範疇，在邏輯上，她們自然較男人易於與陰間接觸。臺灣人常說：「陰氣重的人較易看到鬼」，或「女人較易看到鬼」（事實上經調查，真正看到鬼的反而大多為男的〔參Harrell，1984〕，不過，這牽涉到另外的課題，故暫不論之。），就是這個道理。基於此，通鬼者多為女人擔任也就很明白了。至於通神者或乩童，他們是神的代理人，要與神交通。因此，不論所謂陽間是指人間或神界，都要以屬於陽範疇的男性或亦屬於陽範疇的神相互交通，比一個陰氣太重或屬於陰範疇的女人來與神溝通，相信是比較事半功倍的。這也直接說明了為何通神者或乩童多為男性擔任的了。

四、

接下來讓我們從通鬼者和通神者的工作範圍來作分析。

Jack Potter在其Cantonese Shamanism（廣東的薩滿信仰）（1974）一文中，對香港新界屏山通鬼者的儀式過程有詳細的描述。歸納其中最活躍的一位「問醒婆」（港人對通鬼者的稱謂，相當於臺灣的尪姨）——「肥仔」（the Fat One）所主持的五個走訪亡魂的例子。求訪者（委託人）與被訪者（委託人死去的親人）間的關係包括：兄對弟，父母對女兒，兒子（妻）對父親（丈夫），及續弦妻子對元配妻子（Potter1974:208-215）。Francis L.K.Hsu（許烺光）在其*Under the Ancestors' Shadow*（在祖先的庇護下）（1971）一書中描述了雲南西城的八個問亡例子，求訪者與被訪者的關係包括二對夫妻，二對母子，二對兄妹，一對姊弟，及一對兄弟（pp.174-176）。

依Potter和Hsu所載，求訪者們多是希望瞭解這些被訪者在陰間的生活情形，而透過鬼媒，亡魂們所要求的不外金錢（冥紙）與食物（祭品）。被訪者所表現出來的情緒不外嫉妬，抱怨，責備，勸告，及訓戒等。換句話說，透過通鬼者而接觸的雙方原都同屬於一個家族（如父母—子女，丈夫—妻子，及兄弟—姊妹等），他們所溝通的消息，表現出來的情緒，也都是平常在家庭生活中司空見慣的。中國人的觀念「男主外，女主內」，家中之人事關係的調整與維持均由女人（特別是家長的妻子）來負責。Hsu提到女人參與問亡比男人多（1971:176-179），原因也就在女人負責家內的人事，家裡的某個成員死了，她仍要繼續關心這位死者與家內成員的關係。女人的事只有女人瞭解，也只有請女人才能有效幫忙，這一點也是造成女通鬼者遠比男通鬼者多的另一因素。

我們在前面已提過A. Wolf認為促成女通鬼者比較多的原因是中國男人不願把自己內心或自己主持的家族問題轉知於另一男人（男通鬼者）。依Wolf的這種看法，很容易使我們想到求訪者中必定有許多男性；然而，從上面的考察中，我們得知女人參與的比男人多。因此，Wolf的說法即使無誤，也必定不是主要或直接造成女鬼媒較多的因素了。再者，筆者認為Wolf 假設的最大弱點在於沒有民族誌證據的支持，單是理論上的推測仍有待商榷。

至於在通神者或乩童方面，他們主要是用語言宣示神意。一般的工作內容有治病驅鬼、解決疑難、或問運途吉凶等，而以治病最主要（參李亦園1978a和1978b）。既是請神治病，當神降臨附在童乩身上時，他必須表現出一種強有力的形象以攝服人們。除了男人先天上比女人強壯之外，乩童作法時做出用刀劍或釘球打自己、血流胸背、過火、爬刀梯等必須裸著上半身的行為，也是只有男人才有可能公開作的。強力的形象才會吸引信徒，女乩童在無法表現出外形力量的情形下，她們所奉祀的神也相對的被想像成不怎麼強大。缺乏信徒的支持，女乩童存在的有利背景自然比男乩童要少得多了。

五、

接下來，從與陰陽觀念密切相關的神聖、清潔、和不潔等的觀念來分析其與決定通靈者性別的關係。在臺灣人的觀念裏，人死後就變成鬼，鬼是邪惡的象徵。Ahern在她的一項研究中指出，臺灣人認為女人懷孕或生育時的出血、月經，甚至女人本身都是一種污穢、不潔，或會導至污染，因為它們會妨礙男人與神明的順利溝通（1978:269-290）。Ahern

說：「死人的靈魂和他們所在的世界都是污穢的；而婦女們又有周期性的不潔（指月經），因此，她們很容易可以和同樣是不潔的鬼魂相接觸」（1978:282）。換句話說，屬於陰本質的女人易於來去陰間，那帶著不潔本質的女人，當然也易於與不潔的鬼相溝通了。男人們不屑與不潔之物接觸，自然地他們也不屑去當那與不潔之鬼相交通的通鬼者—尪姨—了。

至於在通神者方面，他既要與神明相溝通，而神明又是神聖的（Ahern用「至潔」〔cleanest〕來形容神〔1978:284〕，筆者則建議用「神聖」來代表。因為在臺灣人的觀念中，神明不僅是至潔〔事實上，他們並不用clean一字來形容神；反而，通常人們只會指一間鬧鬼的屋子是*bo cing ki*「沒清潔」，卻不會說一個神明是*jin cing ki*「真清潔」〕，而且是高不可及，神聖無比的。所以必須要以潔淨的人來擔任通神者這種職務不可。

乩童的「童」，就是小孩的意思。中國人認為童身（指未婚者，但更正確的應該是指未有性交經驗之身）是純潔的。李亦園先生說：「在古時候大致做乩童的人都是年輕人，所以稱為童乩或乩童」（1978a：51 & 1978b：102）。筆者的看法是，在乩童所代表的意義中，小孩或年輕人所象徵的「潔淨」遠比多由小孩或年輕人來擔任這項職務的事實來的重要。至於它是否與周代以小孩或晚輩為公尸的習俗有關，則有待進一步的考證。

總之，以「童」為通神者的目的，也就是為了要利用他本身的潔淨本質來與另一更潔淨的實體—神明—相溝通。同時，除了本身即為潔淨的小童（包括男、女童）之外，一般在選取乩童候選人時，屬於陽性本質的男性自然要比屬於陰性而又「不潔」的女性佔優勢得多了。

六、

其次，從通神者與通鬼者的來源和背景，來論它們和兩種通靈人的性別優劣勢間的關係。Jack Potter在論廣東的薩滿信仰（前已提及）該文中曾提及「這個中國來的老嫗」（為Potter所調查的通鬼者之一）說唯有帶著「仙骨」（fairy bones）和「仙路」（fairy road）的女人可以成為薩滿（此指通鬼者）。這位老嫗的意思應是說，所謂「仙骨」和「仙路」多為女人所持有。筆者的假設是，這兩種東西的本質應也是屬於陰的。換句話說，它們是與中國婦女的生活過程密切相關的。前引M. Wolf認為中國婦女自小就被訓練對於態度的轉變具有敏感性。我們或可把這種特殊的敏感性與「仙骨」作一對比，而這個對複雜人事關係具高度觀察力和調適力的「仙骨」，也是中國傳統文化下女性所專有的特質。

由於對客觀環境的變動有高度的調整力，即使遇到巨大的刺激，她們（帶著「仙骨」和「仙路」的女人）也可以很快的藉著原先具有的「仙骨」，經過調整而走上「仙路」。換句話說，就是改變她原本的生活而進入另一情境。Jack Potter在前引1974該文中所提到的三位通鬼者，都是早先受到幾乎全家親人均死亡的打擊。這種巨變使她們對自己作了急速的調整，選擇了當通鬼或通亡媒介者，作為生活的下一步。在當通鬼者時，她們有仍與其死去子女相通的想像，從母親的角色跨到當一個鬼媒，事實上就是為使自己仍然可以和子女繼續連繫的一種轉換抉擇。而藉著這種能力，她們也幫助別人與其死去親人交通，親子關係或家庭的倫常也隨之從人與人延伸至人與鬼。

至於通神者，他們多是要替人治病，是以一種醫生的身份來和委託人發生關係。中國人的觀念，一個醫生應是穩重、沉著而冷靜的，女人所特有之敏感轉變的氣質顯然不太合乎這種條件。也因此在臺灣，不僅民俗醫生（乩童），連傳統中國國醫（中醫師或漢醫）也絕少女性擔任（參Holbrook，1975:102-103）。總之，在這個基礎上男性任通神者的條件又佔盡了優勢。

七、

最後，我們談談雖然男尪姨與女乩童在各自所屬的範疇中都為少數，而為何前者比後者在所屬領域內所佔的比例要少得多？

其實，理由也很簡單。乩童之童，可以包括男童和女童。乩童身份首重潔淨，以潔淨之身來接觸神明，凡童身均為潔淨的，所以在此情形下，發現有女孩乩童候選人或女乩童，並不是很奇怪的事。反之，「尪姨」之稱，劉枝萬先生認為得自古代傴僂女巫的稱呼（1981:105）。這種說法不帶憑據，略嫌含糊。因為若得自古代女巫特稱，那「尪姨」應是一普同的名稱，然事實上它只是在臺灣的專稱而已。作者推想「尪姨」或為「阿姨」的諧稱。在臺灣有的人也諧稱自己的祖父為An-kong而不稱A-kong）。

通鬼者在臺灣稱為「尪姨」，在香港稱為「問醒婆」（Potter，1973），在江蘇稱為「師娘」，在雲南稱為「師孃」（劉枝萬1981：111），而在廣西則稱為「黃娘子」（曹伯韓1948：27-32）。我們可以發現，雖然各地有不同的名稱，但這些稱呼如「姨」、「婆」、「娘」、「孃」、及「娘子」等都是女性的專稱，換句話說，女性擔任通鬼者在中國各地是一普同現象。依我們前面的分析，這種工作唯有女性適合，而男性通鬼者的少見也就易於理解了。再者，這一普同現象也反映出了中國傳統女性文化的特質：內化的（internalized）、敏感的、受壓抑的、以及被動的。

八、

本文中，筆者討論了女性在任通鬼者一職遠較男性為優的因素有四：

（1） 女性為陰質，易於入陰間與鬼魂接觸，而男性屬陽性，不適合與陰間接觸。

（2） 通鬼者所司均為「家務事」，男性在這方面顯然比女性外行得多。

（3） 陰間的鬼魂為「不潔」之物，男性不屑與之接觸，唯有亦是「不潔」的女人才宜與之相通。

（4） 男性缺乏女性敏知的特質，他們很難轉化感情隨心所欲的哭，悲傷或淚淌而下。

此外，男性在任通神者一職遠較女性為優的因素也有四點：

（1） 女性屬陰性，不如屬陽性的男性與亦為陽性的神明相通來得合宜。

（2） 女性先天上較纖弱，少具表現神明強有力外形的條件。

（3） 女性多是「不潔」，她們不適合與聖潔的神明有所接觸，也常會妨礙神明的降臨。

（4） 女性多半敏感善變，她們比男性不適合當必須扮演穩重冷靜醫生角色的通神者。

再者，筆者也論到了男尪姨比女乩童所佔比例少的原因是，在中國文化傳統下，唯有女人能處理家務事或家庭中的人際關係，因此，專與家務事聯上關係的通鬼者一職必由女性來擔任了。反之，通神者方面重在潔淨之身，男女童均是潔淨的，往往有不少女乩童在這個前提下被接受。總之，通神者是以「血汗」來呈現出外形的力量，它代表一種超自然的震懾力；而通鬼者則以「淚水」來代表一種情感的力量，它象徵著細膩又綿延不絕的人際關係。

引用書目

李亦園

1978a〈宗教與迷信〉。刊於《信仰與文化》。李亦園著，頁37-67。 臺北：巨流出版公司。

1978b〔1977〕〈是真是假話童乩〉。刊於《信仰與文化》。李亦園著，頁101-115。臺北：巨流出版公司。

曹伯韓

1948《談鬼神》。上海：文化供應社。

鈴木清一郎 馮作民譯

1978〔1933〕〈臺灣民族性與一般信仰觀念〉。《臺灣風物》28(2)：1-96。

劉枝萬

1981〈臺灣的靈媒——童乩〉。《臺灣風物》31(1):104-115。

Ahern, Emily

1973 *The Cult of the Dead in a Chinese Village* . Stanford, California.: Stanford University Press.

1978 The Power and Pollution of Chinese Woman. in *Studies in Chinese Society*. Arthur Wolf ed., pp.269-290. Stanford, California: Stanford University. Press.

Freedman, Maurice

1967 Ancestor Worship: Two Facets of the Chinese Case. in *Social Organizatioa.* Maurice Freedman ed., pp.85-103. Chicago: Aldine.

Harrell, Stevan

1984 Men, Women and Ghosts in Taiwanese Folk Religion(Unpublished).

Holbrook, Bruce

1975 Chinese Psycho-Social Medicine. *Bulletin of Institute of Ethnology, Academia Sinica*. 37:85-112.

Hsu, Francis L. K.

1971〔1948〕*Under the Ancestors' Shadow*. Stanford. California: Stanford University Press.

Potter, Jack

1974 Cantonese Shamanism. in *Religion and Ritual in Chinese Society*. Arthur Wolf ed., pp.207-231. Stanford, California: Stanford University Press.

Thompson, Laurence

1979 *Chinese Religion*. Belmont, California: Wadsworth Pub. Company

Wolf, Arthur

1974 *Religion and Ritual in Chinese Society*. Stanford, California: Stanford University Press.

Wolf, Margery

1974 Chinese Women: Old Skills in a New Context. in *Woman, Culture, and Society*. Michelle Zimba1ist Rosaldo and Louise Lamphere eds., pp:157-172. Stanford, California: Stanford University Press.

（本文原刊於《思與言》1986/23(5):51-58）

《客家族群關係》導論：彰顯現代性課題
——客家族群關係研究的新進程

一、前言

客家是否為一個族群（ethnic group）的命題，未經嚴謹界定之前，似乎就被自然地認定使用。被自然認定的結果，即馬上會出現客家族群與非客家族群互動關係的研究課題，畢竟，有這個客家，就應有其他的非客家，而雙方的遭逢，即是關係建立的開端。大家都知道，臺灣不只有客家，統計學上早就很清楚指出尚有其他更多人口且極具政經實質力量的族群存在。於是，族群關係（ethnic relationships）作為一個探索範疇，也就得以理解了。

但是，應如何進行族群關係的研究？這是難題。因為從如何產生族群的定義，如何在田野裡研究情境中觀察族群，如何確認代表族群的一言一行，如何體認族群的一個特定範圍，如何掌握族群組織形成過程，及至如何透析族群與文化的千絲萬縷掛連又斷裂經驗等等，在臺灣都缺乏基本學理的教學歷程，也少有人可被公認已然自積累半世紀以上之相關國際學術論著取得足夠的養分。因此，基於「客家作為族群，其他非客家群體也是族群」的默契共識上，大量探討各群往來之「族群關係」研究文獻接續出現。然而，它們卻被前述學理方法論的貧弱要因強力制肘，使得該等寫作出版的品質，想來就令人擔憂。

筆者的憂心不是沒有根據。臺灣的確有少數幾種學術暢銷書，裡面介紹了部分經典的國際學者如Frederik Barth和Charles F. keyes等的族群研究論點，但，講論不多也不全然真確，卻也翻譯出了幾個族群定義理論如原生論、工具論及建構論等。然後，學子們就開始大量沿用，尤其是Barth 1969年編輯的小書*Ethnic Groups and Boundaries*導言。只要觸及族群議題，幾乎篤定會見到前述那三論的排比，以及Barth的名字。學子們研究主題無論是否需要用到族群定義，搬出三論放著就對了。問題是，一方面Barth該書距今整整半世紀，後續何止千種討論，臺灣研究者卻多不知，另一方面三論也不是套用者所想像好似為一直線演進的出現過程，先原生，再工具，最後建構。建構最新，所以就支持它。過去20年臺灣族群研究的理論闡述部分，主要就是如此，客家當然也不例外。

本書是客家委員會期刊論文彙集計畫之一，主題是族群關係。筆者受邀擔任是書編者。也就是說，編者必須過濾所有於各類期刊雜誌出版的客家族群關係論文（在論文集等非期刊類出版者不在收錄之內），然後在全書大約20萬餘字範圍約制之下，選出適量之文章收集成冊，以作為期刊雜誌刊登過之族群關係論文的代表。前段所述筆者發現原生、工具、建構等三論無意義地被錄引一事，正是廣閱稍有涉及族群理論各文之後的基本心得。惟本書收錄文章，僅為出版於各處之族群關係相關論文總量的十分之一弱，所占比重不足，因此，在這裡暫且不擬就三論的刻板套用問題予以多論。而事實上，也勿須多論，因為那就只是套用，只見文字堆疊，學術貢獻卻極其有限。

本書共選了8篇文章。為何選這些，咸信一定不少人好奇。筆者考慮的重點包括：臺灣南北東各地的平衡、兼顧各文探討的時期、不同主題的凸顯、研究者所屬學科代表、期刊多樣性、以及文章的基本品質。理論上，此等選文標準似乎相當完備，但，實際操作起來，仍有許多困難。檢視大量文章的過程中，常常出現有各項標準彼此衝突情況，筆者也隨之焦慮，呆坐遲滯許久之經驗不在少。不過，總算8文確定。惟筆者必須強調，獲選的文章，並不宜就視為最佼佼者，它們多數就是合於前述選錄考慮的重點。依本套書（除了族群關係之外，還有11個課題分別各出專書）編輯共識，對於所收各文，均須有一基本介紹。

二、清治至日治時的閩客

收錄探討清治與日治時代的福佬人／閩籍和客家人／粵或廣籍關係者有二文。洪麗完1990年出版的〈清代臺中地方福客關係初探——兼以清水平原三山國王之興衰為例〉一文，刊於《臺灣文獻》。該文是篇佳作，對於客家與福佬關係史的探討具突破性觀點。作者的立意在打破一般所認知的閩人先來臺，佔據平原，而粵人晚到，只好住山區之說法。她以文獻資料為證指出，早期粵籍／客家人士和閩人曾一起開發臺中平原，直至後者人口不斷增多，資源競爭日益激烈，開始出現分類械鬥，客家人口較少，屬於勢弱一方，才考慮遷移到東勢近山處。此時中土原鄉山居的經驗，對於新適應過程，多少有所助益。而今日海邊城鎮清水和沙鹿各有一客家典型信仰三山國王廟，惟當地絕對多數為福佬人，這應如何解釋？作者考據結果發現，二廟一香火黯淡，另一則相當鼎盛，理由係前者原來客家居民同樣因人口勢弱而搬遷，但，該廟始終維持客家主神，因此，居人口多數的福佬不來參拜，才會日顯沒落衰敗。至於後者廟宇則歡迎福佬迎入其他諸多神祇同時供奉，多族群信眾自此絡繹不絕，寺廟香火隨之興盛。此一景況顯示，客家先民曾很早就住在海岸平原形成大聚落，他們不比閩籍晚到，也未一下子就直接往山裡去。本文作者人類學與史學修養兼俱，其論點值得推廣重視。

另一篇論文係林正慧2017年寫就的〈日治臺灣的福客關係〉，出版於《民族學界》。該文篇幅很長，主要在說明，日本人統治臺灣之前，福佬與粵籍或客家的大規模衝突仍不斷發生，直至殖民政府的強力禁止才告終。但是，兩邊的族群邊界繼續以言語嘲諷或戲謔刻板印象存在於社會生活裡。甚至，政府的強力島內移民政策，也未能消弭隔閡。北部客家人遷移到南部，並未被南客接納，反而自成一北客社群。而同族人群聚的社區，較難產生跨族婚姻，族群界線就始終存在。為了生活之需，多數客家操用福佬語，反之也有，但比例不高。有的地區如彰化的客家就完全福佬化，甚至否認自己先祖過去的粵籍身分。總之，直到日本人離去之際，閩客和諧之路雖有進展，但無形界線仍存在。本文資料豐富，作者詮釋能力不弱，是一篇水準頗佳的社會史著作。

三、清治時期的原客關係

該主題收錄三文。首先是傅寶玉2017年的文章〈跨越與邊界：桃園霄裡及銅鑼圈為中心的地域社會與族群關係〉，發表於《民族學界》。該文也是一篇長文，探討桃園霄裡和銅鑼圈的平埔族與客家人關係史，主要時間點為自18世紀著名通事知母六（蕭那英）起始及至日治時期。霄裡社平埔族一分為二，留在原地者不是被客家和漳州籍移入者於共同宗教信仰圈所排除於外，就是勉強在共享水利方面被接納，但卻位居祭祀活動的最邊陲位置。而遷移至今龍潭銅鑼圈者，則始終保持番租高位，在祭祀宮廟中心裡，更是一直標示著蕭家的尊貴地位。今天雖然二地蕭姓後人多半認同自己為福佬臺灣人或客家人，但，不少街坊鄰居私底下仍可認知到他們的「番」祖背景。本文的歷史資料分析能力強，對於族群關係過程的細緻要項也大致能掌握得宜，基本上是一篇不錯的文章。

邱顯明2013年的〈清代峨嵋地區的原住民──以賽夏客家關係為中心〉，發表於《新竹文獻》。本文敘述自清季中葉大約1834至1954年，新竹縣峨眉地區賽夏族人從繁盛聚落到全面消失的歷程。其間的關鍵互動群體即是客家人。換句話說，作者經由文獻資料爬梳，整理出客家人的墾殖移民，造成原本居處於峨嵋的賽夏族人承受壓迫，先是極力戰鬥，再來只剩零星反抗，之後和解緩事，賽夏人甚至當起墾戶的隘丁，共同防患泰雅族。20世紀中葉峨嵋該地仍有少數族人居住紀錄，但，最後還是從峨眉地理舞台失去蹤影。

最後是薛雲峰2011年的〈風月產業的文化意涵：平埔、漢移民與客家〉，同樣刊登於《新竹文獻》。這是一篇結構鬆散，主題又無法有效掌握的文章。但是，題目卻頗為吸引人，閱覽者多以為作者是要探討不同族群與風月產業的關係，或者各族群對風月產業之文化行為。但是，文章提到平埔，卻未論及其與風月產業之關係，只見到漢人如何宰制番人，強拉民婦等的敘述。而題目所標示的漢移民與客家，到底是同一批人，還是指二個不同群體，文中也未明示。我們只讀到現在流行使用之「契兄」與

「客兄」說法的婚姻外遇說明，而它與族群和風月產業的關係是什麼，也不見詳述。總之，全文課題跳躍而難以銜接，更無法達到有效詮釋吸引人之題目論述目標的效果，殊甚可惜。

四、日治以降的原客關係

林淑玲2012年的〈異族通婚與跨族收養：日治時期前、中、後、先鋒堆客家與其他族群互動的軌跡〉一文，發表於《高雄師大學報》。本文是一有趣的社會學論文，也頗具說服力。作者分析日治時期高屏典型客家六堆地區的同族與跨族通婚，以及同族與跨族收養情形。研究的主要發現在於，客家人比起閩南與平埔熟番有更高比例的同族婚與同族收養率。換句話說，客家習慣於以自家人再造出下一個家庭，所以，總設法不讓外族人進入客家。如此一來，客家的確更形團結，血液或許維持純正，惟也因此失去擴大族群影響範圍的機會。客家人不喜娶進或收養外族人，但卻會因環境關係而出養小孩給外族。這些出養之小孩，無論是進入閩南或甚至高山原住民養父母家，都很容易就忘卻或忽略自已的客家身分，客語更是早忘光。反之，以婚姻或收養進入閩南人家庭的非閩南裔者，到後來都以閩南認同自居，直接增添了閩南人口的數量。平埔族是婚配與收養都最不介意本族人與否者，作者認為該族最具包容力。他們收養閩客小孩，但，由於總族群人數太少，屈居劣勢，婚生後代也多認同閩客為多。不過，不少例子顯示，這些後代成員縱使起先認同為客，最後也多會轉至認同為閩。平埔在對客觀環境的適應過程中，形成了多以閩為最終認同的慣習，所以，縱使客家與平埔成家，還是會繼續轉往閩族認同之路邁進。

五、今日客家情境的個例

有關今日客家族群關係的課題，頗費了一番功夫終於收得二文。謝若蘭與彭尉榕合著2007年出版的〈族群通婚的身分認定與認同問題之研究——以花蓮地區原客通婚為例〉，刊於《思與言》。本文探討花蓮地區原住民與客家人通婚之後的個人認同情況。一般而言，嫁給客家人的原民婦女多從夫而不彰顯自我原屬認同，但近年則有重回原住民身分的趨勢，其中可獲年金補助一事是一大吸引力。他們的下一代，也就是理論上血統原客各半者，主張自己為原住民者眾。有的雖仍認同自己客家，卻被外人認為原住民，因此，本身也常藉此自我解嘲。另也有一些就是不願承認自己的原民血統。不過，無論怎麼變遷，政策上都是只認定一個族裔身分，致使原客後代常會於二個身分擇選間徘徊掙扎，作者們主張政府應對此一認同困境問題多作檢討。

第二篇文章為藍清水2012年的〈生活情境、歷史記憶與族群認同：臺灣河婆客家移民的遊移身分〉，發表於《歷史人類學刊》。本文敘述上個世紀前半葉自廣東揭陽縣河婆墟因尋求家人生活改善而遷來臺灣之客家人的身分認同情況。河婆客家來臺理由與軍公教背景的逃難型外省人不同，但，在臺灣他們還是被歸類為外省人，雖然總是被典型外省社群邊緣化。不過，在社會動盪之際，河婆客家有機會避難於臺灣客家聚落，則享受到了被同族對待的禮遇。這一群人在部分本土客家集中區，有語言被同化的情形出現。而近年返回廣東探親，則又被視為是臺灣人，而非河婆在地客家。也就是說，居臺河婆人曾經四處碰壁，游移各方而未被認同接納。作者刻板地套用所謂的三個族群意識定義（即前言所提之三論）予以解釋河婆人的認同狀態，反而是文章的缺點之處，不僅沒有必要，只見硬搬套用，對於理解河婆人尋求安居的過程，也無有助益。

六、選文之評介與再檢討

對筆者而言，一個最鮮明的印象就是，客家族群關係研究幾乎全都在談歷史。清治和日治是二大熱點時間斷代，文獻大致豐富，只要肯認真閱讀，再加上稍具史學方法或基礎統計訓練，就可以有機會在客家與他族關係課題上，找到些許可供解釋的要素。在幾位研究者的努力下，清治至日治的二百年間閩／福佬與粵／廣／客家如何實質（如通婚或收養或風月尋歡或械鬥）或抽象（如刻板印象形成或負面事件的記憶）往來，大致已能勾勒出一清楚圖像。而與原住民包括平埔和高山類屬各群的關係，也或多或少看出了常見定模。凡此，均是足可稱道的貢獻。

但是，族群關係的研究卻有越接近當代，就越見陌生的跡象。也就是說，多數研究偏向歷史旨趣，對於現代則興趣缺缺。給人的印象即是，日治時期之後的現在客家與其他族群的互動關係，似乎沒有研究價值。然而，事實上當然不應是如此。筆者之見，主要係因在土地上感受不到客家，連客家有識者也常批評客家隱形人特性，以致縱使有人想有所了解，根本也無從發揮起。土地上無人，就不可能引來社會科學家的注意，自然也就不會有學術研究的產出。原住民場域方面就不會這樣。一直以來，在臺灣土地上均可清楚深刻地感受到原住民的所在所為與所言所行，所以，原住民研究的熱潮百年來始終未減，其中族群關係是為亮點之一。至於客家則仍於自我漠然之中，被外界陌生看待。

日治結束到下回客家再現於論述場域，已經是1989年的還我母語運動了。然後，自此全數都是社會運動相關的發展。其中最典型者，就是客家委員會加上三大客家學院的設立。它們是當代客家社會運動成效之明證。客委會有許多活動，去了，就看到客家，三大學院有會議有出版，聆聽閱讀了，就知道客家。終於有了「看到」和「知道」客家，因此，相較於過往，似乎邁進了大步。但是，客委會和學院都是客家人自我的有形資源收穫，它無關乎族群關係是否正面成長或族群關係研究有否顯耀成就。換句話說，有多少非客家人士認肯並積極參與客委會事務和三學院的客家研究學術活動？這是一個提問，也是族群關係現代性應該思索的要項。另一要項則是，超乎歷史的現代族群關係研究，可有因客委會資源下放和三學院所屬學者增多而突現光彩？答案應是否定的，否則就不會整理了大量相關論著，卻極少見高度現代性意義的作品。

客家多自我標明為族群，但，二十年來的客家研究，卻明顯缺乏以當代客家為出發點的族群研究。或許，對國內學界而言，這是敏感議題，以至於阻卻了探討的動力。但是，就如歷史學者得以完成精彩的族群關係史研究一斑，當下的此等課題，必也有非常值得深究者。然而，為何就等不到人選和著作？難道要等待未來某個時間點，來了一位感興趣的國外學者，才有可能？總之，國內自家人要研究自家族群關係，其間可能涉及政治經濟或集團資源激烈競爭，甚至還包括個人間恩怨情仇事物的剖析等等，高敏感度的壓力下，不易出現願意接受挑戰的研究者。

誠如前節所言，客家族群關係領域正陷入困境，也就是只能研究歷史問題，而無法進到社會科學的當代課題。歷史已成過去，不會有當下敏感的壓力，富然可以放心闡述下筆。但是，若只能做歷史研究，一旦成果積累多了，它會被認定為就是族群關係研究的全部。更糟的景況就是，族群關係被無形中限縮至只存在於過去，做做歷史考據即可，於是久之，該項研究範疇也就被拉進了創意失色之絕境。當下沒有族群關係課題，會造成所有客家社會運動成就如客委會成立和三大學院的設立，都成了僅是形式作為。也就是有客家，卻沒關係。客家的該等形式資源與成績讓客家人自己享有，大社會則與之無感。事情當然不應如此演進。大社會積極與客委會和三大學院以及其他客家要素互動往來，才是健康之途。而有互動往來也才有族群關係學術研究的需求與價值。基於此一認知，筆者提出一些相關課題發展方向的建議，以供參考。

七、現代性研究策略之一：基礎學理

首先，我們必須鼓勵研究者重新認識族群與族群意識／族群性（ethnic group and ethnicity）的內涵。族群關係有協調折衝之處，也有衝突機會和創造的潛力。但是，在此之前，仍應自被研究者社會文化角度出發，了解該群體對於人之結群成隊需求的看法，以及包括族群在內之各個聚結類型出現的理由。鬆散籠統而不具行動力的族類（ethnic category）與界限緊密且具組織動員力的族群（ethnic group）之分別，亦應受到重視。相關研究可以參閱George A. De Vos 1995 Ethnic Pluralism: Conflict and Accommodation、Charles F. Keyes 1976 Toward a New Formulation of the Concept of Ethnic Group，以及James McKay與Frank Lewins合寫之*1978* Ethnicity and the Ethnic Group: A Conceptual Analysis and Reformulation等論著。在客家議題上，我們應細細思索客家是否為單一族群的問題，甚至問到，在嚴謹定義下，客家真的可稱作族群？族群理論可藉此改寫，抑或客家事例正可印證理論的說法？

與此連上者，即是族群識別的學術難題（the problematics of ethnic identification）。有的族群廣收異族為子，收進之前他們是外族，收來之後也還沒變成我族，而是經過正式莊嚴之儀式後，才為全族包括祖先所接納。而有些人在面對相異他人的各個情境下，會說出或認為自己是屬於誰族的不同答案，也就是認同標示常常在變。另有的卻是2或3個族裔稱名輪番使用。凡此種種都造成識別一個族群的困難，過去總是定義出一個人類群體共享某某文化語言或體質特徵的說法，已然無法滿足解釋該等變化無端的認己現象。相關研究可以參閱Peter K. Kandre 1976 Yao（Iu Mien）Supernaturalism, Language, and Ethnicity、Michael Moerman 1965 Ethnic Identification in a Complex Civilization: Who are the Lue?以及Aiden Southall 1976 Nuer and Dinka are People: Ecology, Ethnicity, and Logical Possibility等論著。在客家議題上，我們可以仔細分析，有哪些會表明自己是客家人，而在另外場合上，此一表態動機卻又打了折扣，甚至完全隱逸。或者，研究者亦能探討有無存在數個認同標誌自在轉換的情形，並解釋它的道理。又，被外界認定為客家，而當事人卻未主動清楚表態者，是否可以將之納入客家族群範疇。這些都等待著進一步的闡釋。

其次，每一個重要理論，都應要有系統性的理解，而不能再像前節所提之原生、工具及建構等刻板三論的任意套用。認同的根本賦與基礎（primordial basis of identity），是最早被學界認知之人類群體組成的關鍵依據。根本賦與的意思是，人打自出生就被自然給予的一個身分。二次戰後東南亞紛紛建立新國家，但，各國內部卻紛擾不斷，主要就是根本賦與身分各有不同的地域人群，不願接受另一人群的統治。各個屬於同一根本賦與者只效忠同族。根本賦與要素可能是語言、身體、名號、宗教或政治等等，各群情況有別。社會生物學理論則認為這就是依照血緣而出現的護親主義使然。相關研究可以參考Clifford Geertz 1973[1963] The Integrative Revolution: Primordial Sentiments and Civil Politics in the New States、Harold R. Issacs 1974 Basic Group Identity: The Idols of the Tribe，以及Pierre L. Van Den Berghe 1978 Race and Ethnicity: A Sociobiological Perspective等論著。在客家議題上，我們可以多討論客家是否存在著明顯的根本賦與要素？它們是什麼，為何是它們？不同客家社群之隨生俱來的根本賦與要素會有差距嗎？如何解釋之？又，客家人與他群往來互動時，是否曾有高舉根本賦與要素的紀錄或經驗？那是什麼？又為何需要特別凸顯之？對此等問題的解決，進行細緻而系統性的探索，當是第一要務。

根本賦與的關鍵要素，往往需要族群本身的文化建構（the cultural construal of ethnicity），才能使該等要素產生力量。換句話說，文化的操作，使得語言、稱名、身體特徵、神話傳說、宗教信仰或物質文化項目等等，成了群體認知自我共祖傳承的依據。文化項目既然作為根本賦與的象徵代表，自此，族群也成了極力保護該等文化象徵的生力軍。相關研究可參考George De Vos與Lola Romanucci-Ross 1982[1975] Ethnicity: Vessel of Meaning and Emblem of Contrast、Judith Nagata 1981 In Defense of Ethnic Boundaries: The Changing Myths and Charters of Malay Identity以及Theodore Schwartz 1995 Cultural Totemism: Ethnic Identity Primitive and Modern等論著。在客家議題上，我們應去尋找出作為族群代表的文化要項是什麼，為何是它或它們？形成象徵代表的過程為何，族群成員又如何維護之？作為象徵代表的文化項目可曾經過替換改變，或者不同社群的擇選對象有異？田野中才能獲知訊息，也唯有如此細膩蹲點，客家族群課題的研究，方得以精進。

一般來說，主張族群行為的情境基礎（the contextual or situational basis for ethnic action）足以發揮到關鍵角色的論點，係和根本賦與論者持相反的立場。情境論者宣稱，政治經濟是人類的基礎生活面向，因此人們會隨著利益所向而轉變認同，也就是跟著政經利益一方的身分而變。簡單的說，就是A強大，B就學著A的生活樣態，甚至認同自己就是A，用以取得有利位置。B最終表現出A的文化生活。外人見到原是B的人群正行A的文化生活，很可能在不知情之下，就認定那是B原本就黏於身的文化。論者以為，文化就是跟著人的利益所需而被挪用或占為己有。不過，主張至少必有一最具代表性之文化要因作為認同象徵的進階版根本賦與論者，對此提出了他們的挑戰：若照情境論說法，所有文化不就都變成虛假或只是工具而已了嗎？他們不相信人類創造文化是如此膚淺不堪。相關研究可參考Fredrik Barth 1969 Pathan Identity and its Maintenance. In Ethnic Groups and Boundaries、Gerald D. Berreman 1982[1975] Bazar Behavior: Social Identity and Social Interaction in Urban India、以及Judith A. Nagata 1974 What is a Malay? Situational Selection of Ethnic Identity in a Plural Society。在客家議題上，吾人或可仔細端倪所稱客家文化內涵的存在場景，其中是否有正與另一政經強大的群體交鋒，而必須隨附後者以求得生存之機？或者，客家隱形人的幾十年間，為何難以發現客家的存在?是客家文化被強力隱匿，還是當時表現出的「客家文化」事實上無異於大社會主體文化？為何會如此？與情境式的認同轉換過程有關嗎？凡此，都是值得進一步思索的問題。

或許有人會問，認同的根本賦與基礎、族群本身的文化建構、以及族群行為的情境要素等，不就是前述筆者所批判的原生、工具及建構三論嗎？表面上看是如此，但是，筆者擬欲強調的是，在臺灣，不少人將其視為三段演化的謬誤，從而以訛傳訛，最終勢必只能選擇被認為最新版的建構論。事實上，各個論點均長期並存且時時刻刻處於對話或自我補充修潤之中，它們從未傳達要求學子只能從中擇一的壓力訊息。最重要的是，所有踏入相關領域之研究者，對每一觀點背後的民族誌都應有細緻性的閱讀消化理解過程，否則硬是只抓三論名詞來套用，根本難以有效說明族群關係出現的道理。

八、現代性研究策略之二：國族角色

除了前述幾項族群研究的基礎學理探索之外，還有不少重要的課題可以發揮。當代「國族—國家中的族群」（ethnic groups in nation-state）是其一。當代國家對族群的認定與態度，包括實質政策的推動等，自二次大戰結束以降，是為族群與國家關係的重要研究問題。尤其國族—國家強調一個國族的建構，族群身在內部，可能是建造國族者，也或許是位居少數而被要求涵化者。當然，也有可能因各種特定因素而成了不准同化的少數群體（non-assimilating minority）。不准同化之意可能就是被國家刻意忽略、從而不願吸收其族群文化內涵以進入國族。相關研究可參考Abner Cohen 1981 Variables in Ethnicity、Charles F. Keyes 1973 Ethnic Identity and Loyalty of Villagers in Northeastern Thailand，以及Mark A. Tessler 1981 Ethnic Change and Nonassimilating Minority Status: Jews in Tunisia and Morocco and Arabs in Israel等論著。在客家議題上，我們可以分析國族—國家在臺灣建置過程中，國家所看到的客家地位，以及客家又如何領受自己與國家之關係。

當然，近30年臺灣的民主化，驅使客家自隱形狀態突現出於公共場域，她所扮演的角色，到底是一主動參與民主化了的國族，還是被冷放一旁的無足輕重成員？這些都需進一步釐清，而那也是族群關係另向研究發展的可能性。

族群意識與國族文化（ethnicity and national culture）是緊隨著前一主題而來的研究範疇。國族一國家不僅建置一個國族存在的政治理論，亦會推動國族專屬之文化要項，而這些項目如宗教信仰、語言獨尊、儀式慶典、物質文化、神話傳說以及流行文化等等，都可能和族群文化生活或代表性象徵要項重疊或隔閡，情況變得相當複雜。其間可能造成彼此衝突，或者引起不同族群間的猜忌。相關研究可參考Cornelia Ann Kammerer 1988 Territorial Imperatives: Akha Ethnic Identity and Thailand's National Integration、Charles F. Keyes 1995 Who Are the Tai? Reflections on the Invention of Identities，以及Gananath Obeyesekere 1995 On Buddhist Identity in Sri Lanka。在客家議題上，我們可以追蹤臺灣國家文化於專制獨裁與民主化演變過程中，客家文化的位置所在，其間的最顯明變化為何？國家文化的內涵有多少客家要素？為何會如此？客家文化在國家文化建構過程中，和其他族群文化相較，孰一取得哪方面的重要地位？不同族群有無出現角力競爭？此等課題對探索客家的當代處境，均相當重要。

九、現代性研究策略之三：面對他者

污名化的認同與異族認定（stigmatized identity and ethnic aliens）的研究，對於非主體族群面對大社會時的情境，尤其重要。但是，認同的污名到底所指為何，所有因非主體角色而演變成弱勢或少數群體者，其自我認同都會變成一種污名嗎？污名（stigma）是一種終身屬性，它去不掉，如影隨形，造成承載者永續的深度壓力。另外，有的族群因現代化太過快速，以至於對傳統文化生活的一夕間失去深感痛苦，因此起而發起文化復興運動。這種文化失去感和文化污名感不同，卻都深刻傷害著族群成員。相關研究可參考George A. De Vos與Hiroshi Wagatsuma合著的1995 Cultural Identity and Minority Status in Japan、Harald Eidheim 1969 When Ethnic

Identity is a Social Stigma、以及Emiko Ohnuki-Tierney 1998 A Conceptual Model for the Historical Relationship between the Self and the Internal and External Others: The Agrarian Japanese, the Ainu, and the Special-Status People。在客家的議題上，首先應予以釐清的是，客家係因認同的污名而長期隱形嗎？污名感在客家成員日常生活裡如何呈現？而若客家認同並不具污名，那為何又有隱形之論？還有，客家有文化生活流失的困境嗎？他們發起的社會運動與此相關嗎？獲得的成效如何？顯然未來亟須探討研究之課題還真不少。

多數的建構（constructing majority）是另一個較少被注意到的課題。理論上，有少數就應有多數，它是相對的概念。但是，多數如何被建構被認知，學界多半就是以普通常識視之。多數的成立及其連帶被承認的資源擁有權，在在都牽動到少數的存在意義，因此，認識或理解多數的本質，無疑是相當重要的一環，畢竟，少數與多數正是族群關係最常被討論的權力對峙架構。相關研究可參考Anthony Milner 1998 Ideological Work in Constructing the Malay Majority、Jonathan Y. Okamura 1998 The Illusion of Paradise: Privileging Multiculturalism in Hawaii、以及Kosaku Yoshino 1998 Culturalism, Racialism, and Internationalism in the Discourse on Japanese Identity。在客家的議題上，最應被釐清者，即是客家是否和原住民一樣，就是一少數族群？而它的相對多數一方，指的又是誰？多數與少數關係之族群理論，可否被用來解釋臺灣客家與非客家間的互動位置？在臺灣，多數的概念有很顯明嗎？它出現於那些場合？誰在使用它？客家人對之有感否？凡此問題，均相當值得推敲。

十、現代性研究策略之四：跨境在地

在國家內部面對的是與多數一方的關係，那也是族群／國族競爭（ethnic / national competition）的一環，另外，當代跨國經驗引來的困境（transnational dilemma），也是一項觀察焦點。也就是說，作為少數族群的一員，他可能需應對於代表國家的多數族群，也必會在跨國情境中，費心處理自己與他國的文化距離問題，而所遇上之挫折，更可能倍於一般多數族群承受者。因為，遇到困難的少數一方成員，往往不易在自己國家的多數方尋求到撫慰，畢竟很可能那邊也早早隔了防阻牆，明顯缺乏主動接納少數文化的機制。相關研究可參考Frank Bechhofer與David McCrone合著2014 Changing Claims in Context: National Identity Revisited、Christina Boswell與Oana Ciobanu合著2009 Culture, Utility or Social Systems? Explaining the Cross-National Ties of Emigrants from Bors, Romania、以及Janine Dahinden 2009 Are We All Transnationals Now? Network Transnationalism and Transnational Subjectivity: the Differing Impacts of Globalization on the Inhabitants of a Small Swiss City。在客家的議題上，我們應先認知到，客家是一廣泛遷徙的群體，他的成員跨國經歷豐富，但是，「母國」對其而言到底如何定義，恐怕是一複雜問題，以至於遇上問題而思尋求國家協助的動機可能不高。畢竟，母國何在，對很多人來說，就是問號。這些課題都需要田野資料的收集，才能獲取較可靠的研究分析結論。

最後要建議的研究方向是全球化論與在地化論（On Globalization and Localization）。全球化與在地化的相對性和互融性，在學界已不是陌生的議題。尤其在族群議題上，面臨全球化強大衝擊下，族群本身如何吸取有利要素，以期使自己得以於在地生活領域上獲益，始終是一大考驗。這其間牽涉到與其他族群在同一地域內的競爭關係和文化變遷方向，也就是不同族群的全球在地化景況有異，其緣由背景尚須獲更細緻的解釋。相關研究可參考Jonathan Friedman 2002 Globalization and Localization、Calvin Goldscheider 2002 Ethnic Categorizations in Censuses: Comparative Observations from Israel, Canada, and the United States、以及Georg Elwert 2002 Switching Identity Discourses: Primordial Emotions and the Social Construction of We-groups。在客家的議題上，我們應多關注客家社區或客庄的全球化要素進入情況，並觀察在地生活因此而起的變化，尤其須分析在與其他族群往來過程中，所涉及的資源競爭關係，以及地方文化代表性的問題。

十一、結語

以上從族群界定之學理開始，及至國族一國家要素的影響，再到族群本身認同的質變問題，最後則舉出跨國和全球風潮的重要性，這等等都是可能的族群關係現代性研究的課題方向。我們不是否定目前以歷史取向研究的成績，但，那當然不是全部。也就是說，客家族群關係研究不應永遠只在歷史資料為據的論述。都是歷史，就表示已經全然消去，在當代不再具有意義。從國際學界紀錄來看，前面各節所列之自上一世紀後30年及至21世紀初期的民族誌研究證實，世界各地均有充沛現代性內涵的族群關係人類活動事實，臺灣景況當然不會例外。吾人應多加關注，投入學術資源，讓客家族群關係的研究可以脫離窠臼，繼而創造出新的一頁。

引用書目

林正慧

2017〈日治臺灣的福客關係〉。《民族學界》39:7-73。

林淑玲

2012〈異族通婚與跨族收養：日治時期前、中、後、先鋒堆客家與其他族群互動的軌跡〉。《高雄師大學報》33:161-190。

邱顯明

2013〈清代峨嵋地區的原住民：以賽夏客家關係為中心〉。《新竹文獻》56:79-103。

洪麗完

1990〈清代臺中地方福客關係初探：兼以清水平原三山國王之興衰為例〉。《臺灣文獻》41(2):63-93。

傅寶玉

2017〈跨越與邊界：桃園霄裡及銅鑼圈為中心的地域社會與族群關係〉。《民族學界》39:121-170。

謝若蘭、彭尉榕

2007〈族群通婚的身分認定與認同問題之研究：以花蓮地區原客通婚為例〉。《思與言》45(1):157-196。

薛雲峰

2011〈風月產業的文化意涵：平埔、漢移民與客家〉。《新竹文獻》45:16-34。

藍清水

2012〈生活情境、歷史記憶與族群認同：臺灣河婆客家移民的遊移身分〉。《歷史人類學刊》10(2):129-158。

Barth, Fredrik

1969 Pathan Identity and its Maintenance. In *Ethnic Groups and Boundaries*. Fredrik Barth ed., pp:117-134. Boston: Little, Brown, and Company.

Bechhofer, Frank and David McCrone

2014 Changing claims in context: national identity Revisited. *Ethnic and Racial Studies* 37(8):1350-1370.

Berreman, Gerald D.

1982[1975] Bazar Behavior: Social Identity and Social Interaction in Urban India. In *Ethnic Identity: Cultural Continuities and Change*. George De Vos and Lola Romanucci-Ross eds., pp:71-105. Chicago: University of Chicago Press.

Boswell, Christina and Oana Ciobanu

2009 Culture, Utility or Social systems? Explaining the Cross-National Ties of Emigrants from Borsa, Romania. *Ethnic and Racial Studies* 2(8):1346-1364.

Cohen, Abner

1981 Variables in Ethnicity. In *Ethnic Change*. Charles F. Keyes ed., pp: 306-331. Seattle: University of Washington Press.

Dahinden, Janine

2009 Are We All Transnationals Now? Network Transnationalism and Transnational Subjectivity: the

Differing Impacts of Globalization on the Inhabitants of a Small Swiss City. *Ethnic and Racial Studies* 32(8):1365-1386.

De Vos, George A.

1995 Ethnic Pluralism: Conflict and Accommodation. In *Ethnic Identity: Creation, Conflict, and Accommodation*. Lola Romanucci-Ross and George De Vos eds., pp:15-47. Walnut Creek, CA: Altamira Press.

De Vos, George A. and Hiroshi Wagatsuma

1995 Cultural Identity and Minority Status in Japan. In *Ethnic Identity: Creation, Conflict, and Accommodation*. Lola Romanucci-Ross and George De Vos eds., pp:264-297. Walnut Creek, CA: Altamira Press.

De Vos, George and Lola Romanucci-Ross

1982[1975] Ethnicity: Vessel of Meaning and Emblem of Contrast. In *Ethnic Identity: Cultural Continuities and Change*. George De Vos and Lola Romanucci-Ross eds., pp:363-390. Chicago: University of Chicago Press.

Eidheim, Harald

1969 When Ethnic Identity is a Social Stigma. In *Ethnic Groups and Boundaries*. Fredrik Barth ed., pp:39-57. Boston: Little, Brown and Company.

Elwert, Georg

2002 Switching Identity Discourses: Primordial Emotions and the Social Construction of We-groups. In *Imagined Differences: Hatred and the Construction of Identity*. Günther Schlee ed., pp:33-54. Hamburg: LIT.

Friedman, Jonathan

2002 Globalization and Localization. In *The Anthropology of Globalization: A Reade*r. Jonathan Xavier Inda and Renato Rosaldo eds., pp:233-246. Malden, MA: Blackwell Publishers.

Geertz, Clifford

1973[1963] The Integrative Revolution: Primordial Sentiments and Civil Politics in the New States. In *The Interpretation of Cultures*. Clifford Geertz, pp: 255-310. New York: Basic Books.

Goldscheider Calvin

2002 Ethnic Categorizations in Censuses: Comparative Observations from Israel, Canada, and the United States. In *Census and Identity: The Politics of Race, Ethnicity, and Language in National Censuses*. David I. Kertzer and Dominique Arel eds., pp:71-91. Cambridge: Cambridge University Press.

Isaacs, Harold R.

1974 Basic Group Identity: The Idols of the Tribe. *Ethnicity* 1:15-41.

Kammerer, Cornelia Ann

1988 Territorial Imperatives: Akha Ethnic Identity and Thailand's National Integration. In *Ethnicities and Nations: Processes of Interethnic Relations in Latin America, Southeast Asia, and the Pacific*. Remo Guidieri, Francesco Pellizzi and Stanley J. Tambiah eds., pp:259-292. Austin: University of Texas Press.

Kandre, Peter K.

1976 Yao (Iu Mien) Supernaturalism, Language, and Ethnicity. In *Changing Identities in Modern Southeast Asia*. David J. Banks ed., pp:171-197. Paris and The Hague: Mouton Publishers.

Keyes, Charles F.

1973 Ethnic Identity and Loyalty of Villagers in Northeastern Thailand. In *Southeast Asia: The Politics of National Integration*. John T. McAlister, Jr. ed., pp:355-365. New York: Random House.

1976 Toward a New Formulation of the Concept of Ethnic Group. *Ethnicity* 3:202-213.

1995 Who Are the Tai? Reflections on the Invention of Identities. In *Ethnic Identity: Creation, Conflict, and Accommodation.* Lola Romanucci-Ross and George De Vos eds., pp:136-160. Walnut Creek, CA: Altamira Press.

McKay, James and Frank Lewins

1978 Ethnicity and the Ethnic Group: A Conceptual Analysis and Reformulation. *Ethnic and Racial Studies* 1(4):412-427.

Milner, Anthony

1998 Ideological Work in Constructing the Malay Majority. In *Making Majorities: Constituting the Nation in Japan, Korea, China, Malaysia, Fiji, Turkey, and the United States.* Dru C. Gladney ed., pp:151-169. Stanford: Stanford University Press.

Moerman, Michael

1965 Ethnic Identification in a Complex Civilization: Who are the Lue?. *American Anthropologist* 67:1215-1230.

Nagata Judith A.

1974 What is a Malay? Situational Selection of Ethnic Identity in a Plural Society. *American Ethnologist* 1(2):331-350.

1981 In Defense of Ethnic Boundaries: The Changing Myths and Charters of Malay Identity. In *Ethnic Change*. Charles F. Keyes ed., pp.87-116. Seattle: University of Washington Press.

Obeyesekere, Gananath

1995 On Buddhist Identity in Sri Lanka. In *Ethnic Identity: Creation, Conflict, and Accommodation.* Lola Romanucci-Ross and George De Vos eds., pp.222-247. Walnut Creek, CA: Altamira Press.

Ohnuki-Tiemey, Emiko

1998 A Conceptual Model for the Historical Relationship between the Self and the Internal and External Others: The Agrarian Japanese, the Ainu, and the special-status People. In *Making Majorities: Constituting the Nation in Japan, Korea, China, Malaysia, Fiji, Turkey, and the United States.* Dru C. Gladney ed., pp:31-51. Stanford: Stanford University Press.

Okamura, Jonathan Y.

1998 The Illusion of Paradise: Privileging Multiculturalism in Hawaii. In *Making Majorities: Constituting the Nation in Japan, Korea, China, Malaysia, Fiji, Turkey, and the United States.* Dru C. Gladney ed., pp:264-284. Stanford: Stanford University Press.

Schwartz, Theodore

1995 Cultural Totemism: Ethnic Identity Primitive and Modern. In *Ethnic Identity: Creation, Conflict, and Accommodation.* Lola Romanucci-Ross and George De Vos eds., pp.48-72. Walnut Creek, CA: Altamira Press.

Southall, Aiden

1976 Nuer and Dinka are People: Ecology, Ethnicity, and Logical Possibility. *Man* 11:463-491.

Tessler, Mark A.

1981 Ethnic Change and Nonassimilating Minority Status: Jews in Tunisia and Morocco and Arabs in Israel. In *Ethnic Change.* Charles F. Keyes ed., pp: 155-197. Seattle: University of Washington Press.

Van Den Berghe, Pierre L.
1978 Race and Ethnicity: A Sociobiological Perspective. *Ethnic and Racial Studies* 1(4):401-411.
Yoshino, Kosaku
1998 Culturalism, Racialism, and Internationalism in the Discourse on Japanese Identity. In *Making Majorities: Constituting the Nation in Japan, Korea, China, Malaysia, Fiji, Turkey, and the United States.* Dru C. Gladney ed., pp.13-30. Stanford: Stanford University Press.

（本文原刊於謝世忠主編《客家族群關係》2019/11-31。新竹：國立交通大學。）

第二部分

原論與論原

界定狩獵——泰雅與太魯閣族的山林行走*

一、前言

傳統人類學對前國家或前工業時期生業型態的較大分類，不外乎有狩獵採集（hunting & gathering）、游牧（pastoralism）及農耕（agriculture）等。[1]再往下細分，當然可以有更多亞類。然而，在諸類屬之中，狩獵作為一種生計，大抵多與採集置於同位。換句話說，狩獵成果可供給肉類蛋白質，而採集則以野生蔬果補充植物類養分。採集意謂不知人工種植，因此直接引人聯想至前農業的舊石器時代生活。[2]而狩獵既伴隨採集，那麼它的年代亦必是古老。據此，「狩獵」在演化論人類學的理解架構下，往往就成了「原始」、「初民」、「久遠歷史」等的代名詞。[3]

不過，將狩獵與採集綁在一起，繼而以後者界定前者，顯然與人類實際生活史和文化史的進程不符。首先，狩獵行動是否一定是生產必要活動，或絕對性的生計行為，恐怕就是值得討論的問題。其次，狩獵行動與採集以外之如行農業、牧業等生計的群體，彼此也可能關係密切。其中農業族群所伴有的狩獵行為，在一般景況下，多半不是因農耕作為生業代表，而被邊緣性處置，就是仍將之視為與作農一樣，係為一種尋求食物的技藝需要。據此，在傳統人類學民族誌報告中，除了常常可以看到「邊緣打獵」（即打獵為次要活動）的敘述之外，亦不難發現「維生出獵」（即出獵為求食物）的結論。

「邊緣打獵」（marginalized hunting）與「維生出獵」（life-supported hunting）之論，不僅固制了判定狩獵文化的方向，似也充分影響迄今不衰的常識認定。不過，隨著多元主義思潮的流行，再加上後現代民族誌從邊陲角落或非主體背景出發的訴求推波（See Barrett 1999; Dossa 1999; Rosaldo

1989），部分地區或國家境內之原住族群近十數年出現有重思狩獵、再定義狩獵、甚至神聖化或真理性化狩獵的論述，臺灣就是其中的典例（見下節說明）。在此一景況下，狩獵位階隨之水漲，專題研究湧現（見如楊雅淳2004；鄒月娥2001；梁秀芸1996；周溫雅2005），原住民當事族人亦藉此再拾尊嚴，戮力以主體位置，主張行獵的文化，並確認作為獵人的正當性。

「正當獵人」（legitimate hunter）與「真理狩獵」（hunting with truism）是一體的兩面。它們共同構成當下反現代國家山林管理，反野生動物保護法律，及反槍砲使用規制的一統基調。「邊緣打獵」與「維生出獵」的說法，開始遭到質疑，而「正當獵人」與「真理狩獵」則益見力道。此時，國家及其代理人面臨難題，有積極適應者，也有不良適應例子。在「獵」的議題下之各種訴求、反撲、管制、懲罰及批判等力量間之戰鬥仍在繼續，未來當是一文化史與現代化價值間相互建構、再建構、甚至反建構的常續課題。在本文中，筆者即擬以臺灣原住民泰雅與太魯閣兩族為例，說明上述狩獵研究與狩獵正名歷程的景況。

二、族群簡介

臺灣南島系原住民長時間以來，一直被認定計有泰雅、賽夏、阿美、布農、卑南、鄒、排灣、魯凱及雅美等九族。到了2001年，政府承認邵族為第十族。自此，新族陸續出現，迄今又增添太魯閣、噶瑪蘭、撒奇萊雅、賽德克等四族，全部共十四族。新族群的成立，有些係自某一族分出者，有的則為全新識別為獨立一族（原不屬於任一族的人）。太魯閣族一向被類分屬於泰雅族東賽德克亞族，主要分布於東部花蓮沿山地區（參邱韻芳2004；楊鈴慧1996）。泰雅本支則居處在北部中部山區。太魯閣人尋求獨立成族的歷史由來已久，原因也很複雜，不在本文討論範圍內。然而，兩族之所以長期被學者們置於同族，主要係文化特質相近（如均有文面，也都行父子連名制），不少語言詞彙也類同。數十年來累積的研究文獻多半兩族混談（見如余光弘1980；曾振名1995；廖守臣1984，1988），有的稍能區辨，有的則不易分解。本文因此就一起討論包含兩族在內的狩獵議題，而暫時擱置現今認同區分的各項爭議。

泰雅與太魯閣傳統上均行山田燒墾生計，其獵頭的風俗顯性，部落無世襲頭目，卻有名為*gaga*或*gaya*的祖靈管理機制。*Gaga*或*gaya*的學術討論甚多。它似共同繼嗣共同分食團體，又為獵團組成基礎，具社會組織性質。但族人們卻稱其為祖訓或老人家的話。換句話說，*gaga*或*gaya*代表社會秩序規範，違反了祖訓，破壞禁忌規定，祖靈*utux*（*rutux* / *lyutux*）就會予以懲罰，嚴重者甚至會家破人亡。不過，一旦發現有人觸犯*gaga* / *gaya*，族人即啟動殺豬祭獻儀式與處分機制，使失序得以復原，當事家族或個人可獲合理安頓，如此或能安撫祖靈，不致降罪（參王梅霞2003；曹秋琴1998；邱韻芳2004；謝世忠2001；謝世忠等人2007）。

兩族人均有狩獵習慣，正常男子必成為獵人。順利成了社會認可的行獵者，才得以與習得精巧織布技藝的女子一樣，確定可在族中立足，繼而獲有成家的機會。日人統治期間，臺灣原住民的多次反抗行為，相當高比率與該二族有關。[4]因此之故，泰雅與太魯閣的勇武剽悍，即成他們族群特性標誌。此一標誌直接給與人們聯想者，除了戰爭外，就是獵首與狩獵。為了族間部落資源競爭或成就我群威望而實踐的獵首行為（參廖守臣1998:216-232），不在本文範圍，不便深談。至於狩獵乙項，在兩族生活史上，則不可謂不重要。問題在於，今日時刻，吾人應如何定位它、解釋它及再生產它的存在意義，可能才是要務。現在對族群的人類學理解，不應仍流於客體無知或無感的純科學性描述。解構民族誌歷史，再以研究對象的主體立場重構新知識體，或充實新民族誌內容的方法論，應是要被支持鼓勵的。本文泰雅、太魯閣狩獵說法的分析，正是類此嘗試的例子。

三、邊緣打獵

一般欲全面性或系統性地認識泰雅、太魯閣兩族，大抵僅能採閱覽專業學術著作之途。學者以特定方法撰寫報告文章，一經出版，即成權威性文本，不管入門還是深論，均須讀它、用它。文本凡有述及兩族族人與獵事關係，常見行獵係處在生活中邊緣位置之說。若竟日看此類文獻，很容易形成打獵僅屬次要的印象。

1915年（大正4）日本帝國臺灣總督府「臨時臺灣舊慣調查會」出版的《番族慣習調查報告書》第一卷，是為第一本泰雅全貌民族誌。1996年中央研究院民族學研究所中譯本出版。該書270多頁厚度，考察社會文化項目廣泛，然狩獵的一節，才佔2頁（頁106-108），比例之低，令人難以置信。該書作者認為狩獵是「眾受喜愛的娛樂之一」（頁106）。既僅是娛樂，想像中，當遠在生活重要必須事務之外，自然不會被研究者特別關注。稍後兩年同樣由臨時臺灣舊慣調查會出版的「紗績族」（按該族分布於花蓮者，目前已獨立成太魯閣族，另在中臺灣南投地區者今年5月正式經政府公告承認為賽德克族）報告書，亦以「忙完了農事，有了一段空閒的時間，蕃人們就出去打獵」（佐山融吉著，余萬居譯1985〔1917〕：61）之語，同樣是在界定狩獵的閒逸屬性。

日人離臺後，中國學者的新著民族誌報告中，亦是簡化地敘述狩獵。六0年代中央研究院民族學研究所進行之集體研究的成果，《南澳的泰雅人——民族學田野調查與研究》（李亦園等1964）一書，可為代表。該書第三十節「狩獵」佔有23頁，相較於全書700頁仍是微少。作者們寫到，「南澳泰雅族人的經濟生活是以農業為主，以狩獵、捕魚、採集為輔。狩獵的生活，在他們的經濟生活中，雖居次要地位，但仍有其特殊的意義」（頁503）。此段文字提及狩獵與捕魚、採集一樣同為輔次的經濟生活，但仍有特殊意義。問題是，在二十數頁描述中，一來並未有效指出狩獵是為「經濟生活」之一部，我們只看到獵物、獵法、獵具、禁忌等等的簡單段落，二來它的「特殊意義」為何，也沒能清楚述明。讀畢章節，狩獵邊緣屬性的印象仍強。

到了比較晚近，不少全族大範圍介紹的著作，仍見得到上述邊緣打獵的說法。1989年間內政部營建署委託中研院民族所調查研究（許木柱主持）的《太魯閣群泰雅人的文化與習俗》報告書，全書66頁，只有半頁講到狩獵（頁11-12）。該書雖提到「狩獵在泰雅族為僅次於農耕之重要生產方式」，也指出了男女分別負責獵事與農事的工作，更結語「獵團與防衛團體相同」，所有文字敘述，均在顯現打獵的重要性，然而，「生產方式」畢竟決定了食物的來源，主要與次要之別何在，生產又為何與防衛合一，該報告均未說明。因此，吾人仍不得而知狩獵為何及如何重要。

1991年李來旺主持研究「泰雅族原有生活形態」計畫，報告書120多頁中有「泰雅獵人」乙節8頁，仍是小比例文字。內容只在講述獵人行獵的策略，卻看不出它在「原有生活形態」中的位置。廖守臣《泰雅族的社會組織》（1998）乙書250頁中只有2頁寫狩獵團體。他即使述及了*gaga*、獵團、「全體動員」、及「提高群體的認同意識」等關鍵要素，卻因文字的太過有限，所以仍感受不出獵事到底有多重要，組團行獵目的為何，又為什麼與認同意識的提高有關。

狩獵是否重要，或者它是生產或另具非生產的象徵意義，並非以一句「重要」或「具特殊意義」即可表明。多數文獻對狩獵描述的極有限篇幅，就註定了它長時間不可能引人重視的命運。此外，不少文字均寫到它「次要」位置，甚至只為「閒空」時的活動，狩獵之被擠至邊緣，也就不足為怪了。

四、維生出獵

「維生出獵」意指打獵係為維繫生命基本需要之行動。前節所引之自日治以降泰雅、太魯閣狩獵相關論說，多指它為次於農耕之生業或生計行為。換句話說，兩族耕作生產供食的量與質均有限，才須獵獲動物來補足之。《南澳的泰雅人》乙書將捕魚、採集也列入與狩獵同位，是為該族經濟生活之一部分。本文前言提及狩獵與採集早已為演化論學者視為一體，遠古人類或當今前農業群體不外乎均係行之維生。如今，泰雅人有農業卻仍不可缺少採拾與漁獵，即表示後者生計仍要。學者們一方面邊緣化打獵的民族誌文本位置，另一方面又將之納入生業或經濟生活要項，似乎族人缺此即生命難以為繼。

泰雅知識青年黑帶・巴彥閱讀文獻之後，知道農業與狩獵均重要，但到底何者較重要，或者「到底是以哪一個為主要生計」（黑帶・巴彥2002a:102; 2002b:116），一直拿不定。於是他詢問耆老，自己亦進行考證，最後結論農耕才是主要生計。黑帶引受訪者話語「農事是我們的主要生計，而野肉只是我們的菜」（2002b:114），來作為孰要孰次的明證。黑帶認為一般人「誤以為泰雅族是以狩獵為主」（2002b:114），因此，確定了農耕才是重點生計後，他糾正了存在長久的誤解。

問題是，「誤解」真的曾經存在嗎？而今又果真已被澄清？即使證明狩獵居次，它依然是生計，仍是族人食物來源。既是靠打獵取得肉食，那麼，任憑再次證明他義的存在，也無法避免它就是生計之一。打獵為生活工具，就如外出購買肉品供食一般。此類生活食物需求之說，鄒月娥研究報告《東賽德克人之狩獵文化與國家公園經營管理》（2001）的一段話可為代表。她認為東賽德克人（多數成為今花蓮太魯閣族）狩獵的首要動機為「生活上之需要」。「過去，東賽德克人因為一直居住在貧瘠的山嶺中，物資極缺乏，山林中的野生動物自然是最主要之動物性蛋白質來源。與大自然搏鬥的生活技能也當然成為不可缺少的基本條件，而狩獵活動就是山林中的主要生活方式，蘊涵祖先世代以來在叢山峻嶺中活動之生態技能與智慧」（頁14）。「動物性蛋白質」是生態學後設分析的說法，[5]營養科學上有其可信之處，但從族人主位觀點思之，卻不一定能找得到與之對應的文化論說訊息。另外，更有甚者如梁秀芸直接擴大狩獵在所有臺灣原住民均是「僅次於農耕的重要生產方式」（1996:1）。狩獵最主要用處即是「可提供基本需求——食物」（同上，頁1）。

「打獵用來維生」的認知，在今日司法人員身上也看得到。臺灣有《野生動物保育法》、《槍砲彈藥刀械管制條例》、及《森林法》等法令，它們帶給包括泰雅、太魯閣兩族在內之以山地生活為主的原住民相當大困擾。一入山，一行獵，常就觸法。不過，原住民打獵乙事，在各族民意代表多方努力下，限制稍有放寬，遇到相關違反事件，法官往往從輕量刑或免其刑。但資料顯示，在法官判決書上，常充塞著如「柯○○為太魯閣族原住民……其平日習於打獵貼補家用……。」（臺灣花蓮地方法院95年訴字346號判決）和「吳○……具有原住民身分（按，係泰雅族人），犯罪動機係因沒有錢買東西及部落辦活動而欲獵捕動物來慶祝並自用……。」（臺灣苗栗地方法院94年苗簡字第293號判決）等原住民維生出獵的觀念。換句話說，傳統民族誌自然而然地把狩獵、生計、食物、生活、生產劃成等號，而一般人包括公務執行者，也都認為打獵簡單來說就是「沒肉吃，沒錢買，出去抓野生動物回來吃」之意。維生出獵的認知在可預見的未來並不易消去。

五、正當獵人

美國各州均訂定有打獵規定的注律。在開放行獵的季節，遠離城市的山間水畔，但見獵人四處，比賽成績。打獵在北美洲是休閒活動（按，中古歐洲的貴族生活亦然。吾人或可視之為歐美中上階層文化的傳統之一），與維生目的毫無關係。在臺灣，我們已知當代民族誌調查指出，有的原住民部落以狩獵為生存方式之一，亦即，族人的日常食物來源有自打獵所獲者。泰雅與太魯閣就是例子。不過，維生出獵的真實性有幾分，筆者表示懷疑。學院內外的研究一方面邊緣打獵，另一方面又強調它在生計生產上的重要位置，兩相矛盾。但由於學術主要關切面向很少放在狩獵議題，因此「邊緣」與「維生」的不相容景況，亦未引起注意。

1980年代中葉開始出現的原住民社會運動，經過20年發展，在政治、藝術、學術、文學、及族群正名等方面均留下豐富的實踐紀錄（謝世忠1987，2004）。過去研究者筆下總與生計生產／食物連成一的狩獵，此時開始成為我族意識高漲之族人的關鍵文化認同標誌。前節提到《野生動物保育法》、《森林法》、《槍砲彈藥刀械管制條例》等三法，嚴重約制了族人入山行獵的活動，而今控訴「惡法」壓迫文化的最直接憑證即是獵事。族人所欲爭取的首要項目，就是獵人的正當性與狩獵文化的真理性。

筆者2006年主持行政院原住民族委員會委託之「原住民族傳統習慣之調查、整理及評估納入現行法制研究——泰雅族、太魯閣族」研究計畫案。研究團隊收集了不少泰雅、太魯閣兩族人關於狩獵的相關論點，其中獵人的重要角色乙項，即為報導內容的重點之一。以下是幾個典型例子。

＊*Yudaw*，男性，79歲

我們男人一定要會打獵，過去老一輩時人比較習慣用放陷阱的方式來捕獵物，反正放陷阱捕獵物是以前男人都要會的，如果不會抓山豬就不能結婚，這是*gaga*，打獵就是我們泰雅族的文化，也是*gaga*，如果有男人不學打獵這樣的*gaga*，那這個男人終生就不得結婚了，還有他不會受到祖靈的祝福、不會受到族人的肯定甚至被唾棄、沒有社會地位、不得參與男人

（勇士）眾會、死後不得進入祖靈世界。以前的打獵文化，獵人會覺得很光榮。

＊報導人：*Yumin*，男性，24歲

平地人他們怎麼知道我們的生活習慣呢？也應該沒有什麼理由用他們法律管我們，這一輩的人那還需要有沒有*gaga*。打獵的話我是喜歡的，我都去有動物的地方去打獵，我喜歡打飛鼠，喜歡拿槍的感覺，因為當獵人真的很有感覺，你不會懂得，因為只有獵人知道當獵人的樂趣是什麼，我知道這是我們的文化，所以我喜歡。

＊報導人：*Kagi*，男性，81歲；*Hayung*，男性，75歲

我們傳統的*gaga*打獵是最正式最傳統也是最好男人表現的時候。

＊報導人：*Losing*，男性，68歲

……而狩獵生活規範所衍生的規定和戒律，又為傳統社會習俗的規範根源，所以族人們頗為重視獵區管理與維護狩獵的規範、技術、習俗及相關技藝的傳授，男人自幼需接受前輩獵人的狩獵訓練和教育，在成人之前必須熟悉狩獵的相關技術、習俗等等，否則，就不能取得獵人的資格，也不得進入獵場，又得忍受族人的輕視、嘲笑，在族群中永無抬頭之日，不會狩獵的男人，就不是男人。

＊報導人：*Sagi*，女性，70歲

每個家族或家都有自己的獵場，就是你說的山林財產，沒有人會隨便越過他人的獵場，爸爸曾叮嚀哥哥不得進入他人的獵場。以前如果任意進入別人的獵場打獵，這個行為是很嚴重的，要殺豬賠償時。我們的*gaga*已經告訴我們分配的情形，所以獵場有獵場的*gaga*。打獵是*gaga*，從前部落的男人，就喜歡在活動前上山打獵，這是文化，如果我們族人不打獵，等於就是在違反*gaga*，不過打獵就是*gaga*，如果男人不會打獵，死後必受祖靈的唾棄。他們必須要會打獵、捕魚、建築房子等，這就是男人的*gaga*。*Gaga*還是我們的文化、規範、規矩。打獵就是打獵，我覺得不應該有東西去取代他，直接就是傳承。因為打獵有很多故事存在，如果哪天族人從此不打獵，我們怎麼去見祖靈。

＊報導人：*Amay*，男性，45歲

因為身體有病，從小至今仍未曾感受過打獵的滋味，我是非常羨慕可以打獵的人，也希望自己也有這麼一天。打獵是文化，是傳承。幾乎我們教會辦活動都一定要有一些山產，而山產來自獵人手中。我自己覺得，打獵不應該被漢文化（法律）給限制住，對男人打獵而言，這是*gaga*，每一個男生都必須有的絕招，這是我們族的文化，做這樣的限制漢族實在是沒有意義，禁止是阻礙了我們傳承。

＊報導人：*Besu*，男性，74歲

本部落的人如果偷偷去放陷阱，然後捕獲獵物又私自處理獨吞時，部落人會將他除名（*utux naha pyutan la*），禁止他再上山狩獵，他已經沒有名分參與部落的狩獵團。

＊報導人：*Taka*，男性，65歲

到了節慶時上山狩獵，打到各種動物，我們所有山上的土地，裡面山林、動植物都是我們的權利。

政府為傳統山林和保育動植物而禁獵，後來雖有放寬，對泰雅、太魯閣原住民而言，其入山用槍打獵，仍是綁手綁腳。法律限制對上了作為永不歇息的兩族獵人，前者依法抓人，後者則在族群意識上揚情勢下，前仆後繼上山。族人們堅持不獵不為男人，社會與祖靈均在觀察判准。作一名獵人深有「感覺」，因為那是「好男人的表現」，也是傳統文化。取得獵人資格不易，訓練養成的內容多重，而人人拚命學之，即為在部落中抬頭挺胸，日後並得以榮光見祖靈。打獵是男生的「絕招」，取得狩獵獲物是權利，但人人均須遵守分肉規範，大家同享。

獵人成為男性正當「文化職業」。而且人人站在這項職業崗位上都必定要積極任事。正統的男人即是獵人。過去邊緣打獵民族誌，不太可能主位性地論及獵人觀點。[6]至於維生出獵方面，理應見到參與工作者動態行為之描述，因它為生產方式之一，負責供給食物。但是，實際上作到仔細介紹程度者，卻很有限。

泰雅、太魯閣人豐沛的正當獵人論述，湧現於今日田野情境。就在走入山林困難重重時刻，獵人仍然站了出來。「一定要打獵」，點出了傳統社會價值理應具充分正當性的要旨。至此，過去的「邊緣打獵」與「維生出獵」之說，無疑就完全暴露出了它們的忽略所在。獵人不僅不在邊陲，他們的象徵地位亦遠超出狩獵採集式初民演化階段的粗活食物尋覓工作。

六、真理行獵

筆者曾指出原住民從「仿學焦慮」（即仿照學術語言與格式進行文字寫作）至「躍進學術」（即進入學院攻讀學位，完成論文）（謝世忠2004）的社會運動發展過程中，族人作家冒出，紛紛發表文字闡述狩獵。比較典型者如黃長興的〈太魯閣族的狩獵文化〉（上）（1998:124-134）與〈族群的「狩獵文化」〉（2001:13-20），沈明仁之〈從狩獵文化中的*GAGA*談泰雅族人的生活〉（1999），以及黑帶・巴彥的〈泰雅族的傳統文化〉（2002a:88-105）（另見氏著《泰雅人的生活形態探源——一個泰雅人的現身說法》第二章〈泰雅族的傳統文化〉[2002b:89-122]）。他們的一個共同點就是自然而然地用上了「狩獵文化」一詞。「狩獵」連結「文化」，在傳統民族誌報告中相當少見。足見用詞人試圖提高獵事位階動機甚強。而這些作者的潛性企圖，與田野報導人的問題回應說明，正好不謀而合。他們統攝起來，或可代表二十一世紀泰雅、太魯閣族人「真理狩獵」新價值的內涵。

＊報導人：*Yumin*，男性，24歲

打獵是部落人的傳統習慣，每天打獵沒什麼不好的，我覺得應該積極開放打獵，這是部落的文化應該要好好的傳承才對。沒什麼好管理的，能去傳承文化不是很好嗎？

＊報導人：*Losing*，男性，68歲

基於打獵是祖先留下的文化傳統，有濃厚的宗教信仰制度：如舉行狩獵祭，重視禁獵時節，獵捕有嚴格限制，所以，仍然還是因為生活和祭典一定要去到山上去狩獵的，這是無法改變的族人的文化的精神。

＊報導人：*Makus*，男性，42歲

事情經過時間的累積下，很自然就會變成部落人的一種習慣，就像打獵一樣，獵人通常都不會在二月到四月的期間去打獵，可是現在的年輕人才不會管什麼季節。打獵是泰雅族的文化習慣，所以是不可斷掉的，雖然目前受到許多國家政策上的約束，不過依據古老的規範來看，打獵對於族人勢必不可或缺，不然就會跟*gaga*互相矛盾了。所以我很贊成打獵這項文化是必須要一直傳遞的。

＊報導人：*Besu*，男性，65歲；*Kumu*，女性，55歲

打獵吃吃野味是我們*'Tayal*的風俗習慣，只要不太公開大方的去狩獵，就可以了。其實像我們這個年齡不嚐一嚐山產野味，會認為是食物不夠豐富，心情會悶悶的，很渴望吃吃野味。特別是在過年大節日，桌上沒有野味擺出來時，對客人就不好交代。

＊報導人：*Yukih*，男性，81歲

平時，族人有事時上山狩獵都會遵守以前的*gaga*，沒有發生任何事情，現在族人上山狩獵，他們下山回來之後，在山下的入口處，就有警察等著，只要背簍上有野獸，警察就會帶他們到派出所問筆錄，然後移送到拘留所法院，這種事情似乎超越了原住民的生活方式，對*'Tayal*人一點愛心都沒有。狩獵是我們泰雅人的生活習性，他們認為依照他們的*gaga*，不可狩獵才是良好公民。因此，常常被抓到的*'Tayal*人，大都是因為狩獵吧。我們泰雅人不會搶劫、偷竊、殺人等，我們也不會製毒藥，販售毒品。

＊報導人：*Masa*，男性，34歲

因為當時快過年了，長輩要過年，想要吃飛鼠，所以叫我們年輕人去打獵。因為打獵是我們的文化，所以我才會打獵，總之被抓就被抓了。這是我們的傳統文化，我覺得我們應該不能被抓，但依照法律的話，我們就被抓了。臺灣的法律不適合我們，我們有我們自己的法律，我覺得臺灣法律不適合放在泰雅族人的身上，我覺得不合就是不合，那是他們自己的法律。要用自己的法律判自己人比較好，我們是我們，我覺得是這樣的。

＊報導人：*Simung*，男性，45歲

打獵是我們的文化，族人也不隨便打獵，我們只是在必要的節日才上山進行狩獵工作，這是我們非常好的文化習俗，真的有必要阻止我們嗎？更沒有必要抓我們。畢竟族人跟大自然一直都有很棒的密切關係，我告訴你這是漢人社會不能夠體會的，土地跟原住民就像丈夫跟妻子這樣的關係。

＊報導人：陳先生，男性，35歲

如果以部落人的在地文化上的需求考量的話，這是一定要的，因為部落裡的人認為打獵是傳統文化，需要即時傳承，而且加上老人家一定要吃山產的原因，所以打獵在部落是很盛行的。總之，原住民都是有打獵的，一般在九月到十二月是最多獵人上山的時候。通常拿土槍被抓的人都會沒事，像我阿公他說：他爺爺以前拿來打獵根本就沒有獵槍，以前都是拿塑膠獵槍，不然就是用放陷阱的方式去捕獵動物，哪來那麼好的工具給他打獵。所以，我覺得因為現在打獵很方便，年輕輩的獵人用槍習慣了，很自然的也就習慣每天打獵。所以我覺得一定要做好管理的，透過一個公平的管理辦法來約束獵人打獵，不僅可以讓部落人好好傳遞文化，在自然生態中又可以做好保育的工作。如一個月開放三天，或者一年開放一個季節提供部落人進入獵場狩獵，如果不這樣管理時話，對未來是有很大的危機，不然將來後代子孫要打什麼動物呢？所以一定要的，因為已經很嚴重了。

＊報導人：*Losin*，34歲

打獵就是我的習慣，一定要打的。我們老人家現在年節都會要吃山產的，一定要有料，這才會有意義。所以我們還是必須要打獵。

像我們的*gaga*可以打獵，可是臺灣法律就沒有這樣，打獵還要被抓，真的就是不一樣。政府用我們的*gaga*管理我們，這才是合理化。

＊報導人：*Masa*，男性，34歲

打獵被抓，我知道是哪個部落的人，因為不滿自己被抓就把我們說出去。因為打獵是我們的文化，所以我才會打獵。每個人交保兩萬，拿走我們的獵槍，反正他都拿走了，連飛鼠都拿去了，這是我們的傳統文化，我們只有打飛鼠（紅色的）沒有保育。打獵要申請，我覺得麻煩，我沒有去申請，反正很煩惱。（法官）跟我說，你們幹嘛去打獵，我說：我們長輩要吃的。他說：你不知道要申請嗎？我說：知道。他說：交保之後再通知你們下次出庭的時間。所以等人來交保我們就回去了。（出庭）五分鐘而已就完畢了。最後有退我們六萬塊錢，還把槍枝還給我們。我們部落有人在宜蘭打獵被抓，罰了快十萬塊錢。他打到保育類的動物，所以被罰錢。很奇怪呢？如果不打獵我們的文化怎麼辦，不要太多的限制，不然我們就完蛋了。打獵就打獵，我們又不會像平地人一樣違法，拿槍去搶劫，我們又不會這樣做。我們只是拿槍去實行我們的傳統文化而已，這樣還不行嗎？臺灣就是這麼奇怪。最多時候是教會辦活動時，結婚，家族聚會，我們就會去打獵。我們老人家喜歡吃山產我們要怎麼辦，就是這樣啦，打獵也是我們的文化，難道你都沒有打獵嗎？可是我沒有每天去打獵啦，像有節慶的時候我都會去打獵的，登記跟自尋死路還不是一樣。這是我的習俗與習慣，就像我們大家每天都要吃飯一樣時意思。

＊報導人：*Aping*，男性，30歲

狩獵時野生動物的處理是，不論有沒有獵捕或只捕到一或兩隻，一定要公平分享，全部拿到家族在祭典的時候拿出來全家人一起吃，大家講好在感恩節那天全部拿出來給大家分享，這是*Truku*的傳統文化風俗。我非常堅持地向警察先生說，我們原住民打獵並非非法，我們一定有祭典和節日才上山打獵，作為祭典和節日所需大家分享的東西。

大量報導人表示打獵是傳承文化。在講求多元文化的今天，各項代表在地文化（local culture）與部落文化（tribal culture）的社群或社區單元，紛紛受到政府補助，從而得以復振展演（見謝世忠1996 : 85-101）。狩獵既被族人認定為文化，那麼它的維繫存在，必是合情合理，更不可能涉及違法。在兩族人的觀念中，狩獵是文化、是精神、是宗教、是信仰、是習慣、是習俗、也是生活方式。「不獵就完蛋了！」畢竟慶典儀式必須有山產，老人家更不能沒有它，千百年來如此。事實上，失去了打獵，形如人之不再成長，年長者見不著祖先，祭儀仿若空殼，族群只是行屍，而整體原住民不過僅存走肉罷了，事態相當嚴重。兩族人有嚴密的狩獵規範，不可能濫殺生物，破壞生態。耑此，以自己習慣法管理部落應是最適當不過了。「傳統的全面性重建」是族人真實的訴求，「狩獵」加上「文化」，直接被真理性化。[7]「真理狩獵」對已然普通常識視之為「邊緣」（次於農業生產）或「維生」（只為找食物）的典型民族誌文本信眾而言，可能難以想像。此一景況所反映著，正是「生活文本」（life text）（即一般族人言談表意）相對於「科學文本」（academic text）（即學術的說法）的一場競爭。原住民若欲求象徵性自主，既有之學術定論無疑是主要的戰鬥對象之一。

七、結論

泰雅與太魯閣兩族是典型的山林行走族群。傳統上，族人凡有進山入林行動，多與狩獵有關，只是部落獵區均有固定，上山的人並不會隨意越界，大家在有限範圍內小心翼翼與動物鬥智。正式與非正式的泛人類學（即包括學院與學院外田野工作者）民族誌，往往不是作邊緣打獵書寫，就是以出獵作為僅次於農業之找更多食物的維生方式。相關文獻即使有述及狩獵祭忌、獵團組織，並提到它有「特殊意義」，卻均未能寫出行獵精神的所在。閱讀報告的人，往往就以為打獵在兩族人生活中似乎是可有可無，或僅是以「較原始」的意涵，附在「較進步」農業生計之下。農事生業原是族群「進步」代表，但有一維生狩獵居次在旁，又獨具特殊意義，那麼，兩族即使早已行農業生產，其族群位階仍會受到「拖累」而被拉下來。據此，包括泰雅、太魯閣在內之原住民，縱然全數為農業族群，社會認知上卻可能仍視之為「較落後」，筆者懷疑恐怕與狩獵要素不無關係。

邊緣與維生之論題，代表兩族人被學術或知識性認識的宿命，即使到今天，改善仍然有限。當代族人先是掌握社會運動氣氛，繼而進入權利訴求範圍，再對內重新界定行走山林的狩獵意義，它無疑是一另起族群生命價值的行動。族人們一方面確認獵人的正統、正當性，「不為獵人不是男人，祖靈也不認你」；另一方面更營造了狩獵文化或真理性狩獵的論述事實。於是，「正當獵人真理性地入山打獵，遂行狩獵文化」成了共同結論。部落族人共識甚強，人人肯定獵人，也冒著可能違法被抓的危險務要進入山林，「它是我的文化傳統，一定要傳承」。邊緣基調與維生之說已成過去，今天唯有主位族人的觀點才是主流聲音。如果有全新民族誌的撰寫，狩獵必成真正重點，而所謂的「特殊意義」，極其可能就出現在報導人興奮不已侃侃而談的狩獵文化、獵人、傳統、*gaga / gaya*、祖靈、老人家要吃山產等的序列論點中。

泰雅和太魯閣族的狩獵是什麼？如何定義兩族的狩獵？或許字面上不難理解。但不論是字意想像，還是學術操作或判準（如將狩獵邊緣化或固化維生需求），均不能看到它在動態性生活或族人精神層面上的內質。被社會運動喚醒後的兩族人，在多元文化新價值罩護之下，主動宣示「正當獵人」與「真理狩獵」的不可妥協性。至此，「獵」的文化或論述網絡，早已超越刻板民族誌「狩獵採集」生業和「農業主狩獵副」的說法。兩族人在笑看法律的山林遊走時空中，繼續維繫理想的族群生命價值。

◆附註

[1] 例如Marvin Harris（1987: 64-86）所著*Cultural Anthropology*一書，即以能量（energy）的掌握使用及效益發揮為基調，在生產技藝演化的架構下，逐一說明「狩獵—採集生態」、「山田燒墾食物能量體系」（Slash-and-Burn Food Energy System）、「灌溉農業」（Irrigation Agriculture）、「畜產游牧生計」（Pastoal Nomadism）及「工業時代食物能量體系」（Industrial Food Energy System）等各類生態／生產範疇。Tomas Hylland Eriksen（2001[1995]: vii）主張以古典知識體系為據，來瞭解人類學，因為，唯有堅實的傳統論點存在，才可能衍生出當下之新穎方法理論。於是，在生產與技藝篇章內，即使Eriksen自己承認簡略類分的不理想，仍依此標準古典式地「狩獵與採集」、「園藝生業」（horticulturalism）、農業與鄉民（peasants）、放牧及工業社會等分別介紹（pp: 202-204）。

[2] 史前考古學區分舊石器與新石器時代的指標即是農業。一般相信，人類農業生產技術革命發生於一萬年前更新世結束進入全新世之際。新生產工具加速了農耕的發明，並充分發揮產生效能，自此，人類歷史正式邁入新石器時代（See Haas 1982; Lomax & Arensberg 1977）。

[3] 19世紀著名演化論人類學家Lewis Henry Morgan的巨著*Ancient Society*（古代社會），即主張人類生業技藝的發展，自「野蠻早期」（Lower status of savagery）至「文明期」（Status of civilization）共可計分成七期，其中第三期（即野蠻晚期〔Upper status of savagery〕）階段，人類出現了弓與箭矢等的使用（1877:12）。弓箭是狩獵必備工具，而它們的出現與使用，正是和野蠻人類重疊的時段，此一思維確定了人類的「原始性」（primitiveness）（Kuper 1988），基本上即可由行獵一事來予以印證。

[4] 除了一般熟知1930年賽德克人主事的霧社事件之外，太魯閣人與日本殖民官軍的衝突至少有文獻上習稱之1896年「新城事件」、1906年「威里事件」、以及1914年日方所稱的「太魯閣討伐之役」。泰雅族方面，較常為人提及者有1901年之發生於今棲蘭山的「太田山事件」和1907年在今桃園復興鄉三民村爆發的「枕頭山事件」等。

[5] 文化生態學宗師Roy A. Rappaport（1967:17-30）研究New Guinea地區Tsembaga人的儀式性大量殺豬行為時指出，雖然吾人得以很合理地推論出，族人因飽受蛋白質缺乏所導致的生理、心理症狀之苦，所以就有殺豬食肉補充之行動，但，事實上，族人對類此科學因果並不知悉，他們係以超自然論，來認知殺豬的過程。

[6] 前段提到「作一名獵人深有『感覺』，因為那是『好男人的表現』，也是傳統文化」。依筆者所見，過去的民族誌報告就是未能使讀者充分體會到那份「獵人的感覺」，以及作為「好男人」的驕傲氣氛。換句話說，長久以來已然成習的邊緣打獵與維生出獵論述位置，加上「科學民族誌」的刻板固制知識呈現形式，實已大大限制我們對狩獵與原住民男性文化實踐和整體「民族精神」（ethos）關係的理解機會。

[7] 筆者曾於〈原住民運動生成與發展理論的建立——以北美與臺灣為例的初步探討〉乙文中（1989:139-177），提及原住民運動即是一以「原住民」真理性來對抗「國家」真理性的言說與實踐行動。今天，狩獵的被真理化一事，事實上就是原運「原住民」真理性所積極訴求的一環。

引用書目

中央研究院民族學研究所編譯
1996〔1915〕《番族慣習調查報告書》（第一卷泰雅族）。臺北：中央研究院民族學研究所。
王梅霞
2003〈從*gaga*的多義性看泰雅族的社會性質〉。《臺灣人類學刊》1(1):77-104。
余光弘
1980〈泰雅族東賽德克群的部落組織〉。《中央研究院民族學研究所集刊》50:91-110。
佐山融吉著，余萬居譯
1985[1917]《蕃族調查報告書紗績族》。臺北：中央研究院民族學研究所。
邱韻芳
2004《祖靈、上帝與傳統　基督長老教會與*Truku*人的宗教變遷》。國立臺灣大學人類學系博士論文。
李亦園、石磊、阮昌銳、楊福發
1964《南澳的泰雅人——民族學田野調查與研究（下）》。臺北：中央研究院民族學研究所。
李來旺、林芳榮
2001《泰雅族原有生活形態研究》。花蓮：內政部營建署太魯閣國家公園管理處。
沈明仁
1999〈從狩獵文化中的*GAGA*談泰雅族人的生活〉。《原住民教育研究》2:181-196。
周溫雅
2005《臺中縣和平鄉環山部落泰雅族的漁具漁法》。國立屏東科技大學野生動物保育研究所碩士論文。
許木柱
1989《太魯閣群泰雅人的文化與習俗》。臺北：內政部營建署。
梁秀芸
1996《太魯閣群的狩獵文化與現況——以花蓮縣秀林鄉為例》。國立東華大學自然資源管理研究所碩士論文。
曹秋琴
1998《*gaya*：祭祀分食與太魯閣人的親屬關係》。國立東華大學族群關係與文化研究所碩士論文。
曾振名
1995《太魯閣群泰雅人之社會變遷與文化發展》。花蓮：內政部營建署太魯閣國家公園管理處。
黃長興
1998〈太魯閣族的狩獵文化〉（上）。《山海文化》19:124-134。
2001〈族群的「狩獵文化」〉。刊於《太魯閣國家公園原住民文化講座內容彙編》，楊盛涂等著。花蓮：內政部營建署太魯閣國家公園管理處。

黑帶・巴彥

2002a〈泰雅族的狩獵文化〉。《新竹文獻》8:88-105。

2002b《泰雅人的生活形態探源——一個泰雅人的現身說法》。竹北：新竹縣文化局。

鄒月娥

2001《東賽德克人之狩獵文化與國家公園經營管理》。花蓮：內政部營建署太魯閣國家公園管理處。

楊雅淳

2004《魯凱族知識青年對傳統狩獵文化的認知》。國立屏東科技大學野生動物保育研究所碩士論文。

楊鈴慧

1996《部落、族群與行動——太魯閣人和地區原住民的階序性認同》。國立臺灣大學人類學研究所碩士論文。

廖守臣

1984《泰雅族的文化：部落遷徙與拓展》。臺北：世界新聞專科學校觀光宣導科。

1988《臺灣原住民（泰雅族）祖靈信仰與傳統醫療：報導人口述編（上冊）》。花蓮：私立慈濟醫學暨人文社會學院。

1998《泰雅族的社會組織》。花蓮：私立慈濟醫學暨人文社會學院。

謝世忠

1987《認同的污名——臺灣原住民的族群變遷》。臺北：自立。

1989〈原住民運動生成與發展理論的建立--以北美與臺灣為例的初步探討〉。《中央研究院民族學研究所集刊》64:139-177。

1996〈「傳統文化」的操控與管理——國家文化體系下的臺灣原住民文化〉。《山海文化》13:85-101。

2001〈少年婚、文化、與傳統力量——一個花蓮太魯閣部落的例子〉。《考古人類學刊》57:35-54。

2004〈《山海文化》雜誌創立與原住民文學的建構〉。刊於《臺灣新文學發展重大事件論文集》。聯合報副刊編，頁175-212。臺南：國家臺灣文學館。

謝世忠、郭倩婷、楊鈴慧、劉瑞超、李韋誠

2007《原住民族傳統習慣之調查、整理及評估納入現行法制第二期委託研究——泰雅族、太魯閣族》。臺北：行政院原住民族委員會。

Barrett, Stanley R.

1999 Forecasting Theory: Problems and Exemplars in the Twenty-First Century, in *Anthropological Theory in North America*, E. L. Cerroni-Long ed, pp.255-281. Connecticut: Bergin & Garvey.

Dossa, Parin A.

1999 Recapturing Anthropology in Marginal Communities, in *Anthropological Theory in North America*, E. L. Cerroni-Long ed., pp.213-234. Connecticut: Bergin & Garvey.

Eriksen, Thomas Hylland

2001 *Small Places, Large Issues: An Introduction to Social and Cultural Anthropology*. London: Pluto Press.

Harris, Marvin

1987 *Cultural Anthropology*. New York: Harper & Row.

Hass, Jonathan

1982 *The Evolution of the Prehistoric State*. New York: Columbia University Press.

Kuper, Adam

1988 *The Invention of Primitive Society*. London : Routledge.

Lomax, Alan and C. Arensberg

1977 A Worldwide Evolutionary Classification of Cultures by Subsistence Systems. *Current Anthropology* 18:659-708.

Morgan, Lewis Henry

1877 *Ancient Society*. Henry Holt & Co., New York.

Rappaport, R. A.

1967 Ritual Regulation of Environmental Relations Among a New Guinea People. *Ethnology* 6(1):17-30.

Rosaldo, Renato

1993 *Culture and Truth: The Remaking of Social Analysis*. Boston: Beacon Press.

* 本文初稿曾於2007年1月3日在韓國平昌由平昌郡和國際亞細亞民俗學會共同舉辦的「亞細亞山間民俗與狩獵文化國際學術發表會」（Folkcustom and Hunting Culture of Asian Mountains）上宣讀，感謝多位學者提問指教。此外，論文撰寫期間承賴冠蓉、張嘉倩、楊鈴慧、劉瑞超、郭倩婷、郭欣諭、Yupas Watan、羅恩加、Yawi Hetay、田掬芬、蔣敏真、李韋誠、賴俊兆、姜以琳等諸位小姐先生及行政院原住民族委員會多所協助，謹誌謝忱。另外，《臺灣風物》委請之審稿人，提供數項極具深刻提醒意涵之建議，啟發良多，感激不盡。

（本文原刊於《臺灣風物》2008/58(2): 69-94）

雅美／達悟與海中游類
——一個「非孤嶼」原住族群的多視角「魚觀」[1]

一、前言：與魚結緣

從臺灣的角度來看，其東南方距臺東市49海浬（76公里）處的蘭嶼（Botel Tobago Island / *Pongso No Tao* / Kotosho / Orchid Island），顯然是「孤懸」於外的小島。然而，自蘭嶼歷史文化立場觀之，她大可不必在與臺灣較比之下，總是小媳婦般地只能「孤懸」。島上雅美／達悟原住民[2]對臺灣本島固無興趣，僅有簡單如「辮子軍」（即清代中國人）曾來犯傳說（余光弘與董森永1998:105-106），而與臺灣原住民各族亦極少往來。蘭嶼幾乎就是雅美人建構起自然、超自然、與社會世界的唯一地理重地。近幾年，陸續有民意代表和地方人士，將語言學上雅美語與菲律賓巴丹同源證據付之實踐的行動（參財團法人臺灣原住民部落振興文教基金會編2002）。雙方民眾藉著各項活動，往來參訪。然而，語言類同的被強化，並未非常有效地喚起雅美人可能從巴丹遷來的失落記憶。蘭嶼仍是族人唯一的世界主體，而事實上雅美人數百年來，的確就在島上營造生活，上山下海，無往不利。

地理學的界定上，蘭嶼為小小島，反之，在雅美人自稱定義上，自己卻已然擁有大世界，這個大世界由蘭嶼、小蘭嶼以及廣闊海洋構成。既為「大世界」，如仍以地理孤嶼觀之，就難以深窺世界面貌。不過，欲有效供養島上數千居民，有限土地的生產必無法提供保證，唯有海中生物能有較大的食物糧倉助益。海中有何資源？資源豐沛與否？以及如何確保資源永續不斷？種種相關知識，在族人與海洋的接觸中，陸續被加以建構，以至形成一深具文化邏輯的認識系統，其中魚是為主體，它也述說了雅美人與之結長久緣分的經典故事（參夏曼・藍波安2003）。

雅美與魚有悠久的互動歷史。每年每季每日，魚或於大洋中，或在族人船上，或現身家屋門外或熱鍋盤碗內，數百年來，無數個接觸結果，寫滿了該族深刻記憶中的文化生活史。雅美沒有文字，因此，人與魚關係史僅存於生活、口傳、以及無形無影的時間輪中。自掌有書寫能力之外來者開始踏入蘭嶼的一刻起，雅美人及其文化生活從此不再單純自然，因為有人不斷以文字介紹「孤嶼」於外。於是，更多外人接踵來訪，描述與定義族人點滴的篇幅，也以驚人速度增加。自此，原本即為「非孤嶼」的蘭嶼雅美世界，更見無止境的人來人往，以及大小文章寫來寫去，「非孤嶼」已成臺灣國家甚至區域亞洲的好奇之地。

雅美作為一個「異國情調」（exoticism）明顯的特殊人群文化，記錄者總是尋「異」而論（另參謝世忠2007:11-64），其中「海洋、船與魚」三者連成一氣的主題，是為目光所至的熱門焦點之一。雅美人與魚結緣，而外來觀察家會寫到相關故事，或也是一種魚之緣分。在本文中，筆者擬以「雅美與魚」為對象，分別敘述：1.傳統「非孤嶼」時代雅美族神話中魚的出現；2.近現代「非孤嶼」情境下，外來人對該族與魚關係的發現，以及人類學者學術性地再現人與魚文化；3.爭得對「非孤嶼」詮釋權之當今掌有高超書寫技藝族人文學家對人／海／魚的文字呈現；4.自傳統「非孤嶼」至當下「非孤嶼」時空中之工藝作品對「魚」的缺乏表現等四類五範疇[3]。我們期望藉此能較全面地整理出族內族外對該族與海中游類關係的想像。「人與魚」形似單純，但它卻引來一層層加料豐富的多重詮釋模式。今天，若欲以「新人類學式」地認識特定人群，大抵多重詮釋模式取向的採用[4]，可能是一比較不致產生遺漏缺失的策略。

二、神話的出現

對一個無文字傳統的社會來說，包括神話、傳說、祖訓、規制、禁忌、預言、譬喻、賞罰、故事及經驗等在內的口傳知識，無疑是最重要的社群維繫與個人濡化（enculturation）依據。它們解釋了大部分可見於當下的人群現狀：更合理化歷史的過程與文化的設計。

雅美族的「飛魚祭」赫赫有名。「飛魚是什麼，為何有飛魚祭，以及人如何處置飛魚」等問題，一直是探詢者一方最感興趣者。一批批忙於記錄的人士前來提問神話故事，其中關及飛魚和魚之異變形體的幾則，就成了輾轉寫入的重點。

四十多年前許世珍在《中央研究院民族學研究所集刊》所發表的〈雅美族紅頭社傳說一則〉一文（1960:285-298），大抵是中文文獻第一次較完整記下雅美始祖神話者。之後，劉斌雄（1980）和陳敏慧（1987）繼續在同一刊物上寫就相關論文。約略同一時間，蘭嶼島上蘭嶼國民中學社會教育工作站和蘭嶼慈懷家庭服務計畫區委會亦合作發行了《雅美文化故事：蘭嶼雅美族的傳說》一書（鍾鳳娣編1986）。到了90年代，孫大川所著《神話之美：臺灣原住民之想像世界》（1997）以及余光弘、董森永合著《臺灣原住民史——雅美族史篇》（1998）的兩書中，類似內容的神話故事仍不缺席。進入二十一世紀，凡有蘭嶼新著，必是續錄神話，其中的典例包括有曾瓊儀《蘭嶼雅美族民間故事研究》（2001）、希南・巴娜妲燕《達悟族：飛魚之神》（2003）及達西烏拉彎・畢馬《達悟族神話與傳說》（2003）等。

將近半個世紀文字傳寫的雅美神話，關及魚者，最被普及頌說的，就是陳敏慧所稱之「飛魚祭」或希南・巴娜妲燕所名的「飛魚之神」。該則故事的母題要點大致如下：

1. 雅美人原不知飛魚知識，不過，卻曾偶在岩洞內瞧見鬼（*anito*）族會捕魚製陶造船等。
2. 一天，族人在岸邊撿來飛魚回家，並與甲殼類生物合煮食之後生病長瘡。
3. 此一事件連帶也使魚族生病。
4. 魚族頭目明白原委後，托夢給雅美老人，要他知曉捕食飛魚必依原則行事，並約翌日相見面授。
5. 雙方碰面後，黑翅膀魚頭目耐心教導確切的捕飛魚時節，老人男人女人小孩應有所別的魚種取食，以及漁穫的食用地點時間與方式等。
6. 自此，雅美人依之建立漁業禮制，人與魚的網絡才得以永續健全。

人與魚網絡的建置，自然是一項規範，也是一種理想。不過，畢竟人慣於食魚，慾望不易控制，而飛魚季節又限3至7月，那其它月份如何是好？雅美社會並未對此有嚴格禁忌要求。僅是有幾首歌謠嘲諷那些未到飛魚時節，早早就出海者，往往只抓到小不點魚（見夏本・奇伯愛雅2003:240-241，256）。反而許世珍（1960:293-294）曾記下一段兒子未到漁月即私自出船，父親在家冷嘲熱諷等看空手歸笑話，未料，晚輩返家，卻帶回數百條魚的豐收故事。這段內容與夏本・奇伯愛雅所錄歌謠，道盡了族人對魚的期待，以及對非漁期間大海資源說不定還是「滿滿」（兒子帶回滿船魚）或根本是「空空」（父親以為是空）的想像。

除此之外，有一良一劣事蹟的「人魚」或「魚精」故事，亦是普遍傳頌神話之一。良者述說「人魚」娶妻歷經艱難，終在新郎去掉魚身蛻變英俊男孩後，演出了家長與新娘滿意的結局（見達西烏拉彎・畢馬2003:308-311）。劣者則是人魚一直掩藏自己身分，騙來了妻子，後來岳父同女兒發覺有異，合力將之燒死。足見雅美和魚類不僅「人與魚網絡」以禮制建成，偏離人魚分立原則者，更可能因其半人半魚形體的理由，被社會揚棄。族人尊重魚族，因此依制捕魚。一陸一水，人族魚族不應含混。「人魚」往往具有破壞人之社會的威脅力量，大家防之甚至戒之，除非牠完全屈服於人，將自己棄魚從人。此時的「非孤嶼」人類，已然與魚族充分對話，絕不孤零單薄。

三、生人的發現

所謂「生人」（strangers）係指為各種可能的理由或偶然之因，短暫或較長期看到雅美族群及其生活面貌的外來者。自清代始起，即有文書記下蘭嶼舊稱紅頭嶼。1730年（雍正8年）陳倫炯所著《海國聞見錄》記著紅頭嶼「有土番居住，……，食……海族之類」（1958〔1730〕:12）。1879年（光緒5年）夏獻綸在其《臺灣輿圖》之〈恆春縣輿圖說略〉中寫紅頭嶼「番族穴居……，以捕魚……為生」（1959〔1879〕:51）。1894年（光緒20年）屠繼善《恆春縣志》記紅頭嶼「番俗情形，……產……鱔、鰻等物。……。鰻丈餘……，人亦不捕」（1960〔1894〕9-10）。清國人雖簡單知曉紅頭嶼上居民生計與魚有關，但並無飛魚相關訊息資料。不過，當時外人已知雅美族人並不食形體如蛇之河鰻。

日本佔有臺灣之後，蘭嶼與臺灣各地原住族群一樣，均面臨了殖民政府學官兩方的注視目光與實質行動。著名的人類學、考古學者鳥居龍藏、伊能嘉矩、移川子之藏、鹿野忠雄、馬淵東一及宮本延人等均到過蘭嶼，待的時間長如鳥居的70天，短則如伊能只留1日（參伊能嘉矩著，楊南郡譯註1996）。既是專業學者，職業性的敏感，告知他們應要注意到飛魚。以宮本延人1929年4-5月在島上的30天為例，他雖未親臨捕飛魚現場，卻曾自海岸遠望，看到「雅美族特有的漁船上漁火點點，逐波海浪之間。紅色的漁火照映著波浪，漁火隨波飛散，的確是一幅風景」（宮本延人口述，宋文薰與連照美翻譯編輯1998:77）。他也問到了以火把誘魚再用大網撈魚的方法。這些紀錄在宮本延人自己寫的《臺灣的原住民族》一書中，又再述說了一次（宮本延人著，魏桂邦譯1992:195-196）。

學者對雅美人而言，是為零星前來並親切友善的生人，而政府一方，雖同為日本人，卻是以軍人、警察、教師身分，大量人口與物質配備構成之威嚇性生人團體。威嚇性生人團體當然也知雅美族人與飛魚的關係。由於政府在地工事甚多，有時就強迫族人不得出海捕釣魚類，若有違背者，魚隻沒收，還得受拷打。常有居民在外頭晒魚乾，若被發現，一樣充公處罰。不過，族人在與日人接觸過程中，也學到了售與對方喜愛之河鰻的知識。另亦有族人利用臺灣方面運來之新式漁具組合，改善釣魚設備，增加收穫（參余光弘與董森永1998）。

清國與日本人之外，西方傳教士也以生人身分進入現場，其中艾格理牧師與丁松青兩位神父堪為代表。他們久待之後，分別出書，也都介紹了飛魚和捕魚。艾格理的《蘭嶼之旅》一書，九成為圖像，僅有約10頁文字，其中「飛魚節」和「捕飛魚」，扼要敘述飛魚節日男女穿禮服，第一週用大船捕魚，女人不得靠近，斷雞或豬脖子海水染血招來魚群。木舟推過石子入水遠去，翌晨返航，在家中石涼台上處理魚隻，醃妥後掛架曬乾。丁松青的《蘭嶼之歌》，提到族人告訴他黑尾巴飛魚曾托夢告知一位青年（上節故事母題要點第四項則說是老年人），雙方約定碰面教授捕捉飛魚技術的故事（1990〔1982〕:207-209）。另外，他也敘述60個人合力以大網撈獲魚群的經過。

有機會至蘭嶼的人，不會僅有前述這些特定身分者。經濟發達，資訊傳遞快速，加上觀光商業行銷，蘭嶼很快地成了當代臺灣來人探究、冒險、品嚐、打量、認識、體驗、或記錄討論的對象。自雅美人的角度視之，這些臺灣人全是生人，而他們正源源不絕地撲向小島。於是，生人之眼發現神祕，很快地極可能演成如圖1所示之觀光情境下族群經驗作用過程中的主軸（見謝世忠1994:154）。上節說過，雅美文化中有一具象的「人與魚網絡」，而今「臺灣與蘭嶼網絡」顯性，後者遇上前者，果然「人」與「魚」都成了凝觀取用要項。

生人們當然不一定會行動至蘭嶼[5]，但政府與商業機構於此時充當協力推手，在網際網路上大肆促銷，營造蘭嶼的吸引魅力。營造的文字來源大多未詳，但寫作細緻，專門詞彙的創用尤多（如出現有「等待飛魚的季節」、「飛魚文化」、「飛魚叫*alibangbang*」、「飛魚餐」、「飛魚季」「蘭嶼高潮戲」、「飛魚為文化核心」、「神聖的飛魚」、「雅美風味飛魚乾」、「飛魚王」、「大小船招魚祭」、「禁忌最多的飛魚祭」等字樣）[6]，宛如專家說法。只是，確切的景況應是，在網站貼入知識者，自己應也是蘭嶼的生人，今天，權充專業引介異文化，不外乎僅是在執行「臺灣與蘭嶼經濟商業網絡」建置的必要工作罷了。在此同時，眾多生人也創造了當代「非孤嶼」蘭嶼大眾知識的內涵。

四、學術的再現

作為擁有更豐沛研究工具、時間和經費的當今專業人類學者，聽聞或看見雅美人捕飛魚種種，絕不會如上述逗留時間有限的宮本延人，讚嘆夜間遠望船上火光美麗即罷。學者們會進一步，甚而無休止地不斷敲問原委。典型人類學全貌式民族誌必從生業飲食著手，再擴及社會制度、宗教信仰及藝術美學等等。而在以特定問題意識為研究導向的今天，研究者即可能從傳統民族誌面貌的某一區塊，選定子題，揭諸探索意義，然後直接進入深究闡述。此時，生業飲食就不一定是首選論題了。不過，雅美之飛魚以及魚的知識與生活實踐，實在太過特殊，因此，學者跑去蘭嶼田野，多被「魚作為一種重要食物」的過程所吸引。於是，論文專書問世，談魚

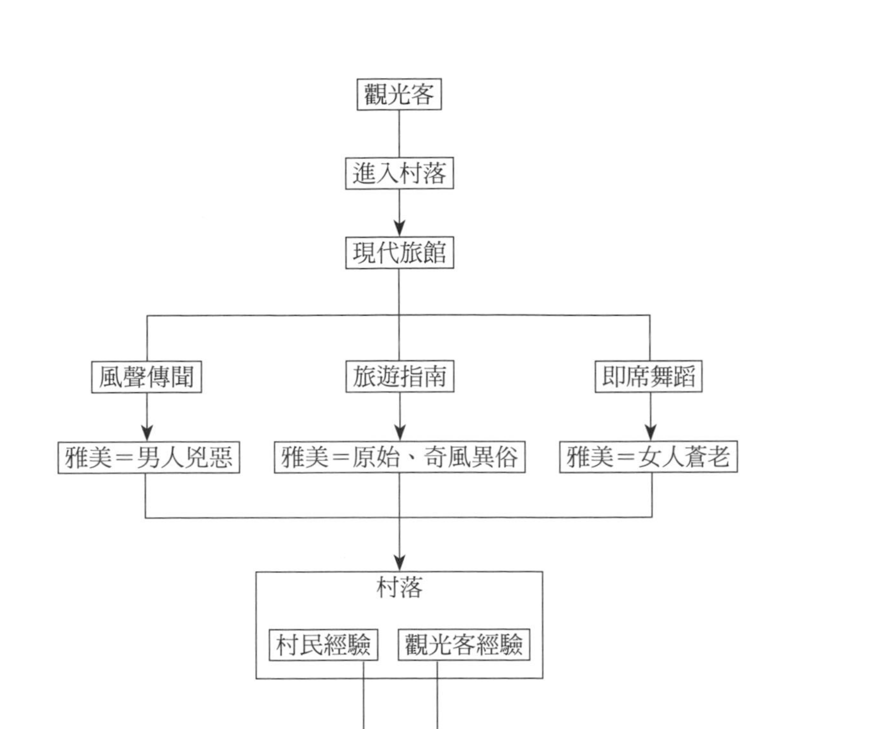

圖1　蘭嶼山胞觀光族群經驗關係網絡圖

者最多，它也直接揭示了雅美食物研究題目的焦點。從衛惠林與劉斌雄合著的《蘭嶼雅美族的社會組織》（1962）開始，之後的鄭惠英〈雅美的大船文化〉（1984）、余光弘〈雅美人食物的分類及其社會文化意義〉（1993）和〈蘭嶼雅美族以同易同式交換的經濟實用性〉（1995）、陳淑芬《具體生活與象徵系統：雅美族的魚類分類與食魚禁忌》（1994）、陳玉美〈人與食物與空間：蘭嶼*Tao*社會、文化中有關「潔淨」的觀念〉（1998）、及鄭漢文《蘭嶼雅美大船文化的盤繞一大船文化的社會現象探究》（2004）等等，無一不談魚，更精確地說，應是談魚的分類或食物的分類。

這些研究凡觸及飛魚以及平時捕釣到的各類魚種，必會提到「好魚」、「壞魚」，「可食用魚」、「不可食用魚」，或「男人魚」、「女人魚」、「老人魚」等之別。探索相關議題有兩種作法。其一，「科學性地」問出並表列各分類的魚別。如陳淑芬即拿著魚類圖鑑小心翼翼請族人指認，再從中找到某一類別的生物性特徵（如魚形體、氣味、色澤等），如此即可確認族人類分的標準。其二，族人如何執行男女老少食魚樣種的區隔，而它在性別關係與社會結構上，又反映了何種事實。基本上，多數學者重在第二，至於第一，多見聊備幾種著名魚類如鬼頭刀、鮪魚、飛魚等而已。列魚表的難度在於若一味硬分男女老少魚種類數字，必失之絕對。無人可明確指認任一生物科學命名的魚，一定屬於何一雅美類分魚類範圍。因此，余光弘即使曾辛勤收錄317項魚名資料，卻也只有留用參考而未正式發表（見高信傑2003：12）。

研究者將魚作為食物的分類，拉上至具抽象作用的社會文化意義，就立即成了一種「人類學」論述。凡欲陳述雅美社會，只消從漁團、造船、大船入水、儀式禁忌、抓飛魚、處理漁穫等角度切入，均可獲致一定的說明效能。拿到學術出版，或許讀者閱而吸收，即能知悉雅美魚文化點滴。不過，事情常常不如此單純，因為學術論述內容往往複雜，一般人不易取到精華，即使取得了，也可能兩篇讀完就混淆了。高信傑（2003）曾不厭其煩地綜合整理臺灣與日本多數論及異類魚種分類問題的雅美研究學者作品。他發現眾人在分二類分三類或更多類之間，意見分歧。不過，有意思的是，這項分歧過去從未引起具規模的學術詮釋論戰，直到高氏發現並寫出了居間落差，惟雅美專家後續仍是平和冷靜，處之泰然。事實上就如余光弘（1993）曾表示者，迄今研究者還無把握找到區分如「男人魚」、「女人魚」及其他二分、三分、多分等類分方式的原則，因此，魚到底應分幾分，似尚未到人人堅持己見，以致提筆決戰求得防衛自我的那一刻。

學術再現了雅美魚文化：其中的要點即是食物分類的建構與詮釋。既然魚得以兩性或親子或輩份年齡分類，那麼居家建築、人群組織應也可理出空間或工作所司的分類。如此推往，雅美社會面貌及其文化邏輯就現身了。學術報告到此可望停筆，因它已完整解釋了族群生活為何這樣為何那樣的道理。「非孤嶼」在千百學術文獻繪描裝扮下，熱鬧非常。「雅美人類學」的人魚關係民族誌，持續使島嶼因文字豐沛而永不孤單。

五、我族的表現

筆者曾為文（謝世忠2004）闡述臺灣原住民二十年來計出現有族群政治、藝術文化、躍進學術及文學建構等四大社會運動[7]。其中文學運動一項最引人注目。原因無他，一方面一個原無文字傳統的非主體異文化異語言族群，得以「學」到主體人群書寫工具，已屬不易，另一方面，族人之中突然湧現為數不少的作者，以文學之姿，精巧地使用「異」文，表達我族和個人的生命歷史與時空體驗，尤令人驚嘆。雅美族即使島嶼地理「孤懸」，卻早已於「人與魚」及「我族與生人」範疇內，生成出種種互動事實，歷史文化生活體驗更是充分飽滿。因此，在這波原住民文類創構浪潮中，該族不僅未缺席，其展現出之文學活力，排名絕對居前。

夏曼・藍波安和夏本・奇伯愛雅是眾作家中的首選。本節以前者的《冷海情深》（1997）與《海浪的記憶》（2002），以及後者的《三條飛魚》（2004）內容為例，進行說明。夏曼的兩書，共由陸續發表的三十篇散文小說所構成。兩書標題的二大意象「冷海+海浪」和「深情+記憶」，實已說明了一切。雅美族人沒有了海，即如失了根，或斷了生活動力，因此，不論前文字時期或使用文字的當下，總見以濃濃情意和永不褪色的思念，來形容自己與藍色洋面及深墨海底的黏貼關係。牢記著大海，其實就是難以忘懷水中悠雅又壯碩的魚族游類。

夏曼多數文章寫著魚。晚上捉飛魚，白天釣鬼頭刀。雅美人等著飛魚季抓魚，大體積的鬼頭刀也來獵食之，於是族人總有正確時刻，把與己競爭的大魚視作漁獲對象。人與魚爭鬥的故事，自然常常上演。老人家身體微恙，即可因成材兒子飛魚和鬼頭刀雙獲，而立即痊癒。他會謙虛地對兒子說，「孩子，謝謝你給我吃的魚。」魚帶給族人希望，成了繼續愉悅活著的最大支柱動力。「只有魚，才能吃飽」，「沒有鮮魚吃的屋前涼台，望之令人辛酸」，以及「海就是我的太太」等等形容，在在道盡「魚與水」對雅美人「之歡」的重要性。

夏曼癡迷潛水射魚，於是家裡永遠有「一鍋男人魚」和「一鍋女人魚」的滿足。不過，故事的發展不會這麼簡便固定。打魚打半天，月亮早已弦半邊，不見英雄回，父母妻兒全是淚，等回來了，淚更垂不止。大家掛心的是安危，而不是晚餐時分有沒有男與女的各自一鍋。雅美潛水漁人再神勇，仍要順從大海，禮遇水族。畢竟一人孤單下潛，卻再也未見其上浮者例子多，浪捲吞噬釣魚船記錄亦枚舉不完。男孩加入祖先傳百年的船隊漁團，磨練成鋼，很是神勇，但切記家庭缺了你，就不歡樂。

書中寫著，族人自飛魚神話故事傳頌以來，即喜歡上了海。黑色翅鰭飛魚王每年都想與其相見。飛魚是「萬神的魚」，而非「我們的飛魚」。降低自己姿態，卑躬海洋，永為正途。「天天都有豐富漁穫，是不吉利的」，有時候我們勝利，但偶也應讓對方享有榮耀。

夏曼書中數十類魚種躍出。大牛公鯵（浪人鯵）、鰭魚、鉅尾鯛、海緋鯉、棘鼻魚、大鯨鸚嘴魚、胡椒魚、短鮃魚、石斑魚、鸚哥魚、黑毛、白毛、鯊魚、大斑鰻及魟魚等，陸續上演，或為主魚翁，或充當配角。牠們也分別被作者引介入男人魚、女人魚、老人魚、女人分娩坐月子用魚，以及惡靈附身的類屬。夏曼曾見過極不吉祥的海蛇、鯊魚、大魟魚群等，對峙或開溜（按，其他魚兒早已落跑了），取決剎那。即使佯裝有膽的潛水漁夫，在底下與魚大小眼瞪，內心仍是涼顫不安。每每憶起，老人家叮嚀果然可貴。轉化成文字陳述，最感水中世界的驚心動魄，讀者先為夏曼一次次叫好，然後再大大地捏了把冷汗。書中感人處多，尤其自己以「孫子的爸」身分與父親對話場景，特別令人印象深刻。老人家關及大海、大小船、靈體、季節、禁忌、好壞魚等的發達智慧，在文學文字中引發覺醒，閱書者更據之學習了雅美文化。

夏本該書各篇課題與夏曼有同有異，其中飛魚季、魚乾、船組、禁忌、魔鬼都是相似母題。不過，他有強調「雅美人美女」的專文，其中青年男孩悸動心情，與夏曼以早已是安穩妻兒滿堂的家室為前提者，趣味迥異。寫到魚，魚鱗也上了段落，屬飛魚者特多，佈滿船艙槳板。不過，有時只捕回1條，這當下若能夠抓到3尾，已屬吉利滿意。夏曼書中動輒三、四百條飛魚入袋，反之，夏本就這單數個位數。兩人的「飛魚文化」經驗和想像不同，前者誇張盛功，一下水就要大收穫，後者深沈內斂，寫到飛魚季火藥味濃，犯忌人馬可能打架，一方面抓得孤零零一條魚也罷，另一方面則積極查訪到底何人觸了禁，要不怎老是抓不到魚。夏本書中有一「飛魚石徑小路」，浪漫有力，每幾行字就出現一次，足見人們奔向海洋親近魚族的等不及心境。小路上來來回回，方便有勁，漁人跳入船隻出海快速，返來慶功也能縮減時間。

飛魚季過程與海底世界實在太新奇，雅美作家書寫這些，篇篇句句均是驚異，妳（你）能想像千尾浪人鯵游向一方的壯色麼？火光點點，萬魚飛奔，浪滔激烈，生命交關又如何，讀者知否？雅美母題就幾項，又全可總結至海洋與魚族兩項。所有文學作品都是它們，閱者永不厭煩，因大海太大，大到千變萬化，而這變化又早已為雅美海洋之子熟透，所以，即使每天寫魚道浪或逐波戲游類，內容也是千變萬化。漢人只會陸上行走，而雅美人海面水底自如。「陸上人」瞧見「海上水下人」在文學出現，好奇者多，欲飽覽者亦眾，就如飛魚躍出奇觀，相映對看，也是有味。不過，傳統「非孤嶼」年代，人族魚族必須區辨，否則人魚同現，諸事不妙。到了新時代的今天，作家反而加倍闡述兩族親密，原應也是陸行為主的雅美人，卻多如人魚般水居為樂。掛心孩子下水安危，事實上即如不願古典人魚的再現。今古再照映，深意味更濃。

六、工藝的乏現

人類使用物質，將之轉化成可用之器具，再集體性地認識它、界定它，並賦予價值指標，物質文化於焉有之。臺灣原住民自作為「泛人類學」（指任何標榜以田野方式接觸部落的調查參訪）學術（如學院研究計畫）、半學術地方（如文史工作）或非學術（如觀光）探索對象以來、物質文化範疇就是一觀察研究重點，其中藝術表現形式，尤為引入注目的討論主軸（參Chen 1988〔1968〕；謝世忠2000；王嵩山2001；許功明2004；李莎莉2004；趙綺芳2004；胡台麗2003）。我們談論雅美文化，自然也會搜尋建築、農具、獵具、漁具、廚具、家具、船隻、服裝、飾品等等物質生活系統的所在，然後再設法識出「原始藝術」（另有「原住民藝術」、「第四世界藝術」、「族群藝術」、「部落藝術」等稱〔各個概念定義討論詳見李莎莉2004〕）的特定顯形模式[8]。

雅美族有兩大物質創作設備，一為家屋與涼亭或工作房，另一為大小拼板船隻。比較兩者，很容易可發現前者樸素，後者彩繪。著眼於藝術者，一下子被船樣吸引，於是找到了船板色澤有紅、黑、白，紋樣有人形渦卷紋、交叉紋、同心圓紋、波浪紋、三角形紋與菱形紋等。「同心圓」代表什麼？各類說法包括太陽、魚眼、船眼、海蛇之眼等，不一而足。整艘船唯一可能有魚之意象者（即魚眼），就是同心圓。Hsu（1982）以及莊伯和與徐韶仁（2002）均提到前述雅美族的船舷浮雕，亦見於「主屋、工作房、禮棒、以及各種日常用具上。」不過，相較於船隻，建築物的裝飾並不明顯，一般器物也以素面居多，因此，也少有人以雅美家屋或碗盤工技視覺裝飾藝術為題之動機，寫就專著。

我們在上節提到，雖無法百分之百列出男人魚、女人魚、老人魚的分屬魚種，但雅美族人大致均有主要魚類屬人專用的常識。夏曼・藍波安文章作品中出現的十數種魚名，就是常識範圍的紀錄。飛魚、特定人屬專用的魚、以及碰不得的惡靈附身水族等，對族人生活是如此的重要，但雅美人似並未發展出視覺顯形的「魚藝術」。多數學者在田野地均會看到深色乾涸河豚、石斑、棘鼻魚等魚體玩具或擺設或懸掛飾物，但似乎就只有此一單類魚樣「藝術」，而且數量也不是太多[9]。很顯然地，雅美人並無將任一完整魚類原型「藝術化」呈現的念頭。劉其偉在其編著之《蘭嶼部落文化藝術》一書中展示了一張新造船隻，船首同心圓與人形渦卷紋飾中間，多繪了一隻海鷗（1982:152）。換句話說，新加添料，還是輪不到魚，反而與族人一樣同在食捕魚兒的鳥類上了榜。不過，莊伯和與徐韶仁曾指出（2002），晚近，雅美人發展出立體雕刻，其中有鬼頭刀魚木雕。的確，2006年夏天筆者與研究團隊同仁走訪各村商店或文物館，即發現愈來愈多魚造型新製木質工藝品，以及手飾或輕便飾品。另外，連各類建物牆上的魚樣繪圖，也不再少見。

不過，雖然如此，「魚」得以選入藝術題材，均是當代現象，傳統上魚樣為飾仍不普遍。劉其偉曾指出雅美「族人繪畫的主題有人物、山羊、豬、魚、椰子等，有從雕刻來表現，也有不少是用鉛筆畫出紙上，只是少有留存而已」（1982:135）。如果情況真如劉氏所言，的確魚主題的雕刻紙畫，果然「少有留存」。不過，有一事或可證明劉氏報告不假，Ying-chou Hsu（徐瀛洲）的*Yami Fishing Practices-Migratory Fish*（蘭嶼雅美族漁撈——回游魚）（1982）一書，放有四幅雅美族人*Siapen Alaen*、*Siapen Maniwan*、及*Sipegar*的手繪插圖。主題分別是夜間雙人船捕飛魚和釣大迴游魚、兩人船釣飛魚和大豚魚、夜間捕飛魚和釣大迴游魚、火炬捕魚景況。從中，我們得知雅美人有海上人與魚追逐的寫實畫家。然而，回到當今該族名畫家席・傑勒吉藍的作品上稍作查看，又不禁納悶。1999年行政院原住民族委員會文化園區舉辦第四屆「原住民文化工作者培訓營」，請來了多位原住民籍藝術家，席・傑勒吉藍為雅美代表。課堂上，他在「與祖靈的對話——創作經驗談」題目下，介紹講演了自己十九幅畫作：其中有人，有船，有海，有島，有豬，有反核，就是缺乏魚的主題（見中華民國臺灣原住民族文化發展協會編1999:149-158）。有一張族人捕回大魚的彩圖勉強算是，但故事是講豐收，而非魚為主角的構思。

總而言之，無論是文化顯形藝像，或是視覺生活意象，傳統上均難以找到「魚」。魚很重要，卻未進入雅美文化史上的藝造層面，這是客觀文化背景的事實。「具有」某某要素，當然是文化特色的展現，但，「不具有」某某要素，或也可算另類的文化特色反映。

七、討論與結論：多重魚觀的共作時空

在本文中，筆者從雅美族關及人如何自飛魚處習得捕飛魚的一則著名神話談起，接著簡述一、二則「人魚」（半人半魚）傳說，先行說明故事裡該族對飛魚的謙遜感恩，以及人與魚族可親近至共用身體，顯現出島嶼主人和海洋魚世界間的緊密關係。雅美人世世代代在神話傳說提醒下，謹慎地與魚共同營造了文化生活。而這份未受干擾形如自然運轉體的社會實景，自十八世紀中葉開始逐漸為陌生人「發現」。清代旅行家寫到島上的魚與鰻。二十世紀初，日本著名人類學者紛紛到來，注意到了「飛魚」的奇觀，另一方面殖民政府則擔心飛魚季影響帝國發展，因此，處處對文化設限。日人離去後，空檔期進來了，總比人類學者早一步的傳教士，他們出書，也寫到「飛魚節」捕魚、晒魚，以及那則黑尾巴（翅／鰭）飛魚教

戰捕魚的老神話。生人來臨，至此僅是初端。1980年代迄今二十五年間，天天有優渥經濟的臺灣觀光人撲向蘭嶼，「生人之眼」成了島上居民傳統上放眼望大洋的一大阻礙。換句話說，族人原來可輕鬆看海，以期確認當下及未來的生活或文化位置，但今天只要一抬頭，眼一張，就與生人瞧你之目相撞，海被來客與相機擋住了。生人為何來？原來「飛魚」早已成為蘭嶼異族觀光（ethnic tourism）[10]代表性景象之一。許多來人期盼捕捉飛魚倩影。各式媒介爭相報導「它」的奇風異俗特色（exotic color），「飛魚季」、「飛魚王」、「飛魚乾」、「飛魚餐」等成了吸引力中心訊號[11]，眾人前來，直接建構了「魚與人」的想像。

學者也是一種陌生人。不過，民族誌工作者久待田野地，稍有熟悉，至少不致生疏，如此，也才能生產相對上不會過於膚淺的研究報告。早期日籍學者來，留下書寫記錄，臺灣人類學者學生循之也至，而且數量龐大，迄今不墜。學科發展史上，屢有提示異文化研究的必要性，學人們找到此地，就是距臺灣最近的「最異」文化（相較於臺灣本島原住民，雅美族的「異」更形突出），所以，紛紛加入體驗。捕魚、漁團、大小船、食物分類、食魚禁忌等，是為學者研究的焦點之一，而焦點中的焦點，就是魚本身。論述中，對比了男人魚、女人魚、老人魚，或食用魚與不可食用魚之別，及其相映於社會組織、兩性關係、世代階序，以及空間時間配置上的景況。經濟人類學、象徵人類學、親屬人類學的概念理論隨之出籠。據此，學者在民族誌事實支持下的自我想像中，多次確定了她（他）們一向深信不疑之必定存在某處的雅美人文化邏輯[12]。或許係科學家習性使然，不少學者就以極大耐心逐一過濾各個魚種的男、女、老人魚屬性。分好了大類，再設法從中覓得「為何這些是男人魚」，「為何那些是女人魚」，以及「為何另批是老人魚」的合理性答案。但是，幾十年過了，答案仍找不著。這種學術研究的氣餒，恐怕永不可能消除，因為這些自「外來生人」轉為「學術熟人」身分的寫字者，是為十足的「臺灣陸上人」，他們精神基因距「蘭嶼海上水下人」遙遠。不知大洋世界者，找不到水底游類的「人觀」，也難知雅美人泳於浪滾間的「魚觀」。

生人記蘭嶼或說談異俗，記了或講了三百年，學術寫雅美人與食魚或論雅美族與大船，也寫了或論了近百年。到了二十世紀結束之前，終於等到族人作者出現。雅美作家以文學手法寫出「人、魚、海」三合一的千年傳統，也順便另類回答了學術研究的問題。

社會人類學的親子階序關係，在雅美文人筆下，就是溫馨的老人等兒子射魚歸來。學者們不厭其煩地試著以生物魚類科學區辨男人魚、女人魚，然而，轉化成文學，即是「男人一鍋魚」、「女人一鍋魚」的晚餐，默聲中滿足地感謝平安結束一天。社會組織分析專家記著船團或漁團如何構成[13]，作家讀之生疏，於是重新以男孩加入祖先傳下百年船隊的驕傲，以及各船齊發破浪小蘭嶼的奔騰划槳毅力，來形容生動的族群生命歷程。

魚在海面躍上衝天，人也在水中鑽上潛下，牠（他）們的行動，構成了雅美文學的主軸母題。惡靈遍存或魔鬼信念的設計，減低了人與文化可能的囂張焰氣。「在家思大海，下海即念家，望不見歸人，近家也情澀」[14]，大抵可說明潛水漁夫與家人等候兩造的心情。蘭嶼雅美族人根本未曾征服過大海，他們也不想這麼做。遵守飛魚季禁忌，平日小心翼翼準備捕魚，一切都是對水與魚族的謙遜有禮。生人或學界若看不到此，從而只一味強調魚的捕獲與消費，那麼距離認識雅美人果真還很遙遠。

神話有魚，生人想見魚，學者分析魚，族人自我也創作魚文學，一切好似有一廣泛魚文化存在島上。飛魚季看得到船隻返航帶回大批魚類，也四處見著家屋前曬魚乾。而平日瞧見潛水人捕獲大小男女人魚，更是常景。但這些所指，均是真實的魚隻。那麼，工藝造型服裝飾物之上可有雕繪的魚樣呢？事實上，帶著想像的人，來到島上，四處遊走，建築船隻分別出現於馬路右近山緣及左臨海邊，船舷牆面有裝飾，紋樣特定，但就是缺少魚表徵。唯有等到極晚近的今日新一代創藝工作者，才稍見以魚為主題的產出動機。對筆者而言，這是一個謎。為什麼魚可教人生存之道，魚與人可整合為「人魚」身體，島上大半年靠魚吃飯，潛水族人愛魚成癡，男人、女人、老人昂首等待鮮魚湯，飛魚季與飛魚各大小祭應循規範守則等等，處處顯現一日不可無魚，文化傳遞必須以魚為濡化媒介，然而，古今藝術與物質用品上，卻不用魚圖樣式為飾？這個謎團出自於作為一名人類學專業研究人的筆者，它反映了學術思維的慣性。那就是「人家文化原本沒有，你卻要問為什麼沒有。」拿此一問題請教族人，對方會錯愕不解，因為對他來說，這不應是個問題。對雅美人而言，沒有海就沒有魚，也就沒有雅美族。海是母體，所以波浪紋飾重要。魚由海蘊育，牠數量特多，但我們要尊敬之，不過度取用。船隻用來抓魚，所以雕繪有捕魚人像、尋找魚兒的同心圓天眼、以及象徵乘風破浪的長長水波紋（前文提有船增繪海鷗於舷。海鳥捕魚，翔飛目的與人同，畫上了牠，或可有雙倍力量，找到魚蹤的想像）。魚是用來被捕捉的，所以負責捉魚的船舷上圖案不宜有牠出現，否則整艘船就有如專用來被捕捉的魚隻一樣，會為大海所「捕捉」吞食。此一觀念的推衍，造成雅美族缺少「魚」母題的藝術作品。但，不見它，並不影響自魚與人神話建置以降迄今之雅美「漁與魚」常續性故事的上演。包括生人、學者及族人在內，大家還是會不斷注意到魚，每一份注意能量均是一種「魚觀」的詮釋模型，它們共作了二、三百年，也還會繼續。我們從此出發，觀看「非孤嶼」[15]島區時空的人與魚精彩情事，或較能貼近總以依水下海潛底為樂族群的生活感受。

◆附註

[1] 本文初稿（原名為〈雅美／達悟與海中游類：一個臺灣原住民族多視角「魚觀」〉）係受邀參加2006年7月28-30日於韓國華川郡舉辦之「2006 Hwacheon Water-World Traditional Plank Festival Scholarship Conference」宣讀論文，感謝現場多位學者指正。另，文章寫作過程及蘭嶼田野時日，得助於楊鈴慧、李莎莉、劉瑞超、楊政賢、郭倩婷、陳彥亘、張娥凜、姜以琳、*Si Manpang*、謝來光、夏曼・賈巴度、董森永、董恩慈及張堂村等女士先生甚多，謹致謝忱。此外，匿名審查人指出本文所論之「非孤嶼」與「生人」兩概念可能衍生的問題（詳見註5和註15筆者的回應），頗具見地，特表謝意。

[2] 蘭嶼原住民慣稱雅美族，雖近年呼籲正名為達悟族（*Tao*）者不在少數，但行政院原住民族委員會迄今仍沿用習稱。本文題目和文中首見處雅美／達悟併出，惟以下敘述除引文原出現外，餘皆稱雅美。

[3] 四類包括神話、外來要素、本族文學及工藝表現等，其中外來要素又可分為一般外來人所發現者和學者學術文字再現等二種，因此，合共有五個範疇。

[4] 筆者近年來，極力主張以「多重詮釋模式」取向，進行當代文化、觀念、經濟、美學等等要素天天充分交逢情境下之人群互動或社群變換的分析。比較典型的例子，如經由對「分析的文化」、「政宣文化」、「漢人民間理論文化」、「原住民民間理論文化」、及「商業性展示文化」等五大詮釋系統之「山地文化」展現模式的討論，完成了《「山胞觀光」:當代山地文化展現的人類學詮釋》乙書（1994）。另外，在〈傳統與新傳統的現身——當代原住民的工藝體現〉乙文中（2000），筆者亦用類此方法，「以被動或主動『現身於世』（即超過有限的生活社區範圍）的原住民工藝文化為對象，探討其在觀光、收藏家與休閒世界、國家文化、學者報告書、功能性博物館及原住民自主行動等六個場域上的年代學發展景況」（頁147）。文中所分的六個場域，事實上就是對原住民工藝世界的六類詮釋模式。

[5] 本文匿名審查人指出筆者對「生人」的討論過於化約與模式化。事實上，筆者所列之生人範疇並無強制規範他們的類屬。凡是非雅美人而有機會碰觸到蘭嶼人事地物者均屬之。所以，「化約成模式」並非筆者本意，謹此說明。

[6] 較具代表性之網頁如TTNews（大臺灣旅遊網新聞）之http://www.travel-web.com.tw，臺東市政府之http://www.taitungcity.gov.tw，CTIN臺灣旅遊聯盟之travel.network.com.tw，以及聯合新聞網旅遊夢享家之http://co.udn.com等。

[7] 筆者最近經仔細思索，發覺除了政治、藝術、學術及文學等四大社會運動之外，21世紀以降所出現之「族稱獨立運動」（如邵、太魯閣、噶瑪蘭、撒奇萊雅等族陸續成為國家承認之原住民族群），應可列入第五項社會運動。

[8] 李莎莉表示（2004：26），「在論及無文字社會的藝術範疇時，一些本意類同的詞彙如『原始藝術』」（primitive art）、『族群藝術』（ethnic art）、『部落藝術』（tribal art）、『農民藝術』（peasant art）、『民俗藝術』（folk art）、及『傳統藝術』（traditional art）……等，常被用來引領該特定文化範疇的界定概念。其中『農民藝術』指涉歐洲鄉間傳統美學生活……，而後兩者語意較中性，更有不少人以之來專論留於西方工業都會化社會中的前工業村鄉典儀表演活動……，因此，專指原住民或非主體族群藝術文化者，應是前三者稱名。其中雖間或有個人的偏向，不過，一般而言，原始藝術多半被規範為在與殖民力量接觸前，各無文字部族社群生活中之美感創作。而族群藝術和部落藝術係指當代足徵特定或籠統部族社群外顯（expressive appearance）存在的美藝場域，它或可包括觀光藝術（tourist art）在內。至於晚近愈來愈被重視的『原住民藝術』（indigenous art）和『第四世界（即全球原住民）藝術』（Fourth World art），則較傾向為以原住民或土著自身本位出發或自我建構基礎下的界定……。」

[9] 筆者發現蘭嶼島上有愈來愈多的工藝品小店，裡頭多能見到魚體飾物。但不少店家負責人表示，它們為非賣品，問其理由，答曰係族人習慣製作的玩具，而非販售觀光客所用。

[10] 關於異族觀光，筆者曾說明如後。「所謂異族觀光，顧名思義，就是指到一個與己文化、種族、言語或風俗習慣相異的社區或展示定點參觀他們。它與單純文化觀光不同者即在後者多只看宮殿劇院等『舊式的』（old style）物質物品……，而異族觀光除了看物看地方，更把看人當作最重要的目的。到原住族群地區或展示定點參訪的觀光活動，很顯然即是異族觀光的基本類型。而這一類的觀光型態由於涉及原住民一少數族群與來自各工業化資本社會之觀光客的關係議題，因此，格外引起人類學家的重視」（謝世忠1994：6；另參Adams 1984；Nason 1984；Swain 2001；Smith 1989）。

[11] Neil Leiper表示，「觀光吸引」（tourist attraction）係由觀光客、景點（sight）、及訊號（marker）等三項要素所組合而成的體系（1990：370）。在蘭嶼的例子上，「飛魚」顯然是代表性的訊號。它出現於媒體，成了決定觀光行動的前導訊號（generating marker），到了目的地，在旅店餐館享用到飛魚餐，當事者即與串聯訊號（contiguous marker）扣合，以飛魚為標地的吸引力中心，於是更為穩固。

[12] 例如陳玉美曾寫過，在蘭嶼，「捕魚、殺魚是男人（先生）的工作；水田的種植與水芋的收割則是女人（妻子）的工作。社會身分、角色與工作之間，被賦予社會道德價值。女人（妻子）不能殺魚。……一個人若吃了不能吃、不該吃的東西，即違反了其社會角色所該扮演的『正確』行為。……與飲食相關的規矩帶有豐富的社會、文化象徵意涵，同時也是社會道德價值的呈現」（1998：13）。蔣斌亦表示雅美族人「財產傳承上依循的乃是『奉養』與『喪葬』，兩項機制的互報原則」（1984：112）。換句話說，「財產繼承與原則穩固了傳統的喪葬方式」，因此，該族「社會組織原則……似可以特定權利義務的互報關係為出發點」（同上）。

[13] 衛惠林（1962：52）曾寫出雅美人漁船組織的基礎帶動，為同一父系世系群的男子。此一觀點近年分別被多位學者所批評。余光弘認為，船組名稱與父系群名並無一定的關連，而以同一父系世系群男子共為一船組的比例也不高（1992：62-71）。陳玉美則表示，漁團名號與父系世系群名稱大致相同，但世系群名號只能被用一次，所以世系群部分成員若另立漁團，就必須採用其它團名（1994：1046-1047）。

[14] 筆者多年前曾寫下「在鄉怨鄉，離鄉念鄉；近鄉情怯，入鄉悔矣」小品，今以之為本，另在蘭嶼的場景上，寫下短句。

[15] 本文匿名審查人指出，蘭嶼在極度孤立後，去除了與外界互動的慾望，「我」的世界在自足中完成，也就無所謂「孤嶼」的問題。審查人與筆者所論之「非孤嶼」意涵並不一致，當然，她（他）的說法亦頗具價值。不過，筆者並不確定雅美人在漫長族史中是否真的「極度孤立」，至少他們神話傳說故事的範圍，即遠超出蘭嶼。筆者強調的是，從外界眼光觀之，蘭嶼是孤島，但事實上它的文化世界與近世史脈絡，均告訴了我們族人豐富而多線的「非孤嶼」人生觸網。

引用書目

丁松青著，三毛譯

1990〔1982〕《蘭嶼之歌》。臺北：皇冠。

王嵩山

2001《當代臺灣原住民的藝術》。臺北：國立臺灣藝術教育館。

中華民國臺灣原住民族文化發展協會編

1999《太陽門下的夢想家——原住民文化工作者田野應用手冊（四）》。屏東：行政院原住民族委員會文化園區管理局。

艾格理著，林春美譯

不著年代《蘭嶼之旅》。作者出版。

伊能嘉矩著，楊南郡譯註

1996《臺灣踏查日記（上）》。臺北：遠流。

余光弘

1992〈田野資料的運用與解釋——再論雅美族之父系世系群〉。《臺灣史田野研究通訊》24:48-78。

1993〈雅美人食物的分類及其社會文化意義〉。《中央研究院民族學研究所集刊》76:21-42。

1995〈蘭嶼雅美族以同易同式交換的經濟實用性〉。《中央研究院民族學研究所集刊》80:37-60。

余光弘與董森永

1998《臺灣原住民史——雅美族史篇》。南投：臺灣省文獻委員會。

希南・巴娜妲燕

2003《達悟族——飛魚之神》。臺北：新自然主義。

李莎莉

2004〈藝術與心性——臺灣原住民文化的新時代價值〉。《國立臺灣博物館年刊》47:25-52。

胡台麗

2003《文化展演與臺灣原住民》。臺北：聯經。

孫大川

1997《神話之美——臺灣原住民之想像世界》。臺北：行政院文化建設委員會。

宮本延人著、魏桂邦譯

1992《臺灣的原住民族》。臺北：晨星。

宮本延人口述，宋文薰與連照美翻譯編輯

1998《我的臺灣紀行》。臺北：南天。

高信傑

2003〈雅美族「魚的分類問題」的再思考〉。「蘭嶼研究研討會」宣讀論文。2003年12月5日，中央研究院民族學研究所。

財團法人臺灣原住民部落振興文教基金會編

2002《南島民族世紀首航暨海洋文化國際論壇會議手冊》。

夏本・奇伯愛雅
1996《雅美族的古謠與文化》。臺北：常民文化。
2004《三條飛魚》。臺北：遠流。
夏曼・藍波安
1997《冷海情深》。臺北：聯合文學。
2002《海浪的記憶》。臺北：聯合文學。
2003《原初豐腴的島嶼——達悟民族的海洋知識與文化》。國立清華大學人類學研究所碩士論文。
夏獻綸
1959〔1879〕《臺灣輿圖》。臺灣文獻叢刊第45種。臺北：臺灣銀行經濟研究室。
許功明
2004《原住民藝術與博物館展示》。臺北：南天。
許世珍
1960〈雅美族紅頭社傳說一則〉。《中央研究院民族學研究所集刊》9:285-298。
陳玉美
1994〈論蘭嶼雅美族的社會組織：從當地人的一組概念*Nisoswan*（水渠水源）與*Ikauipong do soso*（喝同母奶）談起〉。《中央研究院歷史語言研究所集刊》65(4):1029-1052。
1998〈人與食物與空間：蘭嶼*Tao*社會、文化中有關「潔淨」的觀念〉。「潔淨」的歷史研討會宣讀論文。1998年6月11-12日，中央研究院歷史語言研究所。
陳倫炯
1958〔1730〕《海國聞見錄》。臺灣文獻叢刊第26種。臺北：臺灣銀行經濟研究室。
陳敏慧
1987〈從敘事形式看蘭嶼紅頭始祖傳說中的蛻變觀〉。《中央研究院民族學研究所集刊》63:133-193。
陳淑芬
1994《具體生活與象徵系統——雅美族的魚類分類與食魚禁忌》。國立清華大學社會人類學研究所碩士論文。
莊伯和與徐韶仁
2002《臺灣傳統工藝之美——傳統工藝與原住民工藝技術》。臺中：晨星。
屠繼善
1960〔1894〕《恆春縣志》。臺灣文獻叢刊第75種。臺北：臺灣銀行經濟研究室。
達西烏拉彎・畢馬
2003《達悟族神話與傳說》。臺中：晨星。
曾瓊儀
2001《蘭嶼雅美族民間故事研究》。中國文化大學中國文學研究所碩士論文。
趙綺芳
2004〈臺灣原住民樂舞與泛原住民主義的建／解構〉。《臺灣舞蹈研究》1:33-62。
劉其偉編著
1982《蘭嶼部落文化藝術》。臺北：藝術家。
劉斌雄
1980〈雅美族漁人社的始祖傳說〉。《中央研究院民族學研究所集刊》50:111-169。
鄭惠英
1984〈雅美的大船文化〉。《中央研究院民族學研究所集刊》57:95-155。

鄭漢文
2004《蘭嶼雅美大船文化的盤繞——大船文化的社會現象探究》。國立東華大學族群關係與文化研究所碩士論文。
衛惠林與劉斌雄
1962《蘭嶼雅美族的社會組織》。臺北：中央研究院民族學研究所。
蔣斌
1984〈雅美族家屋、宅地的成長、遷移與繼承〉。《中央研究院民族學研究所集刊》58:83-117。
謝世忠
1994《「山胞觀光」——當代山地文化展現的人類學詮釋》。臺北：自立。
2000〈傳統與新傳統的現身：當代原住民的工藝體現〉。《宜蘭文獻》44:7-40。
2004〈《山海文化》雜誌創立與原住民文學的建構〉。刊於《臺灣新文學發展重大事件論文集》。聯合報副刊編，頁175-212。臺南：國家臺灣文學館。
2007〈異、色、毒：北東南亞山地族群的觀光圖像〉。《民俗曲藝》157:11-64。
鍾鳳娣編
1986《雅美文化故事——蘭嶼雅美族的傳說》。蘭嶼：蘭嶼國民中學社會教育工作站。
Adams, Kathleen M.
1984 Come to Tana Toraja, 'Land of Heavenly Kings': Travel Agents as Brokers in Ethnicity. *Annals of Tourism Research* 11: 469-485.
Chen, Chi-lu
1988 [1968] *Material Culture of the Formosan Aborigines.* Taipei: SMC.
Hsu, Ying-chou（徐瀛洲）
1982 *Yami Fishing Practice--Migratory Fish*（蘭嶼雅美族漁撈——回游魚〉臺北：南天。
Leiper, Neil
1990 Tourist Attraction Systems. *Annals of Tourism Research* 17:367-384.
Nason, James D.
1984 Tourism, Handicrafts, and Ethnic Identity in Micronesia. *Annals of Tourism Research* 11:421-449.
Smith, Valene L.
1989 Eskimo Tourism: Micro-Models and Marginal Men. in *Host and Guests: the Anthropology of Tourism* Valene L. Smith ed, pp:55-82. Philadelphia: University of Pennsylvania Press.
Swain, Margaret Byrne
2001 Cosmopolitan Tourism and Minority Politics in the Store Forest. in *Tourism, Anthropology and China* Tan Chee-Beng, Sidney C. H. Cheung and Yang Hui eds., pp:125-146. Bangkok: White Lotus.

（本文原刊於《臺灣風物》2007/57(4):39-75）

水流悲情——臺灣原住民的淹沒故事*

一、前言

人類學民族誌、史前考古學，以及人文地理學等學術資料，均告訴了我們人類聚落基本上沿水邊較高台階建置的事實。水是生存首要條件，足夠的水，才能供養聚落的多數人口。不過，水與人絕不止於供養關係。著名的「東方／亞細亞水利專制社會」（Oriental/Asiatic water despotism）理論，主張歷史中國統治者，以灌溉用水的控制，建構並維繫龐大農業帝國（cf. Wittfogel 1957）。泰國稱河川為mae-nam，mae是母親之意，nam則為水。水之母親即為河流。流經曼谷的大河為Mae-nam Ciaw Praya，因全稱太長，一般中譯僅簡稱「湄南河」。事實上，Ciaw Praya才是真正的河名。Ciaw Praya意為名叫Praya之神祇。大河全稱即是「大神Praya之水的母親」（cf. Mulder 1997）。「水的母親」與人口供養有關，但河川成大神，就進入了宗教信仰層次。祭拜儀式過程中，層層加上的覆添意義，必大大超過單純只是以水滋養生命的範疇。

水與人關係如上述有供養，有政治，也有祭儀。檢視臺灣原住民景況，大致也能獲得類此證據。例如居處北半部山地的泰雅族與太魯閣族，其部落係沿較大河川如大嵙崁溪、大安溪、木瓜溪等水系各河道建立。取水方便，人群生活自然較為順利。不過，自日治時期起，研究者即已發現，泰雅人以流域水段為範圍，組成類似攻守同盟武力管區。在較小區域內，各家族取水捕魚蝦，也都會遵守習慣法約定，不得超越逾界（謝世忠等 2007）。因為水源，所以部落立足。為了社群與家戶關係和諧計，於是，大家自制管理，一群一大區，一家一小區。泰雅之例，具有充分對外大區域政治與對內小領域政治的意涵，就是因為如此，族群人口才得以有效維持甚至發展。

不過，水雖可喝可用，也能被管理，但它源自大自然天候雨降泉流地質，其中千變萬化，遠在人類可控制規劃之外。這些具大規模影響變化或立即衝擊性之典型者有如風颱豪雨，山崩水洩，土石挾洪，傾注而下等。人類面對類此情況，必有與前述多半於風和日麗情境下，所展現而出的供養、政治、宗教等三面向極為不同的回應。

這份回應或也為「文化的」（即面對災難的文化反應），但更可能是「非文化的」（即文化的回應機制並不明顯）。換句話說，在當代國家救援系統主導之下，災變的文化回應極容易被隱沒，吾人因此只看得到政府的緊急服務效率，以及受害一方的悲慘狀況。臺灣原住民近年的水災受難解決紀錄裡，即全然屬於外來之援助的績效。

危難過後，國族／國家文化（national culture）或大社會價值往往焦點出頭，即形成了後人的共同記憶所在。另外，水對原住民的大衝擊，不只來自於大自然災害，國家無形中奪佔了社會集體記憶的主題，她更常以非屬前述水利帝國專制方式管理水，那是以科技掛帥為標誌（如建水庫），然而卻同樣造成原住民極大生存危機。最令人印象深刻的是，國家往往據此獲得問題解決的掌聲，卻對因此流離失所的少數族群少有聞問。

在本文中，筆者擬描述幾則水災救人典範、水庫沒淹家園、以及土流滅村等實例，試圖說明臺灣原住民因水的質變，以及外力強迫侵擾，所造成的困頓難處。民族誌中告訴我們的原住民傳統人與水關係，在此可能失效，換取而來者，正是反映出徘徊於「弱勢出頭天之現代性價值與永為社會邊緣宿命」間之不確定地位的窘境。

二、山河文化位置

臺灣環海，然原住民與海之關係實際上並不密切。蘭嶼雅美／達悟人出船捕飛魚，以及阿美族人沿岸竹筏舢舨漁撈，大致是最直接的人海互動方式。與大多數馬來—玻里尼西亞（Malay-Polynesia）或島嶼東南亞和大洋洲地區南島族系（Austronesian Peoples）最大差異者，臺灣原住民幾乎未有航海（navigation）的文化傳統（雅美阿美的沿岸近距離作業，不能算是航海）。海是如此，那麼溪川河流呢？以地理學角度觀之，臺灣島上河川系統多為山高水急，除極短距之平地廣面水道（如淡水河下游）之外，並無航舟之利。剩下者，大致僅餘取水飲用和魚蝦食物的功能了。相較於大山密林生態資源的豐沛，以及據其基礎所發展出的山田燒墾生業，河溪的價值立即顯現小規模次位階之態。人類學民族誌內容，也清楚地反映出此一景況。

1969年阮昌銳所著《大港口的阿美族》上下冊出版。該書將近千頁的文字中，僅有12頁述及海河事物，焦點即在漁撈。扣除海的部分，河川（秀姑巒溪）捕魚只有寥寥幾段。阮氏表示，對港口阿美人而言，海魚較河魚重要（頁194）。整體來說，漁業是為次於農業的副業，而與社會組織有關的漁團與祭魚，也多集中在海岸的捕魚情境。石磊的《筏灣——一個排灣族部落的民族學田野調查報告》（1971）一書，所描述的「水」事務，更為簡略。他指出，河川供給飲用，族人也會捕捉魚蝦。而河流與土地、山林一樣，可能由勢力強大的地主所擁有。石氏民族誌最重要的發現即是，「一個人經常喜歡打獵、捕魚、而不從事農耕的話，社會的輿論就認為他是一個懶人。由此，一個真正勤勞的筏灣人只有在適當的時機才有從事狩獵與漁撈的。這個適當的時機，就是不影響農耕的進行」（頁125）。足見水之食物資源的次要位置。

吳燕和的《臺東太麻里溪流域的東排灣人》（1993）雖較強調部落漁區劃分、全部落捕魚祭、以及颱風、暴風雨或漲大水之祭祀等與水相關之生活面向，但所用篇幅短少，它所呈現者，一方面可能就是族人的淡視，另一方面則或係研究者自動將之列為民族誌的邊緣主題。吳氏該書多為1960年代田野調查資料三十年後的正式出版。與前述阮、石、及吳等三人同樣年份者，還有李亦園等人的《南澳的泰雅人：民族學田野調查與研究》上下兩冊（1963與1964）。

李氏是書說到河流、水源、泉水、魚等與水有關者，均為財產項下之自然財物的一部份。南澳區域屬於一同流域同盟，其下有三個次級同流域同盟。以毒藤捕魚時，必須同盟部落集體行之，分配魚穫（1963:207-212）。至於水源，若水量充沛，則無須以人力專門保護，但缺少時，仍會引起村民間的緊張關係（1964:357）。

綜觀60年代民族誌，阮昌銳的阿美有海有河，後者漁業重要性不如前者。石磊強調排灣族人輕漁重農的態度，吳燕和的東排灣雖然用字不多，但卻較多元地談及捕魚祭和處理暴雨淹水之儀式。李亦園等人的泰雅則強調流域同盟的捕魚權。閱讀該等基礎民族誌，可知原住民社會文化景況，但各項關及「水」的敘述，基本上相當有限，它往往被隱沒於其他章節大量文字之中，或被學者判定位處文化位階下層。總之，吾人若欲深度瞭解「水與原住民」，多數經典民族誌文本難以提供資訊。即使再往上推至日治時期的大部分著作，如小島由道之《番族慣習調查報告書〔第一卷〕泰雅族》（1996[1915]），提到泰雅大嵙崁、南澳及北勢等部落，所言之題目也與半個世紀後的李亦園等人著作大致相同。換句話說，學者注視的焦點一致，讀者得以掌握者，似多是靜態的社會文化規範。

溪河潺流，族人只消依規行事，即可取用水源，同時享有魚蝦食物。但是，臺灣島雨量豐，夏秋又多颱風。平時親切和平的溪水，可能驟間暴漲，山洪傾洩之事必不在少。族人們又如何面對？經典民族誌敘述此項議題者極為有限。吳燕和稍稍提到排灣族的止大風大水祭，然文字過少，瞭解不深。此外，即使風和日麗的靜潭水澗，也可能發生溺水事件。不幸死亡者若為族人，傳統上會以「凶死」原則處之，而倘使淹斃者為外來人，其牽涉之外在大社會網絡可能更複雜，後續衍生結果難料。總之，「原住民與水」應不僅於漁區、漁團、或水源主題。本文所擬描述之例，即係基於理解了民族誌告訴我們靜態溪河文化位置之餘，亟思嘗試探索幾則近現代「水、原住民、與淹沒」故事，以期較動態性地認識原住民生活中，受不斷流動變化之溪水所主導的悲劇面向。

三、原住民犧牲：莎韻愛國

宜蘭縣泰雅族武塔部落有一「愛國之女莎韻遭難之地」紀念碑，附近另有「莎韻橋」和「莎韻紀念公園」。泰雅少女「莎韻」（*Sayun Hayun*）為何成了被大家紀念的人物？70年前發生的一次颱風大水，奪去了莎韻生命，但由於牽涉族外國家政治／文化／意識型態網絡，她的殞命就不再只是一單純意外事故。李亦園前揭書提及泰雅人視淹死為凶死，按規定其家屬不能哭喪，也不必守喪禮（1963:100-103）。然而，莎韻的死，在外力強入影響之際，傳統的處置方式已不以為繼。

1938年9月24日住在今南澳流興社（*Liyohen*）駐在所的日籍警察田北正記接獲召集令奉命從軍。27日上午，在包括莎韻在內的六名「女子青年團」成員，隨當事人服役性地背負行李下山。當日颱風來襲，風雨交加，在試圖通過兩根木頭直列連結的一獨木橋時，莎韻不慎滑入湍流，不見蹤跡。次日開始，大量人力投入搜尋工作，一個月間僅找到所背行李，莎韻則始終下落不明。

由於是陪準備赴戰場的警手下山，莎韻的死，猶如為天皇和大日本帝國的軍隊犧牲。於是衍生出的後續宣揚、褒獎、紀念活動中，「服勞役」就變成了「自願」。自願隨戰士冒大風雨而走，其落水失蹤乙事，實有如軍人死於戰場之壯烈。莎韻的故事廣為流傳，更請著名明星李香蘭主演，拍攝成「莎韻之鐘」電影。戰後，國民政府在臺的去日化措施，使得莎韻不再如從前般的盛名，但地方仍有人繼續感念她紀念她（見溫浩邦1996）。

莎韻從一名泰雅女孩轉變成愛國少女，其關鍵並不在於日本準軍士、服勞役或自願、或原住民與帝國。依筆者之見，「大水」方是成就「死亡之美」的要角。颱風是臺灣的常客，各個居處於島上的族群，必有與其交手的經驗，也會發展出相關的論說或應對策略。泰雅是否有如吳燕和所述之「止大水」儀式，小島由道和李亦園等人之古典民族誌並未明言。不過，可以確定的是，平常流域同盟區內的溪川，在颱風之時可能轉而為殺手，因此，避免接近之，或許正是安全之道。莎韻颱風日下山，注定將遇著變色了的溪河。數百年來，供養族人蛋白質來源之一的靜緩水流，此時伺機以暴河之姿考驗大家。颱風大水有人殞命，原本就不會是太特殊的新聞，但是，此次的「質變河流」，竟使弱者女性經愛國犧牲過程而轉化成強者的「質變性別」，意義非凡。

自此，原住民、原住民女性、及泰雅族，凡是風雨交加時日，莎韻的圖像就與之共同浮現，並充斥於國家管控之大社會的論理話語中。溪水平日供食魚蝦，大眾遵守漁區規定，均可相安。如今，大風大雨日，溪水暴漲也不懼，因為莎韻在此一情境中為族人爭得了光彩。泰雅或許不需再使用可能存在的傳統「止大水」儀式，因為莎韻的事蹟讓暴風雨也成了正面要素。安靜溪流供養大家，瘋狂急水則使全族榮耀。

四、大學生犧牲：港安救人

位於新莊的輔仁大學有一「港安山地友團」。它的名字奇特。一般大專院校所謂「山地服務」社團，並不見類此的名稱。1996年東吳大學汪淑娟同學為探究竟，即以之為對象，完成了《大專生山地服務隊的發展階段與族群關係的變遷——以輔大港安山地友團為例》碩士論文。此次故事的主角一邊是阿里山鄒族原住民，另一邊則是來自於平地的大學生，而場景則與莎韻事件一樣同為颱風、急水、犧牲，不同的是前次原住民為國殞命，這次大學生為原住民溺斃。

1971年輔大成立「醒新山地服務團」，翌年第一屆團員山美隊隊長楊港安同學出團過程淹死，為紀念他，而改名為「港安山地友服務團」，1980年復易名為「港安山地友團」，現名「港安原住民友團」。「港安」一稱一用35年，足見輔大學生對它的執著。汪淑娟1996年的論文曾說到，鄒族部落對港安有極不同的看法，但10年過了，該社團以「原住民」取代了「山地」，卻仍留著幾已是輔仁學生象徵的「港安」。

依輔仁文件《港安十年》的說法，楊港安在貝蒂颱風來襲前後，與隊員在山上和原住民小孩戲水游泳，之後為了拯救一名溺水的孩子，自己被激流帶走，撞上石頭昏迷而斃命（見汪淑娟 1996:31）。楊港安自此成了「捨己救人」的代名詞，流頌於校園，有不少報名社團的學生就是受他「精神感召」而來（見同上）。不過，除了汪文中提及部落觀點的迥異之外，筆者亦多次親聞鄒族族人指出楊港安根本就是自己不諳水性溺斃，和救孩子一點關係也沒有。把港安事件吹捧至此，事實上和吳鳳故事一樣，對族群關係只有傷害而無一利。

現在阿里山山美社區的達娜伊谷鯝魚生態保護成功，聞名遐邇。前至參觀的客人，可以發現當地族人把溪流照顧完妥，魚兒回復生機。鄒族與溪河傳統關係是一議題，而今之轉型新型態觀光建置，亦為可供探索之課題。傳統與現今樣式必不相同，但它均代表人與水合作的一幕。不過，人與水也可能失和，楊港安的死可為一例。

港安當年服務山美，知曉悲劇的族人都留有印象。原本山地小孩個個水底矯健，幾乎不可能出現溺水求救的情況，但楊港安的故事，打破了原住民與水和睦合作的景象，原本平靜的水也可能威脅原住民生命。莎韻殞命於颱風大水，可以理解。而被楊港安「拯救」之原住民少年，卻是在風和日麗之時（按，輔大文件認定為颱風大雨過後的晴天假象），受到暗流的攻擊。原住民族人代代在此生活，溪谷水淵如家後院，熟悉拿手，而今卻是凶爪暗藏。即使港安事件已了，但自己熟知的水，竟會造成生命威脅，卻也陰影永難去除。由於族人論評此事者多，「怒氣」不褪，因此，論及當代鄒族的「人與水」，不可能不談山美的鯝魚與港安。它們一為成功要素，一為死亡，矛盾不協，心裡難解。

五、犧牲原住民：水庫遷村

桃園縣石門水庫是臺灣水庫史上的標竿。它的成功興建與數十年維持，不僅在形式上解決了大臺北與桃竹苗的民生用水和田地灌溉所需，也促進了北臺灣觀光的發展。人們用它的水，習以為常，至水庫遊湖垂釣活魚三吃，也成週末熱門活動。臺灣現代化的歷程，自石門水庫開始實行建庫構想，經濟部1954年成立「石門水庫設計委員會」算起，半世紀以來，該庫的地位，始終有舉足輕重的代表性意義。說它是臺灣當代漢人國家二十世紀發展建設的第一要項，並不為過。

不過，漢人國家的成功，並不表示非漢人的原住民，也隨之享有成就果實。原住民往往是為成就國家大事業，而被犧牲絕對利益的一群。石門水庫就是一典型例子。水庫到底如何形成，並沒有多少人在意，但事實上，它的建造過程，卻是一大群當地原生泰雅族人的苦難史。復興鄉該族才女李慧慧小姐甫自國立政治大學民族學系碩士班畢業，她的學位論文《社群經驗與文化變遷：石門水庫淹沒區泰雅人遷移史》（2007），深刻地描繪了族人遷出，二次再遷，以及三次又遷的艱辛景況，筆鋒敏銳，閱者動容。

1955年「石門水庫建設籌備委員會」成立，1956年更名「石門水庫建設委員會」，開始運作，八年後（1964）竣工。淹沒區安置戶計平地人196，原住民82。平地人分四批移走，原住民則全數在第五批移至大溪中庄，稱為「大溪鎮中庄第二移民新村」，後因風災吹垮建物，搬至大漢溪邊，興建「中庄山胞第二移民新村」。不料，1963年葛樂禮颱風連續豪雨，水庫洩洪，新村房舍幾乎全被沖毀。於是族人多數再被安置於最初淹沒區平地人鄰居所遷住的觀音鄉大潭村（另見陳其澎與范玉梅2002；鄧榮坤2006），少部分人則返回山上居住。住往大潭的人，在1974年高銀化工廠設廠之後不久，即開始受到鎘污染的傷害。到了1989年族人再次搬遷，有的回住大溪，也有重返山地者，另則散處各地。

據李慧慧論文資料所示，當初政府遊說不止，保證遷後日子美好，但事實卻非如此，族人莫不痛心。水庫分別淹沒了九個部落的全部或一部分。這些聚落分布於大漢溪各個支流河階，水源充足，魚蝦富饒。族中長老憶起從前，均是又興奮又哀傷。水庫有幾回乾旱見底，不少人特意去觀看，其中包括原居族人（不著撰人2002；楊索1994）。外人前來一方面好奇難得景觀，另一方面釣撈大魚，而族人卻是帶著回老家心情，一一指述過往，點出幼時生活留痕。

族人曾依水居住。溪流生意昂然，「原住民與水」成了現今族人回憶或想像的美好圖像之一。我們已難獲知更早之前，各個部落與溪河的真實相處經驗，然至少必有前節提及之水中食物供給，以及風雨水漲的記錄。今天，憶者僅及前者，後者則已成「忘卻」（forgetting）之歷史。「原住民與水」的美好鮮明，可能係因現況不理想的反射心情，不過，此一論述上的現象真實，正敘說著共同記憶的形質。

對於九部落84戶泰雅遷移戶而言，過去的優雅溪水和後來庫裝大水，一親切，一突兀，相對深刻。水庫建後，凡遇風颱大雨，所聽聞者不再是「山洪暴發」，而是「洩洪千里」。山洪自然，洩洪人工。不料石門水庫葛樂禮颱風大洩洪，首先摧毀者，竟是好不容易自淹末區搬出中庄的移民新村。此一經驗越加使得族人痛心。庫水不僅陌生，更是毀家殺手，它是水，卻遠不同於從前家園的溪流之水。

水庫蓄大水，迫使族人遷徙。大水放出，再逼他們另遷他處。結果，卻到了一個鎘毒之地，復又離散四境。依人口算計，復興鄉泰雅族仍有大半在水庫周遭生活，迫遷者只是小部分。家鄉大群與離鄉小群，對水庫或冷感或傷感。鄉民歷史經驗並無水庫，因此面對這一大潭水，族人陌生，感覺不到文化情份。搬出者不論下落如何，舉凡想到庫水，祖先和家園均沒底下，然後天天混合流出，供養平地，喝飽外人，勢必憤慨難受。

李慧慧論文的「原住民與水」，有經典民族誌所缺之生動性與現代性。我們閱後，知道泰雅人另類的水故事。從古典魚蝦捕撈，暴風湍流少女犧牲，到人工集水，迫遷族人，均是原住民與水互動經歷。它或留在民族誌文本上，或成殖民與後殖民，以及前後國家意識型態論戰素材，亦或寫下水庫建設成果之乏人知曉外篇章的「水趕走人」一頁。莎韻是原住民犧牲，以全帝國；石門水庫則是犧牲原住民，以全民國。兩者均因水牽線，而讓國家獲得美名。

六、滅頂原住民：土石暴流

「土石流」在臺灣，人人耳熟能詳。近十幾年來，這些由山上或高處被大水直接或間接帶至低處的石塊泥巴，的確傷害了許多村落家庭，超過百人喪命，財產損失龐大。不過，1990年代之前，土石流及其威力，大家仍相當陌生，一夕之間，它突然成了臺灣山地與平地間之生態矛盾的總代表。人為破壞山林的「大自然反撲」，是為媒體常見的說辭。原住民居處山地者多，於是，土石流發生了，他們除了可能的人口死傷，屋倒園毀，面臨遷村之外，還得接受外界環境破壞者的質疑。

1990年6月23日，歐菲利颱風侵襲臺灣，花蓮縣秀林鄉太魯閣族村落銅門，發生土石隨山溪大水沖下，毀掉幾近半個社區一事，這是臺灣第一次「正式」土石流大量傷人事件，36人死亡，8人受傷，43間房子全毀或半毀，68人無家可歸（楊蕙菁2005）。他們全是原住民。闖禍的溪流因太小而無正式命名。平常不起眼，下了大雨，卻成了擁有千軍萬馬的殺手。我們當然可以從地方田野調查間，問出事發前的溪人關係，或許寫出的報告如上文古典民族誌內容的平和。然而，唯有見到其等不及寂寞而驟然發威，人們才會警覺，原來任何文化設計或生存經驗，都擋不過大自然的千變萬化。太魯閣族人祖先生活知識豐富，但濡化（enculturation）過程中卻未有效阻止子孫在危險的原始土石流沖積地建立社區。銅門受害區就建在過去土石流堆積土之上，然後再承受新一波土石流湧入，家毀人亡。

傳統上，太魯閣族人均住在高山上，他們適應的是水系上游環境。日本殖民政府行集團移住，陸續將各部落遷下山，在沿山坡地新建聚落。銅門就是其中之一。族人到了山下，對水系下游不是很瞭解，畢竟上游水知識，並不適用於下游。村民在傳統水知識之外，不知情地建屋於土石流的歷史通道上，終至悲劇發生。

銅門是第一次，之後迄今，全臺土石流難以計數，其中原住民遭殃比例甚高。2001年7月26日桃芝颱風過境，南投與花蓮兩縣都有原住民部落受創嚴重（花蓮小姐2001）。南投信義鄉布農族新鄉部落有十餘人被土石流活埋。族人過去幾年下大雨便逃，雨後再回，但此次水下太急，預警失靈，於是慘劇發生。有的族人將之怪罪至村民學平地人墾林耕作的錯誤（編輯室2001）。

在花蓮方面，有一個名為大興的村子，阿美族與漢人各半，但它卻建於原為行水區溪床之上（詹前善2001）。原因和上述布農族景況一般，為了在低階地種植高經濟價值作物（花孟璟 2001），家屋人丁全建基在旁，危機四伏而不自知，桃芝來犯，大興村有二十多人死亡，嚴重程度不下於十餘年前的銅門。

大興村在嘉濃溪邊。嘉濃溪阿美語稱為*Kalanglang*，意為「比野火更兇猛的河流」，可見在族人生活經驗中，已知它的威力。大興地區原無人居住，客家人進入採製樟腦，才有人跡。大興不似銅門，前者不適人居，所以阿美人未佔之，後者太魯閣人不知其凶險，故執意建村。不過，利益吸引，祖先叮嚀忘卻，阿美人搬進與平地人同住，換來了死亡災難，其下場和銅門人類同。

土石暴流難以遏止，原住民不論住在近於平地（如銅門、大興），或深山遠林（如南投信義鄉），大致都難逃大水加泥石衝力的威脅。土石流可能是臺灣生態新現象，也可能存於山高水急島嶼多時，但它頻繁地拿取人命，絕對是全新記錄。原住民有傳統生態智慧，其內容必包含如何面對大雨大水，但在基礎被拔除之後（如太魯閣人被迫撤離高山，布農人一反習慣竟在山地種果蔬，以及阿美人忘卻經驗地與平地人圍在溪床蓋屋種植等），智慧機制可能失能，乃至族人滅頂。

七、結論

原住民部落因水的需求問題得以解決，方可順利建村。早期經典民族誌作者如小島由道、李亦園、石磊、吳燕和，阮昌銳等人，都看到了此點，因此，多少會於文本中稍加敘述，讀者閱而知曉各族如何分區劃界，組團獵魚取水。但是，因水而起的「人變」，或由於「水變」導致的「人變」，易言之，就是水的現代性實踐，在古典人類學知識領域中，並不佔位置。即使發生了與水相關的嚴重人權甚或人命事件，仍無動於民族誌的平和文字內容。

本文為增添大家對「水與原住民」關係的另類認識，特以「淹沒」為軸，探討了數種水漲村沒或水暴人沒的故事範疇。泰雅少女莎韻為了從軍去的警手，風裡墜溪「殉國」。大水沒了原住民女孩生命，之後有褒獎、有宣揚、有電影、有銅像。水因颱而大變，藉此，女孩以性命，換來了身份的奇變。在漢人文化範疇，類此例子很可能演變成如媽祖林默娘般的專救水難之神祇，而莎韻遇上日本軍國文化，就只能從中找位置，大抵「愛國」是唯一可能。經由愛國機制的作用，失蹤於急水的少女，成了國家文化的強化劑，人們從中記憶歷史。至於經典民族誌所說明的泰雅人溺水凶死，到底如何於莎韻村中實踐，也就不重要了。

鄒族少年代代玩水，也沒出事，偏偏楊港安繼吳鳳之後來當救人英雄，使得族人除了多背負一份莫明「歉疚」之外，又加添了「敗於溪河」的一項。今天，大學生繼續相信學長的義行，但鄒人卻不忍訕笑技差溺死竟而編造神話的實情。莎韻後續，數年前，曾有人邀來當日同行下山婦女座談「澄清」。港安事件阿里山原住民就差沒出面記者會說明而已。南澳水變犧牲了原住民，日人景仰，到了漢人國家接收，就拼命設法去除少女的偉大。山美水未變，卻拉上「颱風前後」述語，誇張危險，死了平地大學生，漢人國家意識型態價值代理人就一直稱頌少男偉大。兩造相看，定有心得。

石門水庫建設，泰雅族人迫遷，一次又一次，乃至幸福潰散。水底記憶完美，而突兀滿起的水池，對族人而言，卻是怪體，因它不是泰雅原鄉的傳統，更非自然山水。莎韻、港安事件，均為淹人，而石門一事則係沒村。都是淹沒，也象徵原住民無力的個人（如莎韻任憑外人詮釋定位），無聲的族群（如港安事件未見公允宣示鄒人觀點），以及無望的社群（如水庫趕人，遷者成群，卻追求不到所應享的權益）。不過，這三者尚不致慘如銅門、新鄉、大興遇上土石流的集體滅頂景況。所有的水故事，土石流最為怪異。莎韻和港安均是偶然之後的引伸，而水庫例子也不會太多，但土石流變卻是各地爆發，年年出現彷如成了常態。即使古典民族誌不曾專論，咸信傳統原住民水知識原應足以對付各種大小水變，除非居處根基被拔除（如水庫遷出最後住進毒鎘村，或太魯閣人上下變居落差1,000公尺以上）。從原居地遷離均是不幸或折磨，石門之例在前，銅門在後。銅門災後，人口順利遷出，但後來念鄉跑回原村者眾（夏德珍2004）。土石流一來，都採滅村之勢。重返家園有冒另次土石大難之危險。這種水人遭逢情形，大至只有走為上策一途。原住民與水曾親和如經典民族誌狀態，曾無奈如莎韻與港安被人藉之發揮，亦曾美麗溪水變龐大庫水的夢魘。這些「曾」，代表過去或應終會過去，但新報到的土石流卻正猖狂。原住民們如何應付？一則報導寫布農族人桃芝過後，逃出再返家，一路泥濘，仍歌唱自娛，這種可能亦是無奈的反應，卻已展現服於大自然的誠心，有辦法協助大家渡過難關。或許，水流悲情可能不是絕對悽慘，因為此刻原住民應是正在醞釀機制，勇於面對。弱勢者是否存有永為邊緣之宿命？原住民大概不會承認。他們在多元現代性價值洪流中，原有大機會，但國家大社會畢竟回饋回應太慢，因此，唯有自己先開創大步，找到「反淹沒」道理，才見得到水變不止時代中的希望。

引用書目

小島由道

1996〔1915〕《蕃族慣習調查報告書〔第一卷〕泰雅族》。（中央研究院民族學研究所編譯）臺北：中央研究院民族學研究所。

不著撰人

2002〈石門水庫乾枯 卡拉部落族人壩底尋根〉。公視新聞網_1900公視新聞七點看世界。http://www.pts.org.tw/php/news/view.phpNAENO=1&NEENO=9676 （2007年7月2日上線）

石 磊

1971《筏灣：一個排灣族部落的民族學田野調查報告》。臺北：中央研究院民族學研究所。

阮昌銳

1969《大港口的阿美族》（上）。臺北：中央研究院民族學研究所。

汪淑娟

1996《大專生山地服務隊的發展階段與族群關係的變遷——以輔大港安山地有團為例》。東吳大學社會學系碩士論文。

李亦園、石磊、阮昌銳、楊福發

1963《南澳的泰雅人——民族學田野調查與研究》（上）。臺北：中央研究院民族學研究所。

1964《南澳的泰雅人——民族學田野調查與研究》（下）。臺北：中央研究院民族學研究所。

李慧慧

2007《社群經驗與文化變遷——石門水庫淹沒區泰雅人移民史》。國立政治大學民族學系碩士論文。

吳燕和

1993《臺東太麻里溪流域的東排灣人》。（《民族學研究所資料彙編》7:1-402）臺北：中央研究院民族學研究所。

花孟璟

2001〈桃芝已遠颺　花蓮救災急〉。http://www.libertytimes.com.tw/2001/new/aug/1/today_c5.htm（2007年7月2日上線）。

花蓮小姐

2001〈桃芝颱風肆虐　花蓮災情慘重〉。自由電子新聞網7月31日。http://www.libertytimes.tw/2001/new/jul/31/today-c1.htm（2007年7月2日上線）。

夏德珍

2004〈「遷」離災難　「村」夢無痕〉。自由時報電子新聞網—生活新聞。http://www.libertytimes.com.tw/2004/new/sep/6/today-lifeb.htm （2007年7 月2日上線）。

陳其澎與范玉梅

2002〈日久他鄉是故鄉：石門水庫移民遷徙歷程之研究〉。刊於《「重訪東亞：全球・區域・國家・公民」文化研究學會2002年會論文集》，文化研究學會編，頁1-34。臺北：文化研究學會。

楊　索
1994〈失去部落三十四年的卡拉社人〉。《中國時報》1994年12月5日。
楊蕙菁
2005〈重返銅門村〉。《商業周刊》第923期。http://www.business weekly.com.tw/webfineprint.php?id=20741（2007年7月2日上線）。
詹前善
2001〈大興村災變　農委會認與種檳榔無關〉。《聯合報》8月3日。http://naphm.ncdr.nat.gov.tw/web/toraji/ec/900803/ec-04/B08034301.htm（2007年7月2日上線）。
溫浩邦
1996《歷史的流變與多聲——「義人吳鳳」與「莎韻之鐘」的人類學分析》。國立臺灣大學人類學研究所碩士論文。
鄧榮坤
2006〈石門水庫移民新村記事〉。網路城邦〔鄧榮坤文字舖〕。http://city.udn.com/c1/blog/article/print.jsp?uid=writer326&f_ART_ID=403750（2007年7月2日上線）。
編輯室
2001〈桃芝侵台　考驗國人所能承受之最〉。《臺灣原住民月刊》第22期。http://www.kgu.com.tw/minority/per/22/22-26.htm（2007年7月2日上線）。
謝世忠、郭倩婷、楊鈴慧、劉瑞超、李韋誠
2007《原住民族傳統習慣之調查、整理及評估納入現行法制第二期委託研究——泰雅族、太魯閣族》。臺北：行政院原住民族委員會。

* 本文撰寫期間承劉瑞超、楊鈴慧、姜以琳、張娥凜、及李莎莉等諸位女士先生多所協助，謹此致謝。

（本文為2007年7月28日參與韓國華川郡「華川木筏節國際研討會」宣讀論文。文章從未正式出版，一晃眼已是十多年前回憶，為留下當時的論述紀錄，仍以原稿呈現之。）

族語文字的入心
——從阿美族展典場域的語言書寫風貌談起

一、前言

文字的必須性，對一個獨立政治體如國家而言，自然是一種絕對的擁有。換句話說，在沒有文字的情況下，可否形成一個國家，歷史上或許可能，但，對當代國家來說，根本無有機會。於是，像殖民帝國主義母國退出之後的新興國家，其傳統上若缺乏原有文字，就須於短時間內創出或進用特定通用或官方文字甚至國家文字，以為治理之需。以東南亞為例，屬於南島族系的印尼、馬來西亞、以及菲律賓就是例子，其中前二者創用羅馬字體為基礎的印尼文和馬來文，後一者則除了同等背景出現的菲律賓文之外，亦同時以英文為官方語文。無論如何，這些羅馬字基底的新文字都是正式文字，無人會以它們僅僅是後天人工硬造的非本土符號視之。

同屬南島系的臺灣原住民無緣如同印馬菲遠親各國得以自己治理國家，他們所屬獨立政體是為漢人國家。漢人的傳統中文，代表著治理的文化與政令，從第一時刻起，就從未有人思及國土之內存有另一國家文字之可能性。原住民各族於是就在口語傳統環境下，接受中文語言與文字教育迄今超過70年。現在的原民個人在中文語文的能力，以及日常使用的習慣性上，可說與漢人無所分別。不過，縱使如此，原民普遍接受基督宗教，而傳教士以羅馬字拼寫原民語言尤其是翻譯聖經，是為中文之外的另一當代文字經驗（若暫不考慮將20世紀前半期的日語文教育），部分部落對教會羅馬字不僅熟悉更且積極擁護。

原民的語文世界自20世紀後葉及至新世紀的前10年間，發生了巨大變革。而這變革力道就來自於漢人國家政府。先是2005年行政院原住民族委員會與教育部共同頒布原住民族語言書寫系統，十數年後的2017年，《原住民族語言發展法》三讀通過，總統公布實施。自此，原住民族語言成了國家語言，每年的族語認證都屬國家考試的辦理。雖然，國家語言和國家文字恐怕是兩回事，也就是說，原民書寫系統要轉成為如同印馬菲的在地國家文字，或有相當難度，但是，成為國家語言的同一年，地方政府已有發出並經首長批示之原民書寫系統公文的紀錄（不著撰人2017），足見書寫系統受到相當重視，縱然非屬國家文字（參林宥翔2019），實質上卻已以正式文字在操用了。

這些都是正面發展的點滴。然而，原住民在生活日常中，可有重視此一新書寫系統或說準正式文字的使用？筆者假設，公開性的族群節慶時刻，搭和著當下總脫離不了或延伸成觀光角落的大眾展演效應，當為族語文字書寫的大顯身手之機，於是，本文即擬以居住在新北和桃園之部分阿美族的2019年豐年慶典為主要例子，再配以些許原鄉景觀，來探討慶祝活動中所見之族語書寫的使用。畢竟，我們已經有公諸於世超過10年了的准原民文字系統，而且不少族人歷經其間的認證考試，理論上，它或有機會慢慢深入生活，尤其慶典日子裡，族群氛圍濃厚，不僅族人會來，外人也會往，因此，族群專屬字體或正值寫出表現，以為宣示自我或詔告他人的好時機。這是阿美原民展典場域，或有族人欲藉著典慶，展現出我族書寫分量。

二、族語文字與原民新傳統

制定原住民族書寫系統之過程，曾引起語言學者為代表的國際音標派與教會傳統為基石的羅馬字派之爭。前者一開始占了優勢，並且很快地於1992年理出了一套「臺灣南島語言的語音符號系統」，並由教育部正式公布。原本自以為終於原民各族語言得以有拼音符號了，無料該系統並未真正推動，接觸過的族人也難以接受（見李台元2016:38-53）。於是，只能另起爐灶。如此又過10年，才拍板定案今天使用的書寫系統。它整合了教會羅馬字和國際音標的符號，開明派語言學家和多數原民族籍學者和意見領袖，均可以接受。不過，基於對國際音標派領頭學者的尊崇，仍須同時對90年代創造曇花一現結果之前輩的努力，賦予高位。現在官方出版的一本本臺灣南島語言叢書系列，如某某語法概論等，首頁獻辭即有一段歸功宗師之語，縱使師輩之國際音標基準的語音符號系統，已不被採用。

區分出了42種原民各族方言，繼而認證考試和所有教材書籍編寫，也都依照辦理，無疑是一大創舉，也是國家充分尊重原住民族細緻性人群歷史文化運作的明證。書寫系統公告之後，42種語言的文字化隨即一步步進行，組織此一宏大任務的學術機構成員，對於迷你小群亦有機會創寫文字一事，多表感動（陳誼誠2004）。縱然一切往正面之途邁進，同族同語範圍內，仍有一些不易協調之意見，例如阿美語秀姑巒方言u或o的音，常有爭執，其中後者認定前者其實是受到其他地區影響所致，但前者一方仍堅持己見。又如，泰雅語賽考列克方言中，桃園方面唸*lokah*（加油／安好），新竹族人族則多讀*lawkah*，以至於造成教材裡多元出現，初學者會有困擾。另外，語言能力高者，也常會批評目前族語學習網站中，有些內容錯誤到離譜，主因係編撰匆忙，未有校訂，或者又是個人教師頑固己見的緣故。不過，這些種種，似乎也沒嚴重到對整體書寫系統的質疑，反而隨著時日推展，理論上大家已經日漸習慣這套拼寫42種新國家語言的符號了。甚至陸續有不少呼籲應將書寫系統賦予正式文字地位繼而發展出文學之聲音（吳欣紜2017；巴代2015；王雅萍2008；朱珍靜2016；李台元2010:12-17；林宥翔2019；浦忠成 2011；張芷瑄2020；黃季平2014；劉天賦2016）。

族語認證考試原先是單一種試卷決定通過與否，2014年改成分為初級、中級、中高級、高級、以及優級等5級，國中學生通過初級，考高中能有較高加分比重，高中生通過中級，考大學同等優惠。至於擔任族語教師的門檻，則是中高級。從單一試卷改成分級制之後，初、中級的簡易內容，直接招引更多人報考。也就是說，接觸或習得書寫系統的族人，尤其是年輕世代，越來越多。習於族語系統之後，一般而言，並不會將之與英文弄混，對個人來說，他是學會了至少2種以羅馬字為本之文字，一為英文，另一為特定原民族語書寫。臺灣正軌教育所教授的注音符號和國字，均無法有效拼唸南島系原民語言，而原民會與教育部共同頒布的書寫系統，如今似已然為族人學得入心，它無疑正是當代形成之新傳統的範疇，雖尚未獲得正式文字名號，卻也實質上成了臺灣南島系通用文字了。非屬主體族群卻能實際上擁有類似國家文字，臺灣此舉業已超越印馬菲三國，成了舉世原住民族語言文化政策成功之楷模。問題是，還是得進入生活現場觀察，看看族語書寫的現身樣態，才能更確認新傳統新文字的文化位置。

三、祭典時分與部落日常

筆者為了撰寫《移民、返鄉、與傳統祭典——北臺灣都市阿美族原住民的豐年祭儀參與及文化認同》一書（2007），曾與多位助理廣泛地參與2005和2006年之花東與北臺灣尤其是今新北市地區阿美族各部落、較大區域單元、以及聯合屬性豐年祭，也收羅了不少過去年代之該項祭典的資料。當時資料顯示，各地豐年祭／節的會場門樓或前臺布幕，幾乎全數係以中文書寫該活動名稱，例如「成功鎮忠仁部落九十五年度豐年節慶祝活動」、「成功鎮九十五年度三民社區瑪荖荖部落豐年節慶祝活動」、「美山社區部落瑪拉魯嗡豐收節」、「大坡社區豐年祭」、「臺北縣三重市原住民族發展協進會豐年祭」、「汐止市慶祝九十五年豐年祭聯合活動」等等。其中有的現行行政名稱與族語中文國字拚唸部落名並出，如美山和瑪拉魯嗡以及三民和瑪荖荖，有的就直接僅用忠仁或大坡等漢名。少數部落會以中文拼寫一個族語例如，臺東太麻里鄉金崙村入口處，除了寫上金崙村14鄰阿美部落豐年祭之外，兩旁則有歡迎光臨和馬卡巴海字樣（當時報導人說，地方政府以馬卡巴海為豐年祭名稱[謝世忠與劉瑞超2007:57]，惟事實上，該稱係阿美語*makapahay*歡樂之中譯字）。無論如何，當時的確看不到任一以羅馬字拚用的族語，縱使政府的書寫系統已然準備上路，更何況教會系統之羅馬字對不少部落族人早已不陌生。

有極少數的例子，顯示了族人會設計衣服，再打上族語拼字。例如臺東關山鎮里壠部落，阿美語全稱為*tilangtilang*，主辦單位販售深藍、淺藍和紅色T恤，背面寫有堤郎堤郎*Tilangtilang*字樣。有些地方年齡組成員也共同穿著打上拉水庫、拉電視或啦坦克、拉臺北稱名的運動衫。同樣地，除了*tilangtilang*實屬特例之外，一般仍舊看不到羅馬字書寫者。當時外顯或公開自我群體身分的文字表意，唯一可以採用者就是中文國字。

那麼，過了10數年，且族語書寫實行已夠久，外加呼籲正式文字化之聲日增的今天又如何？筆者去年（2019）在花蓮光復太巴塱部落豐年祭前夕，曾到部落走動，想看看平日族語文字的公開化情形，也觀察一下祭典的準備。雖然光復火車站內有*nga' AY HO*（按：妳好之意）羅馬字字樣，但，旁邊介紹捕魚技術者，就寫成中文字體巴拉告了。而太巴塱社區內，以族語標示地名或景點位置者，仍多用中文國字，例如禮勞部落、砂勞、默斯拉、拉度侖、太巴塱祖屋等。幾家商店店名也取用巴哆麥和太巴塱等。唯有宗教場所大大寫著*Tafalong*教會，以及祖屋周遭見有*KAKITA:η*或*KAKITA^AN*或*KAKITAAN*（按：即祖屋或頭目之意）字樣，而敘述祖先名字也能拼出*KURIU SAUMAH*和*SAUMAH KURIU*，及其所住地點*Arapanapana*。這是平日的太巴塱，大致上就是祖屋才出現羅馬字體，而且顯然是傳統教會用字，而尚未經新的書寫系統校訂。

與此同時間的2019太巴塱豐年祭場地所見又如何？司令臺佈置著太巴塱部落*Ilisin ko TAFALONG*（按：即太巴塱豐年祭之意）大看板，會場穹頂掛著一整排族語和中文國字並列的年齡組織名稱，包括*Maorad*馬歐拉勒、*Latiyam*拉帝亞恩、*Lapalo*拉巴洛、*Latoron*拉多倫、*Latodoh*拉都路、*Ladiwas*拉帝瓦斯、*Laowaw*拉武瓦歐、*Laowic*拉武威志、*Latumay*拉都邁、*Lakuwa*拉鼓哇、*Karafi*卡拉貝、*Lafuwak*拉福娃、*Lacedes*拉志德斯、*Latioul*拉帝優兒、*Mauwuy*馬武外、*Lacugao*拉祖告、*Latafok*拉達福克等（圖1）。此一景象較比過往僅見中文拉某某稱名，的確多了族語，而且多數合於書寫系統規範。不過，琳瑯滿目掛布之下，卻出現一個「2019年花蓮縣光復鄉太巴塱部落傳統*Ilisin*文化祭儀暨民俗體能競技活動」的布條，除了多一個*Ilisin*之外，其餘中文國字字樣，與前述十數年前所見，並無兩樣。總而言之，祭典過後，收起所有高掛布幔和牌樓，場地回復空蕩，整個部落又只剩下少少幾個族語書寫外顯處所了。

圖1：太巴塱豐年祭場地高掛寫有族語和中文的年齡級名稱（謝世忠攝，2019.08.13）

圖2：馬太鞍古屋門口（謝世忠攝，2020.06.13）

今年6月筆者造訪與太巴塱一鄰之隔的馬太鞍。目的也是想看看平日時光，部落裡出現多少公開性的族語文字面貌。和太巴塱祖屋可以相對照的馬太鞍古屋，同樣被認為是在地傳統代表，而後者進院子門前說明牌寫著*bawon futing*和*kaiting apak*二位創屋者夫婦阿美語和中文姓名。屋前則有二大人形象柱子寫著馬太鞍古屋和*Nga 'Ay Ho*（圖2）。此外，社區內有3個處所可以看到族語書寫，其一，每家的統一設計之郵箱上頭寫著馬太鞍*FATA'AN*；其二，部分家戶外頭寫有或是家長之名字，例如*Taki-Angah*、*Kolas:Foting*、*Mosi-Moto*、*Ingay 'Apak*，或是藝術工作室名稱如*Piccnscian Mitoto'an to falako*；其三，機構或學校名稱或外圍裝飾，如馬太鞍活動中心*Sararatan Fata'an*以及光復國中外牆圖畫上的*lakaw*（傳統捕魚）、*satoron*（製作糯米糕）、*tenowon*（織布）、*pakasoy*（選木材）等。如果不注意觀看，走一趟部落街巷，其實很難發現阿美族語國家語言文字的存在，畢竟，它的量與質都極其有限，其中所謂質，就是指拼寫方式和標準書寫系統有差。顯見其使用普遍性尚待大大加強。

綜上可見，祭典時分從太巴塱準備過程中，可以看到族語書寫出現不在少，但，那僅限於活動會場，至於社區內部，則太巴塱和馬太鞍等二大阿美秀姑巒系統部落的日常所見，也同於祭典過後回歸至零之景象，即均感受不到族語文字已然被廣泛接受採用之跡象。原鄉如此，那麼，都市的族人慶祝豐年，又用了多少族語文字，下幾節見分曉。

四、都市阿美展典族文風貌之一：活動揭露

現代辦理豐年節慶，在原鄉和在都會區並無大差別，也就是多由協進會申請，然後經政府補助在特定場合舉行。由於場合固定，所以搭臺架屋不可避免，之後就是布幔牌樓的設置。筆者2019年走訪北臺灣至少十數個豐年節場合，每每印象先建立者，就是各場的代表性名稱。中和、三重與土城場次的主標寫著「中和區豐年祭」和「歲時祭儀豐年祭」，以及「108年度新北市三重區原住民族歲時祭儀」和「土城區部落聯合豐年祭典祈福年年風調雨順五穀豐收」。這三區大牌字樣全數中文國字，見不著任一族語書寫系統。唯一出現有族語者，即是掛於土城場所入門處布

條，寫著「108年度新北市土城區原住民族*Ilisin*歲時祭儀活動」。只有一個*Ilisin*，此一情況與尚無族語書寫系統和族語還不是國家語言之十數年前時代，並無兩樣。

新莊和永和場所，前者大布幔寫著「新莊區豐年祭會場歡迎光臨」，而司令臺前則有「108年度新北市新莊區原住民族*ilisin*傳統歲時祭儀活動」，另外瞭望臺寫有*Pire Kalam*字樣。永和區現場有「原住民族*ILISIN*豐年感恩祭」和「祖靈瑪拉道」大招牌。耆老屋也寫著*Taloan*（按：獵寮之意）。這邊的族語出現率，稍稍高於中和、三重和土城，至少多了*Pire Kalam*和中文國字的瑪拉道。

泰山地區情況出現更多。場地大門橫排寫著豐收門，二邊豎牌分別用族語寫出*ma o lah ka mi o tai san*和*tai ni ka mo sa ri kaka*。2019新北市泰山區第29屆原住民族豐年祭。瞭望臺寫著*pirekalan*。報到簽名處有標示著*tani kamo sarikaka*。*tani kamo sarikaka*是「兄弟姊妹們來這兒」之意思（圖3），但主辦單位並未中譯之，顯然認定大家可以懂得和報到簽名處相連結。至於2個豎牌則是「我們很高興歡迎兄弟姊妹來到此地」的意思，主辦人同樣只留族語而不寫中文。而其族語寫法與書寫系統大致謀合，足見此處豐年祭主辦人具有凸顯自我文字的動機，堪稱族語書寫公眾化之典範。

板橋和桃園大溪南興社區規模不大。前者標示著「108年板橋區原住民族發展協進會歲時祭儀暨傳統競技活動」，後者則寫有「108年度第39屆南興社區豐年祭聯歡大會」，均沒有任一族語書寫。他們的情況比起中和、三重、土城區域，僅僅出現一次*Ilisin*者，更為全盤中文國字化了。

各地豐年祭從不會僅僅標示出阿美族，因為全部都以地區原民各族的名義舉辦，但，實質內容即以阿美族的慶典為標竿，有出現族語牌樓字樣者，全數阿美語。桃園和新北的大型聯合豐年祭亦然。前者大標題為「2019桃園市原住民族聯合豐年祭*Ilisin Ku Tuying Palamit*深根」（圖4），後者則是「原來就飾美108年度新北市原住民族聯合文化活動」，活動項目包括*mifolod*（迎靈及祈福儀式）、*malikoda*（娛靈儀式）、*Mipihay*（送靈儀式）。桃園的活動主標，有不少族語文字，而新北則是大標全數中文國字，反而節目流程出現了與靈相關之3個族語文字項目。雖然活動過程，尤其是跳舞之際，偶有聽聞非阿美族人抱怨自己同族人穿著族服卻跳他族

圖3：泰山豐年祭報到處寫有*taini kamo sarikaka*（謝世忠攝，2019.10.13）

圖4：桃園市聯合豐年祭司令臺前（謝世忠攝，2019.08.31）

舞蹈，有點不倫不類。惟大致上多數人已經習慣阿美代表的慶典風格，少有太過直接的反對聲音。

活動的揭露，看到大布幔牌樓，即能領受到該場次的族語文字使用與否，而此一最具代表性之視覺圖像，實則直接述說著族群自身與族語新書寫系統關係之遠近。而那或正是積極爭取確立族語文字之社會運動，所應立即關心之課題，畢竟，倘若族語文字於日常生活中無所感，那麼呼籲聲音再怎麼嘹亮，恐怕都枉然。

五、都市阿美展典族文風貌之二：我群標誌

豐年祭會場的參加者，主要是該特定地區的族人，以及受邀前來的表演團隊和鄰近社區友親。若為聯合豐年祭，就按照行政單位劃分，例如新北市有樹林區、萬里區、新店區等等，桃園市有觀音區、中壢區、大溪區等等。各區如何呈現自己的代表性，如何展示作為一名阿美族成員或原住民族屬性（indigeneity），或者部落本身如何被凸顯等等，都在現場有了淋漓盡致地演出。

在中和的場合，看到不少穿著制服者，包括寫有*Niyaro' no Sinhe*新和部落與*Sefi no Sinhe*新和部落屋、吉拉卡樣豐年祭、新北市五股原住民族婦女會、新北市五股區原住民族發展協進會*MA LIPAHAK KITA*、*Tafalong*、*Latalok*、*a'tolon*拉贛駿等字樣的T-恤。三重場次除了五股區協進會人士來到之外，還有穿著寫有拉洗烙T-恤的族人。土城則族語衣服出現較多，包括*Wawa no tife'kay*、拉撒麥*Cilamitay Lasamay*、*Lacungaw*傲魂、*Latiyiwl*拉帝優、*Saicelen Latafuk a Selal Tafalong Misakero*、*Tafalong*、*Ilisin*等。

新莊場合的特殊地方在於使用族語拼寫部落和服務單位，包括有*Ming An Niyaro'*、*Tan-Fong Niyaro'*、*Ling Ko*、*Po Lung*、*Sang Cung*、*Lo Cow*、*Sing cun wen Ciyn Can*、*Wo kow*、*Tay San*、*Toci en Niyaro'*、*A Tolan*、*Puyuma*、*Nalowan Paywo*等（圖5）。穿著的T-恤則有原美活力舞蹈團*Yin Mei Huo Li Dance Troupe*、*Ilisin no Tafalong*等。有人揹著寫有板橋*Ilisin*字樣的包包前來參加。永和場地則看到巴島系貴婦團、唯浪唯有團結浪花才美、拉堵麥、快樂山部落協會、嘎啦嘎啦等的團體或衣著寫字，它們全係中文國字的拚唸。相較下，土城和新莊對於族語的羅馬字或新式書寫系統最為熱中。

圖5：新莊豐年祭場各區以羅馬字體書寫地名（謝世忠攝，2019.10.20）

泰山區每個帳棚上都掛著*Ilisin no Taisan*牌子，相當醒目。有個團體叫做新莊 枋札來*fang calay*，也有穿著寫有德高老字樣T-恤。大溪南興社區有穿著寫著*Kakitaan*紅色或黑色背心，還有*KAMORAW ILISIN*39南興黑色T-恤。板橋場合有*Kilang Futing*、*Pa a ni fong*興昌旅北同鄉會（圖6），以及披著寫著*Makotaay*瑪古達堐的圍巾。

圖6：板橋豐年祭穿著寫有*Kilang Futing*（樹木魚兒）字樣的阿美族語（謝世忠攝，2019.10.06）

新北市聯合豐年祭有*Lohok*旅北豐年祭的T-恤、拉卓越T-恤、*Ilisin* T-恤、*SanZHi*背心、*FATAAN* T-恤，桃園市聯合豐年祭則見到*Lashandi*拉山地T-恤、*Ilisin* polo衫、*Kakitaan*背心、*Kapah atata*奔回部落豐年祭等。

這些穿在身上者，或者標示於帳篷休息區前頭字牌者，有的只見中文，有的中文國字拼讀族語，當然，也見到了一些國家認定之書寫系統。依筆者之見，只要有阿美語的意涵，那怕只是中文國字音譯表達，都可謂是族群意識的一種展現。當然，現在鼓勵書寫系統的使用，但，中文國字畢竟習以為常了，而標示族群位置，又不需以長篇大論的族語以為證實，一般就是簡單幾字如*Ilisin*／豐年祭，或*Niyaro'*／部落等，即能形成象徵功能，並逕以之為代表。因此，要以書寫系統完全被接受入心，從而取代中文國字，恐怕仍是一條長路。

六、都市阿美展典族文風貌之三：攤位醒目

除了參與豐年祭典的個人和團體之外，會場周遭均有不少攤販，有的賣吃的，有的是手工藝商店或其他商品銷售處。這些族人們喜歡光顧的店家，也有不少使用族名的情況，在現場形成了一個表意阿美族特色或原住民族屬性（indigeneity）的所在。

中和場地有標示老闆名字者，如施思巴奈，三重有阿力比帶，土城則有來自吉萊米帶的沙力嘎嘎、哈克哈克、比西里岸、班甲。到了新莊場次，比西里岸和沙力嘎嘎也都跑來，另還有古早味古浪湯、加力檔排骨湯、阿力必、都倫、阿力比仔、*Kico*愛手作、班甲。轉至泰山，有阿美族哈露、古浪和加力檔、吉萊米帶的沙力嘎嘎、璽瑷。板橋可見阿力必、古浪、醃阿力畢、班甲、醃古浪、根鬧、達瑪勇。

新北市聯合豐年祭攤位多，出現各族族語文字頻率高。*Wuba Wuma*、娜告、比西里岸、安娜塔西亞、咖力當、土潤、沙哇力、姨娜、*yaye*、達瑪勇、阿尼夫山、馬蘭部落尤將、海波浪、*Yapit Tayal*泰雅飛鼠、*DII.MA*、Crazy MaMa、太巴塱、奈映、*Tina*、古浪和加力檔、古思尼、牛脾氣。桃園聯合豐年祭也有一些，如法法、阿路富、*Kavalan sunis*、琺珊、卑南*ina*等。不過，聯合型者，有較大量非飲食攤位，它們多數包括著非阿美族的

原住民其他群體，增添了熱鬧。

走訪攤位，吃的部分，有不少幾乎各個場合都見得到，他們申請到位置，利用人潮賺來更多錢。每一攤都販售族人所熟悉喜愛的美食，像哈克哈克、班甲、阿力比帶、阿力必、阿力比仔、醃阿力畢、古浪湯、醃古浪、加力檔排骨湯、咖力當、根鬧、土潤、都倫等都是（圖7）。這些用中文國字按照族語讀音拚寫出來的食物，不需要稍稍思考，族人們一看即知道它們是什麼，但是，對於非原住民來說，可就必須問個究竟了。不過，原住民攤位多半引來原住民消費者，倒也少見到好奇的外人圍聚怪怪名稱打擾老闆半天。出現這些族語拼寫中文，是原住民場合的特殊表意風景，它另向傳達出一份同胞聚集的溫馨氛圍。

圖7：新莊豐年祭場合以族語標示品項的美食小攤（謝世忠攝，2019.10.20）

七、討論與結論

臺灣的原住民族政策走在前端，日本愛努族人總是羨慕。事實上，全球一直在關注族語消失保存問題，但，少有將族語國家語言化，甚至建置文字系統的作法。筆者在北海道參訪多次愛努族語教學班，他們就是以日文片假名學族語，有如我們以注音符號或中文國字拚唸原民語言一樣。非羅馬字或印歐語族系統下的地區，凡有自己傳統文字，而且是屬於古老文明之類屬者，在地原住民族多半處境艱辛。因為他們幾乎全數被要求以主體或統治族群文字來拼寫族語。中國少數民族不少有自己的文字，但是，官方卻總是以羅馬字基礎發明使用的漢語拼音來唸寫民族語言，或者更多是以漢字直接書寫。例如，西雙版納傣族語言稱呼國王為*chao phandiin*，就都被中國人在口語書寫上通用召片領或zhaopianling。又如女孩子傣語稱作*phu saaw*，中國人譯寫成卜捎或busao。漢文或漢語拼音通通發不準非漢族的詞彙，但，超過半世紀以來，在中國始終無人曾試圖對此一問題，啟迪些許檢討。

過去臺灣專制政府亦曾強力以注音符號甚至中文國字來唸寫原住民語言，更且壓制甚至禁用教會羅馬字。這些其實都產生了效用。也就是說，在原住民的地方，看到比較多國字拚唸原民語，而卻少看到羅馬字公開的四處出現。前舉在都市豐年節慶展典場合看到的族語寫字，如哈克哈克、班甲、阿力比帶、阿力必、阿力比仔、醃阿力畢、古浪湯、醃古浪、加力檔排骨湯、咖力當、根鬧、土潤、都倫等，其實大可以寫成*hakhak*（糯米飯）、*alipit / alipitay*（*alipit*，貝類*cekiw*的一種）、*kolang*（芥菜）、*kalitang*（四季豆）、*kenaw*（蔥）、*toron*（糯米糕）。但，一方面可能中文表意較為習慣，只要發音類似，大家同有了解的默契，也較為安全無虞，至少不是寫外國字。另一方面，無論是部分長輩較為習慣的教會羅馬字，還是國家頒布已近15年的書寫系統，卻遠不如中文國字來得放心被使用。畢竟前者像極了外國字，族人或許對它們築有藩籬，尤其如果過去被強制不得使用羅馬字之時代記憶又被喚起之際。或者說，事實上，一般族人對於書寫系統之距離仍然遙遠，感應不深刻，因此也就沒能生成直接寫用之動機。

不過，飲食攤商之外豐年節現場頗為壯觀的族語文字景象，卻似不如前述之悲觀。像新莊場合使用族語拼寫部落和服務單位，包括有*Ming An Niyaro'*、*Tan-Fong Niyaro'*、*Ling Ko*、*Po Lung*、*Sang Cung*、*Lo Cow*、*Sing cun wen Ciyn Can*、*Wo kow*、*Tay San*、*Toci en Niyaro'*等。此一情境的勇氣表現之處在

於，並未同時寫出民安部落、丹鳳部落、林口、三重、蘆洲、新莊文健站、五股、泰山、桃子園部落等中文地名。參加的人就只能看著羅馬字，不懂者就自認委屈，但，此舉卻也成就出一竭盡全力彰顯原住民族語作為國家語言，同時擁有書寫系統的驕傲精神。另外，泰山區每個帳棚上都掛著*Ilisin no Taisan*牌子，相當醒目，卻也不寫出中文意思，加上報到處的*tani kamo sarikaka*，足見族群以書寫表達自主性意念之作為，正在大力萌芽。

除此之外，族人穿著衣服上頭的族語文字表意，也頗為精彩豐富。此處計有3種樣態，其一是只有中文國字譯稱者如拉贛駿、拉冼烙，均為年齡級稱名。其二是族語和中文並寫者如*Niyaro' no Sinhe* 新和部落與*Sefi no Sinhe*新和部落屋、新北市五股區原住民族發展協進會*MA LIPAHAK KITA*、拉撒麥*Cilamitay Lasamay*、*Lacungaw*傲魂、*Latiyiwl*拉帝優。其三是完全族語如*Tafalong*、*Latalok*、*a'tolon*、*Wawa no tife'kay*、*Saicelen Latafuk a Selal Tafalong Misakero*、*Tafalong*、*Ilisin*等。以純族語書寫者，像*Saicelen Latafuk a Selal Tafalong Misakero*即為「太巴塱*Latafuk*年齡級舞蹈表演加油成功」之意。如果中文也寫上，可能顯得衣服雜亂，完整的阿美族族群文字樣態會受到波及。而*MA LIPAHAK KITA*是「我們都很高興」的意思，*Wawa no tife'kay*則為「*tife'kay*的孩子」。

越是進入基層，似乎越多見族語文字。較大範圍的地方名稱，多數仍用中文，但仍有少部分如新莊豐年祭堅持使用族語書寫部落名稱。到了地方之下的各個團體位階，成員們的衣服多多少少見到了族語文字寫印在上面。至於攤商則多係中文拼寫族語，意思到了即可。最為貧乏者，就是最高位階的活動大牌樓和長布條，多數全部中文，只有少部分簡單寫個*Ilisin*，桃園聯合豐年祭的多幾個字詞*Ilisin Ku Tuying Palamit*算是難得，而泰山門樓二段文字*ma o lah ka mi o tai san*和*tai ni ka mo sa ri kaka*，則是異數。

在原鄉如光復車站和馬太鞍古屋，多見*Nga' Ay Ho*，而都市豐年祭場所則多見*Niyaro'*。前者告知你來到了原住民世界，「歡迎你」。後者則在異鄉中認證自我的原住民存在，都會中有「部落」，或者心中有「部落」。不過，相較下，都市豐年祭會場所見的族語書寫，遠比原鄉平日多。然而，縱使沒有這些書寫，一進豐年節慶會場，大量族人穿著盛裝，就已能顯現不同於大社會的特殊文化景象。那麼，為何又需要呈現族語文字？以中文國字拼寫者怪怪的，非原住民看不懂，而用羅馬字書寫者，更是不知如何唸起。二者達到之文字和內容之「異相」效果皆具，也都能成為區辨我族與他族的廣泛性要素。但是，我們想進一步了解的是，既然國家書寫系統已經15年，將其正式文字化的呼聲，亦不在少，那麼，族人的日常與公共慶典場域，又會如何充分使用它。

經由本研究的初步觀察，那份書寫知識，的確有陸續進入族人世界，所以，規模不等之豐年祭區域裡，看得到牌樓布條上的有限文字，以及人們穿著衣服的團隊代表字樣。但是，頻率上，或說質與量方面，卻仍頗為有限。換句話說，多數就是*niyaro'*（部落）、*Ilisin*（豐年祭）、*fata'an*或*Tafalong*等原鄉部落名、*Lashandi*拉山地或拉撒婁*Cilamitay Lasamay*等自己的年齡級名，外加偶現的*kakitaan*（頭目）、*fang calay*（美好）、*sarikaka*（兄弟姊妹）、*lipahak*（高興）等幾個單詞。太巴塱部落將所有年齡級名以族文和中文並用高掛會場上方做法，頗為壯觀，但，也只是此處見到最多族語書寫，其他部落角落仍少，所以，基本上其情況與都市豐年節慶小場面差不了多少。會場周遭的非飲食攤位多用羅馬字取名，那些多半是店家或老闆自己的名字，與店內內容關係不大，也就是說，取名*Yina*（媽媽或媳婦之意），但工藝品或衣服名稱，不會是*Yina*，不像飲食店掛牌阿力必，就必定有豐富之名叫*alipit*的貝類美食供人點吃。就文化性而言，那些中文國字拚唸之小吃攤，反而比羅馬字非飲食店家更為貼近。

書寫系統如何變成文字？首要條件就是入心。也就是說，此套系統不再被當成僅是拼音符號，縱使當年是透過無數次語言學堅持和教會慣習間的不歡樂協調，惟既然已成讀寫事實，就應該學之惜之也納入心底。經過十多年的族語書寫學習，再配合認證考試，頒發證書，理論上，越來越多人有能力寫出自己的族語。而族語書寫有無入了心？從生活外顯面貌的出現景象，應可獲得基本的了解。本文擷取阿美族二個原鄉部落市容，以及數個北臺灣該族不同類型豐年祭，有小社區或有行政單位為據，也有聯合舉辦者。當然，多數不直稱阿美族豐年節，而只強調原住民族歲時祭儀或感恩慶豐年等廣泛名稱，只是從族語名稱的使用上來看，事實上就是阿美族或說以阿美族為主的文化活動。不論是原鄉場域，還是都會展典現場，從阿美語書寫的此起彼落，足可推斷距族語文字化理想的實現尚有多遠。

前言中提及，保存維護及至活化延續原住民族和少數族群傳統語言，是一全球性的議題，過去超過半世紀以來，已經有無數的專人和組織投入（see Hermes et al. 2012:381-403），迄今相關議題仍然炙熱，惟絕大多數研究討論等等紀錄，均集中焦點於如語言應自小浸入情境，老人家和小小孩一起自然相處交談（eg. Nicholas 2014:139-144），以及開發教材，更新教法，甚至建置網路教學平臺（Outakoski 2018: 89-94; Romero-Little 2006: 399-400）等等。之所以各類課題不斷地被討論，一定是成效上出現了問題，才需要專家多動腦筋，研商改良對策。其實，一般來說，可以列入首批關注多數已近瀕危原民語言者，就是語言學家們，他們進出部落社區，記下了數不清的各族語言字彙成語故事，再進而分析語音音節調性以及句法結構等等。留下了紀錄，也解釋了特定語言之組成道理，那是功德一件。可是，不少部落卻對語言學者發出不滿之聲。他們說，語言學者老是來來去去，但，「我們從不知道他們在做什麼」（Welsh 2005:307）。換句話說，我們肯定下的語言學維護了瀕危語言之功，然而，對該語言當事者而言，卻常是無感的。這什麼道理呢？除了盡是外部專家學理壓境，而總聽不到原民的聲音之外（Henze and Davis 1999:3-21），筆者以為，國際音標外加部分歐美語言的強勢，應該是主因。

語言學者都以國際音標記錄語言。而各方檢討語言保存為題迫在眉睫者，卻極少提及教材教學讀寫等等的符號問題。換句話說，從北歐的Sami族人（Sedholm 2018:85-88）、夏威夷原住民（Davis 1999:15-18）、北美原住民（Nicholas 2014）到紐西蘭毛利人（Walsh 2005），都曾出現過族語消失危機的問題，情況嚴重性不等，有的改善較快（如夏威夷 [McCarty and Nicholas 2014:106-136]），有的則還在摸索中。而這其中的國際音標使用問題，一般研究者極少提及，主要當然是以羅馬字為基礎而創立使用的西歐北美語言，在進行原住民族語言保存時，自然而然即以國際音標或歐美語言為本。原住民族小孩要學英文，也要透過與英文字母接近的音標系統學習自己的族語，而後者的效果如何，卻少有人進行檢討，好似這套音標系統理所應該就是族人必須接受的。

有不少非印歐語族傳統的族群，不認為自我語言應該文字化，他們反語言學，反讀寫識字，也反對被研究（Walsh 2005:293-315）。Emiliana

Cruz和Takeew Rpbles（2019:79-96）參與觀察墨西哥幾個印第安族群，他們發現學者以國際音標為基準為各族創造文字，但，此舉卻不能保證對族語的維護能產生效用，因為不少族人認定自己為口語傳統，根本沒有文字，唯一的文字就是西班牙文。而有的學校則努力教授族文，卻因教材設備等等問題，備極辛苦（cf. Romero-Little 2006:399-402）。事實上，讀寫文字對口語傳統的社會來說，無疑是面對一種類似文化革命的壓力，其中非屬印歐系統者尤為如此。

相較於國際景況，臺灣還是走在前頭。換句話說，與語言學者愛恨情仇的日子已然過去。今天各方和諧對話，而國家得以頒布一套書寫系統，更是前無古人的大成就。臺灣原住民經歷中文國字的熟練時光，卻又要學著羅馬字體基底的書寫系統，更且有朝一日欲變成另類國字，那是期待，卻也是壓力，勿忘了，各族小孩還有英文要拼命唸呢。所以，從本文阿美族於原鄉和都會不等日常生活或展典現場情境裡的族語書寫表現，可以看到多元並置的畫面（中文國字加上羅馬字體），它們雖說出現頻率仍有限，卻代表著一種嘗試挑戰或持續努力的精神，也就是「我要以族語文字述說自己，對話同胞，以及召喚大世界的認同」！族語文字或族文的公眾現身既然已在弦上，而臺灣的前衛族群政策，又是第四世界國際原住民族楷模，那麼，何不大家一起參與族語文，妳（你）我擁戴，人人都入心?!

引用書目

不著撰人
2017〈你看過阿美族語的公文嗎？小英臉書秀出來…〉。《自由時報》2017年7月19日。
王雅萍
2008〈原民文化活動觀察：台灣原住民族有文字嗎？〉。《台灣立報》2008年10月21日。
巴代
2015〈文學與族語書寫〉。《端傳媒》，https://theinitium.com/article/20151207-culture-feature-mothertongue03/，2020年6月16日上線。
李台元
2010〈原住民的書寫——漢語創作vs族語創作〉。《原教界》36:12-17。
2016《台灣原住民族語言的書面化歷程》。臺北：國立政治大學。
吳欣紜
2017〈原民語言文字化　10週年成果展揭幕〉。《中央社》2017年2月20日。
林宥翔
2019〈台灣—多元語文第一話　原住民語文〉。《知乎》，https://zhuanian.zhihu.com/p/79962022，2020年6月16日上線。
浦忠成
2011〈原民文官與族語〉。《臺灣立報》2011年1月7日。
黃季平
2014〈卑南語文字化的執筆者〉。刊於《第一輯：回凝與前瞻——卑南族研究的回顧與展望》。林志興、巴代編，頁281-298。臺北：山海文化雜誌社。
陳誼誠
2004〈原住民族語能力認證與小族語言振興〉。http://ip194097.ntcu.edu.tw/giankiu/GTH/2004/LanguageRights/lunbun/2A04-giseng.htm，2020年6月20日上線。
張芷瑄
2020〈原民會施政專刊　書名首次用族語文字〉。《中央社》2020年6月3日。
劉天賦
2016〈落實真正多元，請蔡總統承認「原住民文字」〉。《民報》https://www.seonepage.com/9OqF6soSB，2020年6月18日上線。
謝世忠、劉瑞超
2007《移民、返鄉與傳統祭典——北臺灣都市阿美族原住民的豐年祭儀參與及文化認同》。臺北：行政院原住民族委員會／南投：國史館臺灣文獻館。
Cruz, Emiliana and Tajeew Robles
2019 Using Technology to Revitalize Endangered Languages: Mixe and Chatino Case Studies. In *Indigenous Interfaces: Spaces, Technology, and Social Networks in Mexico and Central America*. Jennifer Gomez Menjivar and Gloria Elizabeth Chacon, eds. Pp. 79-96. Tucson, AZ: University of Arizona Press.
Dakoc Lamlo（朱珍靜）
2016《*Pacengo'en Rangtar* 讓族語重生》。花蓮：臺灣阿美族語言永續發展學會。

Henze, Rosemary, and Kathryn A. Davis
1999 Introduction: Authenticity and Identity: Lessons from Indigenous Language Education. *Anthropology & Education Quarterly* 30(1):3-21.
Hermes, Mary, Megan Bang, and Ananda Marin
2012 Designing Indigenous Language Revitalization. *Harvard Educational Review* 82(3):381-403.
McCarty, Teresa L., and Sheilah E. Nicholas
2014 Reclaiming Indigenous Languages: A Reconsideration of the Roles and Responsibilities of Schools. *Research in Education* 38:106-136.
Nicholas, Andrea Bear
2014 Linguicide, the Killing of Languages, and the Case for Immersion Education. In *An Anthology of Indigenous Writing from New England*. Siobhan Senier, ed. Pp.139-144. Lincoln, NE: University of Nebraska Press.
Outakoski, Hanna
2018 In Search of Virtual Learning Spaces for Sami Languages. In *Indigenous Efflorescence: Beyond Revitalisation in Sapmi and Ainu Mosir*. Gerald Roche, Hiroshi Maruyama and Asa Virdi Kroik, eds. Pp. 89-94. Canberra: Australian National University.
Romero-Little, Mary Eunice
2006 Honoring Our Own: Rethinking Indigenous Languages and Literacy. *Anthropology & Education Quarterly* 37(4):399-402.
Sedholm, Oscar
2018 Viessuoje Mujttuo: Saving an Indigenous Language through New Technology. In *Indigenous Efflorescence: Beyond Revitalisation in Sapmi and Ainu Mosir*. Gerald Roche, Hiroshi Maruyama and Asa Virdi Kroik, eds. Pp. 85-88. Canberra: Australian National University Press.
Walsh, Michael
2005 Will Indigenous Languages Survive? *Annual Review of Anthropology* 34:293-315.

（本文原刊於《原住民族文獻》2020/42:43-58）

第三部分

評論與論評

文化村啟示錄

一、前言——泛文化現象

近幾年幾篇澳洲原住民觀光研究的論著（Ryan and Huyton 2000:15-29，2002:631-647）接連指出，觀光客到了遙遠之處的原住民地區，基本上並非對原住民文化感興趣，反而國土蠻荒邊儌的地理環境，才是吸引的重點。換句話說，國境陲邊之處不毛地域的浪漫刺激想像，可以成就來客魅力。西方背包客跳過現代化泰國而直入上萬農村構成的「文明邊陲」寮國，事實上也是類似例子（謝世忠2012b）。不過，單是遠距原始，恐怕不全然能維持觀光熱度。Keshua Xu、Tao Yan與Xuan Zhu考察了30處中國歷史文化遺產村子的運作過程，他們發現，地方縣轄鎮區政府多數主張，努力將遺產商品化，遠比維護文化資產來的重要（2013:415-418）。換句話說，有的賺，文化才有價值。單是強調文化，不僅賣不到錢，甚至來客稀稀疏疏。同樣地，就僅僅探險經驗一項，也不足以拉客抵達，其間必有人工營造，以成經營者得利與旅遊客滿意的雙效結果。地點的千里之遙（跨國背包客現蹤）或者城內咫尺（大眾型遊覽模式），並不是決定性關鍵，而觀光吸引力（attractiveness）的建置完善，基礎建設或草根結構（infrastructure）支持系統的充分配合，或才為主因。

常見的主題公園（theme park），可能位處遠方，也有占住都會一隅者，卻均見得類同的經營思維，亦即，娛樂內容、整潔安全、飲食服務、展場設計、老少咸宜、交通便捷、以及收費價格等等商業物質導向之關注要素，總是列為重點（參Milman 2009:373-387; Clave 2007）。包裝後（尤其是成為商品）的疆域邊城想像、文化實體內容、或奇異社會樣態，才可能吸引住遊客。強調觀賞各國各地非居主位人群之特殊族群形貌的異族觀光（ethnic tourism），亦是從此處著眼，而其中的典型，就是文化村的設置。

有些觀光地點和當地居民生活範圍大部分重疊（如印尼Sulawesi的Tana Toraja〔見Adams 1984:469-485〕和泰國清萊的Patong Karen族（觀光資訊中均通稱其為長頸族〔Long Neck〕）難民收容區〔參謝世忠2007:17-29〕）（圖1），其形質與往往安排有看台觀賞或特製文化展示之小區域範圍者不盡相同。常見的景象即是，如Tana Toraja和Pataung Karen此類生活觀光區域內，多另附設了小區圈圍的表演展覽場地。日本北海道著名溫泉遊覽名勝阿寒市區的愛努族觀光部落是一例，臺灣日月潭邵族原住民伊達邵地方（德化村／日月村），則是另例。在阿寒十數家大型旅館附近街上，可以購得愛努工藝品，而穿越此區，抵達愛努部落區，兩排房子全係族人經營管理，代表愛努的觀光用品更為多元。除此之外，地勢較高處，另設有收票觀賞節目的文化村。至於日月潭德化社內，則長久以來一直斷續存在著山地歌舞表演場所，它也是固定的建屋，入場收費。

圖1：泰國清萊府Patong族（俗稱長頸族）生活區觀光地點（謝世忠攝，2004.01.26）

這類觀光小區最常見名稱就是所謂的「文化村」，它所指涉者往往是一個可能另外付費收票的特定範圍表演展示場所。英文的對應詞彙，比較多見Cultural Center或Cultural Park。該類場地，顧名思義，就是把文化集中呈現，讓人在短時間內，可以一覽無遺。問題是，甚麼樣的文化值得如此費了周章，將人們吸引前來觀賞？多數的文化村，都主打今已不存在或聲勢薄弱（亦即，瀕臨滅絕的古老文化）或聲名遠播（亦即，其異甚明，不是充滿神祕色彩，就是被認定為奇風別俗）的傳統要項，試圖激發外來人好奇心，願意造訪體驗異樣。然後，再於其間滲入商品銷售的行動，以增來人建置自我的印象紀錄。

旅遊觀光者並不難在各國找到類似文化村的地方，有的導遊行程原本安排在先，有的則景點手冊有載。文化村世界各地四處林立，顯露出特定的泛文化景觀，足見必有其道理。到底是確定會賺錢，還是舉凡諸如民俗民族傳統歷史等等要素一被想及，就無法避免文化村的思維方向？文化村設立之後，是否真如預想，果然來者絡繹？不論答案正反，均應有解釋之道。此外，文化村都一個形態？光芒與消退為何隨時上演？為什麼前仆後繼總是看見新村上市？還是事實上吾人或可理出一份文化村史話？以上種種詢問自筆者二十數年前注意到異族觀光情況時（見謝世忠1992，1993，1994），就一直現於腦海。由於期望能於宏觀圖像上先有一整體性了解，故今文即暫不採單一田野地之人類生活故事探究策略，從而準備以較廣泛角度，描述幾個本土與國外原住民或少數民族文化村的處遇，並比較分析其間的共通問題，且進一步提供些許理論上可以說明的觀點。

當然，注意到臺灣原住民文化村者並不在少，例如Chin-tsai Kuo論到休閒獲益（2013:1065-1074），Janet Chang、Geoffrey Wall及Chen-tsang Simon Tsai等人敘述了經營者選出代表展演事業之文化要項後的結果（2005:347-356）。還有，William Cannon Hunter（2013）指出，原住民的文化展演一方面觀賞者都知道那是商業產品，而另一方面表演者本身卻常視己為參與一場文化活動。也就是說，原住民展演工作者有其文化認同的主體性，因此，不宜就單純以商業關係來界定異族觀光的現場。凡此研究，均是筆者參考啟發的素材，很是受用。

二、文化村的戲劇性

美國東岸有一文化村，號稱完全重現五月花號時代的歐洲移民生活景象。村內所有人物都扮演當時的特定角色，包括工匠、主婦、髮師、馬伕、小販、農人、警長、教士等等，然後均以16世紀的在地知識，來應對觀光者各項挑戰性的詢問。例如，有人調皮問說，你開什麼牌子的汽車前來上班？對方立即一臉狐疑，表示不知「汽車」所指為何。又問，妳的麵包粉是準備做牛肉漢堡嗎？婦人必是搖頭不懂「漢堡」何物。筆者光臨過二次，從沒看到表演者露了餡的例子。這是文化村，演出的時空是400年前北美新大陸，其戲劇效果十足，遊客觀後，嘖嘖稱奇，仿如真正進入歷史，看見祖先時代甚至活人再現。此類活現型的文化村，筆者在美國參觀過兩處，但在亞洲，則尚未有相關經驗。不過，雖然如此，戲劇性的特質，並不只有活現型文化村才有，其他各類族群文化展演場所，多有其特定的臺前形貌。

觀光人類學歷久不衰的討論課題之一就是真實性（authenticity）。論者多謂，觀光活動係在追求真實性，亦即，動身者期盼所觀賞對象是真的。但是，真實性到底是什麼？何種程度可謂真實？真實感覺是如何？真實性證明給誰看？真實性係恆常或縱逝？真實性可有程度之別？真實性可以分門別類嗎？凡此，過去將近半個世紀，已有許多的精緻論辯（見Belhassen and Caton 2006; Wang 1999）。其中，N. Wang（1999:349-370）主張真實性係依個人的實際感受而定，而Belhassen、Caton及Stewart等人（2008:671-673）則認為，若僅止於每一觀光客的內心意念，那麼，等於是無由地抽掉了客觀存在的觀光地點，也就是說，來者佇立逗留的地方（place）有如人間蒸發了。一般而言，觀光客必定前往某一地方，所以，地方是觀光的客觀必要條件。地方的呈現狀況，對於是否達到真實性目標，具有舉足輕重的影響。

不過，單有觀光地點，恐怕也難以為繼。被觀光者或接收地方（receiving place）的展演成果，或才能較有效地使觀光者或輸出一方（delivering party）感知到自我發覺的真實。部分研究發現，縱使參訪了各方範疇均與自己所屬社會生活全然不同的地點，觀光當事者在敘述該異邦異族或異地之時，仍是以在老家習以為常之山水建築馬路等簡略語彙進行說明，也就是多使用都市生活經驗來談鄉間行為（Rickly-Boyd and Metro-Roland 2010:1164-1180；Sharpley and Jepson 2011:52-71）。此一研究結果，或有助於說明全球文化村林立的現象。觀光客這種僅需略語敘說的特質，似乎把一切進行了簡化濃縮，而文化村的設立，則有如幫你先把一切都摘要化了，方便事後容易陳述或回憶。

人們往往選擇範圍規模內涵均小型迷你的文化村，快速完成觀光行動。筆者認為，這是一種「摘要性的掌握」（summarized grasping）或「短線性的學習」（short-cut learning）或「秒速性的經驗」（second experience）。觀光客有了學習，有份經驗，也有所掌握。但是，那卻是摘要、短線、秒速的。既然如上所述再怎麼複雜多日的觀光旅程，回頭想起，仍是簡單常用語言的說明，那，文化村的短小，其實正符和一般人所要，也就是，毫不需費力，即可自我建構一份易講易懂的異地經歷。部分學者提及觀光對傳統的破壞，以及造成文化的流失（見Greenwood 1978:129-138），然，也有其他研究者強調對某些人而言，它仍具相當意義，甚至已經生成出新的意義（Martin 2010:544）。文化村可能被諸如Gwenwood之類的學者詬病為虛假。但，此一虛假的批判與觀光追求真實性的論調並無矛盾，畢竟，只有觀光客自身才有真實性與否之感知。它與展示品項有多少客觀真實成分並無直接相關。至於求取真實性經驗的觀光者會不斷進入「虛假」之村嗎？其中尤須研究者認真思考者，應即是縱使走馬觀花，文化村觀光場景對不少人仍具意義。

文化村是一切備便在那兒供人賞用（見Knight 2010:744-762），也就是一次全包（All-in-One）的觀光設計。它有如劣勢族群常見之集中都會角落的族裔圍區（ethnic enclave）般，將被觀賞要項統合於一地的「圍區休閒中心」（enclave resort）（參Wilkinson 1989:169）。圍區休閒中心也許不若族裔圍區（如紐約非洲裔集中地哈林區Harlem和南加州Chicano墨西哥裔社區）或生活觀光地點（如前舉Tana Toraja和Patong Karen）在學理上必與在地認同密切相關，然其產製內容卻多合於人們對文化的簡易想像，也就是整體被展示對象永遠就是此一模樣（見Yan and Santos 2009）。不過，無論位處觀光生活領域內，還是城中鬧區闢地建造，文化村形式上均呈現出一種另地重生的狀態（參Hipwell 2007:885-886）。也就是說，營造者硬是找來各式族群文化或歷史文藝道具材料，試圖在此一有限空間內訴說故事，它仿如被展示者的又次再現。至於主打統合統現卻又常被詬病膚淺虛假的文化村，又如何得以戲劇化地四處林立？本文擬藉用Rickly-Boyd與Metro-Roland（2010:1165-1167）沿用T. Edensor所提出之展演屬性的「劇場隱喻」（theatrical metaphor）以及Gorazd Sedmak和Tanja Mihalic（2008）引申E. Cohen大眾觀光係為追求好玩（playful）而非獲取真實性目的等二項論述為要，試圖建構出一套文化村的理解模式。

筆者過去多年，走訪了不少國家的文化村地點，從而初步認為在同時考量內容屬性和經營情形二要項下，可以嘗試以戲劇類分方式，描繪各個文化村的特定景況。換句話說，在筆者的思維裡，戲劇性不只是展演的方式，還包括文化村何去何從所代表的意涵。以下各節將以臺灣原住民場域、日本北海道愛努族地區、寮國永珍、美國夏威夷、中國雲南西雙版納等處的標榜族裔主題之文化村（圖2）為對象，分別在喜劇、默劇、悲劇、鬧劇、以及新劇等劇碼範疇下，進行各屬某一情境式文化類別的討論，期盼從中可獲致些許啟發。

圖2：中國雲南西雙版納傣族自治州境內的哈尼文化園。（謝世忠攝，2013.04.16）

三、喜劇——奔跳文化

喜劇型者是最典型的原住民或少數民族文化村類屬。為何說是喜劇?主要就是，觀眾從進入村內一直到結束離去，均處於一種歡樂氛圍。表演者與參觀者共織快樂的樂舞戲碼。一個通則就是，觀眾被引進室內或寬敞戶外場地坐定，主持人出來表示歡迎，接著介紹節目，其中必會強調「傳統」、「原始」、「真實」、「古老」等等的相關文化特性，然後五顏六色裝扮的表演者，一一出現展演歌舞聲樂。在臺灣，「熱情」是常被主持人用來形容族群特性的用詞，因此，幾乎全部節目均以歡樂快節奏曲目帶動觀眾打拍，甚至最終再邀請大家下場與舞者同樂。

臺灣新北市烏來、南投魚池鄉、花蓮縣市，屏東縣瑪家鄉、花蓮市郊以及其他地點都有該類原住民文化村，有的歷史悠久，從日治化番以及戰後的山胞時代，一直存續至今（參謝世忠1994）。阿美族的歌舞是各地文化村都看得到的標準山地舞曲，它的快步跳法，也較可反映出喜劇類型的需求（圖3）。日本北海道白老與阿寒地區的愛努民族博物館和觀光部落，也有類同的情形（圖4）。在博物館區內的表演現場，主持人以中日韓英甚至臺語與觀眾寒暄玩笑，引發歡呼鼓掌之效。愛努場所較少如臺灣的「熱情」介紹。主因是該族歌舞都是清唱簡舞，沒有電子樂器伴奏，也缺少快舞快歌的動感效能（最快節拍者至多就是口簧琴吹奏了），亦即，都還是傳統方式的展演。為不使觀者無趣，主持人才會渾身解數，希望多少製造些許興致。所以，基本上，它還是一種喜劇型態的屬性。看完表演，可以與舞者合影照相，擺出姿態，喜感更出。

夏威夷的玻里尼西亞文化中心（Polynesian Cultural Centre）聞名於外。英文名字Cultural Center，表示文化在此集中，核心文化盡在眼前。那麼，核心或中心文化所指為何？該地呈現者，正是各類太平洋所見的歌舞及其相伴的服飾與器具。它縱使比臺灣小規模文化村來得多元，其本質仍是帶來歡樂喜悅。不需遊歷廣大洋區，只消夏威夷一地，就可獲得太平洋千百個島國地區的奔跳文化特性印象（圖5）。Philip L. Pearce（2009：634）曾專對觀光場所的嘻笑喜樂或幽默玩笑進行研究。他指出，文化中心刻意地以好玩的方式，將傳統和現代相互對照，節目主持人更會與觀眾來個言語動作的詼諧表現，博取歡樂回應。上世紀90年代臺灣曾有業者仿照夏威夷中心模式，在花蓮複製一個，同樣有在水上歌舞，有船隻划航，花圈肚皮舞也排上節目。在此，原住民文化被增添調整成適合於太平洋島區式的樣態，而大家歡樂登上船筏同歌共舞的喜劇型內涵仍是強調的重點。

圖3：1990年代山地文化村內的歡樂歌舞景象。（李莎莉攝，1991）

圖4：日本北海道白老愛努民族博物館。（謝世忠攝，2011.09.09）

圖5：1990年代中期的夏威夷玻里尼西亞文化中心。（李莎莉攝，1994.04）

四、啞劇——靜聲文化

文化村之所以可讓人感受到「異」，業者勢必已有一番作為，亦即，主事者當會將整體場景異質性化。前節提及的舞蹈歌曲表演，當然是異的呈現方式之一，但，除此之外，仍有其他策略可供運用。一般文化村地點，最普遍看得到者就是屋舍建築。古老原始傳統的樣子，即是進入眼簾的首位標的。人們有如回到過往時光，進入舊款建物之內，開始感受異國情調風貌。

老式建屋配以彩色裝飾人物的表演，是比較工整的文化村文化展現型式，但，並非所有地點都是如此，有不少文化村所在地，就僅見屋舍林立，而無歌曲樂舞演出。也就是說，奇特房子幾棟，一看就知不屬當下使用者，孤零零聳立。它們用來默聲說故事，試圖引來觀眾，成就另一種展演方式。

北海道登別地區有一熊牧場，旁邊就建了幾間傳統愛努族房子。當地較高海拔，原並無愛努聚落（按，愛努族為平地適應文化，大多數部落均位處河口或海邊不遠處，主要係方便獵捕鮭魚或出船打鯨〔參謝世忠2012a：432-453，2013：99-148〕）。但，因棕熊與愛努文化關係密切（該族的送熊或終熊儀式，是傳統時代最具代表性的文化祭典），所以，養熊業者就順道建了愛努草屋。參觀者多數只觀看拍照熊隻，少有人多幾步至舊屋區走走，因此，本來有供人租衣照相的服務，也取消了。空空大房，寂靜無聲，但，它也是文化的表演項目，就是說不出話罷了（圖6）。另外，平取町二風谷地區有三家展示愛努物質文化生活之公私立博物館（二風谷愛努文化博物館、萱野茂二風谷愛努資料館、二風谷沙流川歷史資料館），除了原已有配置寥寥幾棟愛努建屋於外，近幾年更擴大再蓋了好幾棟。平日，十數座大型愛努房舍靜靜在地，卻無任何人跡，像似戲劇出演中的默劇。愛努人不在此，無有活動可能性，因此，無聲的演，默默的呈顯文化紀錄，正如啞言之劇。

圖6：日本北海道登別熊牧場附近愛努族古建築展示屋。
（謝世忠攝，2008.04.11）

沒有人在場的表演，還是在述說著歷史文化情事，此種文化村型態臺灣可有？其實，縱使有歌舞團體節目，在觀光淡季中，大多數時間裡，無論是政府單位還是民間商業場所，標榜原住民文化展演的文化村內多是冷清，幾間傳統型制屋舍即如同前述愛努建築一般，成了無聲無響的文化代表者（圖7）。

圖7：1990年代花蓮地區的山地文化村。（謝世忠攝，1990.08）

眾劇目中的啞劇或默劇更像無聲電影，安靜時刻也可得知故事情節內容。文化村的啞劇，以一種靜聲文化的姿態，述說特定族群文化的歷史過去，偶有人前來觀看，也是靜靜對應，視覺接收即可，而不有機會能如奔跳文化範疇，來賓亦能與舞者共處歡樂。來到觀光空屋前，訪客被迫必須以閱讀看板說明來結合眼到的資訊，然後建置於腦中記憶庫。它所形構的對方文化想像力，或可能因文字引導而更具實，雖然有此機會的參訪者總是有限。

五、悲劇——荒煙文化

寮國首都永珍有一國立民族文化公園（National Ethnic Cultural Park），距離市中心有段路程，還在開放中，但，單看大門，就已知裡頭情形了。除了字體原鑲金色已見斑駁之外，甚至National只剩a iona幾個字母（圖8）。該國籠統的將全國數十上百族裔群體統歸成Lao Loum（低地寮人）、Lao Theung（高處寮人）、及Lao Soung（山頂寮人）等三類，在文化公園內，即以此為主，設計了三款族類家屋，以供展示。在長期缺乏照顧的情況下，各屋多數老舊破損，其中國家主體人群低地寮人日常生活裡的神聖佛寺殿堂，成了漏雨積水的蟲蠅孳生地（圖9），更有甚者，有一些建物裡面，已被人佔用當成他們的家（圖10）（參謝世忠2014）。走在園區內，有如在可怖黑林中冒險，想要進去建築體內參觀，住在其中的人還會怒眼相瞪，像是外人隨意入侵民宅一樣。公園沿湄公河邊有一家飲料攤，業者表示根本不會有人來參觀，只有流浪漢。這種文化村原本係屬教育型的設施，期望傳達國家編制的族群文化知識訊息，不論國內或國外參訪者，多少可以學習些許。然而，理想成了空想，引不起任何人興趣，下場就是如此。荒煙漫草取代了教育目的。

寮國交通建設不甚完善（沒有高速公路，一般道路鋪設柏油或水泥者比率亦甚低，更缺乏鐵路系統），欲抵達鄉間山區族群部落參觀，並不容易，所以，在首都偏處蓋一座大型文化村，應可滿足只能待在永珍城內之外來旅客對少數族群文化的興趣。無料，該國大眾觀光並不普遍，縱使有了寥寥幾團，也都選擇關鍵歷史佛寺塔園（如玉佛寺〔Temple of Emerald〕、大佛塔〔Tat Luang〕、以及Sisaket古寺等）和國家政治標的（如國家主席府和勝利之門〔Patu Xay〕）為觀看對象。民族文化公園從不是旅行機構安排的遊玩地點。很快的，整個園區因乏人問津而急速落敗。

8 | 9 | 10

圖8：寮國國家民族文化園區入口處門面凋蔽。（謝世忠攝，2010.07.19）

圖9：寮國國家民族文化村所展示之南傳佛教寺院已殘破不堪。（謝世忠攝，2010.07.19）

圖10：寮國國家民族文化園區建物被任意佔用或半廢棄景象。（謝世忠攝，2010.07.19）

臺灣的原住民部落地區，也有幾個相類似之地點，當年熱鬧成立的文化村，後來一蹶不振，終而衰敗消失。日月潭邊魚池鄉日月村（即俗稱的德化社，今在地邵族人主張應名之「伊達邵」〔Ita Thao／我是邵族人〕）921大地震過後興建的組合屋區，原本是日月潭山地文化中心所在處，今天已全然看不出當年的風貌了。當年如何風貌？事實上，基本概念和任何靜態無聲之文化村家屋建造相同，與現存之公家的屏東原住民族委員會原住民族文化發展中心（昔稱臺灣原住民族文化園區）和民營南投九族文化村的硬體規制亦類似。換句話說，不是一族一屋，就是一族一區多屋。日月潭該中心即是對傳統認知的原住民九族，各蓋有一代表屋舍，排灣魯凱石板屋，雅美半地下居，阿美泰雅賽夏木竹平屋等等。筆者1995至1997年趁在當地田野之際，曾不只一回前去文化中心參觀，當時早已是雜草叢生，杳無人跡了。縱使偶見過路散客，但，它業已自主要的觀光旅遊行程除名，邵族人每每提及「文化中心」，就搖頭批評。這也和寮國國立民族文化公園淒涼情景相似，文化集中宣揚之處，卻成了放棄的荒地（圖11）。

圖11：1990年代中葉時的日月潭山地文化中心。（謝世忠攝，1996.01）

桃園石門水庫湖面南方有一名為仙島之地。原先該處不是島嶼，水上漲淹沒低地路道，才阻斷了陸路交通，居民只能以船舶進出，一直到今日都是如此。政府開啟水庫觀光之後，生意人隨著動腦筋到新生小島之上。水庫1964年正式營運，幾年後，有華僑商人準備在既有小型仙島公園上進行投資，擬將「擴建及充實公園內的各項設備，一切設施，有一共同原則，盡量保持山地風俗習慣和舊式建築，並一切順著自然環境，以不失去山地的水土風光，在擴建中將分三大類進行，第一類是山地村和山地公園，除栽植各種名貴花木外，並設有各族山胞部落的建築，及山胞歌舞表演場和表演節目，使旅客有如置身於山胞生活環境中之感」（不著撰人1968）。二年後，通稱為仙島樂園的類文化村遊樂區開始湧來大量遊客，取名「臺灣土著民族文化村演舞場」的樂舞表演自然是主體，其他釣魚烤肉等等休閒也頗受歡迎。此一風光，剛好維繫20年，到了1990年正式關門停業。

現在登上仙島，經過當年熱鬧非常的歌舞表演場地，情況已如天壤之別。場地破敗不堪，錄音帶丟滿地，四處堆積許多未及帶走的物品，樂園變成廢棄物墳場。現狀難以想像過去，但，卻稍稍可以嗅出最末衰退期幾年時間客人稀少的慘狀（圖12、圖13及圖14）。仙島和日月潭山地文化中心，以及寮國的國立民族文化公園，都可類歸戲劇範疇的悲劇結局。開始之時，必是熱鬧非凡，充滿期待，畢竟文化村都帶有文化發展的任務，但是，此等頹廢景象，不只是等待落空而已，它所代表的文化展示失敗結果，也傷害了族群文化本身。

任由廢棄的景況，有如原住民或非主體族群在當下的被忽略情形，也動搖了族人的自我文化認同（見前引W. C. Hunter之論）。展示場的落敗，在在顯露了國家社會可能存在著對弱勢群體的膚淺認識與粗糙政策。荒煙文化所反映出的悲劇性，在筆者的田野資料裡，至少對原住民族群社會運動參與者（如1980年代以降的山地異族觀光批判者）和部分在地居民（如日月村邵族人和桃園復興區泰雅人）而言，似乎永遠在啃蝕人心，使族人從有望變成無望。不過，有趣的是，社會上永不缺乏擬欲興建文化村或者忘卻過往失敗從而重起興致者。近年桃園復興又聞有再建先島文化村之議，它間接提醒了文化村運動長存的事實。

12
13 14

圖12：石門水庫仙島原台灣土著民族文化村演舞場址。（李慧慧提供，2008.08.18）
圖13：石門水庫仙島原台灣土著民族文化村演舞場廢棄後景況。（李慧慧提供，2008.08.18）
圖14：石門水庫仙島樂園原址現況。（謝世忠攝，2012.12.16）

六、鬧劇——玩笑文化

觀光客到了文化村，他們做些什麼事？集體觀賞歌舞表演之外，也常有機會四處走走，看看各族諸如家屋的展示現場。過去筆者在臺灣幾處較大規模文化村的研究發現，部分遊客會以自認為玩笑的語氣，提問或回應在現場表演傳統手工藝製作的族人。此些話語往往充滿了對他族文化的無知或輕視，但來客卻多半無甚感覺，只認定有趣。換句話說，再怎麼的嚴肅神聖文化場景，一但在文化村式的地點出現，就變成休閒好玩的事物，以致引發遊客的輕蔑態度。這種由訪客主導形成的鬧劇表演，促使對它難以認同的在地服務族人，可能反向成了評論員或指正者。主角是觀光客，他們看了一陣子文化村景觀，即以輕挑語詞界定原住民展示文化，顯現出了十足鬧場的成分。前述奔跳文化範疇，展演的一方主動挑起與觀眾的喧鬧，而此種玩笑文化的場景，卻是由觀賞者扮演鬧劇主角。觀光活動工作人員理論上應是配角，儘量迎合演出，然而，有的卻以抗議之姿現身，有如拒看鬧劇離場的異議人士。於是，孰為演者，孰為觀者，恐怕早已混淆。

中國的鬧劇，則是另外形式。雲南昆明郊區有一雲南民族村，英文取名Yunnan Nationalities Village。每年4月份傣族新年期間，必定舉辦潑水活動，例如，2011年之時，就訂名「歡度傣曆新年體驗潑水快樂--傳承文化引領歡樂」。一個短短標題出現了「歡度」、「快樂」、以及「歡樂」等三次同義詞彙，可見不知要把人們帶往多麼歡天喜地的境地（圖15）。當然，遊客一到場，就是瘋狂不停的潑水。為了慶祝新年，這或許可以理解。但是，現在的作法卻是，平常非傣族過年時日，也在天天潑水歡樂，理由是為讓觀光客感受潑水節氣氛。少數民族的意象，就此建立在狂歡屬性的模樣之上（類似研究發現可參Evans 2000；Komlosy 2004）。大家的感覺就是，好好玩喔。於是，各式潑水休閒地點，越來越多，還有些民族地區，原本並無信仰南傳佛教各族因過年浴佛（為佛像洗滌身座）而發展出的潑水活動，卻紛紛推出自創的水灑節日，畢竟，大家可以玩笑自若的鬧劇，似乎比較有賣點。

臺灣原住民文化村的鬧劇場合，觀光客無法盡情的鬧，因為原住民自身會出現批判之聲，而中國場域則少數民族演出者盡是搭配演出，客人多行喧叫狂笑的暴力式灌灑盆水，反之，工作人員則族服整齊而面無表情地制式入池潑水或被潑，主副位置鮮明。誠然，並非所有非主體族群的文化村都出現類似鬧劇的場景，但，筆者所掌握之田野資料即有前述多種。事實上，觀光客相當喜愛此等動態性的參與現場，也幾乎所有正在經營之文化村，都安排有主客互動的節目，其極端者即演化成類似鬧劇。

圖15：中國雲南昆明民族文化村。（謝世忠攝，2011.04.17）

七、新劇——管制文化

前節提到美東的16世紀時代活現於文化村內之例，那是一種創舉，所有工作人員都是演員，他們帶領參訪者回到數百年前首批移民的時空，達到歷史再現的活生生氣氛。在今日中國，財團想到的策略與美國方式不同，他所採用者，完全是當下的族群文化圈圍，讓人們看見並體驗異質又傳統生活的真實面相。既然需要「異質」，少數民族幾乎就成了唯一選項，因為相對於絕對主體的漢族，非漢族們即是異的代表。

雲南西雙版納勐罕鎮（俗稱橄欖壩）有一「西雙版納傣族園風景區——千年古寨群落」英文名原出現字樣為The Dai Garden Xishuangbanna—The Dai Garden The Hereditage Of The Ages。該風景區歸屬西雙版納國家重點風景名勝區（英文寫成Xishuangbanna National Park）。入園大門牌下提有「到西雙版納不到橄欖壩傣族園，等於沒有到西雙版納」英文原譯字為"The Who Does Not Get To The Dais Garden Can Not Get Some Idea Of The Xishuangbanna Culture"。這是雲南省的國家重點觀光旅遊區，在地人多會推薦訪客前往參觀。它是一個什麼樣的景區呢？原來有外面財團起了新點子，也就是將數個傣族自然村落圈圍起來，基本論調是，居民繼續平日生活，供來人參觀最真實的一面。然而，既是旅遊區，就需要有賣點，自然原始狀態不能保證激起消費的慾望（參前引Ryan and Huyton 2000與2002，以及Milman 2009等人之論），於是，就稍作了在地風貌的修改。資本家和住民簽約，前者提供原貌建設修改的資源，之後家戶需要上繳一定比例的收入給資方。

建設或修改原居狀況各種項目中，最被鼓勵者，就是「傣家樂」。中國農村地區近年不乏出現「農家樂」的生意方式（Ling, Wu, Park, Shu, and Morrison 2013:634-638），也就是，鼓動遊客住居飲食在農家裡，感受傳統原真的舊式生活。漢族區叫「農家樂」，傣族區就稱「傣家樂」。不久，村寨一家家傣家樂開張，有的原來竹樓改成二層餐廳，有的兼作民宿，並且分別裝飾各類想像中應屬「原始傳統」的物品，甚至取名也盡可能顯現出在地或傣族味道之稱。住家附近有田地者，仍需花上部分時間照顧，生活變得更為忙碌。不過，傣家樂開了太多間，很快就出現競爭激烈情況，甚至與資本家一方在商議繳納金額錢數時起了矛盾。

與保留原貌相違背者，還有一樁，那就是古老佛寺的添裝設施。園區內有一宣稱是西雙版納最古老之南傳佛教寺院，它是重要賣點。觀光客必到，也引來各式小販聚集，塞滿寺前廣場，其中除了各式工藝品之外，與大蟒蛇和孔雀合影最引人注意。此外，原寺內空地為了添加吸引力，蓋了新神像和建物，色彩鮮艷。導遊必會大力傳達古老廟宇的訊息，遊客乘遊園車抵達，大多就拍了照，繼續下一站。

下一站是什麼呢？就是和前節提及的鬧劇一般情況。園內闢地建了一「傣族園天天潑水節」英文是Everyday is Water Splashing Festival at the Dai Park。招牌上寫著，「100名小卜哨陪您潑水狂歡」，（按，「卜」即pu的漢語音選字，傣語「人」的意思；「哨」譯音saao，傣語「少女」之意（英譯：100 beautiful Dai Girls add to the excitement of festival, held daily），「西雙版納絕無僅有」（only at the Dai Park）。寫有英文，就表示期望招徠外國賓客。然而，園內服務人員表示，西方客人非常之少，筆者多次前往，亦從未遇過。來自雲南各地的年輕女性服務人員穿著桶裙傣裝，天天二次，必須進入水中潑水，以饗來客共同歡樂之需（圖16與17）。待不到二小時即走的遊客占多數，因此，潑水廣場此處，反而成了觀賞遊玩重點，傣家樂就等偶見散客光臨了。

這種圈圍簽約型態，讓資方管制了文化，哪邊維持，何處修改，如何增料等等，均是商業老闆說了算數。各村各寨一起上演，這是新的劇種型態，中國政府高官絡繹不絕前來，均在門口外牆留下影像文字紀錄，更是多方肯定園區的成功發展。換句話說，此類新劇文化村或有可能是未來的類型導向。臺灣原住民居地從未出現過類此活生生社區被圈圍展示作生意的經驗。兩岸服務貿易協定內容即有中國財團在臺灣開發遊樂休閒企業的相關條文，將來果真定案實施，中國資本家會否依樣畫葫蘆，大筆報酬誘因，前來說動原住民特定社區建構相關園區計畫，值得吾人進一步觀察。

圖16：中國雲南西雙版納傣族自治州橄欖壩傣族園。（謝世忠攝，2011.12.28）

圖17：中國雲南西雙版納傣族自治州橄欖壩傣族園。（謝世忠攝，2011.12.27）

八、結語——永遠的文化村！

本文提供了數個臺灣、日本、寮國、夏威夷以及中國之原住民或少數民族文化村的例子，一方面傳達了類文化村建置與非主體族群關係的密切度，亦即，有原住民，好像就必須會出現文化村；另一方面此一泛文化或跨文化現象，到底說出了多少原住民或少數民族的故事，以及如何說或者說了之後又如何等等問題，凡此，人類學均應予以重視。

劇和玩的英文都是play，亦即有劇，就有可玩之處。文化村如同劇相，人們在此浸入劇情，全程玩到底。原則上，主事者（資本家和政府居多）都喜以歡樂無憂無慮又熱情的人類輕鬆狀態，來代表原住民或少數民族文化，文化村因此多以此建置節目展示。人類輕鬆狀態相較於主體都會世界的高度緊張競爭情景，剛好成了極端相對兩邊。來自於緊張地區的人，抵達輕鬆主軸的文化村，觀光效果立可成功。此時，代表原住民的文化是奔跳的。奔奔跳跳的文化特質，從文化村的經驗加以形塑，所有人在此，包括演出者和參觀者，共織一場場的喜劇。有演就有劇，達到高潮就是大家一起來跳舞，喜劇的歡樂性正被你我一起塑造。

不過，文化村的經營，天天都需花錢，沒有預算，或者缺乏足夠客人，均可能斷送命脈，以致事業關門歇業。喜劇變成了悲劇。悲劇的現場總見殘破不堪，人去樓空還不夠形容那種淒涼景象。它本來是掛著代表某某族或特定大區域甚至國家的文化濃縮中心，來此，就能短時間內看遍整個文化面貌。而現在的荒煙蔓草情景，好似摧毀了族群地域或國家的原住民或少數民族文化本體。一個文化代表單位，已轉成廢棄之物。寮國永珍的民族文化園區，日月潭山地文化中心，以及石門水庫仙島樂園的臺灣土著民族文化村都是例子。

文化之所以成了荒煙化，或許有各種理由，原本奔跳型者，也有可能從一個極端轉變成另一極端。石門水庫仙島的沒落，與船隻往來頻繁造成水源汙染，因而水庫當局不願支持有關。最近部分地方民意代表又想到了仙島，認為荒廢很可惜，應重新整理營運。只是20年前關門的緣由還在，再次開張，可能又碰到老問題。文化介紹與展演遇上當下實際政策或生活規制的利益牴觸，總是立刻被犧牲。原住民荒煙文化的出現，也就不難理解了。

位處邊陲之地的日月潭山地文化中心過去並無奔跳文化。族群生活領域中，曾有經營歌舞展演的所在，全均位於日月村內熱鬧處，屬於私人擁有。公家的文化中心屬於另類的靜聲文化。它在啟用之初，和北海道常見之愛努文化村只見建築家屋類似，以各族為單位，一棟棟豎立建成。不過，部分愛努族人在自然村落全數消失之際，發展出了調適策略，那就是仍把展示目的所建之古式建屋，同時也拿來用在各類祭典之中。於是，本來的靜止空屋，在愛努儀式季節裡，有好幾間常被選為儀式專屬空間，總是煙香不斷（參謝世忠2013）。愛努人也很自然地以母語稱呼展示地位置為*kotan*（村子），房子為*chise*（家屋）。靠近山邊的日月潭山地文化中心，對隔鄰的邵族人來說，基本上不具太大意義，中心展示物與祖先文化傳承無關，都是外族複製品，再加上也沒生意可做（按，店家集中在靠近湖邊之處），所以。很快被忘卻，一下子就雜草覆蓋了。文化的靜聲化，與啞劇相當，它的確是在展現文化特色，卻使不了力道，有時候，啞劇短時間內即轉成悲劇的結果，像日月潭，人們要在荒草叢堆中，才找得到建物文化。當然也有始終啞劇一生無從脫身者，例如登別熊牧場旁的孤零零愛努屋舍。

文化村係將文化圈圍成小區，它不若一般所見之把族群圈圍成區的族裔圍區（ethnic enclave），總是擁有實質人口。文化圍區或文化村常常有文化而沒人，靜聲文化和荒煙文化可為代表。而縱使有人出現，也非文化中人，他們通常或為隻身玩賞人，或為懷古憑弔者，或為厭惡俗庸表演的非議者。但，無論如何，文化村終究常態存在，供各樣人看看摸摸繼而論斷。

文化好好玩！不少文化村展示文化的傳輸意思，就是如此。來這邊就是要玩！導遊帶進遊客，很快就讓大家心裡有了準備，因為搭配的節目主持人介紹語詞即是從「熱情的歡迎大家!」到「盛情邀請大家一起來跳舞」。比較大膽或興致高昂的遊客，就「玩」起了展示文化，甚至玩起現場穿著傳統裝的族人們，例如，開族人玩笑說「泰雅族」就是「輪胎族」（Atayal與tire諧音）等等（見謝世忠1994）。或者，像中國民族文化村的年輕女性工作人員必須天天多次水潑全身，也是將祭典節日胡鬧化的玩笑文化呈現之例。鬧劇存在，表示文化村尚在存活，因為演出與觀賞之間有互動。只是它以另向玩鬧內容來界定文化，其景實則與荒煙文化的絕滅情況所差無幾。畢竟，理論上，族名作為一個族群最具意義的認同依據，以及最為盛大的年節活動，通通成了大聲笑鬧與雲煙一趟之不具意義旅程的當下祭品。

文化村現場是異族異文化之地，來玩，就是來玩異族異文化。異族異文化等於玩的意象可能就此建立。不過，觀光必須有地方／地點，而文化村作為地方的一種形式，它多半只因好玩而有意義，而玩的系統性發揮，即需要有劇類的支持機制。倘若劇類規制無法成功，失去招引人們旳魅力，就注定了文化村的沒落。因此，觀光客到底對文化有多大興趣，其實並不重要，劇目好玩得以持續有效，或許才是關鍵。

文化村似是一虛假的文化時空。例如，白老愛努民族博物館戶外區就籠養了熊隻與北海道犬以為展示。只是，牠們的獵與被獵關係，早已不存在於今日，因此，當然不再是現在愛努族生活的一部分。但是，穿著傳統服裝的族人在大房子內外與動物圍欄間穿梭，又像極了回到時光過往的真實。我們可以從一般自然村內的村民日常見著文化，而文化村的文化則多以模具取代了自然村村民。在此地，包括人也是模具，因為他們上班演完就換衣離場。觀光客進來與模具村民互動（如雲南潑水玩樂的傣裝姑娘或載歌載舞的原住民），是否會生成真實性感覺，很值推敲。無論如何，可以確定的是，有來人就有其意義，不可能一行人只為見識到「假」而蒞臨。意義往往奠基於人們對族群文化的短線秒學獲取需求之上，畢竟，“All in One”最不讓人有失落感，因為一次到位。玩與真實性應不相衝突。簡單扼要的一、二事就能代表真實，玩得滿意的人，回神後，即可以該等一、二事，述說異族異文化，而這些簡化濃縮的幾事（如潑水、歌舞、口簧琴、草屋、服飾、獵具等等），的確正是文化傳統曾經有過的一部分。

中國的包下多個少數民族自然村落圍成文化村作法，是一新創形式。它的特徵是，文化被資本家管制，村民依園區管理單位規劃生活。外表看來，好似想像中的農民繼續幹他的活兒，與過去沒兩樣，然，事實上，一切均已改變了。寺廟、住家、交通、廣場、商店、種作、職業、以及人際往來等等，全數不復以往。遊園車穿梭於村落道路間，村民四處搶遊客賣東西，鬧劇潑水也在此活絡，古典佛寺庸俗打扮，新劇的出演，就見傳統生活的日漸失去。

文化遇上文化村會如何？它可能暫時炫耀，也或許周末熱鬧。但是，一切總是在亮麗演出和憂鬱下檔之間徘徊。荒煙、玩笑、管制可能引人負面心情，而奔跳與靜聲或也好不了多少。本文談及的文化奔跳化、靜聲化、荒煙化、玩笑化、以及管制化，或許讓人思及原住民或少數民族生活領域中之不易擺脫的困擾。其中有的是過去式，例如靜態式文化中心的消逝；有的則充滿未來式取向濃厚。例如，中國圈圍村莊之法，就可能虎視眈眈臺灣市場，事實上，或許讓如前提類似Greenwood等識者比較好過的想法是，這僅是展示文化的範疇，原住民的生活世界廣闊，所以，並不需太過介意。的確，石門仙島樂園自棄園之處短短過了水，就是復興區泰雅族領域，族人日出日落，生活正常。仙島沒落一事已然年代久遠，現在也難見到當時閉園的影響痕跡。但是，一段時間之後，文化的展示好似永遠會重新被人想到，亦即，不斷有大小力量，包括政府財團企業個人等，總會在不定期，提出充滿希望的新文化村計畫。周而復始，文化村來了又去，去了再回，我們就這樣和它伴隨了大半輩子，然後，下半生可能又要繼續，故事就是永遠。

文化村到底啟示了什麼？至少，可以確定的是，它彷如現代人類社會裡的一項長久共同事業。不同國度內的類文化村，彼此或許毫無瓜葛，也不是相互啟發而設立，但，它們卻一個個出現。文化村的主事者不是政府，就是資本家集團。國家的代理人或機構設立文化村，在原住民族群文化範疇內，即是企圖凝膠化或說膠囊化一份非主體人群的歷史和生活。觀看國家設計傳輸之原住民膠囊，等於是見著政府對非主體族群的態度，文化村狀況良好者，反映著權力擁有者亟欲介紹境內幽雅熱情族群的引人面向，那是一種類似「馴化」成功的宣示。反之，村子景象殘破淒涼者，則可直指政府幾乎「棄絕」少數群體的事實。原住族群可以很重要，因為他們的清楚存在，正是國家觀念先進的指標，此時，公立文化村即為認證的標竿地點，至少在裡頭看到許多歡笑樂舞。而當原住民或非主體群體變得可有可無之時，文化村首當其衝，沒人會來整理維護，這是政策方向轉往與此等人群文化無關者的明證。

民營的文化村主要以投資生意為目的，所以，各項誇大渲染或極盡異國情調化之作為，均很常見。它們是造成來訪者有效浸潤另一異世界的利器。不過，資本大小的限制，也可能影響文化村外顯的情況，換句話說，潦潦草草的布景內容者，並不少見，失望之餘的觀眾，直接將村子帶往商業沒落的命運。而原住民或非主體族群文化展示項目若見巨大廣泛，其誇示程度升高，族人文化壓力勢必也隨之而來，畢竟，此一龐大觀光文化品項可能就此嚴重干擾平常家居慣習，使得人們顧前（展示工作）失後（日常生活），不知所措。最引人擔憂的是，無論如何，既然是金錢投資，隨時均可能抽出停止，而依靠它維生之族人，將立即受到波及，甚至展演過程所宣揚之傳統文化的地位，也因此一落千丈。

文化村是一不確定的存在，它讓族群文化大起大落。原住民或非主體族群可能一時間擁有光鮮亮麗代表性文化形象，但，只消國家或資本家稍見念轉，一夕間族人即行陷入沒落無望之樣態。人人都是文化村的潛在參訪者，被見證到的原住民文化或許華麗，也可能蕭條，總之，文化村可能最具代表性，也或許根本是錯誤，吾人接觸文化村，無論境遇如何，理應有此自我啟示。

引用書目

不著撰人

1968〈擴建石門水庫仙島公園——旅日華僑將投資五千萬〉。《經濟日報》1968年5月1日。

謝世忠

1992〈觀光活動、文化傳統的塑模與族群意識：烏來泰雅族*Daiyan*認同的研究〉。《考古人類學刊》48:113-129。

1993《傣泐—西雙版納的族群現象》。臺北：自立晚報。

1994《「山胞觀光」——當代山地文化展現的人類學詮釋》。臺北：自立晚報。

2007〈異、色、毒：北東南亞山地族群的觀光圖像〉。《民俗曲藝》157:11-64。

2012a〈「挫敗」、「歧視」與「控訴」的永續言說：北海道愛努族人的第四世界參與〉。《文化研究》15:432-453。

2012b〈菜單泡圈與新殖民者：寮國西方客的觀光生活〉。《考古人類學刊》77:23-58。

2013〈鬚髯的能與藝：北海道愛努族的兩性和儀式〉。《民俗曲藝》182:99-148。

2014〈不需對話的族群分類：寮國北部的「人民」與「國家」〉。《文化研究》19:333-367。

Adams, Kathleen M.

1984 Come to Tana Toraja, “Land of the Heavenly Kings” Travel Agents as Brokers in Ethnicity. *Annals of Tourism Research* 11:469-485.

Belhassen, Y., and K. Caton

2006 Authenticity Matters. *Annals of Tourism Research* 33:872-875.

Belhassen, Yaniv, Kellee Caton, and William P. Stewart

2008 The Search for Authenticity in the Pilgrim Experience. *Annals of Tourism Research* 35(3):668-689.

Chang, Janet, Geoffrey Wall, and Chen-tsang Simon Tsai

2005 Endorsement Advertising in Aboriginal Tourism: An Experiment in Taiwan. *International Journal of Tourism Research* 7:347-356.

Clave, S. Anton

2007 *Global Theme Park*. Oxford: Cabi.

Evans, Grant

2000 Transformation of Jinghong, Xishuangbanna, PRC. in *Where China Meets Southeast Asia: Social and Cultural Change in the Border Regions*. Grant Evans, Christopher Hutton and Kuah Khun Eng, eds. Pp.162-182. Singapore: Institute of Asia Studies.

Greenwood, D.

1978 Culture by the Pound: An Anthropological Perspective on Tourism as Cultural Commoditization. in *Hosts and Guests: The Anthropology of Tourism*. V. Smith, ed. Pp.129-138. Oxford: Basil Blackwell.

Hipwell, William T.

2007 Taiwan Aboriginal Ecotourism: Tanayiku Natural Ecology Park. *Annals of Tourism Research* 34(4):876-897.

Hunter, William Cannon

2013 Performing Culture at the Formosan Aboriginal Culture Village in Taiwan: Exploring Performers' Subjectivities Using Q Method. *International Journal of Tourism Research* 15:403-416.

Knight, John

2010 The Ready-to-View Wild Monkey: The Convenience Principle in Japanese Wildlife Tourism. *Annals of Tourism Research* 37(3):744-762.

Komlosy, Anouska

2004 Procession and Water Splashing: Expressions of Locality and Nationality during Dai New Year in Xishuangbanna. *The Journal of the Royal Anthropological Institute* 10(2):351-373.

Kuo, Chin-tsai

2013 A Study of the Correlation between Leisure Benefits and Behavioral Intentions--Using Banton Arts and Cultural Village as an Example. *International Review of Management and Business Research* 2(4):1065-1074.

Ling, Rosalind Sia Juo, Bihu Wu, Jinah Park, Hua Shu, and Alastair M. Morrison

2013 Women's Role in Sustaining Villages and Rural Tourism in China. *Annals of Tourism Research* 43:624-650.

Martin, Keir

2010 Living Pasts: Contested Tourism Authenticities. *Annals of Tourism Research* 37(2):537-554.

Milman, Ady

2009 Evaluating the Guest Experience at Theme Parks: An Empirical Investigation of Key Attributes. *International Journal of Tourism Research* 11:373-387.

Pearce, Philip L.

2009 Now That Is Funny: Humour Is Tourism Settings. *Annals of Tourism Research* 36(4):627-644.

Rickly-Boyd, Jillian M., and Michelle M. Metro-Roland

2010 Backgruond to the Fore: The Prosaic in Tourist Places. *Annals of Tourism Research* 37(4):1164-1180.

Ryan, Chris, and Jeremy Huyton

2000 Aboriginal Tourism—a Linear Structural Relations Analysis of Domestic and International Tourist Demand. *International Journal of Tourism Research* 2:15-29.

2002 Tourists and Aboriginal People. *Annals of Tourism Research* 29(3):631-647.

Sedmak, Gorazd, and Tanja Mihalic

2008 Authenticity in Mature Seaside Resorts. *Annals of Tourism Research* 35(4):1007-1031.

Sharpley, Richard, and Deborah Jepson

2011 Rural Tourism: A Spiritual Experience? *Annals of Tourism Research* 38(1):52-71.

Wang, N.

1999 Rethinking Authenticiy in Tourism Experience. *Annals of Tourism Research* 26:349-370.

Wilkinson, Paul

1989 Strategies for Tourism in Island Microstates. *Annals of Tourism Research* 16:153-177.

Xu, Keshuai, TaoYan, and Xuan Zhu

2013 Commodification of Chinese Heritage Villages. *Annals of Tourism Research* 40:412-427.

Yan, Grace, and Carla Almeida Santos

2009 "China, Forever": Tourism Discourse and Self-Orientalism. *Annals of Tourism Research* 36(2):295-315.

（本文原刊於劉璧榛編《當代臺灣原住民族的文化展演與主體建構：觀光、博物館、文化資產與影像媒體》，2018/141-170。臺北：順益臺灣原住民博物館。）

考古與媒體——從宋文薰傳播到傳播宋文薰

一、前言

人類學不易為外人了解，甚至人類學專業研究者或學生之至親家人也難以入門知悉丁點。然而，她的姊妹學科或分支次學門——考古學，卻很容易讓人馬上產生想像，之後再據以主觀認定考古學的此般樣態。考古學為何引人想像？因為她充滿神祕色彩。筆者所謂的神祕色彩，並非指電影無限誇大的神話式寶藏尋奇，事實上，社會上存在的考古神祕，反而是一種「踏實的渴望」。如何說呢？絕大多數對考古的期盼，不是「告訴我們，我們是誰」，就是，「告訴我們，他們是誰」。換句話說，遺址出土了文物骨骸，那麼，他們族屬為何？與現下的你我他有何關係？這些即是筆者所稱之「踏實的渴望」，它是理性的態度，更是人類追尋自我歷史根源的一項本能。依筆者初步的觀察，在臺灣，凡有考古訊息發布，媒體上所出現的報導或進階衍生討論，高比率與此一「踏實的渴望」相關。但是，這份渴望即將獲得滿足了嗎？答案往往是不確定的。但是，人們並不因此悲觀。因為考古科學家雖多半只給予保留性的說明，卻也多少提供了些許繼續想像的空間。於是，媒體有了報下去的理由，因為最終解答仍被渴望之中。

在此一景況下，考古資訊由誰來發布，以及媒體找到何人來解釋現象，就顯得極為關鍵。臺灣考古學史如何撰寫，或許見仁見智，但，過去半個世紀以來，報章雜誌等傳統媒體，似乎早已協助整理出了一份清楚的考古發現年代學。它不僅頗具系統地逐一記載不同年份的發掘大消息，更會每隔一段時間，就再重提內涵。但是，重提不是只在隨意湊文字，而是其間有一靈魂人物總是媒體人寫作報導的主角。那麼，這位主角是誰？他就是現任中央研究院院士，國立臺灣大學名譽教授宋文薰。媒體長久以來即認定宋文薰為臺灣考古內容解說的代表性發言者，因此，50年來，「宋文薰」一名，不論是新驚喜，還是舊事重提，幾乎都會現身各個大小考古報導之中，讀者閱來，印象非常深刻。

在本文中，筆者擬以宋文薰教授為中心（按，事實上，並非筆者以其為中心，而是各方均將他視為中心），描述考古學家如何向公眾陳述臺灣考古知識，以及媒體作為社會輿論發聲者遂行「踏實的渴望」動機的提問與揭露。藉由文章的鋪陳，筆者期盼得以初窺考古與媒體相互作用的情形，繼而了解臺灣考古學史於非學術場域中的另類存在方式。

二、公眾考古的先行者

長濱文化——舊石器時代的宣告

將近半世紀前的1968年年底臺東縣長濱鄉八仙洞遺址發掘，無疑是考古的驚天盛事。因為，舊石器時代文化終於被證實存在於臺灣。翌年各報媒體爭相採訪報導，幾乎占盡文化新聞版面。《聯合報》以「台大考古隊長濱有收穫掘到先陶文化層」為題，首先詳細轉述考古隊領隊宋文薰教授的說法。記者表示，宋教授強調過去臺灣只發現農業時代的陶器文化，而今證實島上存有漁獵時代的先陶文化，自此，史前人類學的研究可從新石器時代跨至中石器甚至舊石器時代（不著撰人1969a）。之後，1969該年整個元月份及至2月初，天天有八仙洞新聞，關於遺址內容的敘述，一篇比一篇詳盡。宋教授繼續發言，幾則報紙所見之重要學術論點如後。

1. 最久年代為一萬年前（不著撰人1969b）
2. 舊石器時代有人居住，後遷走，中間年代無人使用，到了3000至4000年前才又為其他人群進住（不著撰人1969c）。
3. 他希望「在不久的將來，釐訂出一套亞洲地區較完整史前文化層序與年代的紀錄，作為同一區域中史前文化研究的基準」（不著撰人1969d）
4. 前後有人群到此居住，可見八仙洞是當年的住宅區（不著撰人

1969e）。

5. 否認外傳發現人類指骨一事，因為對考古學者而言，人骨與獸骨很容易分辨（不著撰人1969f）。
6. 地處較低位置的潮音洞部分探溝探坑現象，類似當年北京周口店中國猿人被發現之前的情況（不著撰人1969g）。

此些說明，有的是解釋出土情形，有的為釐清莫明傳言，有的則是學者的殷殷期盼。八仙洞長濱文化當然不是宋教授關於本土考古研究的首次對外進行社會教育，但，它應是後來80年代卑南遺址大發掘以前，所進行過之最密集的媒體學術說法。

巨石文化與麒麟文化——東臺灣史前文化又一記

八仙洞考古的前一年（1967），宋教授率領的研究團隊也進駐在臺東。當時主要發掘地點為市區附近的鯉魚山，主要發現有二具石棺。記者記錄著宋教授的學術目的，包括先民年代、先民族系、以及不同地方的民族關連（不著撰人1967a；1967b；1967c）。石製棺具不只是重點，也開啟了後續與「石」脫離不了的相關文化探索過程。

發掘八仙洞遺址的前後時日，宋教授的臺大考古隊分別於臺東成功鎮麒麟山地區田野工作，媒體報導提及發現了「石頭半身人像」（不著撰人1967d）、「巨石遺址」（不著撰人1968a）、「巨石文化」（不著撰人1968b）、以及「巖棺」（不著撰人1969h）。其中一篇較詳細者（不著撰人1968b），記有領隊教授主要的說法。

1. 「帶肩的單石」與「帶槽的單石」和祭祀有關。
2. 「現在所發現的人像形的彫刻巨石，與目前高山同胞祭祀的神像不同」。
3. 「確定種族，必須從人骨著手」。
4. 大概有二千多年左右。
5. 「從花蓮到台東這一段的海岸，巨石文化的分布很廣」。

對宋教授的公共考古學術而言，60年代末期是一極為關鍵的時間點。因為，此時他經驗了長濱與麒麟兩個舊新石器時代文化研究歷程，而這份知識待十數年後的卑南遺址大搶救發掘之際，勢必遇上三大文化系統的比較解釋問題，對此，宋教授80年代之時，復有精彩對外論述，稍後再述。

卑南遺址的熱潮——野外導師與野外博物館

1980年代的十年間，臺灣考古的最夯議題，即是卑南遺址文化資產保存與臺灣鐵路臺東新站建站工程間的角力。日治時期就知卑南遺址，但，直至鐵路施工造成文物與石板棺的大量出現，才讓人見識到遺址範圍和內容的龐大豐富。此時，臺大考古隊又出動，領隊依是主持八仙洞長濱文化和麒麟山巨石文化發掘而聲名大噪的宋教授。長濱媒體焦點於歷史長遠，麒麟則大塊石製文物引人注意，至於卑南，數以千計的石板棺和無數玉石陶器，正是記者們準備大哉提問的重點，宋教授一人即將再度上陣，透過媒體教育臺灣。

宋教授在卑南遺址搶救考古過程中，自始自終，均聚焦三項對外發言重點：（1）以導師之姿作出即時的文化內容學術分析、（2）苦於永不歇止的文物盜取、以及（3）殷殷期盼建立野外博物館。在對遺址出土物的介紹方面，相較上，宋教授的解說，遠比過去任何類似的場景如八仙洞和麒麟山等都來得詳盡，因此，有的記者寫起新聞稿，仿如一篇小型考古報告（見如林英喆1980a、1980b、1980c、1980d、1981；林宏義1980）。單是1980年首次卑南搶救發掘，宋教授於媒體傳播的考古知識，就兼具微觀與宏觀特質。前者特質諸如「石板棺的固定，可能在棺蓋上，用一小塊石板，嵌進兩塊長的板壁，使石板互相不致分開」（林英喆1980b）與「鑽孔的矛頭和箭鏃，若非用線連繫，則用來固定附著物。沒有鑽洞的，則有手把」（林英喆l980b）。後者特質如「卑南文化和麒麟文化雖屬同時併行的文化，不過麒麟文化的石壁是用敲打製造；而卑南文化則用琢磨」（林英喆1980b）。宏觀的文化比較觀點，自此成了宋教授告知媒體的主要考古推論。

一般記者大概無法主動生成東臺灣長濱、麒麟、卑南等三大史前文化系統可有關係的提問，而宋教授卻主動向媒體細說了自己的看法。報載宋教授指出（不著撰人1983a）：

1. 「麒麟文化主要分布於海岸山脈東麓邊緣的巨石文化，其最大特色是由岩棺、石壁、巨石石柱、單石、石像、有孔盤組成。……

這個文化完全不見於台灣其他地區，在中國東南部也未見類似文化出現」。

2. 「卑南文化除了小部分與麒麟文化分布地重疊之外，大都集中於花東縱谷，甚至延伸到恆春半島，其典型遺物為板岩石柱、板岩石板棺、板岩石槽、板岩石杵等」。
3. 「根據目前對麒麟文化及卑南文化的了解，它們與舊石器時代的長濱文化並無關連」。
4. 「長濱文化與目前華南地區的一些舊石器文化，有某些程度相似，……，一般認為它應由華南傳進來」。
5. 「麒麟文化與卑南文化則尚無與大陸有關的證據」。

雖然之後宋教授曾有次對記者表示，「早期多數學者只注意由南來的民族及文化移動，卻忽略了與台灣最接近的大陸」（周全剛1988），但，從他歷來所主張者，多半係指先陶時期之長濱文化與大陸的關連，至於新石器時代的東臺灣巨石文化，教授眼裡始終強調與東南亞尤其是太平洋的密切關係（不著撰人1968c；黃安勝1984）。不過，回到出土驚人的卑南遺址，宋教授則較少提及與域外的關連，除了說明文化內涵的微觀論點之外，他幾次表明文化特徵與今阿美族的可能連結（不著撰人1988a&1988b）。卑南連上東部各史前文化的課題，使得宋教授仿如野外導師，不在教室講課，卻是風吹沙之中，侃侃而論。「昨天傍晚有不少放學的卑南國中學生，到位在台東市南王郊外的遺址參觀，宋文薰教授熱心解答學生們的問題，給這些青少年上了一堂深入淺出的『考古學』」（不著撰人1988c）。野外導師的認真，老老少少都受惠。

此外，終其卑南遺址考古的全程，盜掘文物或盜墓挖寶的問題，一直苦惱著宋教授。採訪到他的媒體，幾乎無一不提到此事。1983年10月3日的《聯合報》引述宋教授於《大眾科學》撰文所言：「每一個挖掘出來的墓葬必須在當天就清理完畢，否則留到第二天，很可能在夜裡或清晨即被業餘專家將棺內盜得空空如也」（不著撰人1983b）。接後幾年，不停有類似報導。「臺大教授對三年來無法遏止盜賣卑南文物，感到痛心」（不著撰人1983c）、「因盜墓者出沒，保留區內一處疑似古代住宅石牆的遺址已被糟蹋的面目全非，考古隊非常痛心」（不著撰人1987a）、「領隊宋文薰教授唯恐古物再遭盜掘，到卑南警察分駐所要求警方強巡邏」（不著撰人1987b）、「中央研究院院士宋文薰教授二十七日實地看了卑南史前遺址被破壞的現場後說，『很令人傷心』」（黃振國1993b）。此一偷盜現象一直持續至國立臺灣史前文化博物館的籌備設立和國家文化資產相關法律的積極制訂為止。野外導師打從首次卑南搶救考古該回起始，即積極呼籲成立野外博物館，其心情可以想知。

當時，宋教授數次與《民生報》記者林英喆談到成立博物館之事。「至於卑南文化遺址如何保存，宋教授希望能在現場以野外博物館的形態，呈現給社會」（1980a）、「宋教授曾向記者說，他心目中的卑南文化遺址，應該成立一野外博物館，類似義大利的龐貝城，保留出土原狀……」（1980c）、「宋教授說，興建野外博物館，不僅對台東地方上有觀光的收益，最重要的是讓先民的歷史，又能活生生的展現在眼前」（1980d）。努力奔波多年，到了1988年，也就是卑南搶救考古的最後一年，教育部終於決定要興建「國立史前文化博物館」，但是與宋教授的野外博物館地點略有差距，「宋教授說，現正發掘的兩千八百五十平方公尺高地，居高臨下，……，且出土的三千年前的先民遺物相當豐富，由於是鐵路用地，明年底就要還給鐵路局，若能就地保留，這將是最好的『野外博物館』，就像義大利的『龐貝古城』一般」（不著撰人1988d）。不過，在臺東催生出一個國立博物館，實屬不易，各方基本上仍是滿意最終結局。1980年代是卑南搶救發掘期，90年代係史前館籌備建置期，無料到了新世紀的前10年裡，卻出現了臺大與史前館文物典藏歸屬處所的爭議問題。該事件當然是大的新聞，但由於宋教授已退休了好些時候，出現版面的頻率相對過去少了許多，本文暫不納入討論。

三、北圓山南左鎮

東臺灣的貢獻，佔據了宋教授考古成就的主要媒體訊息，但，作為一名考古學者，他的足跡遍及臺灣各處，其中臺北週遭以圓山地區史前文化和臺南縣左鎮人為主之媒體論說頗為有趣。

早在1950年代，宋教授還是助教時期，即曾隨其師石璋如教授等人參與過圓山文化幾處遺址的考古工作。十幾年之後，他已是絕大多回臺大考古隊的領隊教授，與其合作者為臺大地質學系林朝棨教授。除了前節所描述的60年代臺東各次考古，林教授幾乎無役不與之外，北臺灣的情形也差不多。1967年7月下旬，距典型圓山文化出土地點圓山兒童育樂中心（俗稱兒童樂園）1000公尺處的今濱江街和五常街口，在地名稱新庄子村落，發現二處貝塚遺址。兩位教授各率學生進行田野工作。媒體興趣很高，宋教授亦侃侃而談，話題重點包括貝塚的定義與形成，以及圓山文化人與新庄子遺址主人間的關係。

記者報導（不著撰人1967e），宋教授依據新庄子出土遺物作出結論，「現在居住在台灣本島高山上的山地同胞，他們的祖先三千年前可能聚居在台北盆地上」。他又說，「史前時期晚期，台北盆地上即有山地同胞居住於此，後來因為各種因素的影響，才促使那些山胞逐漸往高山移動」。此外，從圓山居民文化比新庄子遺址文化落後許多情況來看，前者人群被後者打跑的可能性頗大（趙慕嵩1967）。同文進一步寫道，「當年住在圓山附近的居民，從遺留物來判斷，他們是由中國大陸的華南南部遷來的，他們在公元前兩千年就到了圓山，而新庄子的居民是由福建沿海來落居，因為挖出來的陶器碎片與福建沿海出土的陶片相同」。報紙資料顯示，之後宋教授慢慢減少對臺北四周史前文化發表解釋性的談話，直至80年代搶救圓山兒童育樂中心現址貝塚（不著撰人1987c），90年代捷運施工挖到貝塚（施靜茹1991&1991b），以及進入21世紀的八里鄉十三行遺址與汙水廠處理問題（賴素鈴2004；黃仲平2004），才陸續見到他現身呼籲保存北臺灣史前文化的重量級聲音。

在「臺灣省濁水、大肚兩溪自然與文化史科際研究計畫」於1972年開展之前，宋教授與林朝棨教授曾受邀參觀臺南縣菜寮溪找到的多款古生物化石，無意間發現其中有片人類頭蓋骨，後在1973年經臺日雙邊專家證實其年代約為二至三萬年前。此一消息引來國內外注意，相關報導一直到今日仍未休止。而無論報導主題為何，必定提到宋教授大名（溫福興1971；鄭戎生1975；不著撰人1991；陳南榮1998；陳玉金1999；鄭光隆1999&2003；周全剛2001a&2001b；林全洲、吳淑玲、周宗禎2005）。其中最常見的敘述，即是該頭蓋骨經宋教授命名為「左鎮人」。此外，記者們也有提及左鎮人與中國周口店山頂洞人同時代，以及從猿人演化至現代人的體質人類學知識，而這些據作者們所言，亦多數為宋教授的傳授。

四、年代多久？山胞／高山族／原住民乎？

自遺址發現公諸於世的第一天起始，年代多遠和主人翁是誰第二個課題，不止是考古研究者所擬探索的範圍，更是前來探奇的新聞報導者必問題目。從1960年代下半葉的臺北盆地圓山文化遺址與新庄子遺址居民間關係，以及開啟臺東密集考古工作時日以降，此等問題宋教授足足被問了將近半世紀。時間千年萬年和族屬何方之問，雖具神祕想像的味道，然卻也是一種「踏實的渴望」心情表述。

宋教授對北臺灣史前現象與的山胞關係之說明，前節已有描述，當時可謂大膽假設。而臺東市鯉魚山是次的考古，宋教授曾對記者表示，「鯉魚山一帶，在二千年至三千年之間，已有人類居住，其族系，類似來自中國華南及菲律賓」（不著撰人1967b）。八仙洞長濱文化方面，除了碳14測得科學數據年分之外，媒體亦曾寫說宋教授推論「長濱文化是由華南傳進，先抵台灣西部再抵東部」（江中明1988b）。而在麒麟山巨石文化與八仙洞交叉躍上版面之後，馬上有不少就教宋教授東臺灣幾個史前文化間關係的問題，其中也包括遺址主人族屬話題。提問人期望立即有答案，而宋教授先是回以：「我們所要知道的是，這種文化傳統（巨石文化），是從什麼地方和什麼時候傳進來的，將是我們研究和整理的目的和答案」（不著撰人1968b）。同一篇專訪同時寫道，「談到當時的人種問題，宋文薰認為，確定種族，必須從人骨著手。……他說，台灣的先民，可能就是現在的山胞，而這些山胞，無論血統、語言及文化，都似乎與印尼系統同源」。巨石文化年代方面，「根據他的推想，大概有二千多年左右」。

前節所引之同年的另篇報導（不著撰人1968c）「據宋文薰教授說：麒麟山的巨石……與太平洋及東南亞有密切的關連」，此乃再次寫及教授對南方文化系統可能產生重要影響的提示。次年繼續有發言：「宋教授指出，巖棺為巨石文化的一種，距今約二千年」（不著撰人1969h）。一直到80年代末期，報頭仍見「宋文薰說，麒麟文化屬於太平洋系統的巨石文化」（江中明1988a）的文字內容。

八零年代卑南的大發掘，更使史前文化史和各文化間關連課題，成為媒體核心興趣。《民生報》報導（不著撰人1983d），宋教授認為長濱鄉加走彎頭台地是麒麟和卑南文化的重疊區，兩個文化年代，大約可上推至一千年到三千五百年間。文中亦提到宋教授指出，「卑南文化和現代阿美族先民有關」。同樣是《民生報》，該年稍早，其記者賈亦珍以〈長濱文化與麒麟文化間　空白兩千年　歷史空檔仍是難解的謎〉一文，指出縱使有新出土，文化消失與文化來源的答案，仍是未知，所以，大家「又是『空歡喜』一場」。不過，至少宋教授的長濱文化五千年前消失，而麒麟文化有三千年之論，給了一定程度的具體答案。此點在另文報導，也見到同景——「台大人類學系教授宋文薰研究，麒麟文化可能由距今四千多年持續到距今兩千年」（黃安勝1984）。

同樣地，宋教授的阿美說，也一直被媒體傳播著。《聯合報》1988年的一則前衛假設可為代表。「宋文薰教授曾依種種跡象推測『卑南文化人』可能是今阿美族祖先」（不著撰人1988a），其文章題目訂為〈卑南先民是阿美族祖先？拔齒成年儀禮先後呼應〉，文中最後更寫道「昨天有位章姓阿美族青年表示，常聽族內老人說，該族早期有拔齒習俗，宋文薰教授昨天在卑南遺址聞訊，相當驚訝，但說考古文獻上尚無此項記載，否則將是他所推測的一項有力證據，證明卑南文化是阿美族的祖先，乃阿美族是三千年前的台灣原住民之一」。從資料看來，宋教授對卑南文化人和麒麟文化人的族屬推斷，前者具體，後者未知。更早的二十年之前，他曾對於麒麟文化人的族屬詢問，強調「確定種族，必須從人骨著手」（不著撰人1968b），果然大量的卑南墓葬出土，使得教授更能以肯定句傳播媒體，而對於那些欠缺骨骸遺物的文化群體，只得保守以對。

五、經典的媒體人物

從60年代以迄90年代，臺灣的傳媒主體除了電視就是報紙。人類學相關領域訊息能夠躍上主流媒體，而且一直維繫不斷者，除了宋教授之外，實不作二人想。實物導向的考古，其第一線工作方式，有如釣魚一般的神祕刺激。換句話說，黃土無異的路面，竟能掘出各類器物與有機生命殘留，其如神幻驚喜之感覺，就和平面安靜的水，無端可以拉出活蹦亂跳的魚兒一樣，不僅牢牢鎖住考古家或釣客的癮欲，前者更可製造出新聞報導，描繪出大量讀者關及自我與他人之千百年甚至更久前的源頭生活。而這就是筆者前文所稱之人人期盼得知過往故事的「踏實的渴望」。神祕的出土與「踏實的渴望」不盡然能夠前後搭配得宜，以使考古知識正確的進入大家的認知世界。有人可能無由的選擇自我神祕到底，因為最終獲得的回應，若總是過於理性科學，一下子即讓魚躍出土之神幻驚喜感覺破滅怠盡。據此，考古學家或會感到沮喪，因為，學術結論比不上神祕想像的迷人。然而，宋教授半世紀努力，我們可以看到，在臺灣，1960下半至1990中葉，撰寫宋教授領軍之考古隊成績的傳媒報導從未間斷，而其內容可謂相當踏實，亦即，已然有效地傳達了人類學考古學知識。簡單的說，就是因為宋教授慷慨擔任野外導師數十年，有問必答，不問也講，才使媒體無有機會自增神祕史前氣氛，終使幾十年來的記者讀者，得以習得宋教授考古學。

緣於前述的經驗背景，記者們主動形容宋教授或他的團隊時，多是充滿敬意。六零年代是宋教授考古工作的第一回忙碌高峰，從圓山、新庄子，經鯉魚山、麒麟山，到八仙洞，田野奔波，幾乎天天有採訪。當時報紙文章多稱以「臺大考古系教授」、「臺大考古隊領隊」、「考古人類學教授」等。其中一篇在八仙洞潮音洞對隨同前來之宋師母宋綾子女士的專訪，即已深刻透露出時值青壯年紀的宋教授，基本上就是一名天生的考古學家。作者程育群寫道（1969）：「宋女士對田野考古發生濃厚興趣，自認為是受到宋教授的感染。她說：二十年來她對宋教授的瞭解，知道他把考古看得比生命更重要」。「她進一步的指出：宋教授對考古這門學問的追求，可說已到狂熱的程度」。宋教授每每對記者的熱心說明，很快造成正面效果。絕大多數媒體報導，都能詳實記錄受訪者所言所論，本文前面多節已有敘述。

時至80年代卑南考古的發掘，再度擔任臺大考古隊領隊的宋教授聲名更為大噪。此時，在媒體心目中，宋教授已不僅僅是考古隊領隊或考古教授。他們開始寫著宋教授是「目前台灣史前文化研究的權威」（林宏義1980）、「國內考古權威」（不著撰人1983a）、「考古學權威」（賈亦珍1983）。《聯合報》記者江中明於宋教授1988年7月7日當選院士前後的二篇報導（1988b&1988c），更大力讚揚他對考古學的付出心力。江氏說，宋教授「一手訓練的『台大考古隊』成為本省考古的重要班底」，他帶著臺大考古隊學生「足跡遍及全省做田野調查，一次次發掘台灣地區重要的史前遺址，對先民文化的探究貢獻甚鉅」（1988c）。另文同樣再次稱「足跡遍及全省的『台大考古隊』，成為『台灣考古』的代名詞」（1988b）。

當上院士，宋教授學術成就受到肯定，90年代報紙對他的形容詞又有增加。有記者稱宋教授是卑南遺址發掘的「靈魂人物」，其推動史前館的設置「功不可沒」（黃振國1993a）。臺東縣政府鑒於宋教授功在臺東，遂於1994年頒給榮譽縣民證，以表全縣居民的敬意（周全剛1994；不著撰人1994a&1994b）。該年，已有記者稱宋教授為「國寶級人物」（陸俊賢1994）。其他尚有「考古界泰斗」（黃振國1997）、「大名鼎鼎」（黃振國1999）、以及「在國內擁有權威地位」和「國內人類學巨擘」（許榮宗1999）等敬稱。到了2000年之後，「考古權威」幾乎即與宋文薰連為一體，成了名字的一部分（羅紹平2001、2002&2010）。

六、考古人的非考古

宋教授的50年考古新聞，使他和他的田野工作團隊成了臺灣考古的代名詞，成就如此景象，一方面自然是專業的實力，但，更關鍵的是主角人物的慷慨講話，適時野外教育了不少記者，後者感佩之餘，就不停的寫宋教授發掘故事。不過，宋教授並不只這些，他還有令人印象深刻的新聞話題，報導者的興致仍高，而且有的甚至早於宋教授的考古學術消息。

近幾年，宋教授曾多次捐贈圖書與期刊千種予史前館，一時傳為佳話（李蕙君2005）。但是，大概多數人不知宋教授向有贈送的美德。早在送書臺東之前半個世紀整，就有新聞寫道，「台南市文獻委員會頃接台大文學院考古人類學系宋文薰先生寄贈有關本市古蹟風俗照片二一〇幀，此項照片，係日據時代有名的歷史家台大教授國分直一所攝製，其中有……等珍貴照片」（不著撰人1952）。另外，宋教授年輕時候之興趣多元，其中包括收集台灣歌謠，亦曾被收入1958年台灣省文獻委員會編印之《文獻專刊》第三卷第一期之民間文學特輯中。當時，《聯合報》呂訴上以〈台灣歌謠的再建設〉一文（1958），報導了此一訊息。對書，對圖，對歌的喜好，直接連上了對畫的欣賞。國立故宮博物院於2001與2002年之際，特展「花樣年華：從普桑到塞尚——法國繪畫三百年展」。宋教授四度來看，並認為這是歷年最好的展覽（賴素玲2002）。

宋教授對自己同儕和同事的感念，有一事，亦常常見於版面。前中央研究院副院長張光直院士2001年初過世，宋教授在追思之時，說到自己當年從日本回來，不懂中文，還是要靠張光直幫忙，才學會讀寫中文（于國華2001）。臺大人類學系於2002年為陳奇祿教授舉辦80華誕國際學術研討會之時，宋教授即公開說到，「當年進入台大歷史系，一句中文也不會，得到陳奇祿許多幫忙，至今仍感激在心」（于國華2002）。宋教授後來中文演講上課和媒體解說等的順暢精湛，折服了不少人，但，他始終不吝感恩有功於他的好友。

最後，媒體也記錄了宋教授與酒的溫馨有味。二十幾年前，就在卑南搶救考古的後期，《聯合報》記者江中明專訪宋教授時，寫道：「老教授午膳時小酌了些酒，臉上的紅暈讓人覺得親切」（1988）。更早的時候，臺南市長蘇南成支持民間發起的「不乾杯運動」，但不曉得何因，記者們竟想到宋教授，並前往訪問，也得到對方的正面回應。「台大考古人類學系的宋文薰教授說，他百分之百贊成『不乾杯運動』，不過重點要放在『不要勉強別人乾杯』上，因為大多數人講『乾杯』，都是讓別人乾，而不是自己乾！」（吳統雄與陳清喜1980）。更令人莞爾的是，2000年10月22日《臺灣風物》創刊50年紀念座談會上，宋教授回想創辦人陳漢光籌款辦雜誌的艱難時指出，「陳漢光喜歡喝酒，所以《臺灣風物》還有酒家的廣告」（曹銘宗2000）。人類學與考古學常常被外界與酒相連，而幾則宋教授與酒的報導，或許可以引來不少想像。

七、結語

本文的二大重點：其一是認定考古學相關研究過程，較於人類學其他領域，更能躍登媒體版面，因此，即以此為題進行寫作，試圖說明學術知識以新聞路途傳遞的效應；其二就以臺灣考古學最具代表性人物國立臺灣大學名譽教授中央研究院院士宋文薰為對象，論及其與傳統報紙間的傳播互動。副標題所謂「宋文薰傳播」與「傳播宋文薰」，前者係指媒體報導上，宋教授告訴了記者些什麼，後者則是記者寫了宋教授什麼。宋教授面對詢問者，當然是學術內容解說，因此，50年說說講講，統合起來，也可算是一份「媒體臺灣考古學史」（history of Taiwan archaeology through mass media）的文本。不去整理不知內容之豐富。不翻閱細讀，不曉宋教授作為全國第一位公共考古先行者的免費野外教學成果有多精華。筆者以「野外導師」稱呼宋教授，這不止是他堅定主張卑南遺址在地成立野外博物館以致得名「野外」，主要是，宋教授總是風塵僕僕，凡任何人來到野地遺址，必起身講解，他曾自我解嘲「好像在放錄音機一樣」。問題是，錄音機不會疲累，但，一個人烈陽風颳下，一講十幾年甚至幾十年，所有受惠者，均於露天受教，野外導師對野外學生，畫面溫馨感人。這些野外學生中，有不少媒體工作者，於是，他們回去轉述教授所言，歸納導師總論，同時報告觀察到的景象，終至成就了當下的「媒體臺灣考古學史」基本材料。

依筆者之見，由於宋教授的誠懇坦率，縱使時而勇於推斷，卻時而保留許多，諸位滿懷「踏實的渴望」心情的媒體人，總多能謙虛學習，實在提問，忠實撰文。宋教授在不少記者心目裡，仿如考古之神，趕快來問宋教授就對了。當然，大家最關注的「年代多遠」（按，多麼渴望越遠越好）和「他們是哪一族，亦即和臺灣原住民有關否」（按，多麼渴望立即知道哪一族）等二個問題，對一名準備回答的科學考古家來說，或可直接回「不知」，也能說「或許、可能、猜測」，但卻最不會斬釘截鐵給與標準答案。於是有記者說「希望又落空了！」。不過，在宋教授的場子裡，失望者畢竟僅是極少數，因為，他被敬為「靈魂人物」、「國寶級人物」、「考古界泰斗」、「大名鼎鼎」、「在國內擁有權威地位」、「國內人類學巨擘」或「考古權威」，大家耐心等候導師的繼續教導，臺大考古隊因此有了田野與研究空間，在宋教授領隊下，一步步謹慎仔細的工作，不有外界無端的催促壓力。

宋教授北（圓山與新庄子）東（鯉魚山、麒麟山、卑南）南（左鎮）部各地的考古足跡，加上本文不及提到的綠島、蘭嶼、澎湖、以及中部地區等，幾乎全臺走遍，發現採集挖掘研究的遺址難數，臺灣考古雖不是始自他，但，宋教授和他的考古隊的確奠下典範基礎，臺灣史之可以順遂連上臺灣史前史，我們的野外導師絕對是第一功臣，而媒體不忘如實寫下教授的解說，同時宣揚他的考古學整體理念，亦令人感佩。宋教授所建置的臺灣考古，有如其所愛之書畫圖一般的美麗深厚，更時時傳香好酒，「不乾杯」即如不催促馬上要有考古答案一樣，緩緩喝，慢慢來，踏實腳步，方能獲致健康並尋得理解。

考古與媒體，在本文所論的例子上，它是一記橫跨世紀的美好組合，宋教授一人獨擔，循循善誘扮演成功的野外導師，他和記者彼此充分信賴的交互傳播，預知了一份具高度價值媒體臺灣考古學史知識的出現。

引用書目

于國華

2001〈中研院追悼張光直〉。《民生報》2001-01-21。

2002〈陳奇祿80誕辰　學養風範受推崇　台大人類學系舉辦研討會祝賀〉。《民生報》2002-04-27。

不著撰人

1952〈南市珍貴古蹟風俗照片將公開展覽〉。《聯合報》1952-02-07。

1967a〈發掘鯉魚山文化層　台大考古隊昨日抵台東〉。《聯合報》1967-09-26。

1967b〈台大學生組考古隊挖掘鯉魚山麓古物〉。《經濟日報》1967-10-01。

1967c〈鯉魚山麓挖石棺　考古隊工作結束〉。《經濟日報》1967-10-16。

1967d《東台考古　石人出土》。《聯合報》1967-10-17。

1967e〈三千年人分宵壤　挖貝塚可溯滄桑〉。《聯合報》1967-07-30。

1968a〈考古－中外學者一行　八人抵達台東〉。《聯合報》1968-03-21。

1968b〈考古隊含辛茹苦　麒麟山巨石出土〉。《聯合報》1968-04-10。

1969a〈台大考古隊　長濱有收穫　掘到先陶文化層〉。《聯合報》1969-01-02。

1969b〈李濟一行抵東　參加長濱考古〉。《聯合報》1969-01-08。

1969c〈台灣島何時有人類居住　研究台灣史前歷史　將追溯到一萬年前〉。《聯合報》1969-01-09。

1969d〈科學會決負擔經費　協助發掘先民遺址〉。《聯合報》1969-01-12。

1969e〈長濱八仙洞出土物　竹製古物最具價值〉。《聯合報》1969-01-16。

1969f〈潮音洞考古　有獸骨出土〉。《聯合報》1969-01-28。

1969g〈不著標題〉。《聯合報》1969-02-02。

1969h〈台東麒麟山發現巖棺〉。《聯合報》1969-09-22。

1983a〈加走彎頭石器之謎揭曉　可能是來自海外的另一支文化〉。《民生報》1983-03-02。

1983b〈卑南古物出現骨董市場　內政部促全力防止盜掘〉。《聯合報》1983-10-03。

1983c〈日人要求代購卑南古物　台大教授嚴詞拒絕〉。《聯合報》1983-10-04。

1983d〈麒麟卑南文化重疊現象　學者認為頗有考古價值〉。《民生報》1983-05-31。

1987a〈卑南文化遺址被盜掘　珍貴歷史古物落海外〉。《聯合報》1987-01-20。

1987b〈台東卑南文化遺址　掘出石屋地板牆壁〉。《聯合報》1987-01-23。

1987c〈無知・已經破壞史前遺跡　教育・別再戕害圓山貝塚〉。《民生報》1987-07-12。

1988a〈卑南先民是阿美族的祖先？拔齒成年儀禮先後呼應〉。《聯合報》1988-02-11。

1988b〈卑南文化人屬那族山胞　李坤修依陶器提供線索〉。《聯合報》1988-07-19。

1988c〈台大師生　揮汗挖掘　先民器物紛出土　鑑定年代找木炭〉。《聯合報》1988-01-26。

1988d〈保留古蹟・宜仿義國龐貝　卑南文化遺址・鐵路用地〉。《聯合報》1988-02-04。

1991〈日本考古隊　將到菜寮溪〉。《中國時報》1991-08-10。

1994a〈宋文薰獲頒「榮譽縣民」〉。《中國時報》1994-08-23。

1994b〈中研院士宋文薰開心來領獎〉。《中國時報》1994-08-24。

江中明
1988a〈立石排列有序　無關日常生活　巨石文化　考古之謎〉。《聯合報》1988-03-10。
1988b〈台灣考古一百年專題策劃之三──前賢後進　孜孜矻矻　史前風貌　呼之欲出〉。《聯合報》1988-07-14。
1988c〈機緣加運氣　愛上考古　宋文薰教授　無怨無悔〉。《聯合報》1988-03-20。
李蕙君
2005〈宋文薰珍藏　史前館特別典藏〉。《聯合報》2005-12-22。
呂訴上
〈台灣歌謠的再建設〉。《聯合報》1958-07-04。
吳統雄與陳清喜
1980〈假酒泛濫真酒缺　不要乾杯請隨意〉。《聯合報》1980-02-05。
林全洲　吳淑玲　周宗禎
2005〈《No.1台灣之最》南縣　惡地最壯觀　覆蓋半個鎮〉。《聯合報》2005-04-04。
林宏義
1980〈卑南文化遺址巡禮〉。《聯合報》1980-09-29。
林英喆
1980a〈揭開卑南文化的奧秘！台大考古隊結束臺東探掘　將對出土物側定年代價值〉。《民生報》1980-09-24。
1980b〈揭開卑南文化的奧秘！出土器物製作精細〉。《民生報》1980-09-25。
1980c〈揭開卑南文化的奧秘！遺址只有一個　如何維護保存？〉。《民生報》1980-09-27。
1980d〈興建野外博物館　刻不容緩！強調保存文化　要拿出行動來〉。《民生報》1980-12-11。
1981〈《卑南遺址　一鏟一鋤尋真貌》挖出古早的文化來〉。《民生報》1981-04-30。
周全剛
1988〈台灣史前文化・源自中國大陸〉。《聯合報》1988-02-03。
1994〈宋文薰教授　台東人好朋友〉。《聯合報》1994-08-24。
2001a〈人物春秋　潘常武　民間考古奇人〉。《聯合報》2001-03-31。
2001b〈奇人　小學畢業　成考古學家〉。《聯合晚報》2001-09-02。
施靜茹
1991a〈保護一級古蹟　挖到圓山遺址　捷運施工暫停〉。《聯合報》1991-03-15。
1991b〈參與勘查　交換意見　關切圓山貝塚遺址　王月鏡穿針引線　東瀛三教授　將來台考古〉。《聯合報》1991-04-26。
陸俊賢
1994〈點線面　新觀念雜誌內容改頭換面〉。《經濟日報》1994-09-19。
許榮宗
1999〈為大崗山人齒化石解謎〉。《中國時報》1999-12-27。
陳玉金
1999〈認識台灣 親子一起來考古〉。《聯合報》1999-06-26。
陳南榮
1998〈寶島人物陳春木台灣化石爺爺〉。《聯合報》1998-08-19。
黃仲平
2004〈十三行博物館滿周歲了！〉。《民生報》2004-05-04。

黃安勝
1984〈新聞辭典麒麟文化〉。《聯合報》1984-12-23。
黃振國
1993a〈中研院士宋文薰等今查看卑南遺址〉。《中國時報》1993-05-27。
1993b〈卑南遺址被盜專家察看痛心不已〉。《中國時報》1993-05-28。
1997〈避開遺址杉原開發案過關〉。《中國時報》1997-06-15。
1999〈卑南文化公園建築不傷文物〉。《中國時報》1999-11-15。
程育群
1969〈汗滴泥土・情深考古宋綾子不辭辛勞〉。《聯合報》1969-02-05。
溫福興
1971〈十三公尺斷面歷史二百萬年〉。《聯合報》1971-12-24。
賈亦珍
1983〈長濱文化與麒麟文化間空白兩千年歷史空檔仍是難解的謎〉。《民生報》1983-03-02。
趙慕嵩
1967〈「土」學問・古戰場貝塚下・追歷史〉。《聯合報》1967-08-03。
曹銘宗
2000〈台灣風物50年學者回顧創刊歷史〉。《聯合報》2000-12-23。
鄭戎生
1975〈台南縣菜寮溪發現化石證實為新人期人類頭骨〉。《聯合報》1975-03-21。
鄭光隆
1999〈為左鎮人尋根中日聯手〉。《聯合報》1999-12-28。
2003〈蓋廟怪手重創左鎮遺址〉。《聯合報》2003-01-05。
賴素玲
2002〈李遠哲看法國繪畫展〉。《民生報》2002-01-31。
2004〈搶救十三行參與者回娘家溫馨相聚〉。《民生報》2004-04-26。
羅紹平
2001〈考古薪傳史前館開館日登場〉。《聯合報》2001-05-17。
2002〈台東史博館楚文化特展〉。《聯合報》2002-03-17。
2010〈几字形玉耳飾卑南遺址稀有文物出土〉。《聯合報》2010-02- 02。

* 本文寫作過程承王鵬惠博士、楊鈴慧同學、楊詠慧小姐、以及李慧慧同學多所協助，謹致謝忱。

（本文原刊於《田野考古》2019/19(2):221-238）

二十世紀裡的另類史前國際
——南島原民、陸東觀與海島觀的臺灣考古學論戰*

一、前言

考古證據指出，中國漢人大約14世紀即已移民到澎湖，但，較大量人數的行動，還是晚到1630年代才開始。當時荷蘭人就鼓勵中國人遷來臺灣（陳奇祿1980：2-6）。部分學者認為，荷治時期代表臺灣歷史的一個新開端（見如Tsang 1989: 163）。換句話說，以荷蘭、中國、以及西班牙（西人1626至1641年占有北臺灣沿海地帶）等文字記載的官方和非官方文獻，自此開始描述島上居民生活習俗，以及如何被管理教化歷程。雖然資料仍不甚完整詳細，近現代史上的臺灣原住民族，從此即陸續被書寫建構。但，17世紀之前的狀況又如何？我們如何得知史前史階段之無文字傳統族群文化的景象？史前臺灣住民是現今原住民族祖先嗎？凡此課題，二十世紀後半葉的研究者們，始終抱持著高度興趣。

原住民族或過去習稱的高山族九族說（泰雅、阿美、賽夏、鄒、布農、排灣、魯凱、卑南、雅美），在上世紀幾乎是一不動的真理，而平埔族（凱達格蘭、雷朗、噶瑪蘭、道卡斯、巴宰、巴瀑拉、和安雅、西拉雅、邵）則被認為多數已被同化（李亦園1982a[1954]，1982b[1955]）。這高山平埔合起來的十九族，正是學界長期研究的對象，而語言學者則幾乎全數同意他們均屬南島語族群體（李壬癸 1976，1979； Sung Yan 1989）。與此同時，歷史家們也發表了不少關於荷蘭、西班牙或日本統治之下的原民史蹟報告（中村孝志1990；連溫卿1955；劉斌雄1975），以及漢人移入與原住民族的適應研究（石萬壽1987；黃富三1981；洪麗完1985）。此外，社會文化人類學者亦不缺席，他們多半集中於文化變遷、族群接觸與衝突、涵化與同化等議題（見如黃應貴編1983）。本文的目的之一，即擬探詢在世紀結束前的二、三十年間，史前史家／考古學家和演化論派民族學家，尤其是前者，描述討論與原住民族相關課題的景況。換句話說，我們想了解的是，對於17世紀前的原住民，考古學界是否已有較為明確的學術見解。

就考古學家或民族學者而言，面對「南島族系人群來自何方」和「原住民與史前人類的關係為何」等課題之外界不休止地提問之景況，的確是一大壓力。民族學權威學者李亦園曾表示，該等問題正是大家最關心的學術範疇（1982b[1955]:71）。在他一篇主要以文獻為材，來探討平埔族的文章裡，就直接指出，北臺灣圓山史前遺址上層的陶器出土，與噶瑪蘭和凱達格蘭族很接近，而中臺灣的灰黑陶史前遺址也可連上當地的平埔族文化（同上，頁71-75）。曾於中央研究院訪問研究的語言人類學家Raleigh Ferrell則認為，史前文化遺址出土的平行線條紋，和泰雅族有密切關係，鄒族與圓山文化接近，而排灣族則和幾何形紋路之史前陶器有關聯（1966:124）。相較於此等較為肯定性的人類學者觀點，考古學家似乎顯得保守得多。例如，宋文薰在前後相距25年的不同演講裡，對於觀眾提出的南島族系原住民史前史問題，都是回以類似「尚無法確認」的說法（1965，1988）。而此一學界與大眾互動模式，其實自日本學者開始探索史前遺址主人及其後代議題起始，就已經出現了（參臧振華1990a:11）。往後的數十年間，人們更持續不斷地關心好奇於同一問題（參李光周1983:114）。基於此，不少二十世紀後半葉開始加入學術生產行列的年輕考古學者，也不得不涉入其中。

本文接續於知悉考古學者們研究取向之後，更進一步亟欲討論二十世紀後期在臺灣登場的一回並未被正式公開承認的學術論戰。它的主題就是緊扣南島族系原住民族、史前年代學建置、以及臺灣史前文化起源等間的關係。對考古貢獻的整理工作顯然相當重要，因為原住民族與史前史關係之各個理論提出的原委背景，紛紛從中呼之欲出。此外，更有趣的是，論戰涉及的區域地理範疇，剛好就是吾人今日所界定理解的國際界線或國度領域，也就是說，史前出演的舞臺，與千百年後的當代國際不謀而合，值得注意。

二、民族學的典型觀點與考古家的沿用

除了前述李亦園（1982b[1955]）和Ferrell（1966）之外，凌純聲關於臺灣原住民族的起源之論，是為一造成較大影響的民族學論點，可謂深具時代代表性之學說。凌氏認為（1950），世界上存有一古東南亞文化區，它涵蓋範圍自長江北岸起，包括華南、大陸東南亞、及島嶼東南亞，臺灣當然也在其內。他進一步指認出了包括紋身、獵首、拔牙、斷髮、口琴、貫頭衣、水平織布機、泛靈信仰、室內葬、岩棺等等在內共50種該區各地都見著的文化特質。凌氏主張所有南島族系群體來自中國。包括凌純聲在內的不少歷史學者都認定東南亞文化區內有一稱作百越的群體，他們是中國大陸東南沿海一代的原住族群。凌強力認定臺灣原住民祖先即是來自中國東南的百越（1952）。他的說法，影響了亦為學界導師之一的陳奇祿（陳奇祿1981:42-43），以及社會主義中國研究者（見宋文薰1988:176），他們一致認為，據此，可以證明臺灣原住民構成了中華民族的一部分。而事實上，考古學家對凌純聲的理論，也抱持高度興趣。

換句話說，在面對圈內圈外人所共同關注的課題，考古學者們似乎必須正面回應，而廣被大家信賴的理論，就屬前述凌氏之說。於是，大量考古文章裡，即見作者們順暢地參考引用。首先，宋文薰接受凌的古東南亞文化區觀點，因為，多樣性的臺灣原住民族生活樣態，即符合該大區域內的各個文化特質（1980:98, 127）。黃士強與劉益昌在共同完成一臺灣考古遺址調查計畫之後，也發現了史前文化和大陸古代文化的類緣性（1980）。凌純聲的理論提供了他們將臺灣和華南歸入東南亞文化區內的依據。自此及至世紀結束，黃與劉的接續研究，均秉持凌的說法。其中黃氏強調了百越和臺灣原住民的關聯性（黃士強 1985；Huang 1989），而劉也於凌的架構下，更進一步發展華南和臺灣關係的討論（1988）。

凌純聲的理論儼然成了考古學者建立原住民歷史說法的有力倚靠。不過，遵循凌氏觀點是一回事，多數田野考古的發掘研究者，卻似乎不太願意以出土資料來討論史前臺灣居民和南島系原住民族間的族群聯繫關係。依筆者的觀察，當時的學者對於史前年代學投入不少心力，並戮力藉此連

上華南與臺灣的文化史關係。換句話說，以物質出土為主的文化特質分布，是為立論的依據，而尚少有扣連瞭解族裔社群的意圖。比較出土文物之相同、類似、或相異，成了詮釋方法的要點。因此，如果遺址出土物與原住民族部落用品難以歸成一類，當然就不願或無法對雙方關係做進一步說明。下文有較詳細討論。

三、考古學詮釋下的史前臺灣

1.年代學論

宋文薰曾指出（1988:170），建立了史前史年代層序，是1949至1980年間臺灣考古的一大貢獻。自1896年第一個史前遺址被日本人發現以來，許多古人類活動地點陸續被找到，直到1950年代中葉，列入紀錄者，已多達450個（宋文薰1954:93）。到了世紀末前幾年，更累積到超過千個之多（劉益昌1992:11）。在接續發掘與分類解析之後，學者們即有整合數個遺址以成更大包含範疇之動機，尤其若發現不同地點卻有類似型態之物質出土情況時，更亟欲了解箇中道理。多數臺灣考古學者係依遺址出土文物之色澤、類型、風格、以及陶器、石器、金屬器質性，來界定特定之文化（參臧振華1990b:13）。

考古學者在臺灣辨識出了先陶或舊石器時代文化（參宋文薰1991）、新石器時代文化、以及鐵器時代遺址等。自1980年代以降，學者們紛紛致力於將眾多遺址出土歸納至更高層級範疇的文化體之內。宋文薰與連照美首先於1979年在一間博物館內公開一份史前年代層序表，翌年即正式出版（宋文薰1980：表16）。在1987年之時，二位學者曾調整麒麟和卑南文化位置（連照美1987:232），但，不久又再重回1980年的版本，直至世紀結束，都未改動（Sung 1989:107）。

在宋、連該表出版的同一年，黃士強和劉益昌也發表了一份年代表，其基本架構與宋、連表類似，惟有四處稍有不同（黃士強、劉益昌1980：表3）。其一，他們認為圓山和植物園應分屬不同文化。其二，牛稠子文化應有二個文化層。其三，在圓山與大坌坑文化之間，應有一圓山類型的繩紋陶文化層。其四，澎湖群島的資料應被納入。

自1980年代末期開始，劉益昌接續發展自己的年代層序。他揚棄宋、連、黃以及自己過去所稱用的先陶時代一詞，從而堅持長濱和網形文化等早於新石器時代者，應該定名為舊石器時代。從劉氏正式發表的二份年代序表中，我們可發現其對史前文化時序的安排，已然大不同於宋、連模式。前一表發表於1988年，劉維持其早期主張將墾丁從牛稠子文化範疇抽出（1988:18），而出版於1992年的後一表，則後者反被併入前者。此外，劉益昌更增添不少新識別出的文化如北葉、龜山、大坑、紅毛港、老崩山、以及網形等等。他也建議應使用遺址地點而非族群名稱來命名特定的文化。阿美文化係當時史前遺址中，唯一被以族名定稱者（見宋文薰與連照美表），後即被劉氏於1992表中改為靜浦。

編製臺灣史前文化層序表，應會是一持續的工作，不過，對20世紀的臺灣考古學研究而言，幾份年代學表論述的提出，無疑係當時最主要貢獻之一。換句話說，若遇有上一世紀考古研究最大成就之詢問，此等上下萬年之文化發展表序的系統性建置，應當之無愧。除此之外，事實上，學者們亦多關注各個文化的承載者來自何處，以及他們維繫了該文化多長時間等課題。而各文化間關係的議題，也不斷被提出討論。筆者認為，進入新世紀之前的數十年間，針對臺灣史前文化的根源和發展徑路，至少有二個針鋒相對的取向：東亞大陸東半部源起或稱「陸東主導」和臺灣本土發生或稱「海島在地」，它們縱使未公然叫陣，卻也是類似無聲式地持續論戰，而此場戰役或許正是20世紀臺灣考古學在年代表序之外的另項重要成就，也是一種在史前和當代雙具意義的特殊款國際議題。

2.陸東主導

宋文薰曾回復一位歷史學者關及臺灣所有史前文化均來自東亞大陸的說法。宋表示，據他所知，沒有一位考古學者會做政治性的學術主張（1988:178）。不過，雖然如此，就筆者掌握的資料，事實上，臺灣考古界對島上史前文化的母土源出地，長期以來仍多傾向陸東的認知。當然，並非一面倒陸東的說法，就有政治思維之嫌疑，但，有人提問，也有人解釋，就代表「大陸與臺灣的連線，果真如此理所當然嗎？」終究會是一個長期性的質疑。畢竟，歷史和今日中國，都沒有南島族系群體在東亞大陸或當前中國存在的紀錄，那又為何大陸與臺灣在史前時期卻是如此關係緊密？此外，一般認知裡，東臺灣之外是一片無人之大洋，理所不應與臺灣史前人來源有關，因此，實不需花時間在此。會不會學者們都如是觀？

臺灣是一島嶼，不可能是任一文化或族裔群體的真正原鄉，因為所有人都必須乘船筏舟而來。所以，多數學者都會替在地特定史前文化詢問：它源自何方？（參臧振華1990a；黃士強1991；劉益昌1988；Sung 1989）。前文我們已知凌純聲係以如紋身、獵首、和水平織布機等等類同的文化留存要項，來界定島上住民所秉持之文化的來源。而他的理論也受到考古學者們廣泛支持。不少史前史學者即依照此一模式，識別出某些分布於大陸和臺灣的遺址，同屬一個文化，或者後者係自前者源出，或至少受其深刻的影響。張光直是第一位建立精緻性陸東論的學者，其理論並已產生了重大影響。

張氏最早曾主張中國古代只有一個新石器文化中心，位於北方，再由此散播出去，包括臺灣（Chang 1964）。十多年後他開始修正說法，改稱應有三個中心，農業生業即由該等區域傳播各地（Chang 1977[1963]）。中國東南的大坌坑文化是其中之一，而它即負責影響臺灣，並建構出一島嶼在地的新石器早期大坌坑文化。張進一步認為，縱使與大坌坑無關，臺灣出土的新石器中期如紅陶、灰黑陶或龍山形成期等文化，全數都源起於中國東南（Chang 1972）。他所依循的最直接證據就是，海峽兩邊各遺址所見陶器特質極為相近，甚至完全一致。

作為中國考古學研究的國際學者，張光直的陸東理論，深深主導對臺灣新石器文化研究的方向。其中上一世紀臺灣各大學僅見的「中國考古學」課程教授黃士強，即是最顯著的例子。黃氏除了與首先識別出舊石器或先陶文化的宋文薰，均主張該等遺址文化主人來自中國（宋文薰1980:110，1989:69；黃士強1991:48-51）之外，他更堅持大坌坑文化人亦係源自大陸區域。甚至，黃指出，典型新石器時代晚期的牛稠子與牛罵頭紅色繩紋陶文化、以及擁有明顯紅灰黑陶特色的營埔文化，亦都直接間接受到大陸影響。同時，他亦認定新石器晚期乃至鐵器時代植物園和十三行的幾何印紋陶文化，與大陸地區的出土發現，有著完全的關聯（黃士強

1985:198-200；Huang 1989:70-71）。

黃士強的中土源起理論，也有其他學者呼應。劉益昌就主張多數臺灣史前遺址如大坌坑、圓山、鳳鼻頭、芝山岩、以及植物園等出土文化，係由中國東南傳播而來（1992）。類同主張的學者，多半是以陶器和石器二關鍵物質要素為依據，進而將眾多遺址統歸入同一文化範疇。自1960年以來，陸東主導之論強勢，直到世紀結束前二十多年，才開始有研究者以臺灣本地的演化角度，也就是海島在地論提出挑戰。

3.海島在地

海島在地論者和陸東論者一樣，均在尋找臺灣史前文化的祖源地。由於新時期早期的大坌坑文化與長濱遺址舊石器或先陶文化，並無上下聯繫的關係，因此，幾乎所有學者都曾試圖在大陸找尋大坌坑的源頭。不過，海島派研究者更感興趣於自大坌坑以降一脈相沿直至新石器中後期的本土演化過程。

李光周是首位提出與張光直自大陸多元中心散播於外至包括臺灣在內之理論相左觀點的考古學者。在經對墾丁遺址出土之文物、居住遺留、生業、文化層、以及年代學資料的比對之後，李氏表示，紅色繩紋陶基本上應係自本土的繩紋陶演化而來，而非傳自大陸的龍山形成期文化（1983:104-105）。雖然李亦有於稍後論著裡（李光周1985; Li 1989）提到大陸東南對臺灣史前史的影響，但，僅是籠統帶過而未細論，反而，自大坌坑以來的本土發展之論，就始終是他最強調的觀點（見如李光周1985:225; Li 1989:150）。

臧振華同意李光周觀點，且認為他自己主持之澎湖發掘計畫出土證據，更是具體充分。臧主張澎湖所見的果葉與鎖港文化，係新石器早期繩紋文化（大坌坑）與中期紅色繩紋陶文化的二個類型。他進一步指出，在二個文化層均發現類似甚至相同形制的陶容器，因此，可以證實它們的連續性（臧振華1989，1990a）。臧氏認為，新石器時代的臺灣史前文化有一在地連續發展的過程，同時又與島外某些地方，尤其是大陸東南有所互動往來（1990a:13）。在此一景況下，臧認為（1990a:13），部分陸東論者如張光直和劉益昌，都已紛紛改變看法，接受主體係臺灣本土演化，而部分才是陸東之影響。

此時，前文所提黃士強以一較宏觀視野，綜看如拔牙之廣義文化特質來判斷陸東決定的觀點，受到了挑戰。連照美重視所謂「同一文化」內的差異性。她認為，一般所論大陸東南沿海地區拔牙影響臺灣之論，並不可信，因為二地的拔牙類型完全不同（1987:242-243）。連進一步指出，大陸出土具有拔牙狀態的人骨，其年代並不早於臺灣所見者，何況閩臺埋葬習俗更是差異甚大（同上，頁243）。連氏的說明，讓我們聯想到海島在地新石器文化世界獨立存在的可能性，雖然她並未進一步說明為何差異如此之大，還能歸入「同一文化」之內。

無論陸東論還是海島在地論，主張者均有其依循的證據，各自成理。然而，人們還是要問，那麼，這些遺址的主人是誰？學者們永遠必須面對類此詢問，尤其是南島族系原住民族的史前狀況，更引人好奇。

四、考古家筆下的臺灣原住民族

1.認肯理論

在前文中，我們有提到臺灣考古學者對史前文化與南島族系原住民族關聯之課題，相對上顯得保守。然而，仍有部分研究者曾以肯認之語氣，試圖連結特定南島原住民族群體在史前時代的位置。

宋文薰八十年代發表的所有作品，皆係用難以確定之口氣，敘述史前與原民連帶之議題，不過，他的早期文章（如1954:98-99）卻常見以肯定字詞來說明遺址所見之南島原住民族祖先。他提醒吾人不應忽略史前石柱與排灣族室內外立石或石柱的密切關聯。另外，宋主張，不少族群墓地所使用之石材，均可追溯自史前時代。他更舉出布農、鄒、以及泰雅等族有祖先使用石料的傳說，還有雅美族人至今仍會製作石器，以及部分被廢棄之原住民族聚落現地，亦可發現石製器物等等為據，證明南島族系與史前之關聯。

李光周是海島在地論者大將，他認為南島系原住民族自史前發展至今的文化遺產和文化變遷證據鮮明（1983:114）。他的代表性著作是一篇以社會人類學方法研究鵝鑾鼻遺址物質出土之論文（李光周1974）。鵝鑾鼻涵蓋不少遺址與文化層。李氏專研第二遺址第二文化層出土之大量紅色繩紋陶（李光周1983; Li 1983）。過去研究者多半將之歸類為牛稠子文化層，因此，在前舉由宋文薰、連照美、黃士強、及劉益昌等人所發表之各類文化年表，就從未見鵝鑾鼻文化。不過，李光周似乎不在意鵝鑾鼻進入年代學表與否，反而，他強調對社區社會生活的了解，比較重要。的確，李氏將阿美族連上4,000年前的鵝鑾鼻史前文化人，實為劃時代創舉之學術意見。

在仔細分析了出土的石製網墜和紅陶之後，李光周強力主張，該遺址主人就是阿美族。依照從妻居原則，阿美新郎離開他的出生之家，搬至妻家居住。所以，在各個阿美族部落裡，應有來自多方的非本村男子。這些外來男性成員，會帶進各種不同的文化能力。李氏發現，出土之紅陶類型極為一致，而石網墜卻具多種樣態。因此，他推斷這是一個母系的史前社會，在地女性負責製陶，才會樣式如此接近。而從妻居男性則製作出學自父親的網墜形制，由於他們來自四方，以至於網墜樣子就大不相同。截至今日，阿美族女性仍在製陶，而男性則負責生產如網墜之類的生產工具。李光周的研究結論，提出了一個令人驚嘆的4,000年前阿美族祖先之觀點。

我們當然可以很快地對李光周的論點提出詢問，包括阿美族4,000年前就定居於此地，口語傳統裡有相關支持資料嗎？近現代民族學材料裡的阿美族網墜型態，也有如出土情況類似的多樣性嗎？屏東地區的平埔各族亦眾，他們同樣多行母系制度，為何該遺址不會是平埔的祖先？男性族人自各個出生之家學到的技藝，不會只有網墜，其他工具應該也各有特色，那麼，這些有出土證據嗎？或許河岸和海邊的捕魚魚種需要不同魚網的墜子，才造成網墜多元？阿美族婚配原則真的允許無限範圍的找對象，以至於有來自四面八方的入贅男子？還有，阿美族因有成熟燒陶技術，而多被認為是較晚移到臺灣的群體，陳奇祿（1981）曾推論約800年，那麼，李氏的4,000年和800年等兩個時代數字差距實在太大，我們又當如何處理？不過，雖然提問可多到難以窮盡，李光周仍是上一世紀極為少見的唯一以微觀或特定遺址來指認與今原住民族關係的研究者，其餘學者縱使有提及新石器時代與今南島系原民關聯者，卻多係以宏觀角度所行之判斷。

張光直終其一生，始終維持著新石器時代中葉所謂龍山形成期人類就是南島祖先的說法（1970:165）。宋文薰基本上認同張論，惟他主張籠統的龍山形成期文化一稱，應改為以各個遺址文化來命名，如牛稠子、大湖、牛罵頭、營埔、以及大丘園等等（宋文薰1980:126-128）。此外，張光直在後期時間裡，修正了自己過去主張之通通是中國祖源地的說法。他根據語言年代學資料和考古材料，將南島與生態環境相關之基本詞彙和生活方式進行比對，再加上出土之自然遺留及文化層現象所見，認為臺灣與中國東南沿海，是為南島語族群體的原鄉。張進一步表示，最早期的南島人類生活可能就是大坌坑文化。而該文化的臺灣原型，甚至對福建地區幾個遺址範圍，產生了全面性的影響（張光直1988:12-25）。不論如何，即使未明確指出史前人類是當今哪一族祖先，張氏和宋文薰顯然都相信在臺灣由南島族系主導的新石器文化世界，在體質遺傳方面和文化傳統上，均一脈傳下至今天的原住民族。

與張光直一樣採取整合語言學和考古學材料的作法，臧振華認為，史前南島族系不止是龍山形成期人類，甚至可以上推至更早的大坌坑時期。他主張整個南島語族群體的祖源地應在今廣東、廣西沿岸某處。大約5,000至7,000年前，帶著成熟之繩紋陶製作技術的南島族人，開始擴散至太平洋區域。語言學證據顯示，泰雅語亦於此時出現變異。因此，臧氏認定吾人有理由相信繩紋陶代表的大坌坑文化和泰雅或與其較為接近之族群的連結關係（1989:97-102）。

除了持續認同凌純聲主張大陸東南沿海的百越，就是臺灣原住民族祖先之假說外，黃士強更提出了新石器時代臺灣具影響力的原民祖先證據（黃士強1985:211; Huang 1989:82-83）。他表示，我們已經發現了如此龐大數量的遺址，如果這些遺址主人不是南島原住民祖先，那他們又有可能是誰呢？他不相信所有史前人類的後代會全然消失。黃進一步指出，幾乎所有原住民族群，均有長久存在於臺灣的神話或傳說，因此，島上四處必定會有許多文化遺留。他認為，遺址出土的文物，就是那些遺留。黃氏引用張光直較早期論著所言（Chang 1969:241），某些史前文化遺留類型，諸如石製掘棒、方格印紋陶、瑪瑙珠、以及石板棺等，遲至近年還有原住民在繼續使用（1985:211; 1989:83）。在此一理解下，我們即不難理解黃士強始終堅持以拔牙和獵首二項特質，來連結史前與當代原民間的關聯性。基於建置更精確之原民歷史的動機，黃氏進而認為十三行文化的幾何陶傳統，即是由凱達格蘭人所創造，而南部平原的蔦松文化則屬於西拉雅族人（1985:211）。

黃士強的後一觀點，獲得不少學者的支持。事實上，多數考古學者迴避說明較早期史前社會可能的族群身分課題，而卻對較晚期史前遺址屬於平埔凱達格蘭、噶瑪蘭、或西拉雅等族的認定，頗為堅持（見如臧振華1990b；劉益昌1988；宋文薰1989:78-79；陳仲玉1984；黃士強、劉益昌1980:62-63）。最主要的理由就是研究者們發現史前晚期遺址出土陶器與現下原民村落所用者形制紋樣均同，而早期遺址所見，則難以與今日族人生活找到完全同款的跡象，因此無法遽下結論。

2.或許觀點

不論最初研究計畫主題是否涉及相關議題，多數考古學者總採用相對保守語辭，來陳述史前文化與南島原民間之關係。甚至前節被歸入為認肯論者，也常出現信心動搖的情況。部分甚至亦可放入本節所擬說明之「或許觀點」論者。這些研究者凡是論及史前考古與南島原住民族關係，總以諸如「可能」、「也許」、「或許」等等詞語結尾。

在貢獻考古學工作45年之際，宋文薰曾表示，今天原住民族豐富多樣性體質語言及族群景象，可能與史前文化多樣性的情況有關（1989）。然而，他並未提出任何特定史前文化和南島族群實際相關聯或演化過程的說明。宋氏至多就是說到圓山文化的拔牙風俗，亦可見於泰雅、賽夏、布農、以及一些平埔族部落（宋文薰1980:126; 1989:71-72）。與宋氏合作研究多年的連照美，也有類似論點。她強調，原民群體與新石器時代人類的拔牙風俗有明顯的關聯性（1987:24）。在另一篇文章裡（1989:101），連氏介紹完卑南文化一般特性之後說到，卑南諸多要素可以連上臺灣南島原住民族。但，她的論述就此打住。我們仍不知有哪些要素，還有它們到底如何相關聯。在連照美的研究裡，顯然還尚未有清楚的族群文化歷史結論。我們看到的還是如拔牙的單項說明，或者較籠統的概說。

黃士強與劉益昌早期合作進行調查工作，在成果報告書中提及，考古資料顯示其與南島群體有密切關係（1980:58）。他們認為，研究臺灣原住民族的起源和遷徙，必須依賴考古學（同上，頁58）。自此起始，二位學者即投入不少相關研究。但，每到結論之部，總還是表達出一種不確定的說法。例如，劉氏曾提到圓山人可能是南島原住民族的祖先群體之一（1986a:54），而其後代或許就是平埔族（1986b:62）。另外，黃士強解釋東海岸被認定為卑南文化晚期文化相的東河遺址時指出，吾人應留意從中探索阿美族起源的課題（1990:109）。

我們發現，處理任一史前社群的族群文化發展，似乎不是當時學者們的首要任務。他們多數就提出問題，然後再稍稍連上一點關係。因此，在上一世紀的下半葉50年間，堅定主張連結史前文化與南島原住民的認肯理論，或者得以有系統對該說法進行辯護之專著，仍相當有限。

不過，無論如何，被研究者提及之地理區位範圍，除了本土臺灣之外，總離不開東亞大陸（即今中國）和大陸東南亞沿海，而自臺灣東面出發往東、南、北三方向之可能性，幾乎全部闕如。以「史前國際」角度來看，學者們的努力，或可稱是建立了一個環臺海區域之固化小國際，不過，此一建置成績，卻也同時預知了永遠超越不了的困境。研究者的論說裡，在數千年之間，東向的大洋國際尚未開拓。只是，原住民族自島嶼東南亞北上入臺說，曾獨領風騷一時（見陳奇祿1981），而後世發展出來的南島語族主體，卻也就確立於該片臺灣學界因西向觀看事物而所陌生之百倍於臺海小區之超大海洋世界。這等等又如何圓說？簡言之，史前國際的範圍，果真需要學人以超乎半世紀以上時間耗時於「臺海小國際」？婆娑大洋的難以論及（包括對東南亞和大洋洲史前知識的陌生），直接阻卻了具創造性或突破性的學術想像力？這一切似乎須等到有國際要人於世紀之交來宣揚臺灣為南島源起地，才能一下子轉開大家的大洋之眼。倘使沒有此一國際魄力的躍上舞臺，恐怕迄今多人還是只知繼續汲汲營營於小國際。

五、結語

無可置疑地，在20世紀裡，臺灣民族學家和考古學者，均對包括平埔在內的至少19個原住民族群與已被指認出的20多個史前文化間關係課題，深感興趣。直至很晚近時期，原住民族仍被以「原始」詞語來形容。理論上，這些原始民族應還留有不少可供我們與史前原始性進行比較的傳統文化項目。不少考古家例如宋文薰、黃士強、劉益昌等，均已表示接受凌純聲古東南亞文化區典型文化特質的論點。在此一觀點下，臺灣和廣大華南同屬一個區域。考古研究者就在凌氏學理氛圍裡，試著尋找原民文化與史前出土的關聯。

許多考古家相信，豐富的民族學材料，將有助於建置一個完整的原住民族史前史（黃士強、劉益昌1980:58；李光周1983:110）。然而，縱使有部分研究者如連照美（1988:118）即呼籲社會人類學家參與研究史前文化和臺灣原住民族的文化演化課題，惟似乎終至世紀結束，仍只有凌純聲一位民族學者，以文化演化角度來建構觀點，並成功引來了考古專業的認同。「成功引來」是個說詞，相對上，永遠就只他一人孤單單代表民族學界，其實也說出了理應整個學科集體動員支持考古學，惟卻全然「不成功」的事實，縱使凌純聲個人被公認為學科宗師。

多數臺灣考古家如宋文薰、張光直、黃士強、及劉益昌等，可以稱之為傳播論者。他們主要關注點在於從中國大陸源起的族群遷徙或擴張，以及文化傳佈情形。這即是筆者所稱之陸東論者。陸東論者除了堅持大陸起源基地之說外，其中幾位對於臺灣史前年代學之建置貢獻亦多。從所建立之表圖上，臺灣史前史一脈傳下，清晰明朗。但，很顯然對於各個年表上之特定文化的廣泛大陸源起說，似有過於概化或籠統之虞。而學者們雖時常表現出對史前文化與現今南島族系原住民族關係的高度興趣，事實上，直接而強有力之連結證據仍屬闕如。縱使如宋文薰、張光直、臧振華、黃士強、及劉益昌等人，分別提出關及史前史與原住民族間關係的認肯論述，依筆者之見，除了李光周鵝鑾鼻遺址與阿美族連線的假說之外，其餘仍多屬保守而廣泛的表述，人們對於考古和原民關係之堅實證據和觀點的期待，尚在遙遙之21世紀的遠處。

至於海島在地論派，多數應屬演化論者。他們相信臺灣史前文化自大坌坑開始，一脈傳下至鐵器時代。不過，學者們對於南島族系的史前史，卻眾說紛紜。李光周的鵝鑾鼻阿美族大膽推論，並未引發同僚們的積極回應。而臧振華將泰雅族連上大坌坑說法，同樣也是回音空蕩。具體而明確的結論遇上理論建置的學術保守傳統，似乎就注定扮演孤獨英雄角色。而連照美始終是一位或許論者，畢竟，使用一個宏觀籠統的說詞，相對上比較安全不出錯。

陸東論如張光直與宋文薰的立場和連照美類同。換句話說，研究者們總會表明新石器文化和南島原住民族有關連，但，將任一考古遺址對等於今日原住民族群的作為，卻始終不見於研究結論中。而鐵器時代最晚期與平埔族的連線之所以絕對確認，即是兩邊的物質特質被認為百分百相同（見黃士強與劉益昌之研究）。總之，以一名讀者的角度觀之，在20世紀中，以考古知識來建構堅實而具說服力的史前與原民關係理論，仍屬缺乏，比較多量者，就是略以陶器和石器為基礎所寫出之文化史的籠統對應而已。

自1970年代以降，臺灣人類學幾近揚棄了物質文化裡的品項比較、文化史、以及集中於宏觀文化區建構等的古典研究取向，並以社會科學方法論屬性的社會人類學取而代之（參陳奇祿1978:5-10；陳其南1975:19-49；謝世忠1993:iii-vi）。考古學者原本預期更多民族學家得以在傳播論與演化論的基礎下，加入探詢原住民族史前史和歷史的工作。無奈，在時代變遷的轉折期間，此一願望恐怕落空。因為，像凌純聲式的研究模型，已經難以對社會人類學者產生影響了。少了民族學資料加入，考古學者仍繼續致力於建立更具脈絡意涵之原住民族自古代演變至今的研究體系，但是，他們孤立無援，單打獨鬥，顯然於世紀結束之際，正面臨著困境。畢竟，檢視過去半世紀，絕大部分考古學成就，就在於年代學層序和文化傳播與演化等的知識建置，而對於史前史與南島原民「消失的連結」（missing link），似乎仍屬未知的境地。所以，原民與史前關係，表面上是熱門課題，但，實際上卻是冷到爆。稱此一論戰是「無聲的」，即因沒有見到結派立論現象，也無專對相關課題舉辦過任何研討會議，這些學者教授出來之尚處嗷嗷待哺的學生們，更無感於一絲絲火藥氣氛。大家繼續個別式地發表論著，並一起迎向21世紀。

包括原住民知識青年在內的眾多人士，尤其是原住民族社會運動於20世紀後20年點燃之際（謝世忠1987），多殷殷期待著學界關於原民史前史與歷史的更具體而深刻說法。從前文的討論觀之，在當時情境下，對未來的等待期必定冗長。雖然日子難熬，但，亮點希望總算有了開端，那就是90年代開起了山地考古的工作（見劉益昌1990a，1990b）。下一世紀或許會不斷精修缺乏山區資料的年代學層序，而更豐富資料的出土，也可能對補足部分消失的連結，有所助益。

然而，事情是否得以樂觀，也難以有答案。畢竟，誠如前文所述，臺海區域史前小國際的限縮，使得諸項論點只是處理到半邊臺灣，東面外海無數倍廣闊之浩瀚南島大國際，卻不在論者筆下。二十世紀現代臺灣的歷史發展，絕大關注比重即在於東亞大陸以及與其銜接的部分大陸東南亞沿海一帶，而巧合的是，史前臺海小國際，竟也如同GIS套疊一般地與之密切吻合。果真全新世農耕生計開始之近萬年來，臺灣永無擇選機會地就是向左看？時間巨輪繼續前滾，忽地二十數年，惟不知21世紀啟動迄今，眾位舊新賢達已為20世紀另類史前國際的諸多留問，尋得超越性的解答否？

引用書目

中村孝治（Nakamula Kodaji）

1990〈村落戶口調查所見的荷蘭之臺灣原住民族統治〉。許賢瑤譯。《臺灣風物》40(2):89-103。

石萬壽

1987〈二層行溪流域的先住民〉。《臺灣風物》37(2):1-37。

宋文薰

1954〈考古學上的臺灣〉。《臺灣文化論集》1:91-104。

1965〈臺灣西部史前文化的年代〉。《臺灣文獻》16(4):144-155。

1980〈由考古學看臺灣〉。刊於《中國的臺灣》。陳奇祿等著，頁93-220。臺北：中央文物供應社。

1988〈臺灣的考古學〉。《臺灣風物》38(4):165-183。

1989〈史前時期的臺灣〉。《歷史月刊》21:68-80。

1991〈臺灣舊石器文化探索的回顧與前瞻〉。《田野考古》2(2):17-28。

李壬癸

1976〈臺灣土著語言的研究資料問題〉。《中央研究院民族學研究所集刊》40:51-84。

1979〈從語言的證據推論臺灣土著民族的來源〉。《大陸雜誌》59(1):1-14。

李光周

1974〈再看鵝鑾鼻——臺灣南端的史前遺址〉。《國立臺灣大學考古人類學刊》35/36:48-61。

1983〈鵝鑾鼻第二史前遺址考古調查〉。《臺灣風物》34(2):108-115。

1985〈臺灣：一個罕見的考古實驗室〉。《國立臺灣大學文史哲學報》34：215- 237。

李亦園

1982a[1954]〈臺灣平埔族的器用與儀式〉。刊於《臺灣土著民族的社會與文化》。李亦園著，頁29-47。臺北：聯經。

1982b[1955]〈從文獻資料看臺灣平埔族〉。刊於《臺灣土著民族的社會與文化》。李亦園著，頁49-76。臺北：聯經。

洪麗完

1985〈清代臺中移墾社會中「番社」之處境〉。《東海大學歷史學報》7:243-274。

凌純聲

1950〈東南亞古文化研究發凡〉。《臺灣新生報》1950年3月22日。

1952〈古代閩粵人與臺灣土著族〉。《學術季刊》1(2):36-52。

黃士強

1985〈試論中國東南地區新石器時代及臺灣史前文化的關係〉。《國立臺灣大學文史哲學報》34:191-214。

1990〈臺東縣東河地區史前遺址〉。《歷史月刊》27:105-109。

1991〈從小馬洞穴談台灣的先陶文化〉。《田野考古》2(2):37-54。

黃士強、劉益昌

1980《沖繩重要時期勘查與整修建議》。臺北：國立臺灣大學人類學系。

陳仲玉
1984〈立霧溪流域的考古學調查〉。《臺灣風物》37(1):119-132。
陳奇祿
1978〈中國民族學研究的回顧與前瞻〉。《中華文化復興月刊》11(6):5-10。
1980〈中華民族在臺灣的拓展〉。刊於《中國的臺灣》。陳奇祿等編，頁1-15。臺北：中央文物供應社。
1981〈臺灣土著文化〉。刊於《民族與文化》。陳奇祿著，頁35-43。臺北：黎明。
陳其南
1975〈光復後高山族的社會人類學研究〉。《中央研究院民族學研究所集刊》40:19-49。
黃富三
1981〈清代臺灣移民的耕地取得問題及其對土著的影響〉。《食貨》11(1&2):19-36, 26-46。
黃應貴編
1983《光復以來臺灣地區出版人類學論著目錄》。臺北：中國民族學會。
連溫卿
1955〈荷蘭時代之臺灣〉。《南瀛文獻》3(1&2):1-15。
連照美
1987〈臺灣史前時代拔齒習俗之研究〉。《國立臺灣大學文史哲學報》35:227-254。
1988〈卑南考古的最新發展〉。《臺灣風物》38(2):105-122。
1989〈臺灣東部新石器時代卑南文化〉。《歷史月刊》21:94-101。
張光直
1970〈中國南部的史前文化〉。《中央研究院歷史語言研究所集刊》40(1):143-178。
1972〈新石器時代中原文化的擴張〉。刊於《中國上古史待定稿》。中國上古史待定稿編輯委員會編，頁285-328。臺北：中央研究院歷史語言研究所。
1988〈中國東南海岸考古與南島語族的起源〉。《當代》28:12-25。
臧振華
1989〈試論臺灣史前史上的三個重要問題〉。《國立臺灣大學考古人類學刊》45:85-106。
1990a〈論臺灣的細繩紋陶文化——兼論臺灣史前文化來源問題研究的概念和方法〉。《田野考古》1(2):1-31。
1990b〈從十三行遺址的搶救看臺灣考古遺址的保護〉。《臺灣史田野研究通訊》16:9-11。
劉益昌
1986a〈圓山文化：四千年前的臺北人和文化〉。《人間》14:52-55。
1986b〈從圓山貝塚遭到破壞想起的〉。《人間》14:56-62。
1988〈史前時代臺灣與華南關係初探〉。刊於《中國海洋發展史論文集》。張炎憲編，頁1-27。臺北：中央研究院三民主義研究所。
1990a〈屏東縣瑪家鄉北葉遺址試掘報告〉。《中央研究院歷史語言研究所集刊》61(1):193-255。
1990b〈花蓮縣秀林鄉布洛灣遺址第一次發掘報告〉。《中央研究院歷史語言研究所集刊》61(2):317-369。
1992《臺灣的考古遺址》。臺北：臺北縣立文化中心。
劉斌雄
1975〈日本學人之高山族研究〉。《中央研究院民族學研究所集刊》40:5-17。

謝世忠
1987《認同的污名：臺灣原住民的族群變遷》。臺北：自立晚報。
1993〈走進田野，感受周遭的物質世界〉序。刊於《排灣族的衣飾文化》。李莎莉著，頁iii-vi。臺北：自立晚報。

Chang, Kwang-chih
1964 Prehistoric Ceramic Horizons in Southeastern China and their Extention into Formosa. *Asian Perspectives* 7:243-250.
1969 *Fengpitou, Tapenkeng and the Prehistory of Taiwan*. New Haven: Yale University Press.
1977[1963] *The Archaeology of Ancient China*. New Haven: Yale University Press.

Ferrell, Raleigh
1966 The Formosan Tribes: A Preliminary Linguistic Archaeological and Cultural Synthesis.《中央研究院民族學研究所集刊》21:97-130。

Huang, Shih-chiang
1989 A Discussion of Relationships between the Prehistoric Cultures of Southeast China and Taiwan. In *Anthropological Studies of the Taiwan Area: Accomplishments and Prospects*. Kwang-chih Chang et al., eds. Pp: 59-86. Taipei: Department of Anthropology, National Taiwan University.

Li, Kuang-chou
1983 Problems Raised by the K'en-Ting Excavation of 1977.《國立臺灣大學考古人類學刊》43:86-116。
1989 Taiwan as an Archaeological Laboratory. In *Anthropological Studies of the Taiwan Area: Accomplishments and Prospects*. Kwang-chih Chang et al., eds. Pp: 143-158. Taipei: Department of Anthropology, National Taiwan University.

Sung, Wen-hsun
1989 Unity and Diversity in Prehistoric Taiwan: A Cultural Perspective. In *Anthropological Studies of the Taiwan Area: Accomplishments and Prospects*. Kwang-chih Chang et al., eds. Pp: 99-110. Taipei: Department of Anthropology, National Taiwan University.

Sung Yan, Margaret Mian
1989 Unity and Diversity among Taiwan's Aborigines: The Linguistic Evidence. In *Anthropological Studies of the Taiwan Area: Accomplishments and Prospects*. Kwang-chih Chang et al., eds. Pp: 37-58. Taipei: Department of Anthropology, National Taiwan University.

Tsang, Chen-hwa
1989 A New Perspective on the Historical Archaeology of Taiwan. In *Anthropological Studies of the Taiwan Area. Accomplishments and Prospects*. Kwang-chih Chang et al., eds. Pp: 159-172. Taipei: Department of Anthropology, National Taiwan University.

* 本文初稿曾於「七十年在地深耕與發展——國立臺灣大學人類學系七十周年慶暨黃士強教授九秩華誕慶祝活動」宣讀，2019年6月28日國立臺灣大學文學院演講廳。

（本文原刊於《原住民族文獻》2021/47:08-23）

展物演出的異態與溫馨
——客家博物館真有可能？

一、導論

在臺灣，縱使缺乏明確的族群定義，論者總是習慣性地直接認定客家就是族群（徐正光2000；張維安2015），尤其在四大族群（福佬、外省、客家、原住民）說法開始於公開場合大量傳述的九〇年代，並未聞客家一方有明顯的質疑意見。而在大學院系建置上，以族群為名之高級學位學程作為客家學士班的上階深造規制，亦被視作合理安排。一般課堂上，教授常於課程名稱上，將客家與族群置放一起，至於對族群定義的解說方面，則多是舉出詞彙概念本身或國外學者所提之抽象性所指意涵，而少有拿客家來比對定義的妥適性或試著引發更多討論之企圖。基本上，將客家與族群畫上等號，代表著亟欲傳達出客家絕不只具生活性或視覺認知之文化內容的意思。換句話說，它直指人的活生生存在，而非僅止於生活產物（即指文化）的介紹。族群與文化二者至此顯現了所應具有關鍵性差距的事實。「族群」之名，反映出一種特定人群的存在與聲音，它是實體一群人的組合，而這群人更不是普通的烏合之眾，他們承繼著某種可能血統或可能共祖或可能遠古同一家等之共同來源的想像或認同（cf. Geertz 1973[1963]；Keyes 1976；Nagata 1981；謝世忠1996）。據此，族群深具組織成強大力量的潛力（Cohen A. 1981）。至於文化，則多意指抽象符號或有形無形象徵範疇或物質非物質生活內容或價值觀念說法。文化指涉雖然高尚風華，但，多半時間裡，也只能流於欣賞和敬意，其經由人之操作而發出強大動能的機會遠少於族群。總之，堅持為族群而不僅僅是文化，必然有其道理。

臺灣中央政府客家委員會的招牌門面，不僅捨去「族群」也不掛上「文化」，就簡單「客家」加上「委員會」。這個景象值得進一步推敲。不過，一個簡單的破題就是：客家二字讓人自由想像，效果當然更佳！事實上，仔細檢視客家委員會之運作，它其實是又族群又文化，如此，也符合人們見「客家」一詞而能意會雙料範疇的景況。然而，若採行自1980年代中葉發起的臺灣原住民社會運動直接強調自我族群位置之態勢，對客家而言，似乎又過於冒險，例如，依筆者田野觀察，有不少原運領袖和學者，就表示不能認同漢人內部又分出包括客家在內的那麼多群體，因為，此舉等同於大大稀釋掉了原民於臺灣社會獨一無二非主體族群的關鍵地位。如直接讓二個漢人族群公開對撞，恐怕對原住民不利，畢竟族人早有其公開宣示的在地真理性地位（謝世忠1989）。於是不標示客家是什麼，族群抑或文化，就讓大家在簡單的客家二字裡各自想像，不失為最保險作法。不過，既然族群代表人的主體，位高於文謅謅之生活總論的文化，那麼，又應於何時何地展現族群性（ethnicity／宣示自己所屬祖裔群體的特色面貌）而又不至於引發敏感度呢？這是難題，也是挑戰。客委會贊助許多計畫也主辦不少活動，惟多半屬於文化展演範圍，那，族群呢？作為政策制定與執行機關，又能掌握何種機會來安置此一文化之外的另個大範疇？依筆者之見，答案就是博物館。換句話說，舉凡有類客家博物館（博物館、文物館、文化館、文化中心、文化園區等）的出現，縱使館名還是文化在上，其內質精神必然是族群為主，文化為次，更精確地說，即是以特定文化要項來代表族群。看到這些，就是客家！如此，才合於客家主體存在的期待。

客家的今日門面光耀，實是客家社會運動成效的產物。但，具族群權利爭取內涵的社會運動，走到最終，政治權益似乎獲有了，而在它之外，所剩好像就是建造一個或多個博物館。文化恢復靠博物館，傳統維護靠博物館，族群驕傲靠博物館，被國家認可和大眾認識的證據也靠博物館。有了它，一切問題都獲解決，族群的種種期望也都有了完滿結局。而我們想問的是：果真如此嗎？博物館舍充當族群性展現的代表，顯然任務重大，因為它即將呈現於世的面貌，就是在告訴大家我這一族的樣態。對客家而言，雖有幾所學術專業單位之教授學生正在專事研究與其相關之課題，但那是以文字表現為主的學理論述，多半就留於學界。而政府機關不定期以客家為名辦理的活動，則均為片刻休閒趣味，或突現一時之新創文化表演，過了即逝。唯有博物館的效益常態持續，族群性在該類館舍場域中的一舉一動，對於客家印象的建置，才是舉足輕重。本文擬以博物館風貌與內容為題，討論博物館客家族群性的真實性（authenticity of Hakka ethnicity represented by museums）效能問題。簡單地說，博物館看到者，真是客家的嗎？它很奇特異類或很感動人心嗎？

二、真實性之論

任何一種觀光型態，都可能引來真假的參訪感受。自然環境或生態觀光，會有人造山水的質疑，因為太便利太整齊。文化觀光會衍生出為商業表演而作的質疑問號，因為物質文化內涵太過鮮豔，遠超乎對傳統古舊的想像。異族觀光（ethnic tourism）則會引發不是真正本族或扮裝成假外族的疑惑，因為，代表者成員一方面似乎不夠珍惜身上所配備之族群項目的價值，另一方面則身體語言模樣亦令人有拙笨感覺。她們應該只是在觀光地點專門表演族群外型的工作人員。這些都是觀光場景中常見的真實性提問，訪客問自己，洽詢同夥，或也向在地人求證。當然，扮演中介角色的導遊人物，也常協助解決該等問題。

何謂真實，過去半個世紀以來，研究者議論頗多。現在多數認知就是不去追究客觀的真實，而是對輸送社會成員一方，如觀光旅遊者，遇上接收社會一方，也就是在地居民，雙方於現場互動過程的探索。換句話說，真實性可能是相對性的，例如，某一區域或物品被相信是真的，而另一地區及其相關素材卻多半被認定是假的。但，真假如何確認或者它可能會隨著情境變動，則是相當複雜的人際關係作用結果（cf. E. Cohen et al. 2012:1295-1314；Cole 2007；Duggan 1997；Knox 2008；Wang 2007:789-804）。中國雲南省洱海大理古城一向湧來大量中外遊客，但是，贗品和虛假的人與物之說，一直口傳於當地日常生活裡。外來訪客擔心買到假古玩或被不是真牌當地主要少數民族的白族姑娘騙來合照付錢。在地人則害怕收到假鈔偽幣。在一片假虛騙偽氛圍中，卻有人以成功的敘事，亦即動人的故事，感召了外來遊客。觀光客購買的商品，連著賣者所介紹述說之歷史文化人事物，而被認知到此物高度的真實性（Notar 2006:64-98）（見圖1）。敘事建構了真實。最重要者即是，人們的自我相信，成了真實性正面表述的基礎。換句話說，我相信它是真的，那就是真的。

圖1：大理觀光區人與物的真實性問題同時困擾著在地人與外來人。（謝世忠攝，2012.10.25）

博物館多數有學術的支持甚至直接介入之背景，因此，它的說服力道遠高於觀光地點的民間個人隨意說說。抵達一個異文化或異族地區，深具權威說明地位的博物館或歷史文化館舍，即成了認識在地最快速簡便的管道。一般而言，公辦博物館的歷史文化族群樣貌展示，往往就是參觀者建立對方印象的最直接依據。展於政府認證的博物館之內，理所當然就是真的。博物館導覽內容和展示物品的說明牌示，都是權威說辭。有時候商業屬性的導遊言說，也具有類似功能，但他還是稍弱於公家背景之博物館內說項的信任程度，這在位處傳統上強調權威之東方世界的臺灣更是如此。

客家要素於博物館展出，藉著館舍的公家權威性，各項展覽內容必定被視為代表客家之作，也就是說，客家就是那樣。但是，博物館縱然有其標示真實性的權威話語位置，倘若少人駐足，缺乏引人參觀的魅力，那麼，該份權威性也就失去施展之機會。如何吸引來人？那是一大學問，也是行銷人員的工作任務。在細數客家博物館舍吸引力效果之前，我們先來說明一下一般常見之族群博物館，所使用的二大絕活，一是「異態」，讓博物館的族群模樣突出異樣，也就是設法強調它的奇特，並用以引來好奇之眾；二是「溫馨」，博物館的族群內容使人感到溫暖安慰，彷如回到自己的老家。前者是追求異國情調，後者則是重溫舊夢。

三、異態：族群博物館的遠距

觀光的類型中，有一稱作異族觀光（ethnic tourism）者，它係以特定族群為吸引對象，讓前來觀看者，藉此獲取一種「奇風異俗」的獵奇異態人群新鮮感，並引發遊樂休閒的歡喜心情（E. Cohen 1996[1989]；Walsh 2001:93-124；謝世忠1992，1994）。博物館常常也被視作觀光過程的一環。不論是大眾觀光（mass tourism），還是另類（alternative，指非集體遊覽車行動之大眾型的觀光形式）或背包客觀光（backpacking tourism），總會有時間長短不等的博物館行程（大眾型可能領隊限制幾十分鐘逛逛禮品店即離開，而非大眾型或背包客也許會待上以小時計之久）。坐落於標榜特定族群分布區域之觀光地點，主要多係介紹或展示該族群樣貌和歷史文化生活的博物館（例如新北市烏來區的泰雅民族博物館，見圖2；或者日本北海道白老地區之愛努族民族博物館，見圖3），對於前來此一異邦他國遊玩者，就是一項取異為樂的探訪目標，進入館舍參觀，正可以強化異樣在地的印象，因為館方已經為來客整理完妥充沛的族群文化視覺聽覺接收訊息。

圖2：烏來泰雅民族博物館。（謝世忠攝，2017.10.03）

圖3：北海道白老愛努民族博物館傳統屋舍展示。（謝世忠攝，2011.09.09）

烏來觀光主街道上，絕大多數商家都經營飲食山產溪河料理，除了盡頭的石雕族人結婚男女背負造像之外，幾乎難以看到所稱的在地泰雅人生活樣貌。在有限時間內，唯有進入路旁的民族博物館，才有機會接觸系統介紹本地族群的展示內容。入館免費，但，真正進入參觀的人並不多，裡頭總是冷清。來烏來一遊的時間太過限縮，難以抽空入館，可能是因素之一，而原住民本身傳遞出來的異態如不夠特殊，則也不易讓本國觀光客產生異國情調之浪漫引力。再加上若國際訪客不多，尋異者闕如，那麼該館的乏人問津，也就不足為奇了。

不少異族展示的博物館，均設立在所謂的「園區」（park）裡面。簡單的說，就是來到園區遊憩休閒，也同時玩樂一下異國／異族情調。日本北海道愛努族民族博物館和中國雲南西雙版納勐罕傣族園是為典例（見圖4）。愛努族博物館有內外二區，內區即是典型的室內博物館，裡頭陳列該族物質文化種種素材，也陳述著與愛努族接近之環北極區各地族群文化，甚至展有包括臺灣在內之國際原住民交流的紀錄。外區則是陳設六大座傳統愛努族家屋建築，以及關住著棕熊與北海道獵犬的籠欄。參訪者在內區眼到靜態文物，走出戶外，可以拍照大屋，也能進屋觀賞歌舞表演或穿著族服攝影（見圖5），或看到昔日宿敵的熊與犬神奇地比鄰而居。博物館內的愛努族種種，在北海道日常生活裡，就極其不易見著，更何況外來觀光旅遊人士，僅是短短半日匆匆。在正常日子見不到，卻只能於博物館園區一次看完者，往往就是一種異態的直接說明。族群文化異態被集中呈現，它或許僅單純地表達出早已不存在於今日的古時代樣態，惟卻也直接證實了異與常的強烈對比。異態的極度凸顯，方可使觀賞者留下印象。異邦族群之與觀光客自身的常態性遠距，正是引人興致之所在（cf. Leipor 1989:367-384）。

愛努族博物館與園區的「夠異」，與泰雅博物館與市街的「不夠異」，是一個對照組。前者總有大團遊客前來，據園區工作人員印象，來自於臺灣、香港、中國、韓國、新加坡等地者最多，表演節目主持人還得因此講上幾句各國語言。觀眾們聽到熟悉的問候語，驚異連連，讚嘆神祕族群成員，竟會懂得幾句自己話語。愛努族知識和訊息對一般人而言，實在太過遠距陌生，也因此族群文化異態樣貌，對大家來說，都是新鮮。奇風異俗的新鮮引力，讓觀光團體絡繹不絕。而烏來泰雅博物館的原住民知識與訊息在臺灣根本是老生常談，其族群文化展示說明構不成遠距異態條件，招募不到本國客人，也就可以理解了。

四、溫馨：族群博物館的近貼

觀光的類型中，還有一種稱為內部觀光（internal tourism）者，它係指觀光旅客前往展示與己同屬一族群文化的地點參訪（Esman 1984）。簡言之，就是自己看自己，或者自己看我族祖先或從前的歷史文化景象。此一類型觀光客可以在觀光情境中，找尋失去的過往或長輩口傳中的記憶，那是一種溫馨懷舊心情，常常引發當事者的感觸動念。法裔的北美洲移民集中於路易斯安那州，其中幾處社區形成了來自加拿大魁北克省和法國的觀光客至美國的必到之地。路州、魁省、以及法蘭西等三個地方，均是法國族裔人群的生活區，彼此充滿著亟欲認識對方，感受族群文化分隔幾世代之後的境況。這是內部觀光的典型例子。路易斯安那在時空上距離原鄉最遠，法國人想來觀看原鄉要素在此留有多少之動機亦最強，於是來者與受者間在文化展演內容上相互折衝，一方企盼看到另方的不忘祖，另方則盡己之力試著呈現出濃濃法國味，以期獲致雙方的親近感受（ibid.:451-467）。

那是觀光場域的情形。在博物館方面，亦有類似的內部觀光式尋根過程。屏東瑪家臺灣原住民族文化發展研究中心（由原住民文化園區改制而來）和新加坡土生華人博物館是為典例。位於瑪家的中心園區內部和前述愛努族博物館園區類似，除了有一標準的靜態展示館之外，戶外廣闊空間上，也擺置了各族傳統建築屋舍和代表性的配備設施如祖靈柱或獵首架等（見圖6、7）。筆者研究團隊曾於該處進行田野調查，發現有不少原民族人也會至當地參觀，並且多持肯定態度，覺得看到祖先的文化痕跡，深受感動。這即是內部觀光的效應（謝世忠1994）。新加坡土生華人博物館主要展示遷移至東南亞華人與在地人通婚之後代的生活（見圖8、9、10）。現在馬來西亞、印尼、新加坡擁有華裔血統的居民，有不小比例正是屬於該群範疇，因此，凡是親訪該館的後裔，尤其各級學校都有安排校外教學參觀的活動，自己與其關係接近者，多少會有所感知。那是內部觀光的經驗，對於當事者具有回溯歷史觀看自家的心情。近貼自我文化的溫馨，促使來人品味回甘，而此類博物館的存在，正是親切感知呼喚的效益明證。

4 | 5 圖4：雲南勐罕傣族園天天有潑水節演出。（謝世忠攝，2011.12.27）
圖5：北海道白老愛努民族博物館內觀眾欣賞表演。（謝世忠攝，2011.09.09）

6 | 7 圖6：台灣原住民族文化園區入口。（李莎莉攝，2017.03.10）
圖7：鳥瞰台灣原住民族文化園區。（李莎莉攝，2011.06.09）

圖8：新加坡土生華人博物館。（謝世忠攝，2014.05.11）
圖9：新加坡土生華人博物館服飾展示衣飾。（謝世忠攝，2014.05.11）
圖10：新加坡土生華人博物館展示寢室床組。（謝世忠攝，2014.05.11）

五、中道：不異不親可以存在？

異態和溫馨是族群博物館經營成敗與否的關鍵。換句話說，你要夠異態，才能產生足夠吸引力，讓外人願意前來一瞧究竟。不夠異態的結果，就是門可羅雀。此外，與異態不一定相對，卻是得以引來另批參訪者的條件，就是要深具溫馨感覺。此時，觀者不覺得異，當是無妨，因為自家人來參觀、感受自家溫暖，也能達到族群博物館喚起族裔感知甚至意識的效果。倘使不異又不親，那該館下場可以預期，就是終日空蕩蕩，工作人員閒得發慌。

那麼，有沒有可能出現一個成功的族群博物館，而卻是不求其異又不以看親戚為號召的中道屬性？也就是沒有奇風異俗或異國情調特色，也缺乏我族親近要素，但卻能感動於外，大家稱道認同？若有，此類博物館依靠何種策略營運？其核心吸引力是什麼？想像中，的確並不容易。但是，有一個可能的辦法，那就是展示大脈絡。族群不可能單獨存在或獨立於世界之外，他當然是大脈絡的一環。大脈絡最典型者就是國家，而族群正是國家生成演進歷史中的一個要角。大脈絡伴隨著族群，可以突顯該族群在建設國家歷程中的貢獻，也能使族群與大脈絡所有成員一起同享國家國民／公民情誼。因此，此類族群展示位置，不會以其之「異」為主，也不特別倡議族群內部同胞間的意識連結，反而主要訴諸國家內部範疇成員間互動往來。它合於脈絡基礎的人類關係事實，也能緩和族群性的狂熱，更能降低窺視異國情調的失禮。澳大利亞國家博物館（Australian National Museum）和瑞典北方博物館（Nordiska Museet）是為典例。只是它們不是族群博物館，而是涵蓋進包括族群要素在內的超大範圍國家級博物館。

澳洲國家博物館坐落於首都坎培拉澳洲國立大學旁（見圖11），參觀人數絡繹不絕。筆者造訪過二次，裡頭總是萬頭鑽動，中小學生天天排班進入學習，導覽員和教師亦忙著指導說明。指導說明些什麼呢？原來一進博物館大門，映入眼簾者就是歐洲白人遷移至澳洲大陸之後，原住民即開始受苦受難的歷史（見圖12，13）。學童專注地聆聽、觀看、及閱讀，這些知識涵蓋著原住民族群的文化變遷史，也說明當前族人處境狀況的緣由背景。參觀者獲得的是這個國家極其汗顏的一頁黑紀錄，主體社會和主要白人群體要負最大責任。但是，澳洲政府和人民沒有迴避責任，大家一起在國家博物館名下，直接呈現原住族群不幸遭遇。這是大脈絡的故事，原民各個族群沒有如同一般族群博物館所為的被抽離出來單獨專舍介紹，澳洲原住民即是澳洲國家關鍵大事，唯有脈絡式地展示，才能有效完成中道知識傳達的任務。

11
12 | 13

圖11：澳洲國家博物館大門口。（謝世忠攝，2004.04.10）

圖12：澳洲國家博物館展示歷史上同化原住民的紀錄。（謝世忠攝，2004.04.10）

圖13：澳洲國家博物館展示原住民爭取權益的社會運動。（謝世忠攝，2004.04.10）

瑞典北方博物館坐落於首都斯德哥爾摩，是一藏品豐富的著名大館（見圖14）。但是，大館並非專展皇家貴族生活或高尚文藝品項而得名，反而，它的最令人印象深刻展廳，卻是鉅細靡遺地述說國家境內少數族群Sami / Sapmi（舊稱Lapps）人的脈絡故事（事實上該族分布範圍包括挪威、芬蘭、以及瑞典等北歐三國，外加一小群落生活於在俄國境內）。所謂脈絡故事，就是和前述澳大利亞國家博物館情形一樣，Sami人在瑞典受到同化政策衝擊及其社會文化因國家發展飽受傷害之情事，無一不被分別檢視批判（見圖15、16）。其中又以族人抗議水壩建構事件的紀錄，最引人注目。Sami人的展廳是博物館居中的重要空間，看到展覽內容，不會僅是見異或認親，反而它突顯了國家大脈絡下族群位置的變遷景象，見之而生反思意念者居多。

澳洲和瑞典國家博物館均非族群博物館，因此，它們就沒有出現一般族群館舍的以異來號召觀眾策略，也無內部觀光所見的自己人來此尋根找親人的現象。兩館都是以國家高度來對內部族群進行脈絡性描述，觀賞者的所獲，與族群博物館呈現的非異即親之感覺的狀況大異其趣。這是一種中道的實驗作法，值得總是以族群博物館為規劃藍圖者參考。

六、客家：博物館的遠近屬性

現在回到我們的主題：客家。臺灣有無族群博物館？當然有，而且還占博物館類型的多數。臺灣的情況是，凡有政府所在之處，必見到類原住民博物館和客家博物館。原住民和客家都有長期發起社會運動的紀錄，二者均相當成功，最主要標的就是，中央和地方政府最終都紛紛設立了二大群體的行政主管單位。值得注意的是，行政單位出現後不久，博物館即在各地雨後春筍般地成立。原住民屬南島族系，其傳統文化和漢語系的主體社會文化大不相同，因此，博物館的展示方向並不難掌握，至少它可以呈現異樣，用以吸引非我族觀光客的異國情調動機。或者，它也能強調傳統，如瑪家中心園區的原民籍參訪者一般，可引發族人來客的親族文化感動心情。那麼客家一方呢？它有辦法在異態與溫馨範疇上獲得成功嗎？

臺灣約共有40家客家相關博物館，其中多數與客家委員會的成立以及

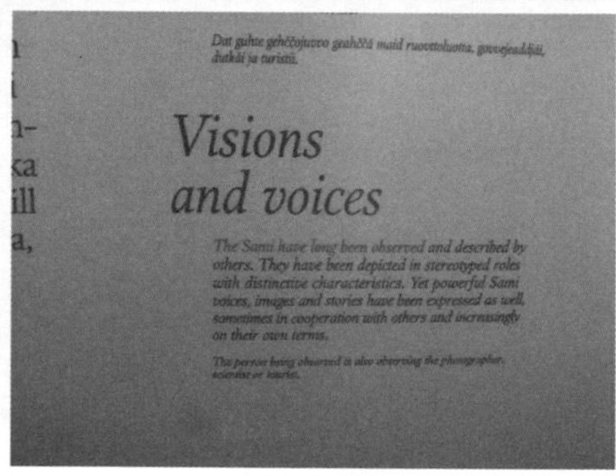

14	
15	16

圖14：瑞典北方博物館。（謝世忠攝，2018.05.20）

圖15：瑞典北方博物館Sami人展區問到誰是國家首批主人之省思課題。（謝世忠攝，2018.05.20）

圖16：瑞典北方博物館Sami 人展區提及過去該族總是被外人界定而今族人起而主位發聲。（謝世忠攝，2018.05.20）

各地方政府設置客家事務單位有關。因為，客家正式制度化之後，大體上有三件最重要族群任務：語言維護與發展、節慶慶祝與展演、以及文化維繫與傳承。其中的文化維繫與傳承，就高比重由興建客家博物館來促使目標的達成。幾十家的館舍，直接宣告了文化保存的工作充滿著希望，而它們亦代表著臺灣客家族群歷史延續至今的事實。全國各地皆有大小規模不等的博物館，國土角落均不會漏失掉對客家的關照。

客家博物館幾乎都有一古色古香或一看就知所指的外貌（見圖17、18），也就是說，建物的「古代」或刻板客家意象，基本上已經說明了一切。它不是在定義今日客家，裡面展示者，的確就是古風古衣古訓古生產模式古物質文化以及古時遷移歷史等。參觀者或許藉由看過一遍，可以得知些許古典內涵，但，今日客家又如何，卻無有參考畫面可以對應。博物館展示全舊物件，其實是一種設法自我異態化的作為。換句話說，舊與新原本就有極大差異，而一般對於舊物多是陌生無知，見到者可能為之驚艷，那即可謂達到展示目標了。思古幽情是一種可能出現的想像意境，然而，未曾見過古的當下新世代，大致上很難燃起幽幽之情懷。卻反而古舊物質，破損剝落，可能引來一份絕然陌生反映或者就是了無興趣。至少筆者近日在幾個館舍的觀察的確就是如此。

17 | 18　圖17：高雄客家文物館。（謝世忠攝，2017.11.28）
圖18：新北市客家文化園區。（謝世忠攝，2017.10.18）

過去數百年間，臺灣縱使族群分類衝突曾經嚴重，原住民區域以外各地之市場卻多能經濟觀念流通，物質文化大體得以共享，於是，在粵籍／客家庄各個家戶裡見得著的生活器物，閩籍／福佬社區一樣也有。畢竟，在物資缺乏的傳統農業時代，除了極少特例之外，不可能以族群為界線，各自設置職業專工。在此一景況之下，閩粵共有多數的物質文化生活，也就可以理解。所以，現在臺灣成年觀光客造訪客家博物館，會有異國情調之感嗎？應該很難（見圖19、20、21）！至於年輕一代則多半覺得陌生遠距。那麼，親切感方面呢？成人們或許多少一些，但，那是看到自我或父祖輩過去生活點滴的懷舊，而非感應到客家專有的文化特色。至於期待少年們產生此等心情，則似乎可遇不可求。

19	
20	21

圖19：高雄縣美濃客家文物館。（謝世忠攝，2017.11.28）
圖20：屏東縣客家文物館展示家居物品。（2017.11.29）
圖21：花蓮縣鳳林鎮客家文物館展示家居用物。（謝世忠攝，2018.04.29）

七、納悶：看到了客家的什麼？

當參訪者蒞臨至臺灣各地大小客家博物館、文物館、文化館、展示館，她（他）到底可以看到什麼客家？或者說，這些館舍擬欲使參觀者看到客家的那些部分？筆者約共參訪過全臺半數的相關館舍。在陳列展示方面，各館多會安排諸如聚落建屋、廳室房間、神祖牌像、標語掛聯、義民勇公、伯公信仰、千年遷徙、入臺路線、方言比較、菜色料理、硬頸精神、農村用具、八音設備、晴耕雨讀、著名人物、以及華夏系屬等的主題。除了極少數特例之外，事實上，看完一或二家，大致就可以掌握全國客家展示重點項目了。當然，在客家名下的館廳展覽，就應是在客家所屬範疇之內。觀眾接受展方之安排與各項說明，直接吸收了客家族群文化史之點滴。所有博物館置放的舊有生活用品和圖像影片，正代表標準客家的樣貌。它們或也是客家委員會和地方客家局處主要的事務工作之一。

但是，誠如前面所言，博物館舍所展內容，多數是所有臺灣平原和緩坡地區非山地原住民籍生活者的共享物質文化範圍。參觀者所見者或可啟發親近感覺，但，那卻非直接連上客家特有。也因為如此，為何需要特別展示客家，就成了一項提問。在「我小時候也用這個啊！」、「我以前見過這些」、「我家舊照片也可看得到」等等參觀評語的景況下，「好像福佬臺灣人生活也相似」的納悶疑問就浮上心頭。族群博物館原意即是要介紹族群，推廣文化，但，現在的情況是，幾十個館，就是展那些南北都相同的古舊東西，還有，所展出者，好像也代表不了客家族群，因為其他群體也共有相同物質文化。簡言之，其實就是異態的建置失敗，或說不夠真實，以至於吸引不了追逐異國情調者。至於是否具溫馨感，或許多少有之，但，那是廣泛性的農業臺灣舊時記憶，而非客家獨占之歷史文化場域。

那麼，文化上不易感知到特殊性與差異性，又如何能說服大家，客家足以作為一特定族群的理由？政府主事者的做法就是，積極創造或專斷挪用新的代表性文化象徵。桐花與花布是為二大典型代表，前者的背景是客家人生活領域的生態環境，而後者則為生活性衣裝文化的狀況。主政者沒有自40個館舍的客家展出品取來要素，反而以行政確認的作為爭得了致勝點。現在桐花與花布成為客家專屬，它們反向回流進博物館舍，不少廳室內外或牆面旗幟就直接飾以該等圖像。總之，今日的客家博物館愈見以新造文化象徵來代表客家，它們有異態感覺，也具些許溫馨氣氛，可謂成功。只是，標榜真正傳統的各個展廳內容，卻只能繼續淪為觀眾興趣缺缺，同時難以生成感動人心的下場。客家博物館的族群突顯目的，因展品過於普通而極可能被打了大折扣。有些館舍察覺到了此一現象，於是就撤銷了物質文化常設展，改成客籍人士的畫展或攝影展等等，但是，這又變成是個人特殊表現的成績現場。所以，客家是什麼，到了客家館，除了桐花與花布的美麗吸引，一般還是很難自展示內容中有效習得。

八、結語

客家社會運動的功效之一，即為各級政府客家行政的成功設置，其二就是四處見著客家博物館。但，如何宣揚族群一事，如上文所述，在博物館功能方面，其實並不彰顯。博物館的數量多，卻無法代表客家族群已然現身成功，或者客家文化自此推廣順暢。推動族群社會運動，最終似乎非走上建置族群博物館的宿命不可。至少臺灣現況如此。但是，不夠異（展示內容之異態性未能有效建置）也不夠親（展示內容不足以讓人生成溫馨感覺）的情況，直接告知了真實性有問題的下場，繼而讓客家博物館身陷迷惘，它到底要吸引誰來？來了又能提供什麼知識訊息？若不搭配「園區」（park）的玩樂目的，單單是一座客家博物館，果真能道出真實的客家，然後運作順暢足以為繼？凡此，均是客家倡議菁英所必須面對者，那一座座建築，似乎正等著注入更生動內涵。

至此，前節提及幾處先進國家之國家博物館內的族群廳室展示情況，應值得參考。也就是說，我們或許不需要再推廣族群博物館，而改以在國家名下之大脈絡架構來建立族群的位置。族群博物館的「造異」，容易使館舍變成追尋稀奇古怪或奇風異俗者的濫說天下。若一個族群要在怪異條件的情況下，才能受人注意，此類博物館或文化館之設置，著實不應被鼓勵。它縱使不至於變成極致的異端，也很可能就僅是一座庸俗觀光娛樂之地。族群地位不會因此提高，反而很可能產生負面效應，以至淪落為笑料之源。因為，大家來此只為了好玩，族群文化沒有被尊重看見的機會。那麼，改成朝溫馨感人方向設計呢？當然可行。但是，掛上族群獨有之名，就會出現被控強佔文化品項之罪，畢竟，他族歷史上的物質文化經驗也是相同，不由你來壟斷。國家目前採行的新創族群文化象徵作法，雖說相當成功，但，內行專家看到博物館舍繼續蕭條的捨本逐末現況，仍是搖頭嘆息。

大脈絡架構的好處是，展示的內容和手法可以大角度開放，而不會綁手綁腳只能展覽古時代的陳舊事件和破損物品。它要說的是，客家與國家發展過程關係的動人故事。客家可能曾經隱身，也一度自稱華夏貴冑後裔，而貴冑變成隱身的緣由事情，都與臺灣漢人國家的建置歷程息息相關。我們拋開異態和溫馨的舊臼模式，從而以現代性的思維來重建族群成為國家重要成員的史蹟，或許才是關鍵改革之道。在大脈絡裡頭，可以清楚看見包含菁英與庶民在內之客家常民的存在場域，也能點出語言世界現狀和國家教育文化思維落差之處。活生生的族群才是大家亟須認識的對象。客家往異態或假相溫馨之路演變，都不是客家和臺灣之福，唯有進入非為古時代設計的國家博物館之內，方可有機會見到其大脈絡下的神采奕奕之姿，自此，觀看客家不再納悶，而這也就是中道之舉。

引用書目

徐正光編

《聚落、宗族與族群關係：第四屆國際客家學研討會論文集》。臺北：中央研究院民族學研究所。

張維安

2015《思索臺灣客家研究》。桃園：國立中央大學出版中心。

謝世忠

1989〈原住民運動生成與發展理論的建立：以北美與臺灣為例的初步探討〉。《中央研究院民族學研究所集刊》64:139-177。

1992〈觀光活動、文化傳統的塑模、與族群意識：烏來泰雅族Daiyan認同的研究〉。《考古人類學刊》48:113-129。

1994《山胞觀光：當代山地文化展現的人類學詮釋》。臺北：自立。

1996〈兩個「祖裔共同體」界定傳統的再思考：北東南亞與西南中國的跨國境新議題〉。《考古人類學刊》51:25-42。

Cohen, Abner

1981 Variables in Ethnicity. in *Ethnic Change*. Charles F. Keyes ed.,pp: 306-331. Seattle: University of Washington Press.

Cohen, Erik,

1996[1989] Primitive and Remote: Hill Tribe Trekking in Thailand(Digested from *Annals of Tourism Research* 1989, 16(1):30-61). in *Thai Tourism: Hill Tribe, Islands, and Open-Ended Prostitution*. Erik Cohen, pp: 31-66. Bangkok: White Lotus.

Cohen E. and S. A. Cohen

2012 Authentification: Hot and Cool. *Annals of Tourism Research* 39:1295-1314.

Cole, Stroma

2007 Beyond Authenticity and Commodification. *Annals of Tourism Research* 34(4):943-960.

Duggan, Betty J.

1997 Cultural Authenticity, and the Native Crafts Cooperative: the Eastern Cherokee Experience. in *Tourism and Culture: an Applied Perspective*. Erve Chambers ed., pp: 31-57. New York: SUNY Press.

Esman, Marjorie R.

1984 Tourism as Ethnic Preservation: the Cajuns of Louisiana. *Annals of Tourism Research* 11:451-467.

Geertz, Clifford

1973[1963] The Integrative Revolution: Primordial Sentiments and Civil Politics in the New States. in *The Interpretation of Cultures*. Clifford Geertz, pp: 255-310. New York: Basic Books.

Keyes, Charles F.

1976 Towards a New Formulation of the Concept of Ethnic Group. *Ethnicity* 3:202-213.

Knox, Dan

2008 Spectacular Tradition: Scottish Folksong and Authenticity. *Annals of Tourism Research* 35(1): 255-273.

Leipor, Neil

1989 Tourist Attraction Systems. *Annals of Tourism Research* 17:367-384.

Nagata, Judith A.

1981 In Defense of Ethnic Boundaries: The Changing Myths and Charters of Malay Identity. in *Ethnic Change*. Charles F. Keyes ed., pp: 87-116. Seattle: University of Washington Press.

Notar, Beth E.

2006 Authenticity Anxiety and Counterfeit Confidence: Outsourcing Souvenirs, Changing Money, and Narrating Value in Reform-Era China. *Modern China* 32(1):64-98.

Walsh, Eileen R.

2001 Living with the Myth of Matriarchy: the Mosuo and Tourism. in *Tourism, Anthropology and China*. Tan Chee-Beng. Sidney C. H. Cheung and Yang Hui eds., pp: 93-124. Bangkok: White Lotus.

Wang, Yu

2007 Customized Authenticity Begins at Home. *Annals of Tourism Research* 34(3):789-804.

（本文原刊於張維安、何金樑、河合洋尚編《博物館與客家研究》2018/65-94。苗栗：客家委員會客家文化發展中心。）

世界文化遺產中的人物——馬六甲找鄭和*

一、前言

人類學家研究聖地觀光，也探討觀光聖／勝地。前者係指某一特定之宗教色彩濃厚或具高不可攀祖先歷史價值的地點，幾乎永不中斷地吸引眾多相關（如伊斯蘭教徒前往麥加）與非相關（即如一般觀光客賞遊西藏拉薩布達拉宮）人士前來參訪（Klieger 1990:38-42; Rinschede 1992）。後者則指任一舉凡到達某國，就必會造訪之地，典型的例子如美國洛杉磯迪士尼樂園、韓國首爾東大門南大門、馬來西亞雲頂高地、臺灣的日月潭阿里山以及印度泰姬瑪哈陵等（Moore 1985; Edensor 1998; Sutton 1990:15-19）。兩者皆聖／勝地，一嚴肅居多，一輕鬆為主，外來訪客大致可以自動理解其間差異，繼而有效掌握自我觀光行為。另有一種新興地點，其屬性似乎介於兩者之間，亦即，神聖性有之，娛樂性亦不在少，那就是多數世界文化遺產的所在。

經由聯合國教育科學文化組織（UNESCO）專業指定的世界文化遺產，以大範圍來說，計包括有形（物質性）與無形（非物質性）兩種。而無論何一種類，對被已指認或有機會申請之在地國或特定地區而言，往往會出現兩大聲音，以表示對成為世遺或所有文化資產的重視。其一是應藉此大力推展觀光（鄭文通2008；不著撰人2008i；不著撰人2010a）；其二則相對地以對觀光略具敵意的態勢，主張力保文化文物，珍惜傳統（不著撰人2008j；不著撰人2010b；段其儒2006）。觀光推展的成功，該地或成觀光聖／勝地，而文化文物護衛得宜，則此一世遺或準世遺地點或活動，就可望生成類宗教或高度歷史價值的神聖屬性，繼而聖地觀光成形。兩股力量常見競逐，短時間內，也難有結論。

位於馬來半島西南邊之港市馬六甲，於2008年7月7日成為馬來西亞的世界文化遺產（圖1），同一時間被教科文組織指認者，有往北約500公里的檳城（按，二地在聯合國紀錄中，係屬同一世界遺產區域，詳見後節）。甲市（按，馬國華人習稱馬六甲「甲市」）申請為世遺的過程，以及申遺成功之後的種種發展，均呈現了上述「聖地觀光」與「觀光聖／勝地」拉鋸景象。不過，本文雖仍注意聖／勝地現象，但卻不擬以此為唯一主要討論議題。反之，筆者將重點陳述聖／勝地化發展過程中之歷史人物的邊緣擺置與尷尬地位。此一歷史人物就是鄭和，他或也可視作有形世界文化遺產內似有似無的「像」、「影」交錯非物質性遺產。

二、鄭和與馬六甲

提到中國近古／近代國際關係史，不能不提及三寶太監鄭和，因為他被認為是中國歷史上最偉大的航海家、外交家（黃耀杰編繪2005；姚效群2004）；講到東南亞華人課題，亦無法避免細細論說鄭和的事蹟，因為馬來西亞、印尼、泰國、越南各國，均留有鄭氏遺跡、傳說典故以及後人祭拜寺廟或紀念館舍（見廖建裕編2005；陳達生2005；鍾錫金1997）。馬六甲位於馬六甲海峽北岸，係早年閩粵華人移民登岸入住的重要港口，數百年來人口繁衍，業已成了當地尤其是世遺市區範圍的主體族群之一。鄭和要素在本地歷史與當下情境，佔有多少比重，當是值得探索的子題。首先，似應略述歷史鄭和與歷史馬六甲的關係。

鄭和下西洋，早已是華人世界家喻戶曉的歷史常識。造成此一事實景況，主要係無論中國（參鄭梓2003；鄭一均2008）、東南亞（見曾玲主編2008）、還是臺灣（江政寬、陳秀卿2003；臺灣國家戲劇院才剛於2010年2月下旬上演過《鄭和1433:The Grand Voyage》音樂劇），長期以來，都有一股「鄭和風潮」或「鄭和熱」。從政府到人民，或者從中國人、華人到臺灣人，廣泛的國族主義情緒下，人人風靡祖先榮耀，畢竟，開發並掌握世界性知識，我族終究有所貢獻（而非全係西方東進之後的近世成就）。風潮與熱度縱使造成不少虛幻想像（鄭梓2003:37-38），甚至被神格化（安煥然2003:295-322），然，鄭和的航海史，也就在此一長時氛圍下，被仔細地考據查驗多回，而且同樣事情還在繼續（例如，各個鄭和相關學術會議，從未間斷舉辦）。不少「公認史實」，也就接踵問世。馬六甲一地的相關說法，亦不例外。

自1405至1433年，前後29年間，也就是大明帝國永樂與宣德兩位皇帝任內，鄭和計出航大洋七次。所經之地近自今越南南部海邊，遠達非洲索馬利亞摩加迪休與阿拉伯半島。七次往返途中，至少應有八回泊岸或上陸馬六甲。其中，第三、四、五、七等四次，均是先於西向途中駐足，復又在自西面國度返航時，路過一次。幾回的停留，引出不少大事。自馬六甲一方敬致中國方面，首先，鄭和第三次回國之際，即順道帶來滿喇加（Malacca，即馬六甲[Melaka]）國王拜里米蘇剌（Parameswara）與王后及其貢使團；第四次返京之時，滿國新王默哈目依斯干達沙（或稱母干撒或亦思罕答爾沙[Mohamad Iskandar Shah]）與王妻及朝貢團，也隨同來到；第五次歸途中，國王夫婦又次一道前來中國。而自中方所迴向給與者，除開皇帝對來使的大量賞賜，如今最常為在地華人樂道之事，就是1409年第三次下西洋時，帶給滿喇加一個「鎮國山碑」，立於該國西山上，以禦暹羅的入侵氣燄。此碑碑文記於明《永樂實錄》中，但石碑本身如今何在，仍是個謎。

不過，事實上，除開中國文獻官書所載，以及坊間軼聞之外，鄭和在馬六甲的物質遺留或考古學證據，非常的稀少。此事使得不少海內外華裔識者焦慮，影響所及，一點蛛絲馬跡，都可能被放大誇頌（曾有研究者甚至把葡萄牙人與荷蘭人爭戰下之聖保羅山遺址，直接謬稱為三寶山上鄭和古城[唐祖培1962]）。不論是筆者走訪的在地華人領袖，還是相關文獻報導，幾乎人人都相信鎮國山碑就在現被華人稱為三保（寶）山之某處，如此一來，該山嶺就可認定為當年鄭和大軍的轄區（當時名為「官廠」）（參鍾錫金1997, 2002；歐陽珊2008:36-49；安煥然2008:54）。至於從未載有鄭和事蹟的馬來經典文書《馬來紀年》（*Sejarah Melayu*，寫於1615年）所記，有一事令不少華人知識分子耿耿於懷，那就是鄭和第七次出洋結束至少超過25年之後，明朝漢麗寶公主（Putri Hang Li Poh）下嫁滿喇加蘇丹曼蘇爾（另譯滿速沙，Sultan Mansor Shah）的紀錄。由於此事未見中國史籍，華裔論者要不就直接界定出處該書為「雜湊傳說和神話而成」（歐陽珊2008:31），所以必為不實故事，或者索性質疑來者並非公主（有報導人表示，說不定只是宮女，卻冒稱公主出嫁）。由於堂堂天朝公主下嫁「小邦」一事，竟有與鄭和出航附合的說法，損及「中華偉大」之想像，引起緊張，不難理解。後節會再多述。總之，馬六甲的鄭和與鄭和的馬六甲，在中馬文獻相左紀錄，以及極為不足史蹟的背景下，仍存在許多客觀性的疑點，但，華人所需所盼，卻等不及緩步的科學澄清，申遺成功之後，更見諸多此等景象的浮現。

三、馬六甲申遺記

2008年7月7日上午，聯合國教科文組織世界遺產中心（UNESCO World Heritage Centre）加拿大魁北克市會議宣布，馬來西亞之馬六甲與喬治城（George Town，檳城）以「馬六甲海峽歷史城市」（Historic Cities of the Straits of Malacca）之名，成為新的世界文化遺產。公告文書說到，「兩地在馬六甲海峽一帶，已持續發展超過500年的東西方貿易與文化交流。亞歐的雙重影響，促使兩城市造就了極具特色的有形與無形多元文化遺產。從政府樓舍、教堂、街坊與城堡，馬六甲展列了自十五世紀開始之馬來蘇丹國家，以及起始於十六世紀早期的葡萄牙與荷蘭時代……。兩城構造出一東亞和東南亞其他地區無可媲美的獨特建築與文化城鎮景觀」（UNESCO World Heritage Centre 2008）。為了此一美事，大馬（按，馬來西亞國人慣稱東南亞大陸國境為西馬，居處海上婆羅洲大島西南之領土則稱東馬。兩地合而名之「大馬」）準備了一個月慶祝活動（不著撰人2008b）。

不過，馬國以馬六甲申請世界文化遺產，並不很順遂。1980年代和2004年，當局曾分別以甲城聖保羅山和甲檳二城申遺，但，都未有結果（不著撰人2008a；另參Worden 2001）。直到2007年，才經審慎規劃，於元月29日將兩城合一之申請文件送達世界遺產中心。同年8月的最後一個星期，教科文組織派人前至現場鑑定考察，2008年3月11日完成鑑考報告。當時甲城申遺包括推薦指定產區（nominated property）（按，馬國華人多稱其為核心區）和緩衝區域（buffer zone）兩範疇。前者指馬六甲河東岸聖保羅山市民活動區與西岸超過600處住宅、店家、商樓、宗教建物、以及古墳等。後者則為產區往外一、二個街口，再向東南下拉一小小狹長河岸臺階地以達海邊。鑑定人員對推薦指定產區豐沛文化內容相當稱許，但，緩衝區域的涵蓋範圍，在其眼中卻明顯不足。於是，報告書建議將甲市東北方業已被地方政府劃為保護區之約49.51公頃的「中國山」（Bukit Cina）華人墳場，也就是華人習稱的「三寶山」，納入緩衝區（UNESCO 2008）。6月5日，馬六甲州行政議會通過該山列為世遺緩衝區申請地，並立即補件送出。一個月後，正式通過審查（不著撰人2008a；張集強2008）。自此，大馬擁有涵蓋南北甲檳兩處在內之縱走海峽的歷史城市世界文化遺產。

然而，就是這座想像中與鄭和關係密切的三寶山，經歷了申遺洗禮，再次成了華裔文人的寫作論說焦點。

四、三寶山的故事

教科文組織要求將中國山／三寶山納入馬六甲世界文化遺產的緩衝區消息傳來，即有華人作者指出，遲遲無法入遺，「謎底揭穿，原來州政府沒有把華社公認的寶山列入申遺項目……更願三寶山列入申遺緩衝區後，早日傳來申遺成功佳音」（許萬忠2008）。申遺過關後，各華文媒體紛紛表達看法。《東方日報》標題〈甲入遺，三寶山功不可沒〉，寫到「大馬華族歷史研究會顧問林源瑞表示，……三寶山在第三次申遺納入緩衝區，他認為對申遺成功的功勞不小，但政府一些高官領袖只把這座山當成華人的山，……他指這是政府帶有色眼鏡看待華族的貢獻，而這是不對的。政府應改變態度，……特別是現在甲市入遺成功，證明三寶山的重要性受到世界公認」（不著撰人2008c）。另一同報刊文章，題名〈三寶山列入申遺加分〉，報導曰，「擁有600年歷史的三寶山，最後一分鐘獲聯合國教科文組織代表要求列入申遺緩衝區，成功為馬六甲古城這次的成功申遺加分……。甲州工商總會長拿督劉柏鑫則表示，……這次三寶山能助申遺成功，是全國華人的榮耀」（不著撰人2008d）。

《南洋商報》也有回應。「他（董教總永久顧問拿督沈慕羽）說，三寶山是我國中華文化歷史的見證，這次在申遺中也扮演了一定角色，居功不小」（不著撰人2008f；另參不著撰人2008e）。筆者的田野走訪，也感受到在地資深華裔知識階層人士的類同觀點。他們多數認為，馬來人主導的馬來西亞馬六甲州政府，申請入遺時，可能刻意避開華人要素。無料，缺乏華人事蹟的申請書，根本不符標準，不得已才匆匆補上資料得以成功。「無華」與「有華」竟成申遺是否過關的關鍵，而決定性代表地點三寶山，事實上就是長期以來華人文雅學士苦找鄭和足跡不到的唯一聊慰之處，它的故事還多著呢！

三寶山是馬六甲城郊第一高峰。山上有一萬多個以華人為絕對多數的古塚（圖2），最早的墓地為明天啟二年（1622）黃姓夫妻下葬處。據信在1685年之時，甲必丹（Kapitan，荷蘭殖民政府專為華人社群創用之首長官銜名稱；後來英國接續殖民，另派任印度裔社群的Kapitan〔Nagata 1974:338〕）李為經自荷蘭人手中，購得此山，並捐獻作為華人過世後埋骨之地。李氏當係已知有如黃姓夫婦般之華人移民葬於此，才興起購山獻地以為華族公墳之念。總之，自此起始，將近300年間，馬六甲華人多以之為壽終去處。該山正式名稱「中國山」或「華人山」（Bukit Cina），但華人早已慣用「三寶山」。隨處可見百年古墓之大片山地，業已成歷史地點。今天常有人上山參觀，看看舊式風水式樣，地方文史人士或以華語文教學為主之獨立中學師生，也不只一次設法抄錄塚碑文字，進行民俗研究（見不著撰人2008c）。更有路跑登山組織以之為對象，安排比賽活動（see Cartier 1993）。

不過，現在登山口階梯前列有鮮紅色牌子，告知上山人士，「凡上下此山者，如有意外後果自負」。多位熟識華裔友人，以及甲城受訪居民，均有劫徒犯案紀錄印象，因此，總會提醒注意安全。一般來說，平常時分，除開團體成群或大型公眾活動之外，鮮少見到單人獨自爬高。但是，大家同時又說三寶山是觀光景點，的確常見有遊覽車抵達，下車的人，看到山上墳場，不太有觀看仔細的興趣，所以，就全數擠在山下另外比鄰兩處古蹟，一是寶山亭，另一為王井或漢麗寶井。寶山亭大廳供奉大伯公，另又懸掛一紅色布條寫著「福德正神」字樣（圖3）。兩旁各置觀音像一，復放甲必丹蔡士章君祿位。三寶山下寶山亭，預期中，三寶太監鄭和應是主要祀神，但是，此地卻只見客家傳統大伯公外加閩南慣稱的福德正神布條扮飾。大伯公和福德正神均指傳統漢人神界官僚階序的最基層土地神（Wolf 1974; Freedman 1967;謝世忠1995）。一般而言，閩粵民間信仰文化傳播影響地區，包括臺灣和馬來西亞華人範圍，墓區廟宇常見神祇，除了掌管解救地底世界靈魂的地藏王菩薩之外，就屬土地公或大伯公了（Feuchtwang 1974）。所以，三寶山既是墳場，山下祭祀土地公或大伯公，當是常態。但是，在地華人常稱寶山亭為「三寶廟」、「鄭和廟」或「鄭和古廟」（安煥然2008:54；不著撰人1984），而擁有三寶山經營管理權的甲州最古老寺廟青雲亭（Cheng Hoon Teng Temple）（圖4），的確也設有一「寶山亭鄭和古廟管理委員會」。現今寶山亭側邊角落地上，置有一小尊鄭和石雕像，頗不起眼。此一景況和「鄭和廟／古廟」的響亮名字，根本難以對稱，令人費解。背後因果必是複雜。

1980和2000二個年代，至少有三件與三寶山及寶山亭相關之大事，影響至今，事情仍未完全解決，人心也沒能百分百釋懷。甲必丹李為經1685年購得三寶山捐作華人墳區。一百多年後，另一甲必丹蔡士章於1795至1801年分兩次建成寶山亭（參鄭良樹[1984]2000a），以供掃墓人士整理祭品或休息歇腳之用。兩位甲必丹受華族後人景仰，分別於青雲亭和寶山亭設有祿位。不少人相信，自蔡氏建亭起始，即供奉鄭和神位。1981年3月11日，擁有200年歷史的鄭和神像遭竊，管委會提供馬幣1,000元（約美金300元）尋獲獎金（不著撰人1984），懸賞一事，迄今仍然有效，因為還是下落不明。等不回神像，於是有外國人熱心贊助製作新像。

1984年初，由新加坡南和旅行社高層出資，委由臺灣師傅製成的高24吋木雕鄭和新像，正送往星國補修，預計7月完成入廟。當時的資料顯示，新神像係鄭和正坐，兩旁文武官各一。然而，今天前往寶山亭，卻望不見所謂的新神像，大伯公仍在位，鄭和依然不在鄭和廟內。對於筆者的詢問，附近幾位商家表示，寶山亭就是求財廟啊，大伯公有靈錢事，至於鄭和，他們並不清楚。有地方文史工作人士表示，新神像的確有上過壇，但約10年前被管委會取下，理由是，此地不宜拜祭鄭和。

就在舊神像失竊，新神像尚未製成之際，1983年10月5日與翌年元月15日，馬六甲州首席部長阿都拉欣和州政府，分別致函青雲亭管理委員會，表示準備鏟平中國山，並開發當地成旅遊商業區。政府的堅持除了觀光發展之外，還有數百萬元該山土地欠稅催繳。三個月後，華人團體開始發動反對，期間紛擾不斷，華團內部與青雲亭主事者，各樣意見交織出現，惟多數仍主張絕不能使深具歷史意義之祖先墳地被所謂「鏟平」。抗爭果然生效（圖5）。1985年青雲亭提出一美化山區藍圖，次年（1986），政府原則上同意該規劃方案，同時取消地稅徵討，並把中國山或三寶山列為歷史文化區（陳亞才編2000:49-55）。按說，事情已告段落。然而，詭異的是，既是歷史文化區，馬來西亞政府和甲州（馬國由十三州和三個聯邦直轄區組成，馬六甲州為其中一州，國人多簡稱為甲州）甲市數度申請世界文化遺產，卻從未想及納入此地。最後一次（即2008年）還是因應教科文組織的要求，才勉強接受中國山為世遺緩衝區。政府鏟平開發案撤銷，華族引以為訓，更加注意自我權益的爭取維護。但是，土地護住了，鄭和象徵卻仍無進展。舊神像失落，新神像短暫再登寶山亭正殿，很快地又被取下。三寶山事件過後4年，出現了一「最新雕像」，少有人稱它「神像」，僅多名之「鄭和石像」或「鄭和將軍石像」。該座身高3公尺，寬1.8公尺，重11噸（姚和平2003），遠比過去兩尊神像和今天委屈於亭外空地角落的石像龐大威武。

然而，它卻四處碰壁，無以為家。此事綿延了14年，直至2004年方稍塵落安定，其間涉及了馬六甲州最高元首、中國、青雲亭、華團華社、以及「鄭和第八次下西洋」。1990年馬六甲州元首敦賽阿末至中國南京訪問，在參觀鄭和公園時，建議馬六甲也應設立一鄭和公園，以期相互呼應。不久，甲州商會即向泉州五金礦公司訂製一大型鄭和石像，經費由前述1986年之後的三寶山美化計畫負責。翌年，1991年5月21日，石像運抵馬六甲，泉州公司同時另贈一約一公尺高的小型鄭和石像。小石像放在前述寶山亭角落，但，商會及最終之出資者馬六甲中華大會堂總會原本期望大石像座落三寶山上的想法，卻遇上了困難。此次政府沒多大意見，反而是三寶山信託管理人青雲亭理事會的四大理事否決了該構想。自此，鄭和像以鐵框固定，面部朝地平放於寶山亭附近一飲料工廠內。如此，一放就8年，直到1998年方見有人將它扶起站立，又經6年，才有所解決。

不少地方華族領袖痛心，紛紛予以嚴厲批判，其中又以「鄭和第八次下西洋，竟在馬六甲落難」（安煥然2008:65），或「『第八次下西洋』的鄭和將軍，行程似乎不怎麼順利！」（姚和平2003）等的說法最為經典。《南洋商報》專題下標「四大理事漠視歷史淵源，鄭和石像何處去？」（不著撰人2004），鍾錫金為文〈誰膽敢綁架鄭和？—鄭和的遺憾與哀傷〉（2002）等等，亦是引人側目。筆者甚至自報導人口中聽到「青雲亭主人已非華族，今天被背祖忘義的不肖子孫把持」或「現在青雲亭被峇峇人（即BaBa，主要係指英領時期華巫[馬來人]混血後代，他們曾是城內泛華族圈內之權財大戶社群）所控制，這些人不會華語，完全無中華文化觀念」的感嘆語詞（另參鄭良樹[1984]2000b:63-67）。2004年元月10日，後來成為世遺推薦指定產區的荷蘭紅屋內之「馬六甲民族誌與歷史博物館」（Melaka Ethnography & Historic Museum）邊角，幕啟一「鄭和文物紀念廊」（Galeri Laksamana Zheng He[Cheng Ho]）（圖6），寶山亭附近飲料工廠內的大型鄭和像，也同時移來，置於馬六甲民族誌與歷史博物館戶外庭園（圖7）。論者多將之理解為鄭和落難的解脫，但，他們亦均認為，放於此地僅係暫厝，紀念廊應是未來更具規模之鄭和紀念館的前身，大家仍需努力（參不著撰人2000）。

三寶山無法矗立大鄭和像，但寶山亭邊地上至少有一小像。參觀者或許忽略此一不起眼的石像，卻絕不至錯過亭區另一歷史觀光聖／勝地——王井（Perigi Raja）或漢麗寶井（Hang Li Poh's Well）（圖8）。井前有牌，記有中、英文介紹各一。中文版寫著：「漢麗寶井是舊時公主御用的井，位於三保山下。井水非常純淨。據說，喝過此井水的人至少會再到馬六甲一次。這口井是由漢麗寶公主的隨從掘於1409年……。」英文版則另有說法：「王井（Perigi Raja）又稱漢麗寶公主井，該井係馬六甲蘇丹Mansor Shah（1458-1477）特別為中國來的妻子漢麗寶所鑿。井水供公主日常使用，且從未乾涸。據聞，喝過井水的人，必會重返馬六甲……。」很顯然地，除了至少50年的時間落差之外，中文版只提公主，而英文版則主角偏向蘇丹。相信鄭和曾駐紮三寶山的人，傳說著鄭軍曾於寶山亭附近挖七口井，今僅剩二口供人參觀，後人為表紀念而命名為「三寶井」（今天，古井里坊即名之為「三寶井社區」）。

據此，Perigi Raja（或Prigi Rajah）已有漢麗寶井、王井、以及三寶井等三種稱名。鄭和卒於1433年，也就是第七次下西洋的途中，而蘇丹曼梳沙（Mansor Shah, 1458-1477）在其後25年才即位，縱使真有漢麗寶公主，也應與鄭和無關。但是，單單水井，就有三個名稱，三種建造版本，其中的故事堆疊融混成一，也不令人訝異。換句話說，「漢麗寶是由鄭和護送前來者」，很容易出現在人們的聯想中。例如，馬六甲中華總商會會長吳國基在爭取將鄭和大像置於三寶山上的過程中，就曾表示，「選擇在三保山上安置鄭和石像是深具意義的，因為鄭和早年護送漢麗寶公主來馬六甲時，其軍隊就駐紮在三保山上」（姚和平2003）。寶山亭附近華人商店70高齡老太太也對筆者表示：「漢麗寶隨鄭和來，馬來王看她白白的，就娶了她。說什麼漢麗寶公主井，她若是公主，會自己挖井？還不是苦工在做事！」不過，甲市政府倒是有一平衡處理作法，那就是將環繞三寶山、寶山亭及古井左右兩條道路，分別命名「漢麗寶公主路」（Jalan Puteri Hang Li Poh）和「鄭和將軍路」（Jalan Laksamana Cheng Ho）（見地圖1）。

古老傳說在現代國家政制中，落實於平民百姓生活，日後到底兩路何者房價土地看好，可能還有公主將軍競逐位階的一天。舊像遺失、寶山鏟平、以及新像歸處等三大事，20多年來，時刻驚魂華社各界領袖，即使表面上平靜下來了，有位資深受訪者說：「你看著好了，隨時會再回來的，我們也已經習慣這種永不休止的難題了」。

五、世遺／紅城／鄭和

觀光發展常常顯於城鎮的色調外貌之上。例如，中國西雙版納傣族信仰南傳佛教，僧侶袈裟色黃，1990年代之初，為了觀光目地，當局民間幾乎同步將幾處較大城區飾以金黃（謝世忠1993）。馬六甲的荷蘭紅屋（Stadthuys，即Statehouse／行政樓之意）頗富盛名，觀光遊覽必至參觀。此區屋舍建於十七世紀中葉，原為荷蘭殖民統治時期（1641-1825）的總督府，十九世紀初來到的英國人，和1957年獨立後的馬來西亞政府接續使用之，直到1982年才改為今日所見的「馬六甲民族誌與歷史博物館」。荷蘭屋紅色，附近後來新建的鐘樓、路牆、街屋、旅店、餐廳、以及觀光客旅遊資

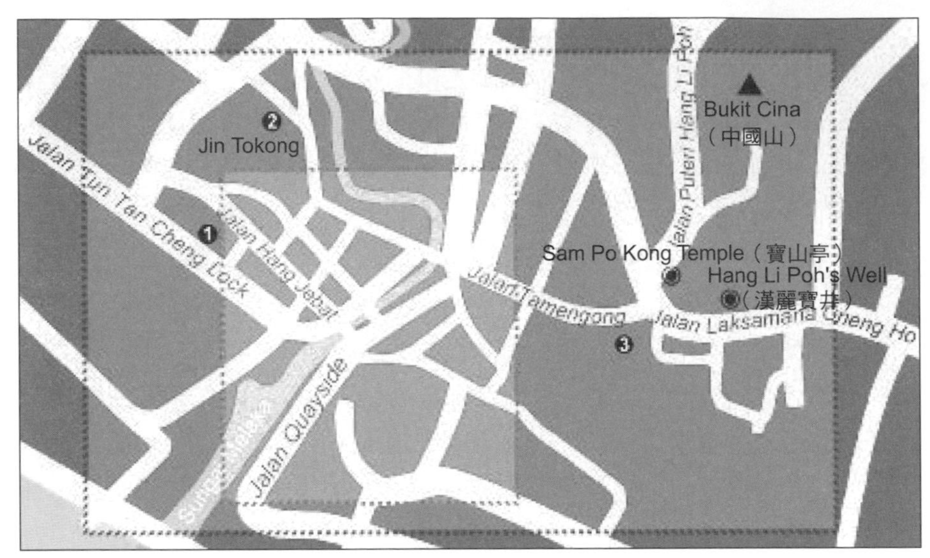

地圖1：馬六甲世界文化遺產推薦指定產區（小方塊）與緩衝區（大方塊）圖。

❶ Baba Nyonya Heritage House
❷ Kampung Hulu Mosque
❸ Gurdwara Sahib Melaka

訊中心等，也多呈紅色，一體景觀，頗易讓人留下印象（參Cartier 1998）。

然而，紅屋為何為紅，說法不一，說是荷蘭人喜愛紅色，多屬牽強之論。因為，世遺推薦指定產區內最早為荷蘭人聚居的「荷蘭街」（Heeren Street）（現名為敦陳禎祿街〔Jalan Tun Tan Cheng Lock〕，後來由峇峇人接續居住），並無類似行政區紅屋的遺留。同時，紅屋舊圖照或文獻紀錄，也沒一定為紅之證據，反而，在地人常常表示，這些建築原本為白色，後來才漆上紅色。紅牆修補時，更滲出裡頭為藍漆為白粉之事實。總之，不論如何，紅屋已成「傳統」，許多新款建築，也跟著漆紅。

紅屋區在馬六甲河東岸，西岸原無任一房子為紅，但，在商業顯性考量之下，越來越多屋舍也配紅成體。世遺區域最重要的兩條路口，荷蘭街與雞場街，有一家雞飯粒餐廳全紅牆屋，更大特產商店樓房也是同色，旁邊的鄭和文化館接續紅房，使得遊歷荷蘭紅屋之後的旅客，跨過河上取名「陳金聲」的橫橋，進入眼簾者，仍是同款紅建築，感受了全城紅色的體驗。這些紅樓屋（圖9），有學者直指為「造偽虛構」（fiction）（Widodo 2008），但，縱使如此，它們相當程度卻也呼應了對岸正宗荷蘭紅屋的樣式，一般人不易分辨。其中鄭和文化館（Cheng Ho Cultural Museum）及其關係企業尤值一提。

馬六甲河東西兩岸，分別有一公立的「鄭和文物紀念廊」與一私人的「鄭和文化館」，兩者頗有遙遙相望之態（見地圖2）。紀念廊開始於2004年，部分甲州華族領袖期盼將來有一更具規模的「鄭和紀念館」。不想，就在次年（2005），突然出現了一個文化館。紀念廊深藏於紅屋內舊總督官邸角落，屬於買一張票，即得以同時參觀好幾個相連館舍者之一，不夠細心的人，恐怕很容易錯過。然而，文化館本身卻有如一厝新「紅屋」，清楚地座落河邊，吸引著大量遊人（圖10）。某日，筆者在紀念廊待了二小時，未見任一參觀者進入，隨後轉往文化館，即見絡繹內外的訪客，導覽人員正忙碌著。他們告知，生意相當不錯，外國來的華人特別多，西方旅客也不少。而就在不久之前，有位荷蘭紅屋內各館服務人員，卻對筆者的詢問，略帶歉意地表示，她完全不知紀念廊事，因為才上任不久。兩岸熱冷景況果然對比明顯。

文化館主人新加坡華人，長年投入鄭和研究，著作不少，除了身兼本館館長，又為星國國際鄭和學會會長，係一相當積極的學者。為何於馬六甲河邊雞場街頭此處建立鄭和文化館？館長自己的文章中，即已直接透露了訊息。文獻載有鄭和軍隊於滿喇加／馬六甲設置官廠，作為大軍往來補給休息基地。關心鄭和議題的人，多半認為官廠應在三寶山，因為當地有三寶井，又藉著寶山亭所在地，流傳不少故事。不過，館長另有觀點。首先，他認為官廠設於河口三公里外的三寶山並不合理，又遠又高，不利搬運輸送，依歷史文載圖說，應在河北岸之處。於是，依據出土水井形制類同鄭和雲南家鄉樣式，復又挖出幾尊俗稱「鄭和甕」的大型水容器，以及更見永樂通寶和食用蚌殼出土等等，即行斷定文化館所在位置就是600年前的鄭和官廠（見陳達生2005:45-56）。他說，「既然這是一塊寶地，國際鄭和學會同仁認為有義務把它修復原貌以及加以發展。最佳的用途是把它發展為鄭和文化館和鄭和文化中心，為鄭和官廠畫上完美句點。我們用文化館而不用博物館的原因是取其更廣泛的教育意義。」（同上，頁

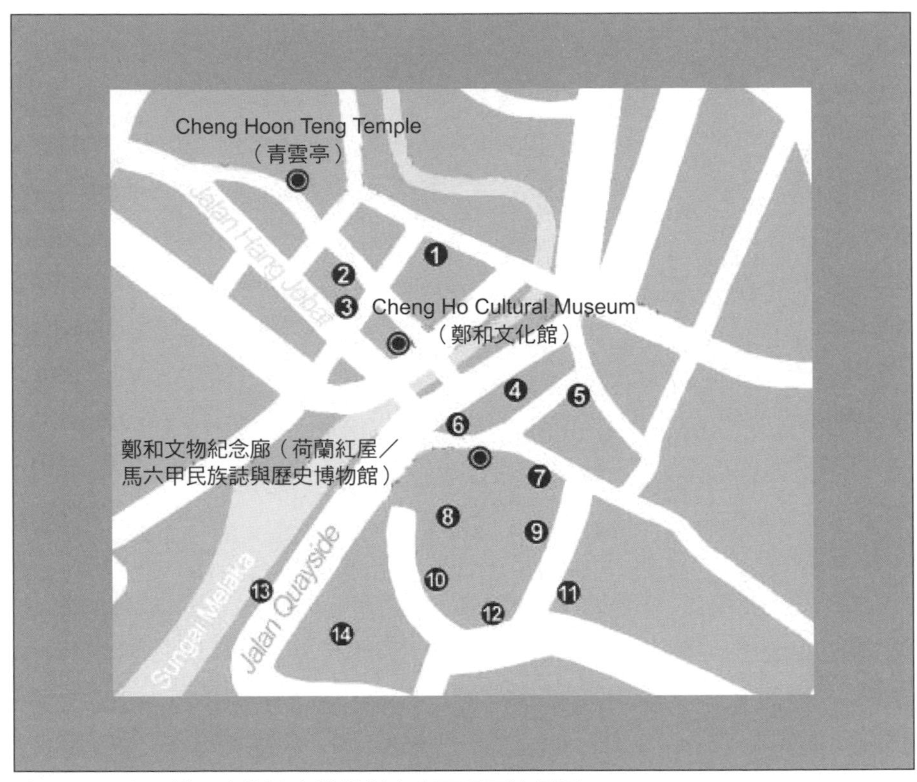

地圖2：馬六甲世界文化遺產推薦指定產區重要地標圖。

❶ Hang Jebat's Mausoleum
❷ Kampong Kling Mosque
❸ Sri Poyyatha Vinayagar Moorthi Temple
❹ Malaysia Youth Museum
❺ St. Francis Xavier's Church
❻ Christ Church
❼ The Dutch Graveyard
❽ St. Paul's Church
❾ Malacca Sultanate Palace
❿ People's Museum
⓫ Proclamation of Independence Memorial
⓬ A Famosa
⓭ Maritime Museum
⓮ Menara Taming Sari

54）。館長一方面將古井命名「將軍井」，另一方面在文後介紹鄭和遺跡與傳說，也不落俗地提及寶山亭後的三寶井。「相傳是鄭和所挖掘的，以供隨從飲用。」（同上，頁57）。但是，兩井區有3公里之距，為何鄭和必須相遙二地鑿井，此處未見作者進一步說明。

紀念廊與文化館皆在目前世遺推薦指定產區內，前者外圍紅屋，旅遊大眾攝影留念，偶有進屋博物館群參觀，也極可能錯過邊陲鄭和文物紀念廊的展示；後者除了已如前段提及熱門觀光位置之外，附近還有鄭和小食館（Cheng Ho Cafe）（圖11）、鄭和茶館（Cheng He Tea House）、鄭和客棧（Cheng Ho Guesthouse）等連鎖或關係企業。將此些營業單位合稱「鄭和世遺『網絡』」，或將紅屋旁內紀念廊名之「鄭和世遺『網落』」，實不為過。「網絡」聯合起來作世遺生意，而「網落」則為自世遺大面觀光密網棄落不見，其情可知。當然，我們都明白，上述公私機構單位多出現於世界文化遺產認定成功之前，它們並非追隨世遺而設。但是，自荷蘭紅屋宅區前寫下顯眼白色大字「歡迎到馬六甲世界遺產城市——聯合國教科文組織2008年7月7日加拿大魁北克會議通過馬六甲與喬治城為馬六甲海峽歷史城市」（Welcome to Melaka World Heritage City- Melaka and George Town, Historic Cities of the Straits of Malacca [Malaysia] being inscribed on 7 July 2008 Quebec, Canada by UNESCO）當下時刻起始，有心於此的人，就能很快掌握機會，連上鄭和與世遺。鄭和客棧的廣告詞寫著：「親愛的嘉賓，拜訪聯合國教科文組織指定的馬六甲世界遺產，歡迎您下榻Harmony街上最後一家客棧——十五世紀大明王朝活動的中心區，走路即可抵達各處歷史遺址。」另段又言：「歡迎蒞臨鄭和客棧。我們是『鄭和集團』（Cheng Ho Group）的一員，其他還包括鄭和文化館、鄭和小食館、鄭和茶館。我們以鄭和強調和平、和諧、以及最佳服務的精神，為您提供服務」。同一廣告紙單上也介紹鄭和文化館。「如果您不知道鄭和，那就務必要參觀鄭和文化館。在該地，您可學到始於600年前的馬六甲歷史，佇足於10英畝的明朝官廠倉庫土地，並親眼看到鄭和個人使用的古井……」。經由集團負責人的運籌帷幄，文化館、鄭和學會與州政府合作於2010年7月5至7日在甲市召開了「第一屆鄭和國際研討會——鄭和與亞非世界」。宣傳摺頁上寫著：「本屆研討會的舉行也是為鄭和下西洋605周年，以及慶祝馬六甲成為世界文化遺產古城2周年。」可以想見，研討會為鄭和與世遺連線，帶上另一高峰，而鄭和集團的商業效益，自然水漲船高。從紅屋到紅城，自無甚遺跡至處處鄭和，世界遺產馬六甲找三寶太監，進入二十一世紀之後，似乎更為容易方便了。

六、冷熱心情寫照

不過，對在地積極性高的華人知識分子或政商界人士而言，世界文化遺產與鄭和兩項要素，總會自然而然相連成體。換句話說，80年代搶救三寶山、寶山亭鄭和古廟舊新神像變革、以及1990後半年至2000年代中葉之鄭和大石像的爭取上山等等情事，投入表達意見或加入行動者，常常就是世界文化遺產相關課題的關心人士。只是，同批人，護山與護像所付心力容有差異。1986年三寶山事件稍平息，但，私下依舊掛心者仍眾，直到2008年聯合國教科文組織點名要求加入中國山（Bukit Cina）／三寶山為申遺緩衝區，接而經由政府同意，報知教科文魁北克會議通過馬六甲世遺地位，眾人才放下心來。例如，董教總永久顧問沈慕羽曾表示，「如今三寶山列入世界文化遺產範圍內，三寶山將來有更大的保障，他總算安心了」（不著撰人2008d）。到底三寶山上一萬多華裔祖墳與此地鄭和事蹟何者為要？三寶山事件代表前者，兩次神／石像事件則反映後者。祖墳與神／石像，相較之下，具體而微的一座座祖先風水長眠處，顯得重要得多，無怪乎反鏟平抗爭風起雲湧，以致很快地使政府讓了步。反之，神／石像丟否或新製者放置何地，或有不少輿論申述，但，實際的力道小了許多，才會延宕十數年未果。畢竟，神／石像僅是古史兼傳說的象徵，加上鄭和史蹟實在太少，根本難以構成長篇文史價值體系，因此，它至多僅是留在部分個人淡淡心思裡，或者一時道德勇氣兼民族情緒宣洩，不致影響生活步調。

自2010年初起，就研究鄭和與世界遺產關係之機，委請大馬國籍的幾位國立臺灣大學人類學系畢業或在學同學，分別於吉隆坡和檳城，抽空隨機田野訪談年齡20、30間的大專學院較年輕華裔教師、學生，而筆者自己則負責馬六甲一地。主要詢問問題如下：

1. 馬來西亞申請馬六甲為世界文化遺產之時，到底提出哪些在地重要文化條件，來設法說動聯合國教科文組織？
2. 馬來西亞申請馬六甲為世界文化遺產，共等了八年，為何會等這麼久，其中的阻礙因素為何？
3. 大家都知道十五世紀鄭和下西洋，曾來過馬六甲，此一事件在甲州當地被視為很重要的歷史紀錄嗎？政府有無特別為此舉辦過何種活動？
4. 馬六甲當地的華人如何看待鄭和的事蹟？大家會常常以此為題，進行各種形式的論述或行動嗎？
5. 鄭和在馬六甲有何歷史遺留？馬六甲申請世遺時，有無將之放入申請書中？
6. 馬六甲申請世遺申請書是由誰主筆？
7. 聯合國專家團來到馬六甲現地審查時，本州或全國輿論有無引起話題？
8. 申請世遺成功，有為馬六甲帶來新的人文面貌嗎？
9. 甲州當地華人有無一直強調鄭和要素在世遺範圍中的重要性？
10. 三寶山和寶山亭有無放置世遺認證的文件招牌或立碑？
11. 傳聞中的漢麗寶公主以及其他中國與馬六甲歷史關係軼聞，對馬六甲居民來說，是否極富意義？
12. 雞場街的鄭和文化館與世遺的認定有關嗎？
13. 三寶山或Bukit Cina需不需要重新規劃設計？還是保留現狀即可？
14. 馬六甲應該特別標示鄭和與華人的貢獻嗎？
15. 與葡萄牙、荷蘭、英國的古城古堡古教堂相比，鄭和留下的遺蹟，是否較少或兩相不遠？
16. 在馬六甲有一「鄭和文物紀念廊」和一「鄭和文化館」，你知道它們位在何處嗎？館內主要展覽那些內容？馬六甲居民或學校師生會常去參觀嗎？
17. 鄭和的各種雕像應放在何處，聽說曾引起不少爭議，你有聽聞過嗎？爭議的主要理由是什麼？你覺得應如何解決？
18. 中國有一名為「回族」的少數民族，回族和信仰回教者有何差別？鄭和是回族嗎？

19. 你有聽說今年（2010）7月在馬六甲要舉辦一鄭和研究國際會議嗎？你覺得這是一件華人甚至是甲州或國家盛事嗎？
20. 甲州在地人對世界文化遺產所知多少？報章雜誌上常見相關討論嗎？

截至2010年6月底止，二十多位知識分子報導人，無論是否為馬六甲人或曾否久居該地，均相當震驚自己竟幾乎完全不知如何回答，因為，除了極少數受訪人略知三寶山或三寶井名稱外，各個問題中的人事時地物資訊，都是「不知道」。有幾位甲州人，甚至懷疑自我是否為馬六甲人了！筆者經驗是，正在甲市世遺推薦認定產區商家打工的學生，的確知道較多訊息，不過，他們有的說鄭和為清朝人，有的只有聽過，但卻沒去過寶山亭。

冷漠或知識常識闕如，也見於部分觀察家的筆下。申遺成功後，幾位在地文物與文史專家舉行會談，他們共同認為，「甲州人民雖身處古城，但對於文化意識並不強烈，甚至不瞭解什麼是世界文化遺產」（不著撰人2008f）。《東方日報》發表評論，標題即為「政府沒邀請參與，申遺人民似脫節」（不著撰人2008g）；該報另文也說，「馬六甲和檳城聯合申請世界文化遺產地位中選，一般國人表現相對冷漠，只有少數文化古蹟工作者、媒體及相關旅遊業者窮高興，形成強烈對比」（劉敬文2008）。當地古蹟保護工作者賴碧清也告訴《南洋商報》，「她曾針對此事訪問一些市民，眾人給她的回覆是不敢相信這是事實，同時也對此事毫不在乎，似乎此事與他們沒有任何關係」（不著撰人2008h）。馬六甲申遺成功一周年，賴氏自己的報導亦以〈世遺講座反應冷淡〉（2009a）、〈雞場街人，只知世遺是古蹟，申遺為旅遊業無人知入遺名堂是「馬六甲海峽歷史城」〉（2009b）等為名。總而言之，以上筆者研究團隊的調查及相關文獻資料，均顯見世界文化遺產、三寶山、寶山亭、三寶井、鄭和等等要素，基本上對包括馬六甲在內之大馬多數華人來說，都是遙遠邊際之物，它們似僅停於有限人士興趣或關注範圍內，從而與前節所述展現出高度積極性的新加坡「鄭和集團」，實如天壤之別。

七、族群性與回教

鄭和大石像為何不准放在三寶山上或寶山亭內？青雲亭理事會的說明如下。「寶山亭之名以華文非常清楚地書寫於廟前大門上端，廟內大廳是福德祠，神壇上供奉福德正神，或稱為大伯公，其實大伯公是所有墳山之廟宇」。此外，「如果置放鄭和石像的主要目的是紀念其光輝榮耀事迹，同時讓後人瞻仰崇敬，三保山並不是適合的置放地點，最重要的原因是三保山是佛教墳山，人們供奉不適合的食物祭品，尤其是在清明節」（不著撰人，2004）。換句話說，福德正神、大伯公、佛教等，都與鄭和的回教徒身分有所牴觸，硬將大石像放入山上或亭內，均有違宗教規定或習慣。事實上，馬六甲中華大會堂總會一直主張鄭和石像應放在三保山上，因為「三保山是以三保太監命名」（不著撰人，2000），但，總會裡，還是有人提醒，「鄭和乃回教徒，政府擔心把鄭和石像豎立在三寶山展示，可能會成為華人膜拜的『塑像』，這是抵觸回教教規的做法，……」（參同上）。也就是說，回教應是一項關鍵難題，以致於十多年總是找不到解方。一方面鄭和是600年前中國人，又是皇帝的代表人，他的下西洋，成就輝煌，尤其曾不只一次駐地馬六甲，對華族移民而言，實如共同祖先之神聖位階；但，另一方面，鄭氏回教背景，想像中，華人面臨祭拜事宜之際，可能多少有些尷尬。寶山亭神像的問題，正可說明箇中景況。

人類學家多同意傳統漢人／華人民間宗教，具有綜攝（syncretism）的特性，亦即，儒釋道甚至包括耶回在內，各路神祇均可能成為膜拜對象（Bosco 1994; Sangren 1987）。寶山亭原有鄭和神像，該亭又稱鄭和古廟。1981年遺失舊像，1984年又規劃放上新像。有像之時，人們進來祭拜，不曾太過在意像主回教徒一事。但是，像座失竊，或者新像最終還是沒能永居壇位，好似華社也沒太大反彈，懸賞只是區區1,000元，此一情形，是否間接反映了，仍有相當比例處於華人信仰與回教異類矛盾情懷之際的人口，對鄭和成為寶山亭神祇之事，是有不安，才會總令人感到似乎不甚用力在追尋神像。

甲市在地資深文史人士曾對筆者表示：「馬來人的回教和中國回教

徒不同，他們不放心華人回教的活動。」在馬來西亞，成為馬來人的憲法要件是，信仰回教，習慣講馬來話，以及遵守馬來風俗（張木欽著，葉德明譯2000:73）（圖12）。那麼，華人若改宗回教，是否可望變成馬來人？據Judith Nagata（1974, 1981）研究的結果，顯然是否定的。主要是馬來人堅持的「風俗習慣」（adat）或兼具血統與文化傳承意涵的「祖傳」（bangsa），總是直接連上祖先想像，或天生即被給與（given）（見Geertz 1973 [1963]; Van den Berghe 1978; Keyes 1976）的根本賦與感知（primordial sentiment），而華裔血緣的先天限制，使其難以跨越一步。所以，馬來人不可能僅因華族血統的鄭和是回教徒，就認其為自己人。反而，他們更怕中式回教容易被人混合進異端要素（例如若鄭和像置於三寶山上，人們掃墓祭祖時，很可能就隨意豬肉供品拜之），造成難以挽回的禁忌汙染。

馬六甲華人展現華族族群性（Chinese ethnicity），在鄭和一事上，有其努力為之的證據。其中寶山亭稱「鄭和古廟」，廟內曾有鄭和神像；馬來人稱王井，而華人愛用「三寶井」一詞；想像鄭軍官廠就在三寶山上；大石像爭取放上三寶山或置入寶山亭；終於有一鄭和文物紀念廊，而大像就矗立附近等等事迹，堪稱典例。但是，對類此議題的堅持總有限度，原先要求有一大型鄭和紀念館，以便安置大石像，但後來弄出一紀念廊勉強行之，華社宣稱此為暫時，未來仍要大紀念館。然而，依筆者之見，設立簡易紀念廊，同時移來大像進紅屋，以及華族人士的上述宣示，應都只是一種下臺階，如此一來，政府與其周邊機構和華團兩相退一步，成全了大局。自青雲亭理事會拒絕石像上山入亭，及至華人領袖不再堅持，從而接受紀念廊安置，在在顯現出華族地方上層代表人物，不斷思索「鄭和與我」的關係，想要鄭和，但又不宜絕對鄭和，其他種族、信仰、政治、還有現況氣氛等重要因素，均必須同時考量。前節列出田野訪談問題第18，「中國有一名為『回族』的少數民族，回族和信仰回教者有何差別？鄭和是回族嗎？」少數受訪者知道鄭和是回教徒，但，更多人表示不知道，更遑論回族一詞之意。目前，社會主義中國的確斷定鄭和就是雲南回族，是少數民族的大人物。馬來西亞華人不易理解「回族」概念，今天也少有人談論此事，未來怎麼發展，難以預料，不過，倘若「回族鄭和」終有一天成了普通常識，是否將因發現三寶公竟是「外族」，而拉離華鄭關係，實值得觀察。

八、結論：網絡／網「落」與聖地／勝地／剩地

馬六甲是馬來西亞的歷史名城，也是國內外觀光客的造訪聖／勝地。幾位大馬友人表示，自己已到過十多次，但，還是會想再來。漢麗寶井／王井／三寶井早已未再使用，不可能有機會飲到井水，但，人們還是來了又來，顯見，不需喝到井裡甘汁，訪客照樣回歸。走在世遺推薦指定產區（核心區），的確可看到不停於途的遊客群，問及商家和古蹟博物館服務人員，都說申遺成功後，生意參觀人口都有成長。部分商店老闆還說，週末假日根本忙不過來。兩年前，政府在獲得聯合國教科文組織傳來好消息之第一時間，就是表達對觀光發展的願景（鄭文通2008）。現況的人潮，正符合官方和商店的期望。然而，馬六甲訪古，原本即為頗具盛名的觀光行程，世遺與否，對政商兩方而言，並不造成太大影響。但，作為一歷史族群的華人族眾，他們的「抵達源頭」，牽涉到當下自我族群文化定位的關鍵依據，世遺內容因此引起諸多領袖團體人物的關注。

馬六甲華人「抵達源頭」的公共象徵，至少有二：其一，三寶山一萬多處祖墳區；其二，鄭和的位置。兩個範疇都具一定的神聖性，也均富宗教意味。三寶山在2008年成了甲城榮登世界遺產的最後推手，可見其歷史文化的專業地位。但是，對非歷史文化專業學術的一般甲州華人而言，三寶山超過10個世代的祖墳，正是移民自中國抵達的明證，墳碑墳內均述說著血液文化源起之處。所以，遠在成為世遺緩衝區的四分一世紀之前，華社華團就曾轟轟烈烈發起保衛三寶山運動。世遺鑑定專家看上三寶山的價值，或是錦上添花，增加華人認肯護山行動的合情合理，但，事實上，山與人在華族族群性展現過程中，早就成為一體。看到山，立即想到華人，說到甲州華族，不可能不提三寶山。三寶山經由世遺認定，從此神聖地位更為堅定，華人抵達源頭關鍵象徵，也就常保安寧健全了。

第二個抵達源頭象徵，三寶太監鄭和，其命運就遠不如三寶山順遂。先是寶山亭舊神像失竊，後來造了新像，卻於數年後被管理人拿下。此

時，華社也在中國訂了巨座石像，工廠方面另贈一小像，但，大像被同一批管理人擋於門外，進不了山與亭。多數人認為，鄭和的回教身分，是為重要因素。不論是過去的「回教鄭和」，還是現在的「回族鄭和」，均可能造成華族在尊崇祭拜過程產生尷尬，但是綜攝宗教的傳統，大大減緩了此份兩難心情，使得鄭和依可入神壇坐大位，也能稱名鄭和廟。然而，只消有人敏感於回教要素，甚至對比「華族信回」與「馬來生而回教」間的大不同者，即會極力阻攔華人民間的鄭和崇拜活動。總是與政府意思相輔的青雲亭權力者，就是典型。他們僅同意博物紀念館式的「邊角鄭和」，而絕不允許有機會成為「聖地觀光」之三寶山或寶山亭的「巨大鄭和」。據此，堅守住三寶山第一源頭象徵的華人社團，對鄭和第二源頭象徵，就力有不逮了。最終，還是妥協於移至博物館內的大石像，以及館角邊緣的紀念廊。

當然，鄭和並非只窩於荷蘭紅屋內，從而在「鄭和網『落』」威脅情況中徘徊。也是世遺推薦指定產區的馬六甲河對岸，有學術企業人士購得屋地，宣稱找到鄭和官廠原址，並於此建立鄭和文化館。投資人同時拓展出諸多關係商業單位，全數以紅色表現，呼應河東，堪稱本區最大事業體，甚而形成一貨幣中介基礎的「鄭和網絡」。該鄭和集團來自鄰國，關心鄭和種種，也舉辦了國際會議，十足展現引進鄭和至世遺之姿。世遺鑑定小組只提了三寶山，卻沒有說到鄭和此人。但，所有甲河東邊與鄭和有關事務，包括人物神像石像井口漢麗寶公主等等，均可連上三寶山與寶山亭，它們可說是具聖地觀光潛力之「三寶山鄭和」的網絡範疇。至於河西一帶，原本全無鄭和留迹，卻突然出現文化館主人的官廠理論，堅稱找著鄭和大軍倉庫區。本館、客棧、小食、茶館等，一起建構了另一網絡（圖13）。但是，甲市的鄭和故事與三寶太監意象，全係來自河東「三寶山鄭和網絡」，它們基本上與河西「鄭和集團網絡」無甚關係，因此，後者或可稱之「孤鳥鄭和網絡」。「孤鳥鄭和網絡」來自新加坡，它在商業上有所得意，但卻與在地鄭和傳統隔閡。兩個網絡互不妨礙，各自努力。然而，放入了世界遺產因子，反而見著孤鳥鄭和集團積極地將自己與其掛線，充分運用聲名資源，實際觀光效益上，顯然佔了上風。冷漠的大馬人與甲州人，缺乏世遺的官式知識，也少有鄭和或三寶山的普通常識，所以，也就任其存在。

世遺強化了馬六甲的觀光聖／勝地位階，卻在正統三寶山鄭和網絡中，由於在地華族未搶先機（守住了山上墳塚，卻眼睜睜看著鄭和離遠山、亭），外加客觀條件限制，因此，所獲有限。另外，三寶山對外來人而言，只是望之不欲靠近的墳場，再加上治安疑慮，根本少有真正上山一趟者，更遑論有因歷史興趣甚至使命而來的訪客。據此，作為世遺緩衝區的三寶山，也就難以「聖地」之姿，創造可能的朝聖觀光風潮。「網絡」終究成了「網『落』」；聖地不僅可能不再為勝地，更極易惡化質變為「剩地」（即，沒得觀光去處了，才勉強短留小瞥一趟）。剩下來的，卻多只看到越來越搶到鋒頭的河西孤鳥鄭和網絡作用成果。說不定，將來有朝聖鄭和者前來，能夠派上場的，就是曾被以「造偽虛構」（fiction）稱之的西岸孤鳥網絡。「文化遺產」就是歷史。歷史中曾有人物鄭和，他是多少人的英雄，卻也同時在當下的文明教條、文化信念、族群堅持、政治考量、以及利益關係等競逐情境中角色尷尬模糊。有人為其奔走，有人拒之千里，另有人仰賴賺生意。來馬六甲找鄭和？來馬六甲浸染世遺鄭和風采？世界文化遺產涵蓋了有形無形鄭和？來者真性情人，只怕會與航海大英雄角落同淚吧！

圖1：世界文化遺產馬六甲。（謝世忠攝，2010.03.24）

2
———
3

圖2：三寶山上清代道光年間古墳。（謝世忠攝，2009.11.15）

圖3：供奉大伯公／福德正神之寶山亭大廳。（謝世忠攝，2010.03.26）

4　圖4：馬六甲最古老華人廟宇青雲亭。（謝世忠攝，2009.11.15）

5　圖5：寶山亭所展1980年代抗爭時期剪報。（謝世忠攝，2009.11.15）

6
———
7

圖6：「鄭和文物紀念廊」。（謝世忠攝，2010.03.25）
圖7：馬六甲民族誌與歷史博物館戶外庭園之大型鄭和像。（謝世忠攝，2010.03.25）

8 圖8：漢麗寶井／三寶井／王井。（謝世忠攝，2010.03.26）

9 圖9：馬六甲河西岸所見漆紅商家屋樓。（謝世忠攝，2010.03.24）

10
11

圖10：被部分學者批為「造偽虛構」代表的鄭和文化館。（謝世忠攝，2010.03.22）

圖11：「鄭和集團」所屬的鄭和小食館。（謝世忠攝，2009.11.15）

12 圖12：吉隆坡典型的馬來市集。（謝世忠攝，2009.12.29）

13 圖13：鄭和集團網絡／孤鳥鄭和網絡充分運用鄭和資源。（謝世忠攝，2009.11.15）

引用書目

不著撰人

1984〈甲寶山亭鄭和古廟　決定進行重修美化　訂七月奉送鄭和新神像入廟〉。《星洲日報》1994年5月7日。

2000〈華總盼鄭和石像豎立三寶山〉。《星洲日報》2000年4月29日。

2004〈四大理漠視歷史淵源，鄭和石像何處去〉。《南洋商報》2004年1月21日。

2008a〈馬六甲與世界文化遺產（1）・為何要申報？為何成功・列文化遺產有何好處？〉。《星洲日報》2008年7月11日。

2008b〈馬六甲與世界文化遺產（2）・古蹟法令・保護區指南・文化遺產的守護神〉。《星洲日報》2008年7月12日。

2008c〈甲入遺，三寶山功不可沒〉。《東方日報》2008年8月15日。

2008d〈沈慕羽欣慰申遺成功「力保古蹟成永久聖地」〉。《南洋商報》2008年7月9日。

2008e〈三寶山列入申遺加分〉。《東方日報》2008年7月9日。

2008f〈人文遺產，賦予生命力〉〉。《東方日報》2008年8月15日。

2008g〈政府沒邀請參與申遺人民似脫節〉。《東方日報》2008年8月14日。

2008h〈甲檳申遺成功雙城記〉。《南洋商報》。2008年8月3日。

2008i〈10年努力終於實現　檳甲申遺成功〉。《星洲日報》2008年7月8日。

2008j〈沙菲益：保護文化遺產經費　中央更多撥款供檳甲〉〉《方東方日報》。2008年7月9日。

2010a〈聽，雲南的響聲——雲貴文化產業考察報告〉。《河北日報》2010年4月12日。

2010b〈「文化搭臺　經濟唱戲」是已過時口號〉。《雲南信息報》2010年3月12日。

孔遠志、鄭一鈞編著

2008《東南亞考察論鄭和》。北京：北京大學出版社。

安煥然

2003〈先民的足印——鄭和在馬來西亞的史實與神化〉。刊於《鄭和下西洋國際學術研討會論文集》。陳信雄、陳玉女主編，頁295-322。板橋：稻鄉出版社。

2008〈從開拓先驅到友好使者：馬來西亞華社的鄭和敘述〉。刊於《東南亞的「鄭和記憶」與文化詮釋》。曾玲主編，頁48-69。合肥：黃山書社。

江政寬、陳秀卿

2003〈歷史與傳說：鄭和船隊到過臺灣？〉。刊於《鄭和下西洋國際學術研討會論文集》。陳信雄、陳玉女主編，頁131-161。板橋：稻鄉出版社。

姚和平

2003〈鄭和「難登」三保山〉。《《星洲日報》2003年5月25日。

姚效群

2004《大航海序曲》。北京：作家出版社。

段其儒

2006〈西雙版納非物質文化遺產知多少〉。《版納》3:17-27。

唐祖培

1962《鄭和航海志》。基隆：臺灣省立海事專科學校。

張木欽
2000《荷蘭街口夕陽斜——峇峇：一次文化統合的奇異經驗》。。葉德明譯。吉隆坡：大將事業社。
張集強
2008〈為入遺加分，提升人文特質〉。《《東方日報》2008年10月4日。
許萬忠
2008〈申遺佳音何時傳〉。《東方日報》6月20日LF16版。
陳亞才編
2000《留根與遺恨——文化古迹與華人義山》。吉隆坡：大將事業社。
陳達生
2005〈馬六甲「官廠」遺址考〉。刊於《鄭和與東南亞》。廖建裕編，新加坡：新加坡國際鄭和學會，頁97-106
曾玲主編
2008《東南亞的「鄭和記憶」與文化詮釋》。合肥：黃山書社。
黃耀杰編繪
2005《偉大的航海家鄭和》。新加坡：TCZStudio　PTELTD。
廖建裕編
2005《鄭和與東南亞》。新加坡：新加坡國際鄭和學會。
劉敬文
2008〈申遺成功　促進旅遊　維護檳甲文化古蹟〉。《東方日報》7月21日A10版。
歐陽珊
2008《古城遺書》。雪蘭莪：星洲日報。
鄭文通
2008〈甲首長：申遺成功　大馬有能力保護古迹〉。《南洋商報》7月9日A9版。
鄭良樹
[1984] 2000a〈青雲亭及三保山史略——大馬華族史的第1章〉。刊於《留根與遺恨——文化古迹與華人義山》。陳亞才編，頁56-32。吉隆坡：大將事業社。
[1984] 2000b。〈亭主時代的青雲亭及華族社會〉。刊於《留根與遺恨——文化古迹與華人義山》。陳亞才編，頁63-67。吉隆坡：大將事業社。
鄭梓
2003〈「鄭和下西洋」史實的虛擬與實境——以近二十年來中國大陸「鄭和熱」為中心剖析〉。刊於《鄭和下西洋國際學術研討會論文集》。陳信雄、陳玉女主編，頁21-39。板橋：稻鄉出版社。
賴碧清
2009a〈世遺講座反應冷淡〉。http://lyepc55.blogspot.com/2009/07/blog-post_23.html（2010年4月26日上線）。
2009b〈雞場街人，只知世遺是古蹟，申遺為旅遊業　無人知入遺名堂是「馬六甲海峽歷史城」〉。http://lyepc55.blog-spot.com/2009/07/12.html（2010年4月26日上線）。
謝世忠
1993《傣泐—西雙版納的族群現象》。臺北：自立晚報。
1995〈漢人民間信仰研究的本質、體系、與過程理論——英文論述中的幾個主要結構模型〉。《文史哲學報》43:107-34。

鍾錫金

1997《山努西教授新構思與鄭和研究》。吉打：赤土文叢。

2002〈誰膽敢綁架鄭和？——鄭和的遺憾與哀傷〉。刊於《鄭和遺留下來的課題：鄭和研究馬六甲行》鍾錫金著，頁25-27。吉打：赤土文叢。

Bosco, Joseph.

1994. "Yiguan Dao: 'Heterodoxy' and Popular Religion in Taiwan." In *The Other Taiwan: 1945 to the Present*. Edited by Murray A. Rubinstein. Armonk, NY: M.E. Sharpe, 423-44.

Cartier, Carolyn L.

1993 "Creating Historic Open Space in Melaka."*Geographical Review* 83(4): 359-73.

1998 "M eg ad e velopm e nt i n M a l ay si a: Fr o m He r it age L a nd s c ap e s to ' L ei s u re s c ap e s' i n Mel a k a's Tou r i sm S e c tor."*Singapore Journal of Tropical Geography* 19(2): 151-76.

Edensor, Tim.

1998 *Tourists at the Taj: Performance and Meaning at a Symbolic Site*. London: Routledge.

Feucht wang, Stephan.

1974 "Domestic and Communal Worship in Taiwan." I n *Religion and Ritual in Chinese Society*. Edited by Arthur P. Wolf. Stanford: Stanford University Press, 105-29.

Freedman, Maurice.

1967 "A ncestor Wor sh ip: Two Facet s of t he Chinese Case." In *Social Organization: Essays Presented to Ray mond Firth*. Edited by Maurice Freedman. London: Frank Cass & Co. Ltd, 85-103.

Geertz, Clifford.

[1963] 1973 "The Integrative Revolution: Primordial Sentiments and Civil Politics in the New States." In *The Interpre tation of Cultures: Selected Essays*. New York: Basic Books, 255-310.

Keyes, Charles F.

1976 "Toward a New Formulation of the Concept of Ethnic Group." *Ethnicity* 3:202-13.

Klieger, P. Christiaan

1990 "Close Encounters: 'Intimate' Tourism in Tibet." *Cultural Survival Quarterly* 14(9): 38-42.

Moore, Alexander.

1985 "R o s a n z e r u s u i s L o s A n g e l e s : A n Anthropological Inquiry of Japanese Tourists." *Annals of Tourism Research* 12: 619-43.

Nagata, Judith A.

1974 "What i s a Malay? Sit uat ional Selec t ion of Ethnic Identit y in a Plural Society." *American Ethnologist* 1(2):331-50.

1981 "I n Defen se of Et h n ic Bound ar ies: T he Changi ng Myths and Charters of Malay Identity." In *Ethnic Change*. Edited by Charles F. Keyes. Seat t le: Un iversit y of Wash i ng ton Press, 87-116.

Rinschede, Gisbert.

1992 "Forms of Religious Tourism." *Annals of Tourism Research* 19(1): 51- 67.

Sangren, P. Steven.

1987 "Orthodoxy, Heterodoxy, and the Structure of Value in Chinese Rituals." *Modern China* 13(1): 63-89.

Sutton, David B.

1990 "From the Taj to the Tiger." *Cultural Survival Quarterly* 14(5): 15-19.

UNESCO.

2008 "Eig ht New Sites, from t he St r ait s of M alacc a, to Papua New Guinea and San Marino, added to

UNESCO's World Heritage List." http://whc.unesco.org/en/news/450/(accessed May3, 2010).
UNESCO World Heritage Centre.
2008 "Melaka and George Town, Historic Cities of the Straits of Malacca." http://whc.unesco.org/ en/ list/1223/ (accessed May 3, 2010).
Vanden Berghe, Pierre L.
1978 "Race and Ethnicity: A Sociobiological Perspective." *Ethnic and Racial Studies* 1(4): 401-11.
Widodo, Johannes.
2008 "Zheng He and Melaka: Facts and Fiction." Paperpresented at Conference on "New D i m e n s i o n s i n Humanities Education," Panel "Zheng He's Visits to Southeast Asia: Facts and Fiction." Organized by N IE/ HSSE, Singapore. Nov. 18-19, 2008.
Wolf, Arthur P.
1974 "Gods, Ghosts, and Ancestor. In *Religion and Ritual in Chinese Society*. Edited by Arthur P. Wolf. Stanford: Stanford University Press, 131-82.
Worden, Nigel.
2001 "'Where it all Began': The Representation of Malaysian Heritage in Melaka." *International Journal of Heritage Studies* 7(3):199-218.

* 本研究問題意識啟發於2009年11、12月擔任馬來西亞馬來亞大學（Univer- siti Malaya）文明對話中心（Centre for Civilisational Dialogue）訪問教授之時，對馬國多元種族文化景況的觀察。兩月的訪問研究期，以及2010年3月的再度造訪，承國立臺灣大學研究團隊「大馬總部」徐玉燕、林嘉運、鄒秀寶、陳愛梅、顏真真、林仕粧等同學多方照顧協助，至為感激。同一團隊「臺灣總部」王鵬惠、楊鈴慧、李慧慧、張惠琴、郭欣諭、劉瑞超、張嘉倩等諸位學棣直接間接費心出力，同等感謝。馬六甲、吉隆坡、檳城各地報導人慷慨提供說法，貢獻良多，筆者不敢稍忘。

（本文原刊於《民俗曲藝》2011/171:211-251）

第四部分

史論與論史

認識、理解與建構
——《考古人類學刊》的半世紀原住民研究*

一、前言

對特定學科源起與發展的探索，是學術史（academic history）研究的主軸。藉由相關議題的剖析，學科盛衰榮枯或優劣良窳與峰谷迭起變化，均可獲得瞭解。據此，一方面得以啟發學域省思行動，另一方面亦可評量學術的貢獻及其續存的價值。

在人類學方面，各學院系所無不視「人類學史」乙課為重要課程，期使學生有效掌握學科歷史脈動。人類學史可從年代學上的理論與主要創建者談起（見如Barnard 2000），可舉關鍵著作為例的排比敘述（見Barrett 1984），可以社會史角度分析研究取向消長緣由（見如Patterson 2001），亦可以領導性專業期刊，來說明旨趣隱顯故事。

由美國人類學會（American Anthropological Association）（AAA）出版的*American Anthropologist*（*AA*）迄今已發行超過百年。採取有系統閱覽該刊文章之方式治史，不失為一直接了當的策略。換句話說，AAA或*AA*是為北美人類學「學術帝國」的代表，刊物出版的文章，應即為主流取向的指標之一。筆者相信，逐期逐篇閱讀文章，再經主題分析與前後時代方法理論比較，將可觀察出世界人類學史的大動脈所在。

以AA戰後迄今的六十年為例，50、60年代焦點於微觀社區之親屬關係（如Gallin 1960:632-642）、宗教接觸（如Messenger 1960）、城鄉衝擊（如Richardson 1967）及文化維繫與變遷等議題（如Shepardson & Blodwen; Williams 1966）。此時的研究對象又常見美國亟欲重新認識的戰敗國日本（見如Cornell 1961; Johnson 1964; Yoshida 1963），以及力求在政治地理上建立聯繫關係的中南美鄰邦（見如Colby & Van Den Berghe 1961; Despres 1964）。

到了70、80年代，陸續有不少投稿者，在人類學主體取向多年來幾乎均浸淫於傳統小社區研究之後，寫出了包括方法論、研究者性別角色、學者自身文化制約、及政策人類學等等多元省思的新作（見如Geertz 1984; Gregory 1984; Ksu 1979; Washburn 1984）。反思風潮延燒至下一個十年。90年代*AA*作者群焦慮重點在於國族建構與學術操弄、基督教化與本土文化危機、全球化與生計威脅、以及國家建置所造成的人民生活影響等（見如Dietler 1994; Larson, Johnson & Michaelsen 1994; Nash 1994; Nugent 1994; Saunders 1993）。此外，他們也關心後現代學術的前途、民族誌的誤解誤判、博物館再現文化的盲點、宗教商品化、文化資本的再利用以及文化概念的動搖不定等議題（見Downey & Rogers 1995; Fabian 1995; Kahn 1995; Roscoe 1995; Starrett 1995; Ulin 1995; Watson 1995）。進入21世紀、*AA*出現了入世關懷與新保守主義的雙向發展。前者以2002年第104卷第3期的The 911 Attack & Muslim（911事件與穆斯林）與2006年第108卷第1期的Human Right Anthropology（人權人類學）兩專號為代表；後者則可以2004年第106卷第3期New-Boasian Anthropology（新鮑亞士人類學）為典例。

讀*AA*如上，可知北美乃至世界人類學史重要發展方向。而分析比較小規模但也頗具影響力的刊物如*Cultural Survival Quarterly*（*CSQ*）（文化存續季刊），即可另向知悉人類學及部分地理學、歷史學、社會學、生態學研究者，在過去數十年間如何運用人類學與廣泛社會科學知識，多面向探索全球少數族裔或原住族群的生存問題。以南島系與大洋洲原住民景況為例，該刊即曾討論過Solomon群島的社區傳統權利、*Kwara*，*ae*的土地權、Melanesia的森林流失、漁民海權、Torres海峽之漁業、Cape York的生死歷程、健康危機、採礦爭議、Fiji的動亂、Vanuatu的*Kava*飲食與貨幣衝擊、西Papua的戰事、傳統酋長人物的現狀及New Caledonia的土地與獨立運動等等課題（見如Baines 1991; Beckett 1991; Burt 1991; Clarks 1991; Cordell 1991; Fitzpatrick 1991a & 1991b; Hull 1991; Hyndman; Lal 1991; Lindstron 1991; Sands 1991; White 1991; Winslow 1991）。*CSQ*可說是應用人類學論述的場域。整套期刊反映出另類的人類學學術史。未諳該刊，不可能掌握人類學知識實踐的歷程，因此，在廣義的人類學史上，*CSQ*已然佔有一席之地。

筆者曾專文（謝世忠2000:158-180）敘述過臺灣人類學發展史上的數種寫史方式。總歸來說，寫史者多以研究對象、研究取向、發表著作、及研究者大名等為文章綱目編撰原則。迄今我們仍較少看到以在臺出版之主要學術期刊來透析本國地區人類學史的論著。如同前述經由對*AA*和*CSQ*內容簡單說明以解學史情事一般，在本文中，筆者擬以國立臺灣大學人類學系（1982年之前稱考古人類學系）出版之《考古人類學刊》（《學刊》）為對象，探討超過半世紀時日中，該刊所登載之與臺灣原住民（1994年之前稱高山族、山地同胞、臺灣土著、山胞、或山地人）研究相關的文章。本文目的即欲以特定刊物為範圍，對臺灣人類學史的原住民研究，作一統計與詮釋上的陳述，以期初步釐清大學與原住民的學術關係。

二、《學刊》綜覽

1949年國立臺灣大學文學院成立考古人類學系，四年後（1953）《考古人類學刊》創刊，發行至2006年中，已有53年，共65期（附件一），是為華文世界最資深的人類學專業期刊。由於刊物隸屬學系，因此，傳統上的認知是，系內副教授以上專任教師均為當然編輯委員，而每一教師亦有投稿的義務。換句話說，該刊超過五十數年的持續不墜，主要係由全體教師的賜稿和編輯們的工作參與而成。近幾年國內外學界類此所謂的「同仁刊物」或「機關報」已不再被鼓勵，取而代之的新理念即是廣納非本單位之學者專家參加編委會，同時嚴格限制發行機關成員文章的刊載比例。為順應潮流，《考古人類學刊》已於2006年完成改組，新版、新英文刊名（舊名*Bulletin of the Department of Anthropology, National Taiwan University*；新名*Journal of Archaeology and Anthropology*）、新編委會、及新編輯規範等「四新」風貌正式上路。

1953年創刊之時，系主任李濟教授在第一期首頁寫下〈發刊詞〉（附件二），說明了辦刊物的緣由。其中至少提到了三個重點。其一，系原藏民族學、考古學標本和田野實習課程所蒐得之新材料，必須「描寫及敘述」。其二，動盪的時代裡，「一切學問的資料，都是難得而易失」，因此吾人應盡力予以「適當的以及即時的紀錄」。其三，「真正的專門學問，沒有與社會完全脫節的」，但學術在產生影響之前，仍須對它的「增值與滋長」進行充分的研究。三大編刊理由中，後兩項主談一般作學問的觀念，而首項則較具體地述及民族學與考古學標本材料。既放在創刊考量理由第一項，就表示系藏標本的記錄研究是為《考古人類學刊》首要任務。據此觀之，考古人類學系民族學標本有九成屬臺灣原住民物質文化範疇，那麼，各項描述深究，自然多與原住民有關，刊物的原住民研究特色，也就顯現出來了。

事實上，《考古人類學刊》創刊後不久，另有《中國民族學報》和《中央研究院民族學研究所集刊》於1955年分別出刊。它們亦以原住民社會文化為研究大宗，前者發行八年後於1963年停刊（參謝世忠，2004），後者則持續至2002年同樣在「去同仁刊物化」浪潮中停刊。2003年中研院民族所以新組編委會方式，創立發行《臺灣人類學刊》，不少原住民研究文章，依然投往該處。今天，在臺灣由學院辦理之收有不少原住民相關研究的人類學專業期刊，大抵就是「新生的」《臺灣人類學刊》與歷史悠久的《考古人類學刊》兩種。

依筆者之見，欲悉臺灣人類學學術史上的「原住民」，首位必讀期刊即是《考古人類學刊》，因她幾乎與長期負有培養人類學人材之唯一學士、碩士、博士完整學程的臺大人類學系同壽。《學刊》上的原住民論述文章，不論簡繁淺深，均代表特定時期的取向作品，寫史者務要仔細觀閱，方能覗得脈動之基。

三、統計訊息

對一份發行已達六十五期的學術刊物而言，統計其間各項內容，是為透過它來瞭解學術史的一項策略。數字當然無法告訴我們所有事情，不過，在進行進階詮釋之前，統計的結果依是頗具價值的參考指標。

在半百以上年歲時光的出版中，《學刊》共刊載了128篇與臺灣原住民相關的大小文章。附件三係依作者寫作篇數多少予以排列的統計。我們可看到刊出過1至3篇者佔絕大多數，超過5篇者僅有7位。這7位作者均為戰後臺灣第一代本土學者，輩份資深。

資深研究者努力投稿，立下用功典範，值得肯定。不過，我們也不宜遽下後生學人不如前輩的斷言。誠如我們上節所言，50年代前半期分別有《考古人類學刊》、《中國民族學報》、及《中央研究院民族學研究所集刊》等三份人類學專業刊物問世。其中，《學刊》發行於1953年，比另二種的1955年早兩年。在學術發表園地匱乏，而新期刊又需考古人類學系師生亟力支持的景況下，教授學生的作品就密集投向《學刊》。另外，當時收有不少以「簡報」型態出現的短篇田野文章，如此大大小小加總，幾位早期師生的產量就遠大於後期晚輩了。

此外，67位作者中，有53位貢獻1或2篇者。換句話說，大多數人就只賜文極有限次數。究其因，一方面可投稿之處，年益增多，文章但見分散刊登，另一方面部分學者專長多重，原住民主題雖僅一、二文，其它領域則可能有更多（請讀者查閱本期顏學誠和陳瑪玲論文）。再者，後期的刊出著作，不再有小型篇幅的簡報文類，而多以較長篇論文為主，撰寫過程費時，多數作者因此均不易如簡報時期者有辦法快速累積文章總數。

原住民長期類分九族。自2001年邵族成為第十族起，到了2006年陸續增有十二族。128篇作品中，各族均有而獨缺噶瑪蘭。附件四是每一族的研究篇數表。綜合類22篇佔第一位。部分概說文章出現於較早期年代，當時初識南島系原住民，整體介紹的確有其需要。至於以族別排序，超過10篇，量產屬多者，有排灣、阿美、邵族、泰雅等四族。除了迷妳人口的邵族之外，其餘三族均為較大群體。是否族大容易引起目光，從而使學者望中目標，筆者無法確定。不過，特定學者階段性地興趣於某一族，因此有多篇貢獻，以及考古人類學系教授帶領學生田野實習的延續性研究成果，或可能是道理所在。

按過去習以把太魯閣歸入泰雅的情形觀之，十族中（扣掉噶瑪蘭和太魯閣）除了賽夏之外，各族均至少有5篇文章。大致上，翻閱《學刊》應可獲臺灣原住民之一般印象，而細讀之，則或能全面與較深度瞭解。到底《學刊》有無此一功能，今日學人學生可以判斷。將附件四各族文章詳細列表（附件五），可看到所有作者、篇名、及發表年代。泰雅1965至1991

年計26年內無作品，賽夏兩文相隔46年。邵族1957年之後以迄1988年20年間掛零，鄒族1989年之前則只有兩篇。魯凱族曾經29年未有人注意，排灣1950至1970年代的30年內密集出版，之後幾乎失蹤。卑南的命運類似，1983年迄今乏人問津。阿美族比較平均，每個整數年代至少有一文。雅美族1960和1980年代兩個10年間沒見新作，平埔則1974年之後就終止了。總之，除了阿美之外，各族幾乎均有長期斷層或不再延續的紀錄，從原住民人類學創作立場來看，果然無一時刻不令人擔心。

把文章發表篇數放在每5年一段的演變曲線予以檢視（附件六），我們也可清楚看到1975-1979、1985-1989、及1990-1994是為三段低潮期。五年內只見三、二文章，三個5年合起來15年。各族如前述又多有幾近10年甚至更長時間的消隱期，兩者齊而觀之，更加令人直接思及《學刊》原住民研究傳統不穩定一事的隱憂。畢竟該刊具有臺灣人類學史特殊的象徵意義，她的表現若不如人意，連帶著也可能不看好整體學術的前景。

將128文依主題類別整理，計可分成如附件七的十八大項。從最多的物質文化29篇以至最少的政治生活、觀光過程、研究方法、及族群意識的各1篇，即可觀察到學者興趣所在。簡單地說，在傳統文化人類學範疇中，係以宗教、經濟、儀式、社會制度等為主軸，而體質人類學與語言學也曾有不錯表現，大體上，128篇已然涵蓋了學科存有的各個面向。主題分佈均數和十二族篇數平均相若，若不計較上述的空檔問題，形式上《學刊》原住民議題面面俱到，差強人意。

四、認識原住民

考古人類學系的創系學者群主要為中國來的考古學家和民族學家，對他們而言，臺灣是一陌生之地。學系成立後，學人們開始準備人類學式地認識土地，其中最標準的策略，就是進行實地調查。人類學一向興趣於非主體人群，因此，原住民就成了師生接觸臺灣的首選。

在課堂上習得學理知識，前往部落社區觀察訪談，再回來撰寫報告，是為學生專業養成的三部曲。1953年《學刊》的創刊，代表報告正式出版的時機已然成熟。至少當時前一、二屆學生已臨高年級、不僅可協助教授研究，自己亦可獨當大任，發表成果（例如李亦園、張光直等均曾以學生身分刊載文章）。

1950年代的臺灣山地與臺北城市交通往來相當不便，學術輔助資源亦不甚充足，學者學生的一次行動，均需大費周章（參陳奇祿1973：121-128；謝世忠2001）。在如此不利的景況下，大抵也只能短期參訪，然後快速寫出田野紀錄，鉛印刊出。這種以「短」與「快」方式處置的成果，作者們多以「簡報」名之。1950年代《學刊》的簡報文章分別述及了錦水泰雅、東河賽夏、日月潭邵族、霧台魯凱、來義排灣、南王卑南、及南勢阿美等。到了1960、70年代，續有包括介紹港口阿美、拔仔阿美、臺東卑南、太麻里排灣、大南魯凱等群體的簡報文章。此後《學刊》就不再見到類此短文的現身了。

「簡報」顧名思義就是簡單的報告。因為對前往探訪之部落族群社會文化體質語言原無所知，所以才需在返回後陳述心得。多一份簡報文章，就讓考古人類學系師生和系外讀者增一點原住民的人類學認識。十數年間的各篇簡報，已涵蓋了傳統九族中的泰雅、賽夏、魯凱、排灣、卑南、阿美、以及甫於2001年成為官定第十族的邵族。快快瀏覽這些三、二頁文章、山地印象即可速成建置。

在此同時，系藏民族學標本一族族一類類，甚至一件件被清理描述或繪製圖寫而出。若單是標本介紹，一般多不以「簡報」一詞為文章標題，畢竟器物均在人人眼見的系內庫房工作室架上桌前，所以不需如甫自原本未知的田野地回來般，必須作特別的專案報告。據此，常見的標本描述長短文題目即多見如〈本系所藏泰雅族獵頭衣飾標本〉、〈本系所藏臺灣泰雅族貝珠標本〉、或〈記本系所藏平埔各族器用標本〉等之例。簡報資料築成了臺大考古人類學系的新原住民人類學知識，而標本描繪則錦上添花，使在地（即在系上）材料經由再裝扮過程，得以與簡報合一，見證並強化該系該《學刊》正是原住民人類學研究的主體所在。

五、理解原住民

認識（recognition）是一初步的工作或心得。考古人類學系師生以十幾篇簡報和十幾次標本圖說識得了（recognizing）原住民。今日回看這些四十年前文章，或許會感覺到作者們多是「淺到為止」。然而，以相對時代觀之，當時處處艱難，學人們求知若渴，不是上山下海步履辛勞，就是細心地述說標本故事，在得以全貌認識原住民之際，已不辱使命地陸續完成了認識各族各部落的任務。有了個別族群社區初步考察的經驗與資料，才有與簡報同批作者所著之如〈臺灣土著社會的部落組織與權威制度〉或〈臺灣土著的年齡組織及會所制度〉等，綜合所有原住民，以求通則或進行比較之大型文章出現的可能。

事實上，亟欲探求深度學術理解（understanding）的學者們，早已於簡報出爐的前後，以及分別整理各族標本的同時，即立下了對特定人類學社會文化分類範疇進行匯整描述的決心。這份決心引領學者們於50至60年代留下不少大篇社會文化範疇專研論文。其中的典例包括有〈臺灣高山族的編器〉、〈臺灣高山族的槍與矛〉、〈臺灣土著民族之弩與弩之分佈與起源〉、〈邵族的經濟生活〉、〈布農族的粟作祭儀〉、〈馬遠丹社群布農族的生態環境及其人口與家族〉、〈南王卑南族女巫師〉、及〈知本卑南族及其宗教〉等等。雖然，這些文章多重於「詳細描述」，但已比簡報躍進大步，充分展現作者們設法理解原住民的學術目標。

此外，越來越多文章加上「研究」或「分析」（如〈南王卑南族成年儀禮之分析研究〉、〈臺灣排灣族來義村喪葬儀式之結構分析〉、〈觀光活動、文化傳統的塑模、與族群意識：烏來泰雅*Daiyan*認同研究〉）為題，以突顯「非描述」或「非資料堆砌」的作品深度。亦有作者直接點出抽象之論題對象，積極展現問題意識方法論時代的特色（例如〈器物、視覺溝通與社會記憶——賽夏族儀式器物的初步分析〉、〈傳統、出演、與外資——日月潭德化社邵族豐年節慶的社會文化複象〉、〈雅美族傳統領袖的構成：船組、財富與親屬的作用〉、〈集體知識與文化重構：阿里山鄒人當代社會實踐之意義〉、（*Dehanin*與社會危機：東埔社布農人宗教變遷的再探討〉等），「研究」與「分析」的用詞，以及問題意識和抽象概念等方法論思維的現身，使得作者再邁進一步，將自己的民族誌與各項古典或當道理論對話。簡略而言，這些文章所運用的理論分別有傳播論（diffusionism）、文化區論（cultural area）、功能論

（functionalism），世系理論（lineage theory）、馬克斯理論（Marxism）、族群根本賦與論（primordialism）、象徵論（symbolism）、批判民族誌（critical ethnography）、法國結構主義（French structuralism）、消費文化論（consumerism）、記憶理論（social memory）、文化政治（political of culture）、及社會整合論（integrationism）等。《學刊》的原住民理解模式，至此已為投稿人所熟知。現在的文章必定要有清楚的問題意識，完整的理論架構，以及夠份量的材料文字。總之，自80年代起，正式大型論文就幾已百分百盤據了該刊展演空間。

六、建構原住民

「簡報」開啟了認識原住民之門，而「論文」則進至理解的境界。《學刊》五十數年的前半生，「簡報」是為主軸，後半年歲則「論文」取得大位。此乃學術建置與發展的事實歷程，而人類學學者學生，即是從中習得或積累自身的原住民社會文化乃至語言體質的知識。

「習得」係以讀者身分角度出發的知識建構策略，「積累」則是習得量增及至成論的過程。簡言之，一名感興趣於原住民文化的人類學者，自《學刊》文章的閱讀中，習得了原住民人類學知識，復經用功，篇篇積累，終而演成自己可為系統的原住民論述。從習得至積累，說明了自《學刊》閱讀經驗以建構原住民的可能性。

相對於讀者以「汲養者」身分透過習得與積累來建構原住民，《學刊》128篇文章的作者，則為前者的「供養者」。「汲養者」汲取知識養分，「供養者」供給田野與分析之後的知識產品。前者經由閱讀文字建構原住民，後者則寫字為業，一字字創建出第一手原住民社會文化知識。換句話說，「汲養者」（讀者）是第二級原住民建構者，創作文字的「供養者」（作者），方為第一級同業人物。

128篇文章的67位作者，在過去超過半世紀裡，以65期的出版，建成了《學刊》的原住民知識世界。簡報的認識和論文的理解都是建構。所謂建構，即是指這些大小文章均有結論；結論告訴了大家「原住民就是如此如此」。學術判斷了原住民古今內外在生活樣態；自此，原住民被學院語彙密集堆疊界定。作為第二級建構者的閱讀大眾，在認識或理解原住民方面，大體均難脫離第一級文字筆練者學院建構的結論判準。

以下是幾個關及卑南族之簡報和論文的原住民建構結論典例。衛惠林興趣於社會組織，他的文章（1962）比較了馬蘭社群（南王為代表）與知本社群的景況。衛氏表示「馬蘭卑南族的親族構造是母系主義的。……父系家族的逐漸增加無疑是受漢族文化的影響」，其親族制度「比排灣魯凱兩族更接近於原始型態」，同時該族「還有一套雙系血親範疇，以各一個核心家族為中心向雙親，兩性親屬的傍系展開一個親疏遠近的行為適用範圍等級」。宋龍生（1964）指出卑南族竹占「很盛行」、「其禱告詞則為阿美族語，而馬蘭阿美族也盛此術，是否僅與馬蘭有一線之隔之南王村的卑南族所行之竹占，為由阿美族傳來，是一個問題，是值得繼續去研究的」。宋龍生上引簡報後翌年（1965）發表會所制度專文，並結論出，「南王村卑南族的二部組織，……，如終年持著南北地域性的政治、祭儀的區劃和對抗。而與印度阿薩姆山區的*Nagas*及南美洲巴西區的*Gestock*的部落二部對抗形勢相似。南王村卑南族的會所與氏族的分立，便是在此一二部組織的觀念下，發揮了會所的功能，並保持了它所有的部落敏活能力」。洪秀桂（1976）在分析女巫師制度後表示，「在沒有影響或破壞組織規則下仍能收男性為徒，因為這些男人在他們看來已是女性的人，由這一點也可窺見女巫師組織內部所具的活力及其適應性」。洪秀桂於另文中（1981）提出南王卑南族成年儀禮的社會意義包括有角色的確定、增進團結、除喪去凶、及去除焦慮增強適應力。

王端宜（1980）以物質文化專業，細細描述衣飾文化，其中更談及學作衣服之拜師與謝師的繁複儀式。曾振名（1985）則分析了族人的外移景象，他認為「漢人的介入迫使土著族採取遷移和外出工作來因應，而遷移活動的回饋影響，導致南王土著社會從內部產生改變，促成了土著社會結構變遷的契機」。《考古人類學刊》人類學卑南族知識，在衛惠林、宋龍生、洪秀桂、王端宜及曾振名的書寫中，漸次被搭建而成。這項建構工程使位屬第二級的讀者得知該族的「母系主義」、「雙系血親」、「竹占由阿美族傳來」、「二部組織與印度、巴西相同」、「成年儀禮社會意義」、「遷移促成社會結構變遷」、以及織品服裝製作與傳承等等內涵，繼而形成「印象」：並再次建構了東南臺灣角落的原住民知識。

卑南族例如上，其它各族亦復如此。我們當然很想知道《學刊》原住民知識的總集合強度大小，也亟思獲有各族人類學知識建構的影響範圍。然而，吾人或須進行一較大範圍之65期各文被學院內外出版文獻所參引論述的次數統計研究，方能有效取得是項資訊。本文掀起興趣，日後學界同仁可再就此深究。

七、結論

筆者在前言提到欲瞭解北美地區的人類學發展史，不能不對美國人類學會所發行的*American Anthropologist*（*AA*）作仔細的分析。*AA*一百多年出版史中，不同時期所焦點刊載的文章主題，足堪反映特定研究旨趣和主流理論的高峰與谷底。當70年代中葉以降包括檢討學者自身文化制約、國家與學術操弄、文化與生計危機、民族誌公信力、文化與物化等各類反思文章大量湧現時，過去二十年客觀中立述說傳統小社群文化故事的投稿，就大幅縮減了。這一事例說明了學術關懷領域的變遷，而它也清楚地寫出人類學史的重要一段。

如果說*AA*是理論學術史代表，*Cultural Survival Quarterly*（*CSQ*）則可視為人類學全球實踐的主體。數十年近百期的薄薄刊物，卻能述及世界各地邊緣、弱勢、少數、原住族群的種種困境，克盡了人類學家、民間人士及其它支持性學科專業研究者的人道關懷職責。

閱覽*AA*，能知學理發展的人類學史，讀*CSQ*則可掌握到應用行動的人類學史。當然，我們不會封閉到認為單看這二份期刊，即可知天下人類學大事。本文所欲傳達的是，一份具影響力的學術刊物，必是探索學術史的重要參考依據。

基於上述的說明背景，筆者以為，對國立臺灣大學考古人類學系／人類學系自1953年開始發行的《考古人類學刊》，作相當程度的整理分析，應也能掌握臺灣人類學史的重要脈動。本文以該刊半世紀的原住民研究為對象，以統計理出了相關文章的數量、作者名錄及其產值、各族佔率、主題種類、以及每五年為期之各時段的出版峰谷現象。53年65期67作者128

大作18主題，每一數字都有可資陳述的故事。不過，在文中，筆者僅以它們為背景，大致說明了《學刊》始終維繫著以原住民為主要研究對象的傳統，因此，基本上以其作為臺灣人類學原住民研究史的一大觀察依據，應是可以接受的。

這批文章主要由「簡報」和「論文」兩大文類構成。學者們出發新田野，返回後簡單報告，《學刊》收錄之，以為初期認識原住民之用。資料陸續增加，文獻掌握日漸豐沛，方法理論也已熟悉，於是標明著「研究」或「分析」的正式論文問世。學者對原住民即自認識階段，躍至理解層次。

《學刊》既是公開發行，系內外讀者就永遠會存在。於是我們至少可以看到兩個原住民語言體質與社會文化知識的建構者範疇。不論是認識性的簡報，還是理解性的論文，均是在建構原住民。他們為「供養者」或稱一級建構者，而讀者看了文章，吸收知識，因此成了「汲養者」。一般而言，後者會從吸收汲養過程中，形成自己的原住民知識，因此或可被之為第二級建構者。

臺灣人類學選了臺灣原住民作為主要研究對象，而《學刊》文章也以其為主要寫作出版範圍之一，因此，欲知「臺灣原住民」是什麼，就來參閱該刊。學術化了的原住民在128文積累後，已然形成一種特定基調。原住民為臺灣人類學史知識的重要一環，文中的卑南族舉例，即告知了我們學術語調下的該族樣態。其它各族的景況類似。*AA*和*CSQ*透露出北美人類學屬性的變化歷程，而《學刊》則分明了臺灣原住民被學術性認識與理解的過程，也顯示了二類知識建構者的「供養」與「汲養」關係。治學史必讀期刊，美國臺灣均然，人類學面相，從中呼之欲出。

引用書目

陳奇祿

1973〈關於臺灣土著文化的幾個問題〉。《臺灣文獻》24(1):121-128。

謝世忠

1992〈觀光活動，文化傳統的塑模，與族群意識——烏來泰雅族*Daiyan*認同研究〉。《國立臺灣大學考古人類學刊》48:113-129。

1994〈觀光過程與「傳統」論述——原住民的文化意識〉。《當代》98:10-29。

2000〈人類學應是什麼？——當代台灣人類學的學院自評與民間反人類學論述〉。《國立臺灣大學考古人類學刊》56:158-180。

2001〈陳奇祿教授與文化史研究的方法理論〉。《臺灣風物》50(4): 113-138。

2004〈「中國民族學會」十五又五十評論〉。刊於《國族論述——中國與北東南亞的場域》。謝世忠著，頁287-299。臺北：國立臺灣大學。

謝世忠、蘇裕玲

1998〈傳統、出演與外資——日月潭德化社邵族豐年節慶的社會文化複象〉。《國立臺灣大學考古人類學刊》53:145-172。

Baines, Graham B. K.

1991 Asserting Traditional Rights: Community Conservation in Solomon Island. *Cultural Survival Quarterly* 15(2):49-52.

Barnard Alan

2000 *History and Theory in Anthropology*. Cambridge: Cambridge: University of Cambridge.

Barrett R. Stanley

1984 *The Rebirth of Anthropological Theory*. Toronto: University of Toronto Press.

Beckett, Jeremy

1991 The Murray Island Case. *Cultural Survival Quarterly* 15(2):16-17.

Burt, Ben

1991 Land Rights and Development: Writing About Kwara'ae Tradition. *Cultural Survival Quarterly* 15(2):61-64.

Clarks, William C.

1991 Agro-Deforestation in Melanesia. *Cultural Survival Quarterly* 15(2):45-48.

Colby, Benjamin N. & Pierre L. Van Den Berghe

1961 Ethnic Relations in Southeastern Mexico. *American Anthropologist* 63(4):772-792.

Cornell, John B.

1961 Outcaste Relations in a Japanese Village. *American Anthropologist* 63(2:1):282-296.

Cordell, John

1991 Negotiating Sea Rights. *Cultural Survival Quarterly* 15(2):5-10.

Despres, Leo A.

1964 The Implications of Nationalist Politics in British Guiana for the Development of Cultural Theory. *American Anthropologist* 66(5):1051- 1077.

Dietler, Michael

1994 'Our Ancestors the Gauls': Archaeology, Ethnic Naitonalism, and the Manipulation of Celtic

Identity in Modern Europe. *American Anthropologist* 96(3):584-605.
Downey, Gary Lee & Juan D. Rogers
1995 On the Politics of Theorizing in a Postmodern Academy. *American Anthropologist* 97(2):269-281.
Fabian, Johannes
1995 Ethnographic Misunderstanding and the Perils of Context. *American Anthropologist* 97(1):41-50.
Fitzpatrick, Judith
1991a Home Reef Fisheries Development: a Report from Torres Strait. *Cultural Survival Quarterly* 15(2):18-20.
1991b Birth and Death o Cape York. *Cultural Survival Quarterly* 15(2):21-23.
Gallin, Bernard
1960 Matrilateral and Affinal Relationships of a Taiwanese Village. *American Anthropologist* 62(4): 632-642.
Geertz, Clifford
1984 Distinguished Lecture: Anti Anti-Relativism. *American Anthropologist* 86(2):263-278.
Gregory, James R.
1984 The Myth of the Male Ethnographer and the Woman's World. *American Anthropologist* 86(2): 316-327.
Hsu, Francis L. K,
1979 The Cultural Problem of the Cultural Anthropologist. *American Anthropologist* 81(3):517-532.
Hull, Valerrie
1991 Health and Development: Seeking the Best of Both Worlds. *Cultural Survival Quarterly* 15(2):24-27.
Hyndman, David
1991 Digging the Mines in Melanesia. *Cultural Survival Quarterly* 15(2):32-39.
Johnson, Erwin
1964 The Stem Family and its Extension in Present Day Japan. *American Anthropologist* 66(4:1): 839-851.
Kahn, Miriam
1995 Hetertopic Dissonance in the Museum Representation of Pacific Island Cultures. *American Anthropologist* 97(2):324-338.
Lal, Brij V.
1991 Politics and Society I Post-Coup Fiji. *Cultural Survival Quarterly* 15(2):71-76.
Larson, Daniel O., John R. Johnson & Joel C. Michaelsen
1994 Missionization among the Coastal Chumash of Central California: A Study of Risk Minimization Strategies. *American Anthropologist* 96(2):263-299.
Lindstron, Lamont
1991 Kava, Cash, and Custom I Vanuatu. *Cultural Survival Quarterly* 15(2):28-31.
Messenger, John C., JR
1960 Reinterpretations of Christian and Indigenous Belief in a Nigerian Nativist Church. *American Anthropologist* 62(2):268-278.
Nash, June
1994 Global Integration and Subsistence Insecurity. *American Anthropologist* 96(1):7-30.
Nugent, Colby
1994 Building the State, Making the Nation: the Bases and Limits of State Centralization in 'Modern'

Peru. *American Anthropologist* 96(2):333-369.
Patterson C. Thomas
2001 *A Social History of Anthropology in the United States.* Oxford: Berg.
Richardson, Miles
1967 The Significance of the 'Hole' Community in Anthropological Studies. *American Anthropologist* 69(1):41-54.
Rigsby, Bruce and Nancy Williams
1991 Reestanblishing a Home on Eastern Cape York Peninsula. *Cultural Survival Quarterly* 15(2):11-15.
Roscoe, Paul B.
1995 The Perils of 'Positivism' in Cultural Anthropology. *American Anthropologist* 97(3):492-504.
Sands, Susan
1991 West Papua: Forgotten War, Unwanted People. *Cultural Survival Quarterly* 15(2):40-44.
Saunders, George R.
1993 'Critical Ethnocentrism' and the Ethnology of Ernesto De Martino. *American Anthropologist* 95(4):875-893.
Shepardson, Mary & Blodwen
1964 Change and Persistence in an Isolated Navajo Community. *American Anthropologist* 66(5):1029-1050.
Starrett, Gregory
1995 The Political Economy of Religious Commodities in Cairo. *American Anthropologist* 97(1):51-68.
Washburn, Wilcomb E.
1984 A Fifty-year Perspective on the Indian Reorganization Act. *American Anthropologist* 86(2): 279-289.
White, Geoffrey M.
1991 Village Videos and Custom Chiefs: the Politics of Tradition. *Cultural Survival Quarterly* 15(2):56-60.
Williams, Thomas R.
1966 Cultural Structuring of Tactile Experience in a Borneo Society. *American Anthropologist* 68(1):27-39.
Winslow, Donna
1991 Land and Independence in New Caledonia. *Cultural Survival Quarterly* 15(2):65-70.
Ulin, Robert C.
1995 Invention and Representation as Cultural Capital. *American Anthropologist* 97(3):519-527.
Watson, Patty Jo
1995 Archaeology, Anthropology, and the Culture Concept. *American Anthropologist* 7(4):682-694.
Yoshida, Teigo
1963 Cultural Integration and Change in Japanese Villages. *American Anthropologist* 65(1):102-116.

附件一、《考古人類學刊》第1~65期書展風貌（從缺）

附件二、國立臺灣大學《考古人類學刊》第一期發刊詞

李濟

沒有來到臺灣，早已聽說了臺大蒐藏的民族學與考古學的標本。

考古人類學系成立時，所承襲的一筆最大的資本，就是這些標本。不過，經過了一次戰亂，標本已經佚失了不少；關於蒐集的經過，也很少原始的紀錄；縱有，也是語焉不詳：這是甚令人失望的！但是標本的本身卻都是真實可靠；差不多每一件都有它的科學價值。本系成立後，教授、助教與學生，各就其興趣所在，對此項標本加以論述的，已經完成了好幾篇論文了。

經過了數年的考慮，對於這批資料的處理，本系同仁，都同意下列的幾項辦法：（一）我們必須把每一件標本，作一次詳盡的紀錄，登在卡片上，說明一切；尤應注重的，是器物的來源及蒐藏的經過。這一編目工作，已於兩年前開始了。（二）較重要的登記及研究的意見即時公諸同好以資商討，並藉以促進社會上對於考古學與民族學一般的興趣。（三）出版的方式是可以不拘一格的；大篇的研究，我們可以送請文史哲學報登載，有國際意義的，也可以在國外刊印；但是（四）通常的紀錄以及若干科學問題初步討論，卻找不出適當的地方發表，而發表它們，實是促進這幾門學問發展的必要工作，並且，（五）本系規定有田野實習的課程，考古學與民族學標本年年的增加，是必然的事件。對於這些新加標本的描寫及敘述，雖說大半只是歸檔，但也必有不少是值得公佈的；公佈它們也是我們的義務。因此我們就提議了發行這一刊物的一個草案；經過幾次審慎的討論，並得到劉教務長及沈院長的贊助，這一刊物的出版，就因此實現了。

本系同仁決定出版此一刊物，除了上說的實際理由外，尚有幾條與教學及科學研究有關係的意見，撮敘於此，以說明本刊之旨趣。

我們現在所遭逢的是一個動盪時代；一切學問的資料，都是難得而易失。這一類的例實在太多了，真是舉不勝舉；周口店的古生物以及北京人的研究，要不是步達生與魏敦瑞幾位不分晝夜不惜生命地硬幹，決不會有現在的成績；經過第二次大戰後，它們或已為科學界忘卻了。安陽發掘時，開始我們就注意採集遺存內的木炭，很小心地把它們檢取出來，放在玻璃管內保存著——不是要用它們定年歲，那時世界上還沒有這門學問，只是要鑑定它們的種類；——但是盧溝橋的砲聲發動了東亞的「聖戰」後，殷墟發掘團倉皇地離

開了安陽，歷史語言研究所倉皇地離開了南京；那時的命令雖說是盡量地把這些標本搬走，但是要搬走的東西太多了，竟沒有把它們列進去；到現在，炭素第十四（Carbon14）尚沒有找著一條安陽的例，豈不是考古學上一個莫大的損失！一種適當的以及即時的紀錄雖不能完全免除這一類損失；但至少可以使它們有案可稽，不至完全沈沒。

「專家」在一般人的心目中，似乎帶些神祕性；「過份專門」已有譏諷的意義了。但是社會，尤其是現代的社會，是崇拜科學的。考古學與民族都是科學事業，若是有過份專門的嫌疑，也許還是它們的專門專得不夠徹底的緣故吧！真正的專門學術，沒有與社會完全脫節的；試看考古學如何影響了歷史，歷史家的意見如何影響了現在國際的關係！民族學如何影響社會以及政治！這些影響都可以放射到我們的日常生活上去。但是它們的影響的開始，必須追根到這些科學本身的培植與滋長。在這一方面，本系同仁甚願有所努力；這是我們出版這一刊物的一個基本意思。

四十二年　五月

附件三、作者與篇數統計表

作者	篇數	作者	篇數	作者	篇數	作者	篇數
陳奇祿	21	李卉	2	林文玲	1	蔡錫圭	1
唐美君	17	林曜同	2	林宗源	1	鄭聰明	1
何廷瑞	8	洪秀桂	2	芮逸夫	1	謝伯淵	1
杜而未	7	張光直	2	張丙龍	1	謝劍	1
衛惠林	7	張慧端	2	許功明	1	蘇裕玲	1
余錦泉	7	黃應貴	2	連照美	1	李子寧	1
李亦園	6	任先民	2	陳以禮	1	吳佰祿	1
王嵩山	3	喬健	2	陳叔倬	1	李芳桂	1
曾振名	3	凌純聲	2	傅君	1	丘其謙	1
謝世忠	3	山道明	1	費羅禮	1	林明漢	1
王崧興	3	王人英	1	楊淑媛	1	崔伊蘭	1
李壬癸	3	石磊	1	董同龢	1	許世珍	1
胡家瑜	3	余光弘	1	賈士蘅	1	陳家旺	1
謝繼昌	3	吳榮順	1	廖述演	1	陳瑪玲	1
王端宜	2	吳燕和	1	管東貴	1	鄭再發	1
宋文薰	2	阮昌銳	1	趙榮琅	1	陶樹雪	1
宋龍生	2	周憲文	1	蔡禎祥	1		

附件四、各族文章統計表

族群	篇數
綜合性（General description）	22
排灣族（Paiwan）	21
阿美族（Amis）	16
邵族（Thao）	13
泰雅族（Atayal）	10
卑南族（Puyuma）	10
平埔族（Pingpu groups）	8
布農族（Bunun）	7
鄒族（Tsou）	6
雅美／達悟族（Yami/Tao）	6
魯凱族（Rukai）	5
賽夏族（Saisiat）	2
太魯閣族（Truku）	2
噶瑪蘭族（Kavalan）	0
合計	128

附件五、國立臺灣大學《考古人類學刊》臺灣原住民12族文章統計表

篇名	作者	年代	期數
太魯閣族（Truku）			
臺灣泰雅族太魯閣群的體質	余錦泉	1963	21/22
少年婚、文化、與傳統力量——一個花蓮太魯閣部落的例子	謝世忠	2001	57
布農族（Bunun）			
北部布農族的二部組織	衛惠林	1957	9/10
布農族的粟作祭儀	何廷瑞	1958	11
臺灣布農族體型之變化與其生活環境及年齡之關係	蔡錫圭	1962	19/20
馬遠丹社群布農族的生態環境及其人口與家族	謝劍	1967	29/30
布農族的傳統經濟及其變遷：東埔社與梅山的例子	黃應貴	1989	46
*Dehanin*與社會危機：東埔社布農人宗教變遷的再探討	黃應貴	1991	47

篇名	作者	年代	期數
想像國家：一個民族誌的研究	楊淑媛	2004	63
卑南族（Puyuma）			
臺東縣卑南鄉南王村民族學調查簡報	衛惠林 陳奇祿 何廷瑞	1954	3
卑南族的母系世族與世系制度	衛惠林	1962	19/20
臺東平原的卑南族調查簡報	宋龍生	1964	23/24
南王村卑南族的會所制度	宋龍生	1965	25/26
知本卑南族及其宗教	山道明	1967	29/30
卑南族呂家社葬儀分析	喬健	1973	33/34
南王卑南族女巫師	洪秀桂	1976	39/40
卑南族的織布和衣物	王端宜	1980	41
南王卑南族成年儀禮之分析研究	洪秀桂	1981	42
南王卑南族的遷移及其回饋	曾振名	1983	43
邵族（Thao）			
日月潭邵族民族學調查初步報告	陳奇祿 李亦園 唐美君	1955	6
日月潭邵族的出生和育兒法	李卉	1955	6
邵語記略	李芳桂 陳奇祿 唐美君	1956	7
日月潭的邵族社會（一）	陳奇祿	1956	8
日月潭的邵族社會（二）	陳奇祿	1957	9/10
邵族的經濟生活	李亦園	1957	9/10
日月潭邵族的宗教	唐美君	1957	9/10
邵族的體質	鄭聰明 余錦泉	1957	9/10
台灣邵族之直ABO血型	賈士蘅	1970	31/32
邵語的兩種方言	李壬癸	1983	43
傳統、出演、與外資——日月潭德化社邵族豐年節慶的社會文化複象	謝世忠 蘇裕玲	1998	53
生物人類學在族群分類的角色——以邵族正名為例	陳叔倬	2002	59
日月潭邵族的非祭儀性歌謠	李壬癸 吳榮順	2003	60
阿美族（Amis）			
臺灣東部阿美族的年齡階級制度初步研究	衛惠林	1953	1
本系花蓮南勢阿美初步調查簡報	凌純聲	1953	1
本系所藏阿美族盾牌之又一例	唐美君	1955	6
花蓮南勢阿美族的命名儀禮與名譜	張光直	1956	8
貓公阿美族的製陶，石煮和竹煮	陳奇祿	1959	13/14
臺灣秀姑巒阿美族之體質人類學的研究	余錦泉	1962	19/20
港口阿美調查簡報	阮昌銳	1964	23/24
拔仔阿美族體質調查簡報	余錦泉	1970	31/32

篇名	作者	年代	期數
長濱阿美族的體質	余錦泉	1976	39/40
成功阿美族的體質	余錦泉	1981	42
卑南阿美族的體質	余錦泉	1981	42
母系嗣系群的變遷——以貓公阿美族為例	曾振名	1984	44
阿美族的故事與傳說	杜而未	1984	44
田埔阿美族婚喪與神話傳說	杜而未	1989	45
由儀式到節慶——阿美族豐年祭的變遷	張慧端	1995	50
阿美族與畬族親屬制度的比較：兼論並系繼嗣制度的特性	石磊	2000	56
泰雅族（Atayal）			
本系所藏泰雅族獵頭衣飾標本	何廷瑞	1953	2
本系所藏臺灣泰雅族貝珠標本	張光直	1953	2
有關泰雅族獵頭儀禮標本	何廷瑞	1954	4
苗栗縣泰安鄉錦水村泰雅族調查簡報	芮逸夫 何廷瑞 許世珍 陶樹雪 丘其謙	1955	5
泰雅族的日常生活	陳奇祿	1956	7
臺灣臺中縣東勢地區泰雅族之手掌理紋之研究	廖述演 張丙龍	1958	12
桃園縣合歡泰雅族體質人類學之研究	蔡禎祥	1959	13/14
臺灣苗栗縣錦水村泰雅族之手掌理紋的研究	謝伯淵 陳以禮 陳家旺	1959	13/14
南澳的泰雅人	王崧興 李亦園	1964	23/24
觀光活動，文化傳統的塑模，與族群意識：烏來泰雅族*Daiyan*認同研究	謝世忠	1992	48
排灣族（Paiwan）			
屏東縣來義鄉來義村民族學調查簡報	衛惠林	1955	5
屏東縣來義鄉排灣族之文身與獵頭	何廷瑞	1955	6
臺灣排灣群諸族木雕標本圖錄（一）	陳奇祿 唐美君	1958	11
排灣族的歲時祭儀	杜而未	1958	11
臺灣排灣群諸族木雕標本圖錄（二）	陳奇祿 唐美君	1958	12
排灣族經濟生活的探究	杜而未	1959	13/14
臺灣排灣群諸族木雕標本圖錄（三）	陳奇祿 唐美君	1959	13/14
排灣群泰武鄉佳平社的家族	王崧興	1959	13/14
臺灣排灣群諸族木雕標本圖錄（四）	陳奇祿 唐美君	1960	15/16
臺灣排灣群諸族木雕標本圖錄（五）	陳奇祿	1961	17/18
太麻里溪流域排灣族田野調查簡報	吳燕和	1964	23/24
大南魯凱族與來義排灣族的婚姻儀式	林宗源	1965	25/26
臺灣排灣群的古琉璃珠及其傳入年代的推測	陳奇祿	1966	28

篇名	作者	年代	期數
來義村排灣族之離婚率與財產制度之關係（英文）	唐美君	1966	28
屏東縣來義鄉來義村排灣族民族學田野調查之步驟及方針	唐美君	1966	28
臺灣排灣族來義村喪葬儀式之結構分析	唐美君	1973	33/34
排灣族的故事與神話	杜而未	1973	33/34
排灣族的收穫祭	杜而未	1974	35/36
埋葬儀式與社會規範——來義村葬儀分析	唐美君	1975	37/38
本系新藏排灣族木雕標本	連照美	1996	51
「*Malayu*」：臺東縣嘉蘭村的合作勞動與洛神花生產	傅君	2001	57
*Saqacengalj*聚落模式與形貌：一個舊社的考古學研究	陳瑪玲	2004	63
雅美／達悟族（Yami/Tao）			
蘭嶼雅美族人類學資料	陳奇祿 林明漢 任先民	1954	4
蘭嶼雅美族之製陶方法	宋文薰	1957	9/10
從人類學的觀點討論蘭嶼雅美族的人口現象	曾振名	1976	39/40
參與觀察與參加觀察：以蘭嶼經驗為例略論參與觀察的階段與深度	余光弘	1996	51
“Sharing of Substance”、過程與反省民族誌思潮——論蘭嶼雅美人「親屬」研究的一些新趨勢	林曜同	2000	56
雅美族傳統社會領袖的構成：船組、財富與親屬的作用	張慧端	2003	61
鄒族（Tsou）			
鄒語調查報告敘說	管東貴 王崧興 鄭再發 董同龢	1959	13/14
鄒族的戰祭	杜而未	1970	31/32
阿里山鄒族會所初探	王嵩山	1989	46
阿里山鄒族社會與時序儀式	王嵩山	1995	50
集體知識與文化重構：阿里山鄒人當代社會實踐之意義	王嵩山	1997	52
建構與分類：「南鄒族」*Kanakanvu*的族屬論述	林曜同	2005	64
魯凱族（Rukai）			
屏東霧台村民族學調查簡報	陳奇祿	1953	2
臺灣屏東霧臺魯凱族的編籃	陳奇祿	1958	11
大南魯凱族與來義排灣族的婚姻儀式	林宗源	1965	25/26
臺東縣大南村魯凱族民族學調查簡報	謝繼昌	1966	27
大南魯凱族的神靈觀念	謝繼昌	1995	50
噶瑪蘭族（Kavalan）			

篇名	作者	年代	期數
賽夏族（Saisiat）			
苗栗縣南庄鄉東河村賽夏族語言學調查簡報	趙榮琅	1954	4
器物、視覺溝通與社會記憶──賽夏族儀式器物的初步分析	胡家瑜	2000	55
平埔族（Pingpu groups）			
記本系所藏平埔各族器用標本	李亦園	1954	3
本系所藏平埔族衣飾標本	李亦園	1954	4
新港社祭祖歌曲	宋文薰	1956	7
巴則海族的語言	費羅禮	1970	31/32
巴宰族的親族結構	衛惠林	1974	35/36
北部平埔族的木雕	王端宜	1974	35/36
從臺大人類學系所藏凱達格蘭古文書談平埔研究	謝繼昌	2000	55
The Internal Relationships of Six Western Plains Languages	Paul Li	2003	61
綜合性（General description）			
本系所藏臺灣土著族弓箭標本圖說	唐美君	1953	1
雲南卡瓦族與臺灣高山族的獵頭祭	凌純聲	1953	2
臺灣高山族的編器	陳奇祿	1954	4
臺灣高山族的槍與矛	唐美君	1955	5
記本系所藏臺灣土著族口琴標本	李卉	1955	5
臺灣之先住民，臺灣之原始經濟	李亦園 周憲文	1955	5
有關臺灣土著民族文獻目錄	何廷瑞	1955	6
本系所藏臺灣高山族之弩	唐美君	1956	7
臺灣土著民族之弩及弩之分佈與起源	唐美君	1958	11
臺灣土著諸族文身習俗之研究	何廷瑞	1960	15/16
臺灣土著諸族屈肢葬調查初步報告	喬健	1960	15/16
本系所藏臺灣土著竹木器與天然器標本圖說	陳奇祿	1963	21/22
本系所藏臺灣土著竹木器與天然器標本圖說（二）	陳奇祿	1964	23/24
臺灣土著社會的部落組織與權威制度	衛惠林	1965	25/26
臺灣土著的年齡組織及會所制度（英文）	陳奇祿	1965	25/26
臺灣高山族的空間分佈	王人英	1966	27
人類學系民族學收藏之陶器	崔伊蘭	1992	48
從民族學研究到異文化展示──由臺大人類系「原住民物質文化」特展談起	胡家瑜	1996	51
原住民觀眾對科博館臺灣南島民族展示看法之研究	許功明	1997	52
臺灣原住民影片：轉化中的文化刻寫技術	林文玲	2003	61

篇名	作者	年代	期數
臺灣總督府博物館「佐久間財團蕃族蒐集品」的「再發現及其意義」	李子寧 吳佰祿	2003	61
博覽會與臺灣原住民：殖民時期的展示政治與「他者」意象	胡家瑜	2004	62

附件六、年代與篇數曲線圖（從缺）

附件七、十八項文章主要議題表

類別	篇數
a.物質文化material culture	29
b.綜合介紹general description	16
c.生物體質physical anthropology	13
d.祭典儀式ritual processes	11
e.社會制度social institutions	9
f.宗教傳統religious tradition	8
g.展演實踐performative practice	8
h.組織建置tribal organization	6
i.人口聚落population analysis	6
j.語言分析linguistic elements	6
k.生業經濟economic life	5
l.神話傳說mythical legend	4
m.親屬研究kinship studies	3
n.樂舞歌曲expressive culture	2
o.政治生活political spheres	1
p.觀光過程tourism issue	1
q.研究方法research methodology	1
r.族群意識ethnic relationships	1

* 本文承楊鈴慧小姐、劉瑞超先生、賴冠蓉小姐協助文書處理，謹誌謝忱。另，附件各圖表由楊、賴兩位小姐全力製成，尤為感激。未正式撰

寫文章之前，筆者曾於2006年12月17日在日本北海道大學「先住民與大學：與臺灣原住民研究的對話」國際研討會上以Power Point報告本文的一些想法，謝謝會上多位學者和當地愛努族（Ainu）朋友的高見。附帶說明：附件五已列出所有《考古人類學刊》臺灣原住民相關研究文章資訊，因此，文中有參引說明者，不再於引用書目中重複羅列。

（本文原刊於《考古人類學刊》2006/ 66 : 25-52）

《山海文化》雜誌創立與原住民文學的建構

一、前言

對臺灣原住民而言，公元2004年的確深具意義。1984年冬日，在一向沈寂順從的山地世界裡，一群青年突然石破天驚地於平地的游移邊緣，成立了「臺灣原住民權利促進會」（謝世忠1987a，1987b）。該會開啟了當代原住民爭得主體發言位置的社會運動，迄今整整二十年，議題雖有變，基本精神依舊延續。

「精神延續」意指社會運動始終不斷，追求主位原住民的努力，已然成了代代相傳的重要社會化內涵。「議題有變」則係隨時間進程，社運屬性一直在適應發展，乃至有原權會為代表之族群政治運動熱潮過後的傳統與新傳統工藝美學再造的藝術文化運動（意指1990年中葉短短數年間，突現出了上以百計物藝產品工作室與個人創作者之現象）。筆者嘗稱之為原住民的全民文化運動（謝世忠2000）。再者，復有一批原住民籍寫作者，或有學院學位，或憑自修出身，紛紛以接近人類學的形式，進行「田野」調查，在研討會和新興原住民學術刊物上，發表類學術論文（見如賴清盛2001；啟明・娃旦2000；蔡光慧2003；吳雪月2001；悠蘭・多又2000；郭東雄2004），試圖取得自我歷史文化的詮釋權。此一有別於前述族群政治和藝術文化運動的「躍進學術社會運動」，依筆者之見，係基於知識份子的「仿學焦慮」（modelling academic anxiety）。亦即，參與文字寫作者，以類仿學術的形制主題內容，亟力生產自我部族社群的研究性知識，舒解己身壓抑已久之陌生於族群文化史的焦慮。

「仿學焦慮」是學術力量技藝（academic technology of power）（謝世忠2004）的展現景況，但它卻可能仿不成，報告成果難獲學院青睬而陷孤寂。因此，文字探索的另一條路——文學——就成了又一可能的開修大道。文學若有成，它即是接續或併置於「族群政治」、「藝術文化」、及「躍進學術」等三大方向的第四種當代原住民社會運動。吾人或可稱之為「文學建構運動」。社會運動可以非傳統組織形式領導推動（如族群政治方向的「臺灣原住民（族）權利促進會」），可以技藝工法再現與創新的默契式相互浸染模式出現（如藝術文化方向的各創藝個人和工作室），，也可以集體進入學院或制外習得科學語言方法的策略來達成（如躍進學術的各篇論文專著）。三類運動中的第一類型，最可能出現指標性的領袖個人和團體。文學運動比較接近此類，亦即有主導人，也有組織的運作。在筆者的觀察中，原住民文學建構運動最重要的主導人之一就是現任國立東華大學民族發展研究所所長兼民族語言與傳播學系系主任的孫大川先生，而作用中的組織即為他所召集創辦的《山海文化》雙月刊雜誌社。本文旨在探討該雜誌1993年創刊迄今（2004）十一年在臺灣原住民文學建構過程上的意義。

二、前《山海》的曙光

原住民文學並非始自《山海》的創刊。《山海》作為一個正式組織，或許適合扮演號召、製作、或認定原住民籍文學作者湧現與作品出版的角色。然而，事實上在它之前，已有不少單打獨鬥之優秀人才已然在構築可能的場域，他們林林總總的成就，提示了未來正式推動組織的可能性，吾人因此可逕稱之為前《山海》的曙光。只是，曙光之前，仍需醞釀。醞釀的肇始，源自1983年國立臺灣大學數名原住民學生手稿油印發送閱讀的《高山青》雜誌。《高山青》的短文，嚴格說起來，僅是文字筆練，而非文學。不過，由於文章的批判性與反思性，在原住民族史上，前所未見，因此很快地一方面促動了組織性原住民運動的出現（即1984年原權會的成立），另一方面，準文學家們也摩拳擦掌，不待多時，即將現身。

原權會自1983至1987年間，所出版的七期《原住民》會訊與一期《山外山》雜誌，是為八〇年代末期重要的原住民政治社會論述文書。由於目標為「族群政治」，所以仍是延續《高山青》模式的文字筆練。文字筆練雖不是文學，卻是原住民建立中（漢）文書寫信心的先鋒部隊，貢獻厥偉。

就在原權會成員積極練字的先前或同時，和該會友誼甚篤的布農族田雅各（拓拔斯・塔瑪匹瑪）、泰雅族柳翱（即後來的瓦歷斯・尤幹／瓦歷斯・諾幹）、與排灣族莫那能，則分別有典型的文學創作（即所謂的詩、散文、或小說）問世。他們的作品原多發表於如《臺灣時報》與《民眾日報》等的報紙副刊、原權會會訊、或《臺灣文藝》雜誌等，後來則全被晨星出版社收羅出版於「臺灣原住民（文學）」系列各專書中。

「晨星」取名妙極，夜褪時的星光正如本節標題的曙光，神奇地帶引出原住民從文字筆練躍進文學建構的新時代。以「神奇」來形容晨星原住民（文學）系列的籌劃，絕非誇張。自1987年系列編號第一期《悲情的山林——臺灣山地小說選》啟始，以迄今日，十七年裡，從未間斷地出版了53本原住民文學或類文學專書，為臺灣現代文學史注入豐沛的新血脈。

早期晨星的幾本內容，仍以政治社會文字筆練為大宗，稍後則全轉成文學。文字筆練的場域另由1989年出刊的《原報》（1994年停刊）、1990年發行的《獵人文化》（1991年停刊）、及1995年和2000年創刊的《南島時報》與《原聲報》接手，繼續討論原住民歷史與當下族群前途的議題。文學的部分隨著個別作者四處見文，再進入晨星成冊出版，一篇接一篇，一本連一本，形成光點氣候。其它非晨星系統的作者自印作品者有之（如1991年溫奇的《南島詩稿：練習曲》與林志興的《族韻鄉情：檳榔詩稿（一）》、以及1992年溫奇的《南島詩稿：梅雨仍舊不來的六月》等），新創品牌者亦不在少（如1991年孫大川的《久久酒一次》，以及阿道・巴辣夫在《自立副刊》和《臺灣時報》的多篇文章）。

眾聲響亮之後，終於有先見之士陸續提出「原住民文學」定位與發展的理論和方法論觀點，下表為主要的相關論說資訊。

表一　前《山海》時期的原住民文學評論論述

當事人	論述時間	主題	場合
吳錦發	1989	〈論臺灣原住民現代文學〉	《民眾日報》副刊
楊渡	1989	〈讓原住民用母語寫詩——莫那能詩作的隨想〉	莫那能著《美麗的稻穗》》頁200-208（附錄）錄）
娃利斯・羅干	1990	〈敬泰雅爾——文學創作裡思考原住民文學的傳達〉	《民眾日報》3月14、15日副刊

當事人	論述時間	主題	場合
瓦歷斯・尤幹	1990	〈原住民文學的創作——讀〈敬泰雅爾〉的幾點思考〉	《民眾日報》4月17、18日副刊
瓦歷斯・尤幹	1991	〈新的聲音・新的生命——談臺灣原住民文學的發展〉	《自立晚報》3月3日副刊
彭瑞金主持，與會者：田雅各、夏曼・藍波安、吳錦發、鄭炯明	1991	「傾聽原聲——臺灣原住民文學討論會」	高雄市串門藝苑
孫大川	1992	〈原住民文化歷史與心靈世界的摹寫〉	《中外文學》21(7):153-178.
孫大川演講，與會者：呂興昌、陳萬益、巫永福、王浩威、陳千武、胡台麗、浦忠成	1992	「黃昏文學的可能——試論原住民文學」座談會	國立清華大學月涵堂

晨星的書繼續上市，意見論述日漸增加，背景氣候已成。此時自比利時趕回報到江湖不久的東吳大學哲學系講師卑南族人孫大川，亟力在主流文學學術場域上，搶攻「原住民文學」可能性議題的版面。如上表所示，臺大外文系的《中外文學》、清大中語系所主辦的演講、以及社會心理學與文化變遷研究出書重鎮張老師月刊出版社等，均由他引入了原住民文學主題，奠下不久之後一份由孫先生主導創立之原住民論述場域刊物的發行。

三、《山海》的文學雄心與信心

1993年6月，以立法委員華加志為首任理事長的「中華民國臺灣原住民族發展協會」成立，同時創立了《山海文化》雙月刊（Taiwan Indigenous Voice Bimonthly）。11月間，《山海》創刊號出刊。協會理事長依例擔任發行人，總編輯為孫大川，編輯委員包括孔吉文、丹耐夫・景若、林志興、拓拔斯・塔瑪匹瑪（田雅各）、阿道・巴辣夫、浦忠成、夏曼・藍波安（施努來）、及高德義。全數是創刊往前推十年間湧現的文字筆練者、文字創作者、或文學研究者。

既然是原住民族協會，其發行的刊物自然是「原住民的」。的確，雜誌封面刊名之下有五個內容主題，佔首位者就是「原住民的」。另四個依序為「文學的」、「藝術的」、「文化的」、「世界的」。文學是為「原住民的」議題下之第一位，該刊之理想意圖從中即可確認。總編輯以〈山海世界〉一文，作為創刊號的序。而該文首句正是「原住民文學……」。孫大川說（1993a:4）：「它（原住民文學的逐漸茁壯）的重要性不只是因為它指出了一個以『山海』為背景的文學傳統，更重要地是：我們終於能看到原住民作者，嘗試以主體的身份，訴說自己族群的經驗，舒展鬱積百年的創造活力」。他又說（同上，頁4）：

> 長久以來，原住民卑微、苦難的經驗，使他們的文學筆觸……，更能觸及到生命的本質和人性的底層。……《山海文化》的創刊，就是預備為原住民搭建一個屬於自己的文化舞台；在這個舞台上，讓我們的同胞盡情揮灑自己的文學才華……。

確定了「文學」為一切論述之首，序文後段才接談包括書寫方式、文字使用、選擇題材、及對話空間等的問題。有了前《山海》曙光期的作家行列，孫大川方能信心飽滿地為《山海》立下「文學第一」的內容目標。

創刊號內容有「山海專題」、「山海評論」、「山海文學」、「山海藝術」、「山海文論」、「山海醫療」、「山海兩岸」、「國際原壇」、「歷史剪影」、「部落史」、「山海日誌」、及「山海季節」等十二主題子項。日後各期間有增加如「特別企劃」、「永遠的部落」、「山海少年」、「山海文化」、「山海索引」、「山風海雨」、「山海人物」、「博聞小記」、及「博物誌」等項目，其餘大致依創刊十二子項編輯。各項次中的「山海文學」與「山海文論」直接關及「原住民文學」，前者雖然份量並不一致，卻有效地維持著期期不缺（除了最後一刊第25、26合期闕如之外）的完好記錄，後者則只見於半數的期號中。下節會有進一步的說明。

第2期時總編輯以「編輯室手記」為名，記述當期的大要，第3期起改為「搭蘆灣手記」，一直至第15期止。1997年華加志與孫大川擔任新成立之行政院原住民委員會主任委員和副主任委員，《山海》改組，發行人由立委高揚昇擔任，孫大川轉為總策劃，另請瞿海良負責總編。自第16期起，瞿氏新以「編輯室手記」取代「搭蘆灣手記」。第18期增了社長，卻去掉總編輯，20期之時，發行人改為浦忠成。2000年春天孫大川卸任副主委，回到《山海》以總策劃身分重啟「搭蘆灣手記」，一直到該年年底的第25、26期合刊出版為止。

綜合閱讀「搭蘆灣手記」和「編輯室手記」，約略可以看出《山海》初創與維繫過程中，對文學議題的殷殷期望。二十六期中有八期「手記」內容，未對當期文學項目的文章作任何介紹，原因一方面可能係各期「主題」或「特別企劃」之當下情境需求非常突顯，孫大川或其他執筆人（如瞿海良的兩期，另有幾期由執行編輯林宜妙撰寫，惟仍有數次「編輯室手記」未載寫作人名）必須花篇幅說明，其它欄項因此只能籠統帶過；另一方面也可能文學已成《山海》常態，期期投稿飽滿，品質保證，不必多以引介。後者乙點可由如下幾次提及文學刊文的「手記」中，得到印證。

「伊苞的文章[按，即指〈田野記情（一）〉（1995:78-84）]……，引起許多讀者迴響，我們一定嚴加『監督』、『追討』，逼使他們創作不斷……，說不定我們的原住民文學就因此滑向世界，……」（孫大川1995:1）「『山海文學』……等各個專欄，依然維持了它們應該有的水準」（孫大川1994:3）「『山海文學』園地欣見幾位『初生之犢』的作品，文采生動、自然，頗為可觀，是讀者不可錯過的佳作」（不著撰人1998a:1）「身為雜誌編輯，最高興的莫過於發掘新的寫手。來自賽夏族的伊替・達歐索就是令人激賞的一位新作者」（不著撰人1998b:1）「……，流連於『山海文學』動人的詩文，……」（孫大川2000a:1）「……，從文學創作……，都有許多相當精采的作品」（孫大川2000b:1）

或許孫大川和他的工作夥伴們，早已看到了原住民的文學希望，因此有意無意的文字表述，均顯露了《山海》文學使命終究有人有文有將來。老手們從前《山海》曙光期，躍入《山海》當下的穩定期，前面幾期果然就看到拓拔斯・塔瑪匹瑪、夏曼・藍波安、溫奇、阿道・巴辣夫、及林志興等人鼎力相助。而新手也一個個冒頭報名，並且多能獲得肯定。「手記」前後翻閱，更能感受編輯領導人面對各個佳作文彩的喜悅心情。

四、「文學」與「文論」概覽

二十六期二十三本（按，其中第21與22期合刊，第23與24期合刊，第25與26期合刊）的《山海文化》雙月刊，如上節所述，期期均有穩定的文學作品稿源。七年累積下來，著實有了不少文章。原住民文學如何界定，前《山海》曙光期已有討論，孫大川自己也有明確的看法。歸而納之，就是其一，作者必須為原住民籍，其二，漢語文字與母語羅馬拼音文字的創作均可，其三，口傳文學的採集翻譯亦要納入。另外，孫氏曾表示，吾人應排除本質論和唯我獨尊意識，因此，不論何人，凡是與原住民往來密切的「家族相似」者，應也可納入範圍（1993b:97-105）。不過，從日後發展脈絡觀之，堅持原住民籍（至少要有一半血液）作者的第一項條件顯然最為關鍵。

「山海文學」接受「家族相似」的文章，但它們只是在該欄項中出現，是為籠統「山海文學」的一部份，卻不算是「原住民文學」（按，《山海》所承辦的五項文學獎，均規範了原住民籍的報名資格，另外，《山海》與INK印刻出版有限公司於2003年合作出版的《臺灣原住民漢語文學選輯》，除《評論卷》之外，其餘《詩歌》、《散文》、及《小說》，亦全數為原住民籍作家的作品，後節會再討論之）。

吳錦發曾於1992年的「傾聽原聲——臺灣原住民文學討論會」上，建議凡漢人寫作之關及原住民的文學作品均應稱為「山地文學」，原住民籍作者的創作才是「原住民文學」。孫大川對吳氏的觀點曾有所評論。如今，在其長期主持的《山海》範疇中，一方面將漢人作品收進「山海文學」，另一方面又在各個「原住民文學」名下的場合中，只接受原住民籍作家作品，孫氏作法實為對吳錦發說法的一種改良，漢人與原住民可以互為「相似家族」，但原住民自己則又另成「純正家族」。

《山海》各期的「山海文學」的確是典型創作文學、母語文學、及口傳文學三項都有。只是母語的部份多係散見於口傳文學的報導翻譯中，一般創作性作品尚未見以純母語全程者。而「山海文論」則是文學評論或研究的文章，文稿性質涉及學術專業，因此份量較少，其中有十三期甚至未有一文。茲將二十六期純母語之外的另二項（即典型創作與口傳）文學（依詩歌、散文、小說、劇本、口傳文學順序）與文論資訊，分別以六表列於後。

表二　一般漢語創作文學詩歌作品總表

文類＼資訊	作者	篇名	年代	期／頁數
詩歌	溫奇（排灣族）	〈拳與淚〉	1993	1:84
		〈退出〉	1993	1:84
	阿道・巴辣夫（阿美族）	〈彌伊禮信的頭一天〉	1993	1:85-87
	董恕明	〈魚等待，飄出一朵微笑的雲〉	1993	1:88
		〈鬥魚撞上了女人中的女人〉	1993	1:88
	溫奇	〈歸途〉	1994	2:81
		〈梅雨仍舊不來的六月〉	1994	2:82
		〈心象〉	1994	2:83
		〈夜過花東縱谷〉	1994	2:84
	瞿海良	〈山地花〉	1994	2:85
	林志興（卑南族）	〈失敗的心〉	1994	2:86
		〈瀕滅的傳統〉	1994	2:87
	胡仰山	〈四月十四日東過檳榔戲為絕句一首贈海若〉	1994	2:88-89
	溫奇	〈落花〉	1994	3:54
		〈意志的黃昏〉	1994	3:55
		〈城中的歲月〉	1994	3:56
		〈《綠卡》觀後〉	1994	3:57
	董恕明	〈跌倒——追索我之於我的意義〉	1994	3:58
		〈觀花落偶感〉	1994	3:59
		〈偶得〉	1994	3:60
	瞿海良	〈頭顱〉	1994	4:56-57
	溫奇	〈讀書〉	1994	4:58
		〈青竹絲〉	1994	4:59
		〈黃昏景象〉	1994	4:60
		〈火車之旅〉	1994	4:61
	撒古流（排灣族）	〈呼吸的森林〉	1994	5:96

資訊 文類	作者	篇名	年代	期／頁數
	謝木生	〈蛇戀〉	1994	5:97
		〈十三行悲歌〉	1994	5:98
		〈黥面〉	1994	5:99
	瞿海良	〈砂卡礑溪〉	1994	5:100
		〈聽歌〉	1994	5:101
	溫奇	〈遺產〉	1994	6:74
		〈拉鍊之歌〉	1994	6:75
	雲丹索南・安奇	〈貢嘎神歌〉	1994	7:82-83
		〈白度卓瑪〉	1995	8:72-73
	巴勒達斯・卡狼（魯凱族）	〈百合花之一〉	1995	8:74
		〈百合花之二〉	1995	8:75
		〈百合花之三〉	1995	8:76
		〈夜梟〉	1995	8:77
	海樹兒（布農族）	〈森林〉	1995	10:68
		〈母親〉	1995	10:69
		〈小時候的腳〉	1995	10:70
		〈時間〉	1995	10:70
		〈雲〉	1995	10:71
	潘煊（平埔族）	〈探訪我原居的埔地〉	1995	10:72
		〈阿嬤的名〉	1995	10:73
	瞿海良	〈如果死後，就不寂寞了〉	1996	11:60-61
	溫奇	〈Vuvu來的時候〉	1996	11:62
		〈部落的日子〉	1996	11:63
		〈雕〉	1996	12:115
		〈誰在乎〉	1996	12:116
		〈如果〉	1996	12:118
	都順・瓦旦（太魯閣）	〈十一月十二日・玻璃框・相片〉	1996	13:102-103
	瞿海良	〈考古卑南溪〉	1996	15:40-41
	麥樹（布農族）	〈麥樹之歌〉	1998	18:64
	席・傑勒吉藍（達悟族）	〈歸〉	1998	19:78
	都順・瓦旦	〈那個女孩〉	1999	20:55

文類＼資訊	作者	篇名	年代	期／頁數
	鍾喬	〈巡迴表演的最後一站〉	1999	20:56
		〈天涯之祭〉	1999	20:56
	張哲民（阿美族）	〈花——我的愛人〉	2000	21/22:106
	安聖惠（魯凱族）	〈秋波〉	2000	21/22:108
		〈縱情知名的附屬〉	2000	21/22:109
	謝來光（達悟族）	〈海的漣漪〉	2000	21/22:109
	撒可努譯	〈祭司卡瓦達的祭詞〉	2000	21/22:109
	伐楚古（排灣族）	〈回應撒可努〉	2000	21/22:110
		〈戲袍〉	2000	21/22:111
	撒可努	〈出征〉	2000	21/22:113
		〈我的天空〉	2000	21/22:114
	都順・瓦旦	〈隔壁的阿公〉	2000	23/24:80

表三　一般漢語創作文學散文作品總表

文類＼資訊	作者	篇名	年代	期／頁數
散文	陸雅林（卑南族）	〈餘跡〉	1993	1:56
	拓拔斯	〈略談布農的笛娜〉	1994	4:52
	黃貴潮（阿美族）	〈母親頌〉	1994	4:53
	希滿棒（雅美族）	〈我的伊娜〉	1994	4:54
	悠蘭・多又（泰雅族）	〈我的「姆幹」雅雅〉	1994	4:55
	依故（賽夏族）	〈父親的故事——那一場大火〉	1994	5:107-112
	董恕明	〈一朵花的喃喃自語——尋找文學的天堂〉	1994	6:76-77
		〈偶感〉	1994	6:78
	夏曼・藍波安	〈我的第一棵樹〉	1994	6:79-80
	撒戈呢・達如查龍（排灣族）	〈外婆的祈禱詞〉	1994	7:81

資訊／文類	作者	篇名	年代	期／頁數
	伊苞（排灣族）	〈田野風情（一）〉	1995	8:78-84
		〈田野風情（二）——小米月〉	1995	9:67-71
	撒可努（排灣族）	〈老人家〉	1996	9:72-73
	董恕明	〈瘋與不瘋之間〉	1996	13:104-105
	馬紹・阿紀（泰雅族）	〈嚼食綠藻的〉	1996	13:106-107
	夏曼・藍波安	〈無怨……也無悔〉	1997	16:54-60
	尤稀・達袞（太魯閣）	〈英倫四年——我的留學心路歷程〉	1997	16:61-70
	黃國超	〈在祖先的土地上流浪〉	1997	16:71-77
	陳秋月（泰雅族）	〈國際太太俱樂部——臺灣原住民〉	1997	17:91-93
	里慕伊・阿基（泰雅族）	〈老頑童與他的王國〉	1997	17:94-95
	烏尼・姜立子（排灣族）	〈獵人本色〉	1998	18:65-67
	董恕明（卑南族）	〈非病中手札〉	1998	18:68-69
	賴發明（泰雅族）	〈第一次——自然、*Yaya*、我〉	1998	18:70-71
	簡鴻謨	〈山之組曲〉	1998	18:72-74
	夏本・奇伯愛雅	〈水源頭釣到白斑魚〉	1998	19:73-74
	伊替・達歐索（賽夏族）	〈山、杉——二十年〉	1998	19:75-77
	賴梅珍（泰雅族）	〈文化巡禮——找回部落生命力〉	1999	19:79-80
	黑帶・巴彥（泰雅族）	〈老人的生活智慧〉	1999	20:39-46
	伊替・達歐索	〈消失的地平線——部落〉	1999	20:47-50
	董恕明	〈樹的話〉	1999	20:51-54
	撒可努	〈獵人父親〉	2000	21/22:115
		〈夢〉	2000	21/22:116
	吳玉婷	〈山的隨筆〉	2000	21/22:117-118
	黑帶・巴彥	〈祖父的夢想〉	2000	21/22:119-121

文類＼資訊	作者	篇名	年代	期／頁數
	撒可努	〈工地小孩〉	2000	23/24:66-67
		〈沒有媽的小孩〉	2000	23/24:70-71
	夏本・奇伯愛雅	〈蘆葦莖驅鬼〉	2000	23/24:68-69
	張哲民	〈皮膚白，穿什麼都漂亮嗎？〉	2000	23/24:72
	董恕明	〈嬌客〉	2000	23/24:73-74
	撒可努	〈給我糖吃嘛！〉	2000	23/24:75-77
		〈*VuVu*的說話〉	2000	23/24:84-85
	伊苞	〈最後的祭師〉	2000	23/24:78-79
	謝來光	〈誰送的*Li bang bang*（飛鳥）〉	2000	23/24:80-83

表四　一般漢語創作文學小說作品總表

文類＼資訊	作者	篇名	年代	期／頁數
小說	拓拔斯・塔瑪匹瑪（布農族）	〈等待貓頭鷹的日子〉	1993	1:57-60
	夏曼・藍波安（雅美族）	〈黑潮の親子舟〉	1993	1:65-67
	田訥溪（泰雅族）	〈大霸風雲（上）〉	1994	2:52-62
		〈大霸風雲（下）〉	1994	3:43-52
	林勝賢	〈山海之歌——念「馬卡道」〉	1994	6:81-87
	田訥溪	〈赤裸山脈（上）〉	1996	11:64-72
		〈赤裸山脈（下）〉	1996	12:107-114
	霍斯陸曼・伐伐（布農族）	〈失手的戰士〉	1996	14:48-57
	沙力浪（布農族）	〈款待〉	2000	23/24:64-65

表五　一般漢語創作文學劇本作品總表

文類＼資訊	作者	篇名	年代	期／頁數
劇本	蔡逸君、劉宇均、夏曼・藍波安、夏曼・夫阿原（雅美族）	〈島上的人（上）〉	1993	1:68-83
	同上	〈島上的人（下）〉	1994	2:63-79

表六　口傳文學作品總表

資訊 文類	作者	篇名	年代	期／頁數
口傳文學	洪明發（布農族）口述，洪文和（布農族）翻譯，陳善瑜採錄	〈兩個太陽〉	1994	2:80
		〈狗〉	1994	2:105
		〈穿山甲和猴子〉	1994	3:53
		〈ㄍㄞ　ㄅㄧˋ　ㄗ˙〉	1994	3:65
	夏本・奇伯愛雅	〈山藥怪人〉	1994	5:102-106
	優將（雅美族）翻譯整理，江貴生（雅美族）受訪	〈江貴生（*Syan jatavey*）小船落成禮歌〉	1994	5:111-119
	曾建次（卑南族）	〈卑南族神話傳說中的人與自然——兼及原住民之文化調適〉	1994	6:88-99
	陳榮福（卑南族）記錄，曾思奇譯註整理	〈猴祭歌〉	1994	7:84-88
	孫貴花（卑南族）口述，孫大川採錄	〈榕樹〉	1994	7:89
	洪文和口述，林安之採錄	〈人間和地府〉	1994	7:89-90
		〈猴〉	1994	7:92
		〈百步蛇〉	1994	7:90-91
		〈豬〉	1994	7:91
		〈貪婪的人〉	1994	7:91
		〈好勝的夫妻〉	1994	7:92-93
		〈兩小無猜〉	1994	7:93
		〈老鷹〉	1994	7:93
		〈狗的傳奇〉	1994	7:94
	優將記錄	〈朗島村招魚祭晚上說明（上）〉	1995	9:58-66
		〈朗島村招魚祭晚上說明（下）〉	1995	10:52-67
	孫貴花口述，孫大川採錄	〈兩兄弟〉	1996	12:119
		〈祖孫〉	1996	12:120
		〈好朋友〉	1996	12:122
		〈山羊〉	1996	12:122
	莊萬福（卑南族）口述，孫大川採錄	〈拉魯奧〉	1996	12:120-122

表七　「山海文論」文章總表

資訊 文類	作者	篇名	年代	期／頁數
山海文論	孫大川（卑南族）	〈原住民文學的困境——黃昏或黎明〉	1993	1:97-105
	浦忠成（鄒族）	〈找回聲音‧握緊筆桿——兼記民間出版原住民作品情況〉	1993	1:106-109
	王浩威	〈地方文學與地方認同——以花蓮文學為例〉	1994	2:90-102
	廖咸浩	〈誰怕邊緣？——和原住民朋友談文學／文化創造〉	1994	2:103-105
	傅大為	〈返鄉的文字獵人——另一種邊緣戰鬥〉	1994	3:62-64
	下村作次郎著 年秀玲（排灣族） 與張旭宜譯	〈臺灣原住民文學緒論〉	1995	8:85-99
	陳萬益	〈原住民的世界——楊牧、黃春明與陳列散文的觀點〉	1995	10:74-77
	朱雙一	〈「原」汁「原」味的呈現——略論田雅各的小說創作〉	1998	18:75-78
	陳敬介	〈冷海中燃燒的生命——試讀《冷海情深》〉	1999	20:142-149
	董恕明	〈邊緣之聲——九〇年代臺灣原住民女作家阿女烏研究〉	2000	21/22:195-211
	簡銘宏	〈傾聽大海的聲音——論田雅各的《人道關懷蘭嶼行醫記》〉	2000	23/24:164-172
	謝世忠	〈看重「死亡」，積極「活出」——評孫大川著《山海世界：臺灣原住民心靈世界的摹寫》〉	2000	25/26:191-192
	謝世忠	〈因果的悲劇與再生的時代——評孫大川著《夾縫中的族群建構：臺灣原住民的語言、文化與政治》〉	2000	25/26:193-195

按表統計（有上下篇者以兩篇計），詩歌69篇，散文47篇，小說9篇，劇本2篇，口傳文學25篇，文論13篇，總計161篇。以作者族群背景觀之，一般創作有泰雅8人，排灣7人，達悟（雅美）6人，布農5人，阿美3人，卑南3人，魯凱2人，賽夏2人，太魯閣2人，平埔1人，另有漢人9人。原住民各族群中，獨缺鄒族、邵族、和噶瑪蘭族投稿者。「文論」的13

篇，有3位原住民作者（卑南2人，鄒族1人），1位日本人，其餘皆為漢人。數字顯示泰雅、排灣、達悟、布農等族有許多作家。以出產密度來看，排灣的溫奇刊登了21篇居冠，卑南的董恕明有11篇次之，其它排灣族撒可努9篇，達悟族夏曼・藍波安5篇，亦屬多產。

前《山海》曙光期的作家除了夏曼和溫奇之外，布農族拓拔斯・塔瑪匹瑪、達悟族夏本・奇伯愛雅、及卑南族林志興各貢獻了二篇，阿道・巴辣夫也有一篇，多少表示了對《山海》的支持。比較奇特的是，著作最豐得獎最多的泰雅族瓦歷斯・諾幹，似從未考慮過在《山海》投登文章，他在外《山海》場域獨樹品牌，成就非凡。另外，孫大川總編輯雖寫過大量典雅力道雙具的散文，但卻也未見曾在自己的刊物上發表。或許兩位均以「山海文學」為青少新手練筆之處，不便以資深身份進入影響。然相反地，部分老手如溫奇、夏曼、及拓拔斯等人就不介意，兩邊迴異的態度，頗值進一步探究。

總而言之，《山海》二十六期二十三本的確引來了不少原住民創作寫手（共有39位），他們或只有少部分成了13篇「文論」中各文學理論或評論家選論的對象（按，13篇中多次提到的作家有莫那能、瓦歷斯・尤幹、夏曼・藍波安、夏本・奇伯愛雅、拓拔斯・塔瑪匹瑪、孫大川、娃利斯・羅干、及利格拉樂・阿鳩等。這份名單事實上主要仍是前《山海》曙光時期已被重視了的作家群，後文會再細數此一現象），但個別的表現依是亮麗。這批舊新作家是為《山海》「正統的」（按，全在每期的「山海文學」欄項內刊稿）文學尖兵，他們與由雜誌社主辦或承辦之幾次文學獎而得獎的「另類的」文學好手，共譜了嫡系《山海》原住民文學建構的浩然組曲。

五、文學大獎一次又一次

《山海文化》雙月刊2000年10月第25、26合期出刊後，就沒再發行新的一期。1993至2000年的七年間，刊物出版之外，雜誌社先是舉辦了「第一屆山海文學獎」（1995年），再與中華汽車原住民文教基金會合辦了「第一屆中華汽車原住民文學獎」（2000年）。2000年之後雙月刊雖不再出，然雜誌社依續承辦各項活動，其中即包括了「第二屆中華汽車原住民文學獎」（2001年）、與聯合報共同合作的「原住民報導文學獎」（2002）、以及「2003臺灣原住民族短篇小說獎」（2003）（按，《山海》原規劃於2003年推出「臺灣原住民族文學獎」，惟因故未能執行，改以小規模的短篇小說獎代之）等重要的文學作品徵稿競賽。

五次成功辦妥之文學獎的得獎人及其作品，可見以下諸表的整理。

表八　第一屆山海文學獎得獎資訊

得獎人	族群	作品	類屬
蔡金智	太魯閣	〈花痕〉	小說
宋明義	泰雅	〈童貞〉	小說
里慕伊・阿紀	泰雅	〈山野笛聲〉	散文
百子・雅細優古	鄒	〈兒時記事〉	散文
達嗨・閔奇暖	布農	〈重拾自信心──布農殘障庇護中心〉	散文
友哈你	布農	〈苦海樹〉	詩歌
沙一安	雅美	〈沙惡渡〉	詩歌
巴勒達斯・卡狼	魯凱	〈*Ki Nu Lam*部落史〉	傳統文學部落史
黃東秋	阿美	〈阿美族的年齡輩份組織──我們是踏實的工作尖兵〉	母語創作詩歌
歐密・納黑武	阿美	〈傳說〉	母語創作詩歌

表九　第一屆中華汽車原住民文學獎得獎資訊

得獎人	族群	作品	類屬
林二郎	卑南	〈薑路〉	小說
林俊明	阿美	〈輓歌〉	小說
里慕伊・阿紀	泰雅	〈小公主〉	小說
霍斯陸曼・伐伐	布農	〈死因〉	小說
林建昌	阿美	〈米努蓋・海洋〉	小說
伊苞	排灣	〈慕娃凱〉	小說
根阿盛	魯凱	〈雷女〉	小說
李永松	泰雅	〈雪山子民〉	小說
撒可努	排灣	〈走風的人〉	散文
乜寇・索克魯曼	布農	〈一九九九年五月七日，生命拐了個彎〉	散文
伐楚古	排灣	〈紅點〉	散文
碧斯蔚・梓佑	泰雅	〈尋找我的歌〉	散文

得獎人	族群	作品	類屬
劉武香梅	鄒	〈木屐〉	散文
趙啟明	泰雅	〈*Mama*生病了〉	散文
田哲益	布農	〈懷念矮靈〉	詩歌
根阿盛	賽夏	〈矮人祭〉	詩歌
旮日羿・吉宏	泰雅	〈巴托蘭記事〉	詩歌
蔣美英	泰雅	〈相遇的祭節〉	詩歌
趙聰義	布農	〈笛娜的話〉	詩歌
陳德正	泰雅	〈神話二〇〇〇〉	詩歌

表十　第二屆中華汽車原住民文學獎得獎資訊

得獎人	族群	作品	類屬
根阿盛	賽夏	〈朝山〉	小說
根健	賽夏	〈獵人〉	小說
曾修媚	泰雅	〈懷湘〉	小說
林二郎	卑南	〈女巫〉	小說
林俊明	阿美	〈漂流木〉	小說
乜寇・索克魯曼	布農	〈風兒不再來〉	小說
伍聖馨	布農	〈剖〉	小說
王新民	布農	〈*Hu!Bunun*〉	散文
劉武香梅	鄒	〈親愛的*Aki*，請您不要生氣〉	散文
曾麗芬	泰雅	〈回向塔馬荷〉	散文
陳康妮	泰雅	〈回家〉	散文
施秀靜	達悟	〈定格的記憶〉	散文
劉美蕊	布農	〈月兒，今夜請照亮我們的路〉	散文
伍聖馨	布農	〈戰在霧社〉	詩歌
董恕明	卑南	〈童話〉	詩歌
趙聰義	布農	〈走風的人〉	詩歌
李國雄	魯凱	〈啊咦*VuVu Bersang*哪裡去了你〉	詩歌
乜寇・索克魯曼	布農	〈繼續活著——*Miqomisang*〉	詩歌
高進發	泰雅	〈赤足走過三十三年的遷徙歲月〉	報導文學
周明傑	排灣	〈比悠瑪——網上展風采〉	報導文學
鄭信得	鄒	〈塔山下永遠的部落〉	報導文學
陳逸君	布農	〈平埔邊城過山番〉	報導文學
浦忠勇	鄒	〈受壓迫者劇場〉	報導文學

表十一　2002原住民報導文學獎得獎資訊

得獎人	族群	作品
林二郎	卑南	〈山地眷村〉
啟明・拉瓦	泰雅	〈說故事的人〉
高進發	泰雅	〈八年部落行〉

表十二　2003臺灣原住民族短篇小說獎得獎資訊

得獎人	族群	作品
陳康妮	泰雅	〈漫長的等待〉
乜寇・索克魯曼	布農	〈衝突〉
林阿民	卑南	〈與姆母的那一天〉
陳新華	阿美	〈*Akila*傳奇〉
施拉橫	達悟	〈魚槍〉
艾忠智	賽德克	〈比紹〉

五次的文學獎項，獲獎者計有泰雅12人，布農10人，阿美5人，排灣和鄒各4人，卑南和達悟各3人，賽夏和魯凱各2人，賽德克和太魯閣各有1人。《山海文化》雙月刊二十六期二十三本的「山海文學」不見鄒族作者，如今在文學獎中補齊了。唯二從未見投稿者，就是較晚近政府所承認的邵族和噶瑪蘭族。邵和噶瑪蘭族人未正名前即具原住民身份，但均長期被劃歸為「平埔族」的範疇，在所有《山海》系統的原住民文學作家中，就只見一位非該二族系的平埔作者。此一現象是否顯示泛平埔已然失去「原住民」實質的生命經驗，以致激不起族群思維底下的文學細胞，值得進一步觀察。

文學獎不乏得獎常勝軍，其中里慕伊・阿紀獲獎三次，林二郎三次，林俊明二次，根阿盛三次，乜寇・索克魯曼四次，啟明・拉瓦二次，趙聰義二次，伍聖馨二次，高進發二次。這些作者在文爭筆賽中，充分展現實力，典禮場上又紛吐動人心聲，隱然已成了原住民儲備有成的專業作家群。

六、《山海》系統的原住民文學

《山海文化》雜誌社1993年成立迄今（2004）已有11年，雙月刊一直發行至2000年的第25/26合期。前節所述之五次文學獎的前二次（即「第一屆山海文學獎」和「第一屆中華汽車原住民文學獎」，係在刊物仍出刊的時期舉辦，因此所有得獎文章均得以在雜誌刊載（山海文學獎文章見《山海》1996年第12期，中華汽車文學獎見2000年第25/26合期）。它們和「山海文學」欄項歷來的作品合而成為雙月刊文學作者。至於第二屆中華汽車文學獎、報導文學獎、及短篇小說獎各獲獎作品，除了極少數曾刊載於獎項合辦單位平面媒體副刊之外，由於雜誌未再出刊，致使多數仍在雙月刊之外久候。

前文提到，《山海》初創的理想是一般創作文學、口傳文學、及母語文學三者並重歡迎。然事實上創作部份投稿刊載比率幾乎獨大，而母語部份則形同闕如。為彌補不足，「第一屆山海文學獎」特別設置「傳統文學類傳統文學組」和「傳統文學類部落史組」，以及「母語創作類散文組」和「母語創作類詩歌組」，希望以獎金獎品號召有能之士寫出經典。但結果仍是報名有限，品質待提昇，僅給獎三位，均只是佳作（第一名至第三名都從缺）。

作為另一血統、歷史、文化主體的原住民，有其不同於漢人的語言和口傳知識。界定或提倡原住民文學，不可能忽略母語和口傳。然而，將此二者文字化或「文學化」，顯然工程艱難或市場蕭瑟。此一先天結構的問題，以及雜誌暫停出刊之後，各次獎項得獎作品出版無望的憂心，當為孫大川及其工作夥伴們的兩大痛處。或許祖靈顯佑，經由大家努力開拓，不多時，果其然找到了門道。

2002至2003年之際，新自然主義股份有限公司在孫大川總策劃之下，出版了十冊原住民各族的神話與傳說，印刷精美，內容老少咸宜，迄今已再刷多次（書評可參謝世忠2003a:129-136）。該套書雖不是《山海》的出版，但孫先生和《山海》同仁提供相當的助力，使得口傳文學久久難以出名的鬱氣，經由套書的成功問世，得以寬然舒解（不過，口傳文學和母語文學就這麼唯一套書，《山海》自身對如何加強它們的發展，基本上依是「無妙計可施」）。

2003年的喜事至此還有後續。該年孫大川和《山海》另尋得INK印刻出版有限公司，合作出版了《臺灣原住民族漢語文學選集》。選集分成《詩歌卷》、《散文卷（上）（下）》、《小說卷（上）（下）》、及《評論卷（上）（下）》四種（《評論卷》之外的各卷評論請參謝世忠2003b:137-140，2004b:131-140，2004c）。其中《詩歌卷》收錄16位作者的57篇作品，《散文卷》17人51篇，《小說卷》13人32篇，《評論卷》16人21篇。統計這全數161篇之中受青睞被選入《選集》的作品，在《山海文化》雙月刊刊出者有17，五次文學獎獲獎作品有14。換句話說，孫大川在四類七大冊原住民族漢語文學選集中，從「正統的」《山海》文章和「另類的」獎項作品共選了31篇，佔選集總量161篇的19.25%，尚不足五分之一。想像之中，入選者應是品質「比較好的」，所以，顯然有五分之四強的「比較好的」文章都在《山海》之外。《山海》多年來無人能出其右地募得各族群作家嘔心作品，它成了泛原住民同胞們筆練之處（按，「正統的」加上「另類的」，共召喚了86〔（47＋39）〕位原住民籍作者，其中包括泰雅20人、布農15人、排灣11人，達悟9人、阿美8人、卑南6人、魯凱4人、賽夏4人、鄒4人、太魯閣1人、賽德克1人、平埔1人。作品總數為223〔（161＋62）〕篇）。只是孫大川的標準更高，他一方面包容各家文字，等待好手突出，另一方面又從嚴檢索，在外《山海》之域找來大批文章，以補《山海》嫡系作品內容之不足。

INK印刻選集的出版，使得多篇《山海文化》雙月刊停刊之後的各獎項得獎作品，有機會被選入刊載，大大減少了好文章無處出版的焦慮。同時，納入130篇（總量的161篇－《山海》的31篇）前、外或非《山海》的文章，亦有將之一次統歸為「泛山海」範圍的態勢，它是一類似「借將」的過程。自此，「正統的」《山海》、「另類的」《山海》、以及「借將的」《山海》得以集中，原住民文學的建構才名言俱實地基地在《山海》。

七、代結語——後《山海》、「文論」看待、及人多勢不眾

《山海文化》雙月刊出刊的七年間（1993-2000），除了兩次的文學獎之外，雜誌社及其所屬的中華民國臺灣原住民族文化發展協會亦主辦、承辦或協辦了「臺灣原住民政策與社會發展研討會」（1993）、「原住民文化會議」（1994）、「『山海世界』文化講座系列」（1994起始）、「第一屆原住民文化工作者培訓營」（1994）、「臺灣原住民文化藝術傳承與發展系列座談」（1995）、「原住民與臺灣的體育文化座談會」（1995）、「回歸正義的起點——臺灣高砂義勇隊歷史回顧」（1998）、「第四屆原住民文化工作者培訓營——原住民藝術工作者培訓」（1999）、「*Semenayata*——臺灣原住民詩歌之夜」（2000）、「原住民編採人才專業研習營」（2000）、及「第三屆臺北藝術節：歌謠百年臺灣原住民音樂祭」等多項原住民歷史文化詮釋實踐或推廣的活動。

2000年迄今四年的停刊期，雜誌社依舊忙碌。除了三次文學獎和新自然主義與INK印刻的兩組套書，以及刻正籌辦中的「2004臺灣原住民族散文獎」徵稿計畫之外，亦辦理了「原住民文學的對話」（2001）、「臺灣原住民作家與內蒙古文學交流」（2001）、與下村作次郎和土田滋兩先生共同主編日譯本《臺灣原住民文學選》（2002）、接辦《*Ho Hai Yan*臺灣原Young》的編輯出版、及「向自己挑戰：基路馬安*Kilumaan*與海洋的對話」等活動，工作多采多姿。

前言曾提及當代臺灣原住民社會運動有四大主軸方向：族群政治、藝術文化、躍進學術、及文學創作。《山海》在四方面均有付出，前三範疇從雙月刊和上舉活動中即可看出，讀者可自行參研，此處不再多論。就文學議題而言，它無疑是四大運動類屬之冠，總編輯／總策劃及其工作同仁對之付出最超量的心力。

心力付了出，「山海文學」作品總量加上五次獎項獲獎數（如前統計原住民籍作家共生產出了223篇），的確驚人。然文學評論學界又如何看待它們呢？表一曾羅列前《山海》曙光期原住民文學地位討論的著作，表七亦整理了一份雙月刊各期「山海文論」的文章。事實上，在《山海》之

外的論述場域，及《山海》2001年承辦的「原住民文學的對話」活動現場上，陸續有不少「文論」屬性的文章發表，沿著前曙光期的脈絡，不斷定位與檢視原住民文章。吾人或可總稱之為外《山海》與後《山海》（即指雙月刊停刊之後）的文論著作。下表是一簡單的整理。

表十三　外《山海》與後《山海》原住民文學評論著作一欄表

序號	作者	篇名	場域
1	浦忠成	〈臺灣原住民文學概述〉	《文學臺灣》1996年第20期
2	浦忠成	〈原住民文學發展的幾回轉折——由日據時期以迄現在的觀察〉	「臺灣原住民文學研討座談會」（1998）
3	浦忠成	《原住民的神話與文學》	台原出版社（1999）
4	浦忠成	〈原住民文學的類型與趨向〉	《應用語文學報》1999年創刊號
5	浦忠成	〈原住民族需要的文學〉	「原住民文學的對話」研討會（2001）
6	廖咸浩	〈「漢」夜未可懼，何不持炬遊？——原住民的新文化論述〉	「文化、認同、社會變遷：戰後五十年臺灣文學國際學術研討會」
7	彭小妍	〈族群書寫與民族／國家——論原住民文學〉	《當代》1994年第98期
8	陳昭瑛	〈文學的原住民與原住民的文學——從「異己」到「主體」〉	「百年來中國文學學術研討會」（1996）
9	吳家君	《臺灣原住民文學研究》	國立中山大學中國文學研究所碩士論文
10	彭瑞金	〈驅除迷霧找回祖靈——臺灣原住民文學問題初探〉	「臺灣原住民文學座談研討會」（1998）
11	楊照	〈文化的交會與交錯——臺灣的原住民文學與人類學研究〉	《夢與灰燼——戰後文學史散論二集》（1998）
12	張玉珍	〈從「控訴」、「自省」到「重建」——試論臺灣原住民（現代）文學的幾個關鍵問題〉	《第一屆全國研究生論文研討會論文集》（1995）
13	瓦歷斯・諾幹	〈臺灣原住民文學的去殖民——臺灣原住民文學與社會的初步觀察〉	「臺灣原住民文學研討座談會」（1998）
14	瓦歷斯・諾幹	〈從臺灣原住民文學反思生態文化〉	「第一屆國際生態論述研討會」（2000）
15	瓦歷斯・諾幹	〈反思原住民文學的後殖性與離散〉	「語言文學之應用國際學術研討會」（2000）

序號	作者	篇名	場域
16	董恕明	〈微風的力量‧大地的菁華——試論八、九〇年代臺灣原住民詩歌中重構主體的樣態〉	「臺灣當代史書寫研討會」（2001）
17	董恕明	《邊緣主體的建構——臺灣當代原住民文學研究》	東海大學中國文學研究所博士論文
18	許俊雅	〈山林的悲歌——布農族田雅各的小說《最後的獵人〉〉》	「臺灣原住民文學研討座談會」（1998）
19	歐宗智	〈走出文化失落的困境——重讀田雅各《最後的獵人〉〉》	《書評》1998年第32期
20	宋澤萊	〈布農族贈予臺灣最寶貴的禮物——論田雅各（拓拔斯‧塔瑪匹瑪）小說的角度價值〉	《臺灣新文學》1997年第9期
21	王秀吟 蘇蕙婷	〈訪田雅各〉	《臺灣新文學》1996年第5期
22	魏貽君	〈反記憶‧敘述與少數論述——原住民文學初探：以布農族小說家田雅各的小說〈侏儒族〉為例〉	《文學臺灣》1993年第8期
23	石弘毅	〈田雅各與〈最後的獵人〉所呈現的意象〉	《書評雜誌》第45期
24	魏貽君	〈找尋認同的戰鬥位置——以瓦歷斯‧諾幹的故事為例〉	「臺灣原住民文學研討座談會」（1998）
25	彭鈺惠	〈《戴墨鏡的飛鼠》讀後〉	「原住民文學的對話」研討會（2001）
26	林正三	〈孫大川與臺灣原住民族文藝復興運動〉	《臺灣原住民族漢語文學選集》《評論卷（下）》（2003）
27	王應棠	〈語言、生命經驗與文學創作——試論奧威尼〈從雲豹的傳人〉到〈野百合之歌〉的心路歷程〉	「原住民文學的對話」研討會（2001）
28	楊翠	〈認同與記憶——以阿女烏的創作試探原住民女性書寫〉	「臺灣原住民史學研討座談會」（1998）
29	林建民	〈夏曼藍波安《黑色翅膀》寫作技巧析論〉	「原住民文學的對話」研討會（2001）
30	劉明亮	〈延伸族群文化的生命力——《山豬‧飛鼠‧撒可努》主題探究〉	同上
31	楊曉菁	〈《玉山精靈之書：黥面》析論〉	同上
32	洪倩芬	〈在絕望中找到希望，在悲情中獲得喜悅——我讀莫那能《美麗的稻穗》〉〉	同上

序號	作者	篇名	場域
33	簡嘉男	〈錚刀鳴槍，泰雅之聲——試論游霸士・撓給赫《天狗部落之歌》一書〉	同上
34	黃淑芬	〈歌詠泰雅勇士——《天狗部落之歌》〉〉	同上
35	黃鈴華	〈原住民族與臺灣文學〉	「臺灣原住民文學研討座談會」（1998）

後《山海》與外《山海》之臺灣原住民文學評論至少有如上的35篇，再加上雙月刊自己刊出的13篇，總計48篇。《山海文化》發刊的11個年頭間，臺灣各論述場域有如此之多探討原住民文學的文章發表，足見原住民文學作為四大社會運動之一，形式上已然成功地引起學術界關注。只是，一切真如此樂觀嗎？答案是「不然」！

48篇文學評論或許都是深度文章，文論價值非凡。只是它們絕大多數都是以拓拔斯・塔瑪匹瑪（田雅各）（如表十三＃18、＃19、＃20、＃21、＃22、＃23，及表七的朱雙一、簡銘宏）、瓦歷斯・諾幹（＃24、＃25）、夏曼・藍波安、董恕明）、撒可努（＃30）、游霸士・撓給赫（田敏忠）（＃33、＃34）、及孫大川（＃26、及表七的謝世忠兩文）等人及其作品為專論對象，即使是泛論原住民文學，也是上述作家作品當作分析內容的主角。這些代表性作家是誰呢？除了孫大川、撒可努、游霸士、和阿嬶之外，拓拔斯、瓦歷斯、夏曼、及莫那能等幾位，就是前《山海》曙光期的第一代創作者。換句話說，經過《山海》11年的努力，今天原住民文學的標竿作家作品，仍是前《山海》系統的「正脈」。至於愈來愈受到注目者之撒可努、游霸士、及阿嬶等人，其中後兩位與《山海》之「山海文學」和各次獎賽幾無關係。簡單來說，在文學評論家的意識和潛意識判準下，《山海》多年努力不懈募徵文字之士，好像只造就了一個撒可努。

自前《山海》，經《山海》，到後《山海》，原住民文學應是蔚成洪流，只是百餘冒頭作家作品，屬嫡系《山海》「正統」與「另類」管道栽培而出者，似多仍孤寂刻字，不上檯面。連密集投稿最力，作品品質特佳的排灣溫奇與卑南董恕明二人，亦無緣被文論專家們相中（按，溫、董二人之詩作是眾原住民籍作家作品中最缺少「原住民味道」者。它們大多就是「純文學」。或許文學評論者只對有「原住民味道」〔如生命中的族群經驗〕的作家作品才能生成感動）。而以《山海》整體為專論對象的文學評論，依是難覓。孫大川最後自己也不得不找五分之四非《山海》或外《山海》的作家作品，以「借將的」山海，來充實INK印刻選集的內容。《山海》系統原住民文學作者人已足多，勢卻仍舊小眾。殘酷一點地說，即使無《山海》的11年，前《山海》曙光期已成名的數位作家，仍是不斷創作，原住民文學也會因他（它）們而存在。那麼，直接跳過《山海》，前《山海》與後《山海》依樣可連結成一氣候。結論因此難道是，《山海》對原住民文學無大貢獻？

筆者當然無法同意。「小眾」並不代表就沒意義，《山海》所包容和提拔的眾人眾作，正是洪流基底，她（他）（它）們獲得了鼓勵，咸信會不斷往上探路。《山海》開了扇希望之窗，這是原住民文學史上的功德大事，只是多數文論作者時間不夠用，從未試著以《山海》百篇文章來寫就評論（筆者以為，要進行時代文學的評論，勢必要全數作品篇篇論及，方為公允，也才能掌握脈動，評例可參謝世忠2003b,2004b,2004c）。我們尊敬自前《山海》時期努力至今的前輩作家，感動孫大川教授及其同仁們的勇氣與慈悲，也支持各族甫出線的作者再接再勵，更呼籲總是在替人打分數的文論專家多闢眼界，立即從微觀的《山海》入手，對臺灣原住民文學的建構，提出具全面關照效果的詮釋觀點。

引用書目

不著撰人

1998a〈編輯室手記〉。《山海文化》18:1。

1998b〈編輯室手記〉。《山海文化》19:1。

林志興

1991《族韻鄉情：檳榔詩稿（一）》。作者自印。

林清盛

2001〈太巴塱*Sikawasay*的歷史軌跡〉。刊於《阿美族歷史與文化研討會論文集》。花蓮縣原住民健康暨文化研究會編，頁127-175。花蓮：花蓮縣原住民健康暨文化研究會。

吳雪月

2001〈花蓮市阿美族野菜市場的形成與變遷〉。刊於《阿美族歷史與文化研討會論文集》。花蓮縣原住民健康暨文化研究會編，頁199-210。花蓮：花蓮縣原住民健康暨文化研究會。

吳錦發

1987《悲情的山林——台灣山地小說選》。臺北：晨星。

悠蘭・多又

2000〈傳承、變奏、或斷裂？——以當代泰雅族女性編織現象為例〉。刊於《懷念族老馬紹・莫那——廖守臣老師紀念學術研討會》。花蓮縣原住民健康暨文化研究會編，頁185-199。花蓮：花蓮縣原住民健康暨文化研究會。

啟明・娃旦

2000〈神話、認同與權力——關於泰雅亞族賽考列克族群*Pinsebukan*始祖起源傳說地點的討論〉。刊於《懷念族老馬紹・莫那——廖守臣老師紀念學術研討會》。花蓮縣原住民健康暨文化研究會編，頁101-124。花蓮：花蓮縣原住民健康暨文化研究會。

郭東雄

2004〈臺灣排灣族行路文化研究〉，《原住民教育季刊》34:47-80。

溫奇

1991《南島詩稿：練習曲》。作者自印。

1992《南島詩稿：梅雨仍舊不來的六月》。作者自印。

孫大川

1991《久久酒一次》。臺北：張老師。

1993a〈山海世界〉。《山海文化》1:4-5。

1993b〈原住民文學的困境——黃昏或黎明〉。《山海文化》1:97-105。

1994〈搭蘆灣手記〉。《山海文化》6:1。

1995〈搭蘆灣手記〉。《山海文化》9:1。

2000a〈搭蘆灣手記〉。《山海文化》21/22:1。

2000b〈搭蘆灣手記〉。《山海文化》23/24:1。

蔡光慧

2003〈排灣排外與帝國邊疆之放逐〉。《原住民教育季刊》30:37-54。

謝世忠

1987a《認同的污名——台灣原住民的族群變遷》。臺北：自立。

1987b〈原住民運動生成與發展理論的建立——以北美與臺灣為例的初步探討〉。《民族學研究所集刊》64:139-177。

2000〈傳統與新傳統的現身——當代原住民的工藝體現〉。《宜蘭文獻》44:7-40。

2003a〈古老故事的再生與新時代原住民文化——《臺灣原住民的神話與傳說》套書評論〉。《原住民教育季刊》29:129-136。

2003b〈如古香如今痛疼疼原生命——《臺灣原住民族漢語文學選集》論評之三《詩歌卷》〉。《原住民教育季刊》32:137-140。

2004a〈結構與關係之外——在臺滇緬軍眷移民社區的「東南亞族群生態學」〉。刊於《國族論述——中國與北東南亞的場域》。謝世忠著，頁397-412。臺北：國立臺灣大學。

2004b〈原味民族誌甘甘濃濃——《臺灣原住民族漢語文學選集》論評之二《散文卷》〉。《原住民教育季刊》33:131-140。

2004c〈妳（你）我她（他）的故事——《臺灣原住民族漢語文學選集》論評之三《小說卷》〉。《原住民教育季刊》35:131-136。

（本文原刊於聯合報副刊編《臺灣新文學發展重大事件論文集》2004/175-212。臺南：國家臺灣文學館。）

賽夏世界的文本生產

自日治時期佐山融吉「辨識」出「獅設族」始起，將今天的賽夏族予以固制化界定的行動就從未中止。而在對該特殊群體（按，相對於日人或漢人，原住民的確為一特殊的人群範疇）之學術興趣（出自學院）、社會好奇（出自一般民眾）、或管理所需（出自政府機關）的多重關切過程中，各類命名方式紛紛出籠，主要的有薩依設特、沙色特、薩雪特、矖隨之、賽薩特、薩衣塞特、賽夏、賽西亞特、塞薩特、及塞夏特等（芮逸夫1952:166）。族名的出現，代表族群本身及其歷史、社會、文化的「內容」，也同時被不斷地揭示或生產。換句話說，專書、專論、專文、或短篇介紹賽夏族的著作不斷地出現，其內容不論是重述前人之作或強調自己的創見，都是增加一份又一份文化詮釋的系統文字。

在本章中，筆者擬在族群全貌的外在建構、考證與歷史旨趣、制度與生活的人類學模型、「矮靈祭」的焦點、物質文化的風貌、及原住民觀點的突進等方面，對當代學術（學院的語言）與類學術（學院外的語言）在固制化賽夏族歷史、社會、及文化的各項努力，進行部份的檢視，以為本影像民族史研究的參酌基礎。

一、族群全貌的外在建構

出版於1917年（大正六年）由臺灣總督府「臨時臺灣舊慣調查會」多位成員合寫而成的《番族慣習調查報告書第三卷賽夏族》一書，是第一本，也是迄今最「面面俱到」的一部賽夏族（類）民族誌。不過，由於是以日文寫成的，因此，在1945年中國官學體系取代（而非承續）日本五十年的研究成績之後，並未有人類學或民族學者，系統地再研究或充份地參引該書的內容。中央研究院民族學研究所於1998年正式編譯出版是書中文本，未來對提興賽夏族研究者與族人本身追尋歷史和傳統的動機，應有其相當的影響力。換句話說，形式完整的民族誌書寫（包括種族、傳說、宗教、巫醫、占卜、迷信、住居、毀飾、服裝、飲食、生業、工藝、娛樂、人格、品性、財產、社團、制裁、及對外等），在日治當時代表對賽夏族固制化的社會學知識。而在語文隔間八十幾年之後，該書的中文版很可能即成為今天對過去賽夏世界全貌性想像的依準。

1986年，賽夏族每隔十年一次的矮靈大祭正值舉辦，三台雜誌社出版之《賽夏族‧矮靈祭》一書刊頭「出版的話」指出，「我們邀約了人類學家，攝影專家參與本書的編纂，期望它成為有史以來第一部完整的賽夏族特刊」（1986:21）。書中刊有起源、風俗、日治時期南庄反日事件、與泰雅和客家文化交流、日阿拐與趙明政人物誌、及苗栗南庄向天湖1984年矮靈祭採訪「大特寫」等大小不等的篇幅。對第一部「完整的賽夏族特刊」的強調，代表著作者意識到賽夏資料的片斷性，也直接道出一般人對賽夏族無從瞭解起的窘境。

張瑞恭於兩年後（1988）撰寫名為《賽夏族社會文化變遷的研究一紙湖、向天湖社群的探討》的碩士論文，其內容也屬全貌建構的性質。除了分布與人口的資料外，文中又分別敘述了「傳統」與變遷後了的「生產方式」（農業、狩獵、捕魚、飼養、工藝）、「生活方式」（飲食、食物、加工、衣飾、居住）、「生命禮俗」（生育、命名、成年儀禮、結婚、死亡與喪葬）、「語言」、及「文字」等文化範疇。由於張文是學院出產的著作，內容中也的確提供了一些基本資料，因此，後來的研究者對它的看重遠超過前述的『三台特刊』。不過，近年來，以特定問題取向為主軸的研究策略，被多數學者採行，所以，全貌建構的作法，在學院中幾乎已無人再予以嘗試了。

二、考證與歷史旨趣

賽夏族的「族源」曾引起部份人士的興趣。在地望方面，多數研究者（如陳運棟譯1986:36-43；王永馨1997:20）均會提及該族長途歷程的遷徙記憶。而剛好大山（發源地：大霸尖山）、平原（中途居地：苗栗後龍、竹南、中港）、及丘陵或淺山（今之新竹五峰及苗栗南庄、獅潭、東河等分布地）等各個地理範疇，均留下族人的足跡。其中因有曾遷至平原再折回山區的說法，所以，在平原的時段是什麼樣的景況（即與當地族群的關係為何？），尤引起人們的好奇。不少研究者取得的口語傳說，均表示賽夏與中港、後龍地區之平埔道卡斯族可能有密切的關係。找尋「失落的環節」（missing link）對受現代觀念影響之原無文字部落社會的後裔而言，常是一種急切的心望，畢竟，相對於以文字年代學固制化了的主體社會歷史，文字的闕如即代表一份歷史的空白。這一段稍後會再詳述。另外。對關心原住民史的人而言，探訪族源之作為，一方面是科學理念的實踐，另一方面則增添了一份神祕性的浪漫情懷。賽夏與道卡斯同源關係的議題就是一個例子。吳東南（1990）以賽夏族矮靈十年大祭必須行高舉大旗的儀式（*so ma tol*）來與道卡斯族後人記憶中農曆七月祭祖儀式時之櫸旗（*g'iang'i*〔ZSH: *kilakil*〕）行為相比較，期望能於並不為語言學家、民族學家積極支持之兩族可能的關係上，再覓得重識的生機。雖然如此，在各項資料嚴重不足的情況下，或許留下問號的可能性比較大。不過，留下問號相對而言也是一種等待未來的契機，它至少能繼續驅使特定研究者不放棄的決心。

除了族源考證之外，描述賽夏族特定地域群體的社會發展，是為另一歷史議題。前述張瑞恭將「傳統」與變遷相對討論的作法，也見於其它研究者的論著之中。沈允中（1986）探討了苗栗東河自傳統時期經日治、四〇年代、六〇年代、以迄八〇年代的結構性經濟變遷，其中也涉及當地原住民和平地人之教育和人口結構的變化。沈文涉及的文化議題較有限，因此「傳統」意象的出現也就不甚明顯。王永馨的《從生命儀禮中探討賽夏人的兩性觀》（1997）一文，則相對地刻意突顯「傳統」（作者將之界定於二十世紀前半葉的生活面貌）與「現在」於包括出生、結婚、回娘家、收養、及喪葬等項目在內的生命儀禮上之變化。不過，作者強調，縱使我們可以看到許多當代的表相變化（如回娘家行為與漢人接近），然其「傳統儀禮之核心要素均完整地保存下來」（頁122）。王永馨對傳統堅韌性存在的發現，與張瑞恭所強調之「賽夏族」本身有一套「文化適應體系」（1988:120），基本上是可以相互說明的。換句話說，研究者在變遷世界中尋求「傳統」，並在同化意念四處瀰存的社會中，揭櫫了賽夏族未被同化或甚至不會被同化的民族誌事實或推測。

林修澈教授為前述臺灣省文獻委員會所策劃的『臺灣原住民史』專書系列，撰寫了其中的《賽夏族史篇》，並已於2000年5月出版。該書超過400頁，不可不謂是一賽夏研究的巨著，其影響力指日可待。林書的九章，大致敘述了族群位置的學政固化、神話傳說的歷史揣想、姓氏與社會的纏綿關係、矮靈儀式圈的宏觀知識、政治與歷史的交作演變、以及今日認同機制的顯隱存在等多個主題。書名雖為史著，事實上是一特殊的（架構特殊、詞語特殊、詮釋特殊）民族學／民族誌寫作。關心賽夏族的朋友，大可相互推薦該書，社會、文化、及歷史的焦點均沉澱於內，多彩而豐富。

無論如何，人類學者或民族學者的歷史關懷，事實上就是一種對「傳統」的學術戀棧。畢竟，不少學術工作者可能均會自問，若經外在政治、經濟和社會文化力量的衝擊之後，傳統已全然失去了，那還有前往研究的必要嗎？研究者的努力，一方面寫出賽夏族今日的「傳統」，另一方面也達到了支撐原住民事實存在的功能。

三、制度與生活的人類學模型

人類學者的典型貢獻之一，就是為特定群體的某一社會文化範疇，如婚喪、祭儀、部落組織、宗教信仰等，確定一個或一組說明模型。為了更有效地認識賽夏族，幾十年來，從各個角度入手的研究者，一直不乏其人，而其中社會組織和儀式的主題，更是大家特別關注的焦點。

衛惠林首先較系統地注意到賽夏族為——「典型父系氏族社會」（1956:1）。被整理而出的十七個氏族，原均有一個以動、植物或自然現象為象徵的「圖騰」。各氏族並未形成以同姓家族為基礎的地域群體，不過，往往住在同一地域（即部落）的同氏族成員即共組祭團，負責祭祖的儀式。在衛氏的理解上，地域的要素才是最關鍵的一項，氏族能顯現它的存在，即須於同地域的原則下才有可能。

和衛惠林同屬於古典研究的陳春欽，自1967年起，連續三年，一年一篇，分別探討了賽夏族的傳說故事（1967）、人口家族（1968）、及宗教功能（1969）。陳氏的研究除了「面面俱到地」分類介紹各個文化範疇的景況（如十七則神話傳說的內容，核心家族和複合家族中的各類典型及其所佔比例，圖騰、鬼神、矮靈、漢人、日人、及天主基督等六類來源的信仰，以及播種、祖靈、祈晴、巫醫治病、和清明掃墓等六種儀式）之外，更在功能論、演化論、及心理人格論等三重架構下，試圖說明賽夏人的「文化」和「人」本身的本質。陳春欽已然注意到了賽夏族歷史經驗中與外族（或傳說故事中常出現的「陌生人」）接觸的事實。

陳氏一方面以之為構成該族今天「多重性格」或「內心中永遠克服不了的愛恨交織的矛盾」之心理特質的關鍵基礎，另一方面卻也承認與外界接觸的經驗，同時使該族人「走進文明的階梯」（亦即由圖騰崇拜信仰經人格化了的鬼靈信仰〔受泰雅影響〕，再至多神信仰〔受客家影響〕，最後成一神信仰〔接受基督宗教〕。至此，賽夏族人的文化發展脈絡及其所形塑的心理人格，就在陳文中被固制化了。

在陳氏系列研究之後的二十幾年，鄭依憶的碩士論文（1987）選擇了南群向天湖部落，以四個主要祭儀（祖靈祭、播種祭、掃墓、及矮靈祭）的儀式過程為切入點，對賽夏人各社會「單元」（如姓氏、姓氏祭團、部落、及族群）之間的關係進行剖析。鄭文與衛惠林前舉該文相較，除了田野材料更為豐富之外，作者以「意識」（如我群意識、族群意識）的強調，來表達儀式展現的意義，也是一項特點。讀鄭依憶該文，所獲的心得很可能是，賽夏人內心對各種概念上或情境性的社會單元均很清楚，也都知道如何在儀式過程中適時地表意我群與他群的分際。不過，在對全族人共同參與，用以展現「族群意識」之矮靈祭內容的說明上，該文有不少地方需要作者進一步的釐清或補充。例如，在全然無族群意識／族群性（ethnicity）理論或民族誌的參考下，作者又如何確定什麼是民族意識？又，矮靈祭二年一次，十年一大祭，為何賽夏族人需要以如此時間間隔的方式來表達族群意識？另外，國家政體（state）的要素，並不全然與族群（如漢人、客家人）相一致，而前者在各類關係的影響力上一直非常強大，因此，在儀式上顯現出與國家的互動或區辨，可能比焦點僅在於族群來的重要。再者，賽夏人的收養風氣很盛，與外族通婚也多，這些新增成員（即所謂的養子系統）有無透過儀式而「真正地」內化成自己人，抑或他們在實際生活中永遠只能或只願作為一個外人等問題，恐怕也是族群意識議題下必須加以注意的。或許鄭自己也意識到了有這些問題的存在，所以在將論文改寫發表於《中央研究院民族學研究所集刊》上的〈血緣、地緣與儀式：向天湖賽夏族三儀式之探討〉一文（1989），就將關係到族群意識的矮靈祭排除於外了。

最後，必須一提的是，相較於前引王永馨的論文在結論中將全文以大量文字陳述的兩性關係，簡約成「一切均以父系中心或父系繼嗣為依歸」的說法，鄭依憶一來未刻意二分一般所敏感的「傳統」與「變遷」之辨，再者也未以還約主義（reductiomsm）的方式處理她的論述。在意義詮釋永無休止的知識論原則下，鄭氏的研究明顯地較具活潑性，也留下日後再識（re-interpret）文化意義的空間。

四、「矮靈祭」的焦點

在臺灣，不少原住民祭典，如阿美族的豐年祭、排灣族的五年祭、卑南族的猴祭、鄒族的戰祭、布農族的打耳祭、及邵族的豐年節等，都頗負盛名。但，相較於賽夏族的矮靈祭（*paSta'ay*），在族群圖像建構所據的意義上，上述他族的各個祭典均不如矮靈祭所展現的決定性角色。換句話說，對許多人而言，矮靈祭幾乎就相等於賽夏族。「曾參加過矮靈祭與否」，甚至已成了判定一個人是否知悉賽夏族，甚至關切原住民傳統文化的關鍵指標之一。

鄭依憶（1987:145-146）曾統計自1975年以迄1987年她進行研究之時，在有限的賽夏族研究或報導文獻中，就有七種論及了矮靈祭。其中五種係發表於一般報導性的雜誌上，鄭認為其乃因自1975年以來，該祭典已明顯為大眾媒體所注目之故。至於，為什麼是1975年，她並未進一步說明。不過，有一點可以確定的是，不止一般社會人士對之產生興趣，學術界包括鄭依憶自己也在不知不覺中走上關切矮靈祭之路。首先應予以一提的是，未被她收錄的文獻，至少還有陳金田的〈矮人祭的由來〉（1981）和許常惠的〈現階段賽夏族民族祭典與民歌的保存〉（1983）兩文。而就在1987當年，很巧合地密集出現了四種與矮靈祭研究相關的學術專著，它們分別由兩位作者完成，其一為趙福民（撰寫《賽夏族十年大祭》與《賽夏族矮靈祭之研究》兩種論著），另一即為鄭依憶（她的碩士論文，和共同參與中研院民族所「臺灣土著祭儀及歌舞民俗活動之研究」計畫中所負責的賽夏族部份〔劉斌雄與胡台麗編1987〕）。

1987年之後迄今又過了十數年，各界對矮靈祭的重視有增無減。除了每次祭典前後各平面與動態媒體均會大幅報導之外，學術界亦繼續進行研究工作。不論是任一時期的矮靈祭研究著作，均不外乎把儀式過程描述清楚（如所穿服裝、臀鈴、舉旗、繫芒草、架榛木、跳抓芒草結、折木等等）、分析其間的文化象徵、以及說明觀察到的社會關係（如不同姓氏的所司、兩性的分工、及族人與外人的分際或融合等）。基本上，雖然在呈現的方式有所不同（如鄭依憶以文字敘述為主，而趙福民的《十年大祭》該書則列出了四百多張照片），文體結構也有差距，但每一論著的作者顯然均在努力使豐富的調查記錄得以系統地呈現出來。的確，對矮靈祭歷程的描述，相較於上述各種原住民祭典，不僅篇數總量第一，在書寫內容上可能也最為細緻。

矮靈祭包括迎靈、娛靈、和送靈的階段，計有十五首祭歌。對於歌的研究是為另一學者們關切的主題。首先，林衡立於1956年發表〈賽夏族矮靈祭歌詞〉一文，全文記錄了祭歌唱法、結構、及在活動過程中的出現情景，所以，基本上已初步完成了資料蒐集的工作。不過，九〇年代初，胡台麗找來亦曾表示對矮靈祭歌有興趣的客家山歌專家謝俊逢（參謝俊逢1990），一起重新記錄整理新竹五峰矮靈祭歌的詞譜。他們（胡台麗與謝俊逢1993）的報導人與過去林衡立的主要報導者不同，對祭歌也顯現出「詮釋」上的些許歧異。兩位作者「深信朱姓嫡系傳承的祭歌可以提供較深刻的意義」，因為該朱姓長老「唱的段落較為正確」，而他所釋的詞意也「可以呈現朱家祭歌傳承者的理解」（同上，頁2-3）。問題是，朱姓長老的報導係又經三位族人合力重譯說明（即，另一次詮釋）之後，研究者方知其表象之意，然後自己才準備進行另一層的邏輯理解（即對譯者的話語再行詮釋）。至此，出版所現的文本對兩位作者而言，或許仍是一最具代表性的本土或土著祭歌資訊和知識，但事後卻有部份族人對內容表示異議（參胡台麗1997）。為什麼會如此呢？據筆者的推想，研究者和族人或均相信有一最正確的版本存在，而目前胡、謝整理出的「較正確」系統，卻並不完全符合其它人認同的「正確」版本（惟或許所謂「最正確」版本永遠不會出現，也或許根本無人知悉「最正確」版本到底是什麼）。

不過，雖然如此，胡台麗仍在上述祭歌調查心得的基礎上，加上多次祭典的參與，寫了一篇膾炙人口的文章〈賽夏矮人祭歌舞祭儀式的「疊影」現象〉（1995）。在現象世界中，能被感知到的就只有人和物。而矮人祭（按，胡文建議稱之為矮人祭而非矮靈祭，因該祭典〔*paSta'ay*〕在矮人族群活躍的時代即已有了〔當時為收穫祭〕，所以，它為矮人的祭典，而不是專為祭矮人靈而創的儀式）過程中，使小米豐盛的雷女、矮人、朱姓主祭、已逝或未死之老前輩、如百步蛇的歌舞隊形、臺灣赤楊木、芒草等等要素，豐富性地交互疊影出現，明顯突破了人類感官具象識別的能力，繼而使「象徵」能如實體般地為人所解所意會及所認同。胡台麗在原住民文化抽象結構上的探索，顯然有其卓越的貢獻。

五、物質主題的浮沉

部落群體的顯形文化（expressive culture），諸如服飾、飲食、建築、器具、及樂舞等，對任一外來者而言，無疑是最能產生立即性吸引力的文化項目。畢竟，它們所引導的視覺感官印象是難以避免的。人類學早期的發展，曾以「物質文化」（material culture）的概念來統攝顯形文化的大部分範圍，並將之視為其他文化範疇（如社會組織、信仰文化）的運作基礎。臺灣原住民與研究者的接觸，也是以其顯形的物質使用，而成為人類學筆下的原初代表。賽夏族的例子或即可作一有效的說明。

在前節中我們提過，「臺灣總督府臨時臺灣舊慣調查會」曾於1917年出版《番族慣習調查報告書第三卷賽夏族》（1998年中央研究院民族學研究所出版了本書的譯本）。該書對賽夏族民族誌資料記錄之豐，迄今尚無出其右者。書中第一章第四節「生活狀態」敘述了包括居住、生業、及遊藝等項目在內的物質文化範疇。它們都成了今天從舊照片中識證傳統的基本依據。

1956年何聯奎與衛惠林合力完成的《臺灣風土志》一書，在描寫土著各族的部份中，有「農、獵、漁、畜與工藝製作」和「食、衣、住、行」兩節，專述物質文化各個項目的特色。不過，由於內容的詳盡性遠不如前書，更未按族專章介紹，以致賽夏族的部分或因其人口少而鮮為人注意，顯得特別單薄。唸過舊慣調查會所出版之大書的讀者，若對物質文化有興趣、事實上可直接跨過何、衛該書，而至陳奇祿以英文寫就的*Material Culture of the Formosan Aborigines*（Chen 1968）。換句話說，筆者以為，戰後二十幾年間，學界的賽夏族興趣似不甚明顯，直到陳奇祿是書才開始對該族的物質生活有所描繪。

在編籃方面，陳指出賽夏族有以菱形和格子圖案為底者。他也畫出該族的背簍和提籃。在獵具方面，附有槍身、槍柄的十字弓可為代表。該書所條列的賽夏族建築形制特性中，包括：兩間以上的房間、前面與側邊有門、平層屋、土打地板、竹牆、竹材山字形屋頂、具屏蔽功能的床組裝設、及戶外穀倉等。陳教授亦以簡單的兩幅圖式，呈現賽夏族住屋的平面圖。

不過，陳著該書雖以臺灣原住民物質文化為題，但很顯然地，排灣、雅美、泰雅、及阿美等族是為內容的主體。前述賽夏族部分的描述，在其中只能是附屬性的資料。賽夏族的物質文化專論要到三十年後，才由胡家瑜藉內政部委由學者進行原住民各族物質文化研究之計畫而得以完成。

胡小姐的《賽夏族的物質文化：傳統與變遷》（1996）一書，主要由「傳統物質生活基礎」和「儀式性器物的利用」兩章構成，考證方面的資料頗為詳細，田野調查亦見功夫。如果要初識賽夏族，該書和前述林修澈《臺灣原住民史・賽夏族史篇》一書，同為最佳的入門書籍。不過，由於將儀式性器物與一般物質生活對等敘述，很容易造成該族為一「儀式族群」的印象。換句話說，儀式生活到底佔有族人日常生活多大的比重尚不可知，但閱讀完該書，賽夏族文化的高度儀式份量，卻可能早已成為大家想像該族面貌的具體形象（按，胡家瑜於近日完成的〈器物、視覺溝通與社會記憶——賽夏族儀式器物的初步分析〉〔2000b〕一文中，亦再度強調自己對儀式用物的重視。她認為這些器物的象徵作用，即是該社會建構的關鍵機制）。

1998和1999兩年，李莎莉分別出版了《臺灣原住民衣飾文化：傳統・意義・圖說》和《臺灣原住民傳統服飾》一大一小兩本專書。這兩本書與前述陳奇祿該書最大不同之處，即在於李小姐平衡地介紹了各族，因此，像人口數明顯較少的賽夏族（其它還有邵族、平埔族等），也就受到了同等的重視。大部頭的書以十六頁的篇幅，在黑白舊照片和彩色大張照片的對應排比下，仔細地敘述了族人製衣方式、衣服種類、飾品使用、及其變遷過程。迷你型口袋書則為大書的濃縮本，尤適合欲在有限時間初識賽夏服飾文化的讀者。李莎莉的書雖未在特定主題比較的專論方面（如比較探討各族服飾的使用情況，或研究各族對色彩的使用觀念等）下工夫，但將之視為當代原住民物質文化研究重現生機的主要動力之一，當不為過（按，包括胡家瑜《賽夏族的物質文化》一書在內的內政部〔1997年之後移至行政院原住民委員會〕原住民物質文化委託研究系列報告書，因只三、五百本的限量印刷，又不准銷售，所以流通的效益性明顯地不足，「知名度」也受到相當大的限制。李小姐的著作有出版社負責推銷，所以較具常續影響的意義。另外，國立歷史博物館為「臺灣原住民衣飾文化特展」出版了《苧綵流霞：台灣原住民衣飾文化特展》一書，其中有十頁〔2000:134-143〕述及賽夏族，惟在質與量上均不如李莎莉上揭書，因此，學術與推廣兩方面的價值，也就受到限制了〔舉例來說，史博館該書文中提及多位研究者和多種研究文獻，然書後並未附「引用書目」，明顯違背了學術專著體例〕）。

除了研究者的貢獻之外，不少賽夏族傳統或創作型物質文化藝師，也在近幾年原住民文化運動潮流中紛紛現身。先是1995年山海文化雜誌社在「中華民國臺灣原住民文化發展協會」名下，承辦了「臺灣原住民文化藝術傳承與發展」系列座談。在該次活動中至少發掘出兩名編織和舞蹈的賽夏族民間技藝師。後來有更多的族人陸續於新竹五峰和苗栗南庄兩個該族主要分佈地，成立工作室（參謝世忠2000a；胡家瑜2000a）。今天，幾乎所有文化教育界人士，只要經過該地區，一定會至這幾個當代創藝中心去參觀。據此，原住民的觀點透過器物的製作，也得以直接呈現於主體社會之中了。

六、原住民觀點的突進

人類學的傳統民族誌文本，大多僅呈現研究者對文化的本質性發現、意義說明、及系統管理。在田野中為數甚多報導人，講過數不清的話，以及所曾表示、詮釋、或建議的人、事、物、景、現象內容等等，均少能為讀者所悉。因為它們全在研究者的轉譯過程中，先被消化無蹤，再為對方以另種語言（即，人類學的學院藻彙）重新鋪陳而出。民族誌文本成書之後，讀者對話的對象多僅是作者一人（如相互辯論某一文化現象當是這個意義，而不應作另種解釋），此時，數十百位曾嚴肅地提出觀點的文化主人，幾乎被完全隱逸。

土著觀點的開始出現，一方面與民族誌寫作的反學院唯一權威和反研究者自身文化為唯一操控權力的反思潮流有關，另一方面，長久習於被訪問的團體與個人，也在社會情境變遷的牽動下，積極調整過往和學者互動的關係模式。此外，更有部落世界的成員，嘗試以「類學術」的形式，發表或出版論著，充分發展自己講述自我歷史文化的企圖心（參謝世忠2000b；蘇裕玲2000；邱韻芳2000）。當代賽夏族的情況，就完全說明了上述的發展趨勢。

1997年中央研究院民族學研究所研究員胡台麗發表了〈文化真實與展演：賽夏、排灣經驗〉一文、其中描寫了1992年她開始協助「原舞者」舞團至新竹五峰鄉大隘村向賽夏族人學習矮人祭祭歌，以迄兩年後（1994）在臺北國家劇院演出的經驗過程。由於外人習歌乃至在非祭典時間舉行祭典，對族人而言，均是長久以來的禁忌，因此，即使胡台麗自己曾徵得同意，也不只一次地以賽夏要求的方式贖罪（如共飲酒或付賠罪金），仍在事後出現了人類學倫理上難解的問題。

自始至終支持胡氏和「原舞者」最力的北群主祭之妻，在「原舞者」公演完畢之後不久過世，於是犯忌與矮人降罰之說立即傳遍社區，其中又以對胡台麗與北群主祭之互動關係不甚明瞭的南群反應最烈。文章內容顯示，胡教授的確已在事前依族人之要求，作了完全的配合（如前述之付賠罪金，及演出時不使用臺灣赤楊木等），但客方（即胡和「原舞者」）所作的配合，卻在事後為主方忘卻、質疑、或未認可。胡台麗在該文中以賽夏族特有之「文化真實」的概念，來解釋族人與外人、及祭典與演出之間，難以分界的交融景況，也因此，胡和她的展演夥伴即承受了被視如己族犯罪般的責難。

筆者的看法是，即使胡教授已勾勒出了賽夏文化的內在特性，但她仍未有效說明族人為何會在事後出現類似集體反彈情緒的原因。單單是資訊傳遞的問題嗎（如南群較不知北群主祭協助胡的細節）？恐怕答案不會這麼簡單。筆者以為，整個事件基本上是在反映原住民口語論述或文化觀點傾巢宣揚的事實。換句話說，無論胡台麗和「原舞者」事先做過什麼，或是否在表演時依約行事，只要自我文化意識型態的機制或文化信念依舊強勁，賽夏族人就必會對違反內在祭儀規範之事，回應以反覆的批判。

族人或許根本不會去考證到底胡台麗等人事前是否已圓滿賠罪，演出時是否真的全程守信，他們要求的是這群「外人」務要一再地賠罪，方能讓大家逐漸放心，進而確定自己是主導文化活動，以及詮釋文化意義的人。在事件發生的過程中，賽夏族人身為原住民的一份子，他們不畏學術權威（當然，包括胡教授在內的多數學者本身，或早已不再以權威者自居），不懾於物質豐沛的臺北都會和以國家為名的表演場，以及政經力量可能相當雄厚的觀眾。不少族人掌握了可讓自己充分使用「我族文化解釋主權」的時機（即主祭夫人之死），立即密集地以不容置疑的文化理由（即犯忌，受罰），來說明原委。這個時候，人類學者主導的文化展演工作，開始遭逢土著文化觀點的全面反撲。

就在上述風風雨雨時刻的次年（1995），五峰鄉的小學教師兼教導主任朱鳳生出版了《賽夏人》一書。專書的出版，代表著口語之外的另外一種突現的原住民觀點。自此，不論傳統的學院如何看待部落，許多族人已顯現出自該書問世所獲得的一種驕傲。

我們或許可以把《賽夏人》一書的寫作，視為部分當代臺灣原住民知識菁英，試圖以類學術書寫的格式，來爭得自我文化歷史詮釋權的一環。畢竟，在書中，作者至少於形式上已使用了歷史學的文獻摘引和事件陳述的方法，也運用了人類學訪談記錄的策略。前者構成了全書的「歷史篇」，後者則為「文化篇」的取材來源。不過，書中對任何資料幾乎未有批判，而只是設法條理地逐項敘述。很顯然地，這本書是一集成各方材料的綜合文本，而不是針對特定主題的研究，也就是如此，《賽夏人》才足以成為我族觀點的全面性代表。有了這本書，對來自各方之關及賽夏族的種種詢問，族人們幾乎都可從中找到解答。

朱鳳生很希望找到賽夏與平埔甚至漢人淵源的證據。他表示漢人不「刺面」（即紋面），而賽夏族原來也不刺面，只是因恐泰雅人出草獵頭才在上或下額部份紋之，以明示為同類而免遭不測。所以，此點「可證實賽夏族是『漢民』或『平埔族』」。冀求近於平地的群體，而遠距高山的泰雅，自然有其對我族位階提升的動機，而從中或也可看出作者所代表之相當數量族人的共同想法。

1998年10月，朱先生又續成《賽夏族傳統祭儀》草稿，其中將《賽夏人》所提及之包括巴斯達隘（矮靈祭）在內的幾種該族主要祭典，分別進行描述。事實上，這些祭典早為學者所注意，而今天朱氏以其在地與人熟的方便，採第一手報導重述儀式的過程，亦有建構自我觀點，爭得發言位置的意義。的確，各祭典尤其是矮靈祭，已然成為當前族群認同最重要的文化象徵。它們既是代表族群存在的基本依據，族人自己來說明這些祭典意義，方才名實相符。

書寫性的原住民觀點，與前述的口語性原住民觀點，基本上類同。族人在「原舞者」演完之後，以懷疑或非難的方式指責指導人胡台麗教授，是為顯性化集體性自我觀點的表現。他們訴說違反文化規範的種種不是，從而有效瞭解了罪與罰的必然性。朱鳳生的著作，直接道出全族的過去與現在，也寫出祭典的故事，其土著觀點更為具體，更為全面。不僅傳統禁忌之說仍有效，書中內容的廣大涵蓋面，儼然使之成為抗體外在學說的要角。總之，原住民觀點的突進是一大趨勢，它也成了人類學之外得以使文化詮釋更為豐富的重要來源。

引用書目

三臺雜誌社編
1986《賽夏族・矮靈祭》。苗栗：三臺雜誌社。
王永馨
1997《從生命儀禮中探討賽夏人的兩性觀》。國立臺灣大學人類學研究所碩士論文。
朱鳳生
1995《賽夏人》。新竹：新竹縣政府。
1998《賽夏族傳統祭儀》。新竹：新竹縣五峰鄉賽夏族文化藝術協會。
李莎莉
1998《臺灣原住民衣飾文化：傳統・意義・圖說》。臺北：南天。
1999《臺灣原住民傳統服飾》。臺北：漢光。
沈允中
1986《苗栗縣東河村經濟結構變遷之研究——民族學之個案調查》。私立中國文化大學民族與華僑研究所碩士論文。
何聯奎與衛惠林
1973[1956]《臺灣風土志》。臺北：中華。
邱韻芳
2000〈田野經驗、民族誌書寫、與人類學知識的建構——文本的比較分析〉。《考古人類學刊》56:77-98。
吳東南
1990〈從口傳資料與文獻記載來看平埔道卡斯族與賽夏族之關係〉。《中央研究院民族學研究所資料彙編》1:135-141。
芮逸夫
1952〈臺灣土著各族劃一命名擬議〉。《大陸雜誌》5(5):166。
林修澈
2000《臺灣原住民史・賽夏族史篇》。南投：臺灣省文獻委員會。
林衡立
1956〈賽夏族矮靈祭歌詞〉。《中央研究院民族學研究所集刊》2:31-108。
胡台麗
1995 賽夏矮人祭歌舞祭儀式的疊影現象。《中央研究院民族學研究所集刊》79:1-61。
1997〈文化真實與展演：賽夏、排灣經驗〉。《中央研究院民族學研究所集刊》84:61-86。
胡台麗與謝俊逢
1993〈五峰賽夏族矮靈祭歌的歌與譜〉。《中央研究院民族學研究所資料彙編》8:1-77。
胡家瑜
1996《賽夏族的物質文化: 傳統與變遷》。臺北：內政部。
2000a〈工藝傳統與現代商品的對話：消費社會中的賽夏族群藝術〉。《宜蘭文獻》44:75-97。
2000b〈器物、視覺溝通與社會記憶——賽夏族儀式器物的初步分析〉。《考古人類學刊》56-113-141。

國立歷史博物館編輯委員會編
2000《苧彩流霞：臺灣原住民衣飾文化特展》。臺北：國立歷史博物館。
許常惠
1983〈現階段賽夏族民族祭典與民歌的保存〉。《民俗曲藝》35:4-24。
陳金田
1981〈矮人祭的由來〉。《苗栗文獻》1(1):130-148。
陳春欽
1967〈向天湖賽夏族的故事〉。《中央研究院民族學研究所集刊》21:157-192。
1968〈東河村賽夏族之人口與家庭〉。《中央研究院民族學研究所集刊》23:141-165。
1969〈賽夏族的宗教及其社會功能〉。《中央研究院民族學研究所集刊》26:83-114。
陳運棟譯
1986〈賽夏族群之起源〉。刊於《賽夏族・矮靈祭》。三臺雜誌社編，頁36-43。苗栗：三臺雜誌社。
張瑞恭
1988《賽夏族社會文化變遷的研究——紙湖、向天湖社群的探訪》。私立中國文化大學民族與華僑研究所碩士論文。
臺灣總督府臨時臺灣舊慣調查會
1983[1917]《番族慣習調查報告書第三卷賽夏族》。臺北：南天。
趙福民
1987a《賽夏族十年大祭——民國七十五年矮靈祭南北兩祭團採訪錄》。出版處：闕如。
1987b《賽夏族矮靈祭之研究》。私立中國文化大學民族與華僑研究所碩士論文。
劉斌雄與胡台麗編
1987《臺灣土著祭儀及歌舞民俗活動研究》。南投：臺灣省政府民政廳。
鄭依憶
1987《賽夏族歲時祭儀與社會群體的關係的初探：以向天湖部落為例》。國立臺灣大學人類學研究所碩士論文。
1989〈血緣、地緣、與儀氏：向天湖三儀式之探討〉。《中央研究院民族學研究所集刊》67:109-142。
衛惠林
1956〈賽夏族的氏族組織與地域社會〉。《臺灣文獻》7(3-4):1-6。
謝世忠
2000a〈傳統與新傳統的現身：當代原住民的工藝體現〉。《宜蘭文獻》44:7-40。
2000b〈人類學應是什麼？當代臺灣人類學的學院自評與民間反人類學論述〉。《考古人類學刊》56:158-180。
謝俊逢
1990〈臺灣客家老山歌與賽夏族矮靈祭歌研究〉。《復興崗學報》43:359-384。
蘇裕玲
2000〈實驗民族誌多重詮釋與當代臺灣的族群研究〉。《考古人類學刊》56:100-129。
Chen, Chi-lu
1988[1968] *Material Culture of the Formosan Aborigines*. Taipei: Southern Material Center.

（本文節錄自謝世忠《臺灣原住民影像民族史：賽夏族》〈第二章　賽夏世界的文本生產〉2002/6-16。臺北：南天書局。）

在自滿與驚懼經驗中成長
——從我的人類學研究倫理紀錄談起

對臺灣而言，制定行為與社會科學研究範疇內之研究參與者（research participants／被研究者）的保護措施，無疑是一嶄新事務。去年（2011），臺大與多所大學結盟，共同打造一以保護研究參與者權益為先的新行為與社會科學研究時代。筆者二十數年前發表了第一篇人類學與報導人和所屬國家之倫理關係的文章（見〈民族誌道德與人類學家的困境——臺灣原住民運動的例子〉《當代》（1987）20:20-30）。自此至今，四分之一世紀，謝世忠的人類學專業生涯裡，研究倫理印記不斷，有喜有苦，它們都是個人可貴的成長養分，或值分享。

25年前之所以寫作該文，主要係受兩件事情的刺激。其一，回到自己國家進行研究，不解為何需要就讀的美國華盛頓大學「人身實驗體審查委員會」（Human Subject Review Committee／簡稱人審會）（按，今多稱「機構審核裁決會」（Institutional Review Board）或「內部審核裁決會」（Internal Review Board），均簡稱IRB）研究倫理審查通過。其二，當時的題目是原住民的新興族群社會運動（按，研究成果後來出版《認同的污名：臺灣原住民的族群變遷》[1987]臺北:自立晚報），國民黨海工會二次在西雅圖約談我，他們欲知相關人事名單。通過華大研究倫理審查之後，筆者在田野中，依循規範，每一報導人均發給一份確保研究參與人權益的保證書（而非請其簽署同意書；筆者說服了「人審會」原住民社會不適合使用簽名同意受訪的方法）。身處參與觀察情境，此次倫理審查的經歷，常常湧上心頭，提醒自己小心翼翼，當然更不可能外洩田野報導人名字予他人。1988年申請前往雲南西雙版納進行博士論文研究，同樣審查再來一回，有了前次經驗，比較知道如何避免造成研究參與者暴露於權益失落的風險中，審查情況大致順利。

自1989年回國任教迄今，共計於四所學校不同系所開授過多門關於人類學民族誌方法的課程。上課首週主題，就是田野研究倫理。筆者課堂討論結語之際，總不忘叮嚀，「倘若不把研究倫理當一回事，那麼，你可能就不適合人類學！」1993年筆者出書《傣泐：西雙版納的族群變遷》（臺北：自立報系），導言中再度強調人類學者與所研究之族群成員間的關係，「常呈現出一種金蘭兄弟義氣貫通的特質」（頁1）。換句話說，「他疼我痛，他受害我受傷」大體是當時作者界定自己和研究參與者關係的最佳譬喻。研究過程中，絕不能讓對方身陷負面心境或甚至生活受擾，是最基本的工作要求。大概謝世忠教授頗為重視研究倫理一事，已有傳開，1997年《當代》雜誌籌劃職業倫理專號，前來邀稿，筆者立即寫就〈完人、超人與護權——人類學的倫理迷思〉（《當代》（1997）124:96-105）一文響應。

然而，義正嚴詞的文字論述、課上高談闊論或自認最重視研究倫理等，都只是紙上談兵的志得意滿層次，真正遇著了驚慌失措狀況，才是刻骨銘心。曾有在蘭嶼和西雙版納，正舉起相機，就被在地人高聲制止或轉身躲掉的經驗，此等糗事，足足難過了十數年。更嚴重的事發生於1998年。1995至1997年執行國科會一項關及原住民部落與現代觀光發展衝擊課題之計畫，選定日月潭俗稱德化社的日月村為主要田野地。很快的，幾乎認識了在地邵族全族，情景真如理想中的金蘭兄弟。無料，去國一年後於1998年返國，立即前去探望老友，卻見族人個個表情詭異，不喜與我交談。詢問之下，才知有地方文史工作者拿著筆者出國前於中研院會議上發表的文章，四處渲染人類學者在說邵族的壞話，而且傳論的內容離譜到難以形容。當下驚覺，自己已然傷害了族人好友。第一時間的感受是，研究倫理的落實十足困難，畢竟田野地是活生生人類境地，力量關係交作（例如，在臺灣的特殊情境中，人類學民族誌學者與地方文史工作者很容易演成競爭關係），稍有不慎，攻擊衝擊會突然降臨。不過，無論如何，研究參與者／報導人總是處於高風險的環境下，極易受傷，而人類學者都必須概括承受，負起全責。經過時日，邵族友人瞭解原委，釋懷許多，筆者曾撰〈邵人飄零——日月潭畔的情怨與生死〉一文（刊於謝世忠著《餵雞屋人類學——迷妳論述101》（2011）頁428-434，臺北：華藝），詳述故事，順道抒發心情。

2009年秋季，臺大研發長來邀，期盼筆者加入研究倫理委員會籌備會，共推我國行為與社會科學研究倫理審查制度的建立。起初我是準備婉拒的，理由是，曾經「闖過禍」，又如何能擔負任務？但，或許就是此點，反而讓自己在天秤兩端徘徊，不是永不碰它，就是更覺應該積極參與，以使學術研究品質有另番角度的提升機會。內心交戰結果，後者佔了上風。每月一次會議，兩年很快過去。2011年12月臺大相繼成立研究倫理中心和研究倫理委員會（Research Ethics Committee）（簡稱倫委會／REC），後者負責審查，前者則處理行政。經由研發長推薦，校長正式任命筆者主持倫委會，包括其他14位委員（校內10名，校外4名／男性9位，女性5位）在內，任期二年至2013年底止。

倫委會的理想是做到一方面保護研究參與者的目的，另一方面也同時保障研究者及其所屬機關單位的法理情權益。現在是人權高漲時代，每一個人和群體都很重要，也均有其應享有的權利。然而，人類學或其他社會科學家與其研究課題所牽涉的個人團體，事實上都存有明顯力量關係不均等的情形。屬於制度代表、機構成員、科學化身、經費充裕、文字精鍊等等一方的人，勢必比非具該等屬性的相對一方，擁有更多具象（如物質條件）與抽象（如身分地位）的力量。來自學術機構的學者，當然劃屬前者範疇，因此，從事研究之時，不可不慎。筆者自覺特別重視研究倫理，深恐可能有意無意間，會顯露出研究者以「施壓者」態度，對待作為報導人的「承壓者」，所以，務必不斷自我提醒。但是，縱然如此，還是出了問題。筆者不怕他人訕笑，寫出故事，仍是為了保持研究倫理的高度警覺態度。畢竟，研究參與者永遠排第一。在確定研究參與者權利護得保障的前提下，研究者本身和所屬機關方能寬心行事，創造科學新知，嘉惠眾人。

大家都關心倫委會到底由誰組成，要如何進行審查，以及人類學與其他社會行為科學的計畫案審查有何差別等問題。理論上，人人可為倫委會成員。擔任委員需要有一定的訓練養成，具服務熱忱，願意貢獻相當時間者，就有機會上陣。筆者個人除參加臺大籌委會二年並出席多次教育訓練活動之外，2011年5月也至肯塔基大學（University of Kentucky）受訓二週。

另，亦抽空到臺大附設醫院旁聽生物醫學倫委會審查，甚至「動物實驗計畫書審查小組暨實驗動物照護及使用委員會」之會議，筆者也很感興趣，報名列席。當然，不需一定要像我這樣又參與籌備又出國等等才可擔任委員，但，基本的教育訓練、觀摩實況、開會討論、教材研讀、熟悉表單、瞭解規範、模擬審查、網路學習、以及經驗累積等等，都有其必要。凡此均須花上不少時間，所以，筆者才會說，熱忱與意願正是成為倫委會委員的關鍵條件。

送審案件均需至研究倫理中心網站下載填表，依研究風險評估，自選「免審」、「微小風險審查」、或「全審」屬性。送件齊全後，中心會先做行政審查，再轉由倫委會進行實質審查。審查通過後，立即核發中英文證明書各一。研究執行期間，稽核人員或會聯繫研究人員，前往訪視，務求達到保護研究參與者的最佳成效。當然，對每一研究者而言，這可能是一漫長時程，尤其過去無此經驗者，必感不便。有部分學界同仁曾表示自己即可保護報導人，不需再做這些繁瑣表格的形式審查。但，誠如前述筆者個人經驗，縱使深覺對研究參與者已能有效保護，還是不只一次出了問題。倫委會的設計與運作，就是要協助研究者除了個人感覺滿意之外，尚有他人可以參與提醒建議，大家一起努力保護研究參與者。

今天，不少各學科專業研究者，均宣稱其論文係採用民族誌或田野方法。但是，嚴格來看，它們和人類學強調以年為計算單位的長期甚至終身田野方法論哲學，仍大不相同。從北美洲典型行為社會科學（即政治學、經濟學、社會學及心理學）與生物醫學經驗轉來的研究倫理審查準繩，很難涵蓋人類學的精神。各種表格問項，令人多感困擾。筆者請教過國內外專家，多數也是表示對人類學民族誌這塊，最不易處理。知情同意、個資隱匿、零傷害率、雙方互惠以及「主權在民」（亦即，研究參與者的主體性必須百分百受到尊重）等，是研究倫理審查的重要項目。它們的要求似都合理，但，是否合情，對民族誌現場的學者來說，還真是難題。例如，大家都可接受知情同意的前提，但，是否一定需請對方簽署知情同意書，可能就有值得商榷的必要。筆者過去發保證書的方法可以嘗試，不過，也不盡然完全適用。換句話說，在「金蘭兄弟」間發放保證書，就好比給自己家人研究保證書、十足尷尬。但是，研究就是研究，讓對方充分知道自己正在進行研究，是絕對必要的。也就是說，縱使不需簽名同意，仍應設法使所有研究參與者，知曉你的研究者身分，並且表示歡迎。至於要如何做到呢？每人情況或許有異，研究者必須於申請研究倫理審查時，將自己的相關策略說明清楚。

從西方中產階級文化角度為基礎，所立下的研究參與者知情同意內容，至少包括研究目的、研究期程、研究步驟、風險程度、傷害評估、利益所在、自主決定、守密保證、補償方式、求助管道等。也就是說，研究者應於知情同意書上，載明此等項目，然後詳加說明，再請對方簽字。但，偏偏人類學的異民族異文化異社會研究傳統，就是很難百分百做到這種盎格魯中心價值（Anglo-centered ethics）的期望。知情同意基本上是一種溝通方式，也就是告訴對方我在做什麼。至於如何告訴，當然不應設限於文件簽名的方式。在尊重並瞭解研究參與者一方文化與語言的情況下，人類學者絕對有辦法向IRB或REC解釋清楚，也能有效地使研究參與者國度之成員充分知情。兩者都溝通同意了，就表示此份科學與人文兼具的研究計畫潛力無限，研究者大可跨步邁進，不必無端憂慮。

筆者過去有難堪的經驗，從自以為是的倫理照料權威，驚懼地跌落谷底，再慢步重學。今天啟動的研究倫理機構制度性審查，代表我國人文與行為社會科學新時代的開始。臺灣是政治社會人權大國，學術當然也應是研究領域人權大國。筆者有幸參與，繼續學習。在研究倫理審查制度建置之下，人類學者與研究參與者的金蘭兄弟情誼更若金湯，大家一起寬心喜悅地共創新款人類知識。歡迎敬邀加入行列，共同努力經營最高人類價值！

（本文原刊於《人類學視界》2012/8:15-18）

社會科學類　PF0270　Viewpoint64

佈點人類學
——觸角與廣識

作　　者／謝世忠
責任編輯／楊岱晴
圖文排版／蔡忠翰
封面設計／劉肇昇、陳香穎

發 行 人／宋政坤
法律顧問／毛國樑　律師
出版發行／秀威資訊科技股份有限公司
114台北市內湖區瑞光路76巷65號1樓
電話：+886-2-2796-3638　傳真：+886-2-2796-1377
http://www.showwe.com.tw
劃撥帳號／19563868　戶名：秀威資訊科技股份有限公司
讀者服務信箱：service@showwe.com.tw
展售門市／國家書店（松江門市）
104台北市中山區松江路209號1樓
電話：+886-2-2518-0207　傳真：+886-2-2518-0778
網路訂購／秀威網路書店：https://store.showwe.tw
國家網路書店：https://www.govbooks.com.tw

2022年10月　BOD一版
2022年12月　二刷
定價：620元

讀者回函卡

國家圖書館出版品預行編目

佈點人類學 : 觸角與廣識/謝世忠著. -- 一版.
-- 臺北市 : 秀威資訊科技股份有限公司,
2022.10
面 ;　公分
BOD版
ISBN 978-626-7187-26-5(平裝)

1.CST: 文化人類學 2.CST: 人類學
3.CST: 文集

541.307　　　　111016901